中村好文

湖畔の山荘
設計図集

The Drawings *of* The HILL HUT
Yoshifumi Nakamura

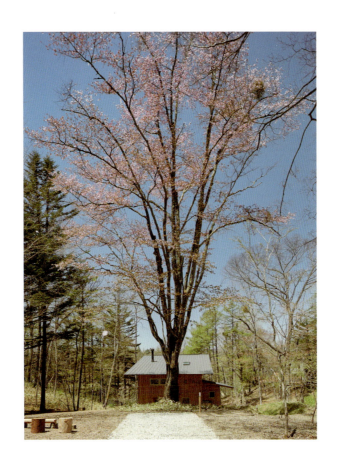

X-Knowledge

プロローグ

建築科の学生だったころからこれまでの間、沢山の建築図面を熱心に眺めてきました。

建築図面からは建築的な構想はもちろんのこと、構造・設備への目配りや、材料と仕上げに対するこだわりや、ディテールに対するセンスなどをはっきり読み取ることができます。そして、さらに目を凝らして注意深く読み込んでいくうちに、その建物を設計した建築家の体温と息づかいまで伝わってくるような気がして、ついつい引き込まれてしまうのでした。

あらためて申し上げるまでもなく、すべての図面をその建物を設計した建築家自身が描いているとは限りません。たとえば、設計図を建築家自身と所員(スタッフ)が手分けして描く場合もあるでしょうし、所員だけで描くこともあるでしょう。アメリカでは「ドラフトマン」と呼ばれる図面描きの専門家(プロ)に設計図面一式を作成してもらうことがあると聞いたこともあります。しかし、誰がどんな描き方をしたにしろ、その設計が意欲的なものであればあるほど、そして誠意のこもった図面であればあるほど、建築図面には、それを設計した建築家の顔と、意気込みと、設計の手腕とが否応なく浮かび上がってくるものだと思います。

話は変わりますが、私の事務所の仕事の約9割は個人の住宅と別荘の設計です。しかも(幸か不幸か‥‥)いわゆるお金持ちから豪邸の設計を依頼されることはなく、ほとんどは市井の庶民の住宅または別荘で、建物の規模(サイズ)も知れていますから、原則としてひとつの仕事を私とスタッフの2人組(ペア)で手がけるようにしています。クライアントとの最初の「顔合わせ」から始まって、基本設計、実施設計を経て工事の監理をし、めでたく完成に至るまでの一連の設計・監理の仕事を「二人三脚」でやり遂げるのです。

その二人三脚方式で、「湖畔の山荘」(工事名:HILL HUT)において私と設計のペアを組んだスタッフは入夏広親(いりなつひろちか)で、入夏がこの図面集のすべての図面を描きました。私は入夏の描いた図面に描き込みをしたり、走り描きのスケッチで指示したり、現場でベニヤ板の上に原寸図を描いたりはしましたが、この仕事ではいわゆる図面らしい図面は1枚も描いていません。

そして、ご覧のとおり、図面はすべて手描きです。実は、私の事務所のスタッフのうちの3人が「CAD派」ではなく、「手描き派」で、未だに鉛筆と平行定規と勾配定規(ホルダー)を駆使し、手描きならではの味わいと温もりのある図面を描いています(こういう手描きの人種を建築界の「天然記念物」あるいは「絶滅種」と呼んでもいいかもしれません)‥‥とこう書く

と、私がCAD図面より手描き図面のほうに「肩入れしている」と思われそうなので急いで付け加えておきますが、図面は建物をつくるための手段であって目的ではありませんから、最終的にはできあがった建物が素晴らしければ、図面は手で描こうと、CADで描こうと、基本的には方法はどちらでも良いと思っています。

ただし、「でも、ホントはどっちが好き?」と、さらに突っ込まれたら、即座に「手描き図面！」と応えるでしょう。自慢ではありませんが、私自身はもちろんCADは使えませんし、今後も使う気はありません。今でも家具の原寸図面は、平行定規どころかT定規で描いているぐらいですから、当然と言えば当然ですよね。

手描きについてもうひとつ言い添えておきたいのは、私には「モノをつくり出す原点は人間の手であってほしい」という潜在的な願望、少々大げさに言えば「手仕事信仰」のようなものが抜きがたくあることです。先ほど「味わい」と「温もり」と表現しましたが、これにもうひとつ「個性」という言葉も付け加えておきましょう。人の手でつくられたモノには、どんなものであれ、必ずその「味わい」と「温もり」と「個性」が宿るものであり、そのことを私はこよなく愛し、最大限に評価しているのです。

手描きの図面にもそれがあてはまることは、この本の図面に描かれている1本1本の線を凝視していただければお分かりいただけると思います。

このたび私は、小さな山荘をひとつつくり上げるための設計の過程を、実際に使った図面を通して紹介する目的で図面集を出版することにしました。同時にこの図面集は住宅設計の実務に携わる年若い設計者と、「年若い」とは少々言いにくい年齢でも、人の暮らしと住宅を愛し、日々、真摯に設計に取り組む「住宅建築家」に向けて出版します。また、できればまだ実務の経験がないだけでなく、手描きで図面らしい図面を見たことも、描いたこともない建築学生にも、この図面集を通じて鉛筆と定規という素朴な文房具で図面を描き上げることのたとえようのない充実感と、そのようにして描かれた図面を熟読することの愉悦を伝えたいと思います。

この図面集から、図面を描くことによって設計が前へ前へと進み、建物の輪郭が際立ち、建物にスピリッツが宿り、建物を構成するあらゆる細部(ディテール)に血が通ってゆくさまを感じ取ってもらえたら嬉しいかぎりです。

中村好文

もくじ

プロローグ ……………………………… 2

第一章　基本設計図

クライアントからの手紙 ……………………… 8
敷地下見 ……………………………………… 10
検討案A～G ………………………………… 13
プレゼンテーション案 ……………………… 30
最終案 ………………………………………… 32

第二章　実施設計図

工事開始 ……………………………………… 42
仕上げ表 ……………………………………… 46
配置図 ………………………………………… 48
平面図1階 …………………………………… 50
平面図2階 …………………………………… 52
屋根伏図 ……………………………………… 54
立面図 ………………………………………… 56
断面図 ………………………………………… 64
矩形図 ………………………………………… 68
展開図 ………………………………………… 72
建具表 ………………………………………… 82
基礎図 ………………………………………… 92

基礎伏図 ……………………………………… 94
土台伏図 ……………………………………… 96
桁伏図 ………………………………………… 98
小屋見上図 …………………………………… 100
軸組図 ………………………………………… 102
電気設備図 …………………………………… 114
給排水・衛生設備図 ………………………… 118
暖房設備図 …………………………………… 120

第三章　部屋別詳細図

部屋別詳細図について ……………………… 126
玄関・土間収納 ……………………………… 128
居間 …………………………………………… 138
和室 …………………………………………… 144
台所・食堂 …………………………………… 152
台所と食卓の関係 …………………………… 166
室内の洗濯物干し …………………………… 174
浴室・洗面・便所 …………………………… 176
寝室 …………………………………………… 188

第四章　枠・建具詳細図

出入口・窓の枠まわりと建具について …… 206
テラス検討図 ………………………………… 208
枠詳細図 ……………………………………… 214
建具詳細図 …………………………………… 286

《解説》
四苦八苦した2つの枠まわり ……………… 218
中空樹脂ガラスの片引き框戸 ……………… 289
エマージェンシー対応の引戸 ……………… 291
フラッシュ戸を彫り込んだ引手 …………… 293
戸尻の隙間ふさぎ …………………………… 327
太鼓張りの障子の引手は‥‥ ……………… 331

第五章 その他の詳細図

螺旋階段とブリッジについて ……………… 340
螺旋階段詳細図 ……………………………… 342
内部雑詳細図 ………………………………… 350
　床暖房パネル配置図
　ストーブ遮熱板／照明スペーサ
　ギボシ／書斎・机下収納
外部雑詳細図 ………………………………… 360
　北側立面図／東側立面図
　玄関ポーチ／軒先／下屋軒先
　テラス／テラス手摺／外構図

エピローグ …………………………………… 374
奥付 …………………………………………… 376

本書に掲載されている図面は、実際に使用された図面を高画質スキャンしたものです。誤りがないよう細心の注意を払っていますが、本書の内容を適用した結果や適用できなかったことについて、著者・出版社とも一切の責任を負いません。

本文・イラスト　中村好文
写真　雨宮秀也（指定外すべて）
　　　中村好文（p199、p228上左、p288、p293、p357下、p359）
　　　入夏広観（p10～12、p17左、p42-44、p108、p165左上、p172上、p174下左、p182、p195-196、p221-227、p233-234、p279-281、p289、p301、p319、p340、p349中2点、p350、p355左、p356、p357上、p358、p365）
　　　蛭川卓司（p17右、p25、p31-34、p42-45、p47-63、p93、p159、p162、p166、p174下右、p176、p206、p290、p316、p338、p349上下、p361、p363、p369）
　　　編集部（p174上、p228上右・下、p270、p322、p331）
デザイン　川島卓也／大多和 琴（川島事務所）
印刷　シナノ書籍印刷

山荘の手前にそびえ立つ山桜の古木。山荘の奥に湖が広がる。

第一章 基本設計図

PLANNING

中村好文 様

前略

私共の「小屋」を一緒につくっていただける可能性があるのか、いや、つくっていただくためのの条件は何かをお伺いするために、初めてお便りを差し上げます。

昨日、家内が家に入るなり、「まずいよまずいよ、家庭画報にまで中村さんの特集記事がでてるよ。早くお願いの手紙を出さないと順番がこないよ」と、気色ばんで私をせかします。

私共は、横浜市内のマンションに住む、六十一歳と五十七歳の夫婦です。二十八歳になる息子がおりますが、今は仙台に単身赴任しております。

「小屋」に対する、ざっくりとした希望・思いは、中村さんの「住宅読本」の中のお言葉をそっくり借用することで済みます（だからこそ、中村さんにお願いしたいと強く思っているわけです）。

- 「自分の身丈に合った暮らしを着実なペースで営む」すまい
- 「〈すまい〉と〈くらし〉が表裏一体となった、無理も無駄もない簡素さ加減」
- 「風景の中にしっくりおさまっている家」
- 「風と光をふんだんに享受できる」「風雪を経るごとに美しさを増す住宅」
- 「大らかに開放された空気感」のある家
- 「家の中に、自分だけのとっておきの居心地のよい場所を持てる」
- 「そこに火があるところ」
- 「美しく散乱する台所、あるいは多少の散乱ぐらいでへこたれない大らかな台所」
    （注）私共家族が八年間英国に駐在していた間に、家内はコルドンブルーのロンドン校でディプロマを取得しました。体と心と家計にやさしい料理を日々模索しています。
- 「手ざわり」のよい「目にもさわりのいい」住宅
- 「格式張らない〈床の間〉のような場所が、家のなかのどこかしかるべきところに一箇所」
- 「いっしょに暮らすという感じより、連れ添うという感じ」の家具
- 「〈住み継ぐ〉ことを前提にした、いろいろな意味で長もちのする住宅」
- 「高価な素材でなくても」
  「手入れのしがいがある材料、住み込むほどに味わいを増す材料」でできた家
- 「闇あるいは陰と隣り合わせ」になった「灯り」

「小屋」づくりへの最初の一歩を踏み出すことができる、良いお返事を心待ちにしております。

敬具

2013年8月7日 立秋の日に
蛭川 卓司・みかこ

Someday My Prince Will Come

　独立したてのころは、ご多分にもれず仕事の依頼はほとんどなかった。
　親兄弟親戚にお金持ちはおらず、学閥はなく、閨閥はなく、コネもないのだから、ま、仕方がないのである。ある日突然、どこかの奇特な方、または、モノ好きな方から依頼の手紙が舞い込むか、チリリリリンと電話がかかってくるか、ズッ、ズッ、ズッ〜という音とともにFAXが送られてくるのを、天井を見上げたり、腕をさすったりしながら、ただただ待っているしかなかった。そして、待ちぼうけの1日が、今日も空しく暮れていくのである。
　このころ私は、ディズニーのアニメ映画「白雪姫」（1937年作）の挿入曲で、ジャズの名曲としても知られている「いつかは王子様が／Someday My Prince Will Come」という曲をヒマにまかせてよく聴いていたが、曲名を「いつかはお施主様が／Someday My Client Will Come」と言い替えていた。当時1人だけいた所員のK君に「気晴らしにビル・エヴァンスのSomeday My Client Will Comeでも聴こうか‥‥」と声を掛けるのである。
　そんなある日、郵便ポストに見覚えのない名前の方から一通の手紙が届く。そして、その手紙を手にしたとたん、それが設計依頼の手紙か、そうでない手紙かは、「天啓」でもあるかのように直感的に分かった。その瞬間の胸のときめき、心のざわめきは言葉に尽くせるものではない。時は流れ、独立後40年近く経った今も、設計依頼の手紙を手にする時の「胸のときめき」と「心のざわめき」に変わりはない。もちろん設計依頼は、電話の場合もあるし、メールのこともあるが（さすがにFAXの依頼は少なくなった）、「ときめき度」「ざわめき度」ということになると、手紙はちょっと格が違うような気がする。
　「湖畔の山荘」のクライアントである蛭川夫妻からの設計依頼も手紙だった。蛭川夫妻は、手紙という手段が私の胸をときめかせ、心をざわめかせることをお見通しのうえで、依頼の手紙をしたためてくれたのである。そして、さらに念の入ったことに、手紙には、こちらの気持ちがいやが上にも夫妻のほうに向くようなアピール写真も2枚添えられていた。1枚は蛭川夫妻と息子さんの仲睦まじそうな家族3人のスナップ写真。もう1枚は本棚の一部分を撮った写真で、そこには私の主要な著書がズラリと並べられていた。その本棚の写真を眺めているうちに「ほら、ナカムラさんの本は、これ、このとおり、買って、読んで、共感したから設計の依頼をしているんですからね。そこのところ、くれぐれもよろしくね」という蛭川夫妻の囁き声が耳元で聴こえたような気がしたのだった。
　One day my client has come！
　手紙を受け取ったこの日が「湖畔の山荘」に向けて舟を漕ぎ出す記念すべき日となった。

ひときわ大きな山桜が目の前に現れた

　蛭川さん夫妻から山荘の設計依頼を受けてはじめて敷地を訪れたのは、2014年5月末のこと。標高1000mを超える山あいはまだ肌寒く、森の木々もようやく芽吹き始めたところだった。500坪ほどある細長い敷地一帯は雑木林で、足元はクマ笹に覆われていた。道路に車を停め、クマ笹をかき分けるように踏み進んでいくと、林立する木立のなかに、ひときわ大きな山桜が目の前に現れた。すでに花は散っていたが、あたりをはらうその孤高の姿には、この土地を守る御神木的な威厳が感じられた。

　このときの山桜から受けた印象は、その後のプランニングに大きな影響を及ぼしていくことになる。山桜の向こう側（つまり湖側）の敷地は奥に進むに従って幅が狭くなっていくうえに傾斜地のため、建築する場所として適切とは考えにくかった。また、足元が藪に覆われていて歩きにくかったこともあり、この最初の下見の時は山桜から奥の敷地をくまなく歩き回ってみることはできなかった。雑木林と灌木（かんぼく）の間からわずかに見えていた湖にもさほど心を動かされず、山桜の手前の広い場所に配置することにしてプランの検討に入った。

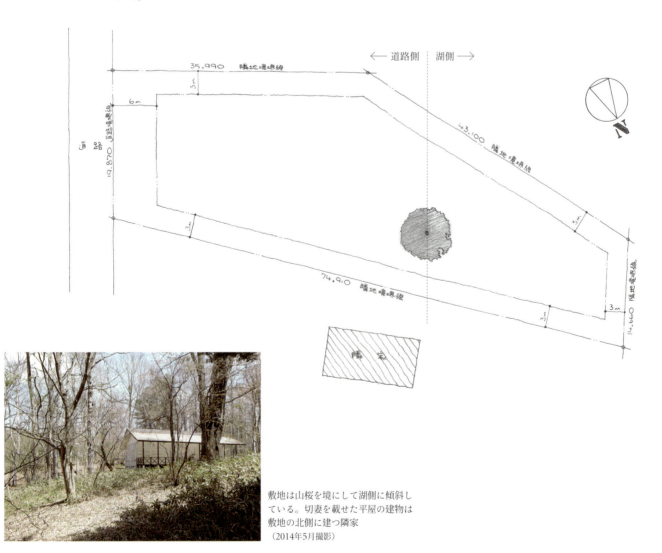

敷地は山桜を境にして湖側に傾斜している。切妻を載せた平屋の建物は敷地の北側に建つ隣家
（2014年5月撮影）

雑木林の中に佇む
まるで御神木のような山桜

エスキースは山桜の手前に配置する案からスタートした

　山桜の手前は平坦で拡がりのあるスペースが確保でき、かつ北側の隣家に背を向けて主要な開口部を南側に開くことができることから、とりあえずこの場所に配置することでエスキースをスタートした。山荘は都会で暮らす60代夫婦のためのセカンドハウスだが、いずれは常住の可能性も念頭に置いてコンパクトな平屋にしている。断面図で検討してみると、山桜が高木のため、1階の窓から見上げても軒先に隠れて見ることができない。そこで、なんとか山桜を眺められるようにするため、こののち、建物の位置と向きを変えてみたり、2階建てのプランにしたりして、さまざまなプランを検討することになる。

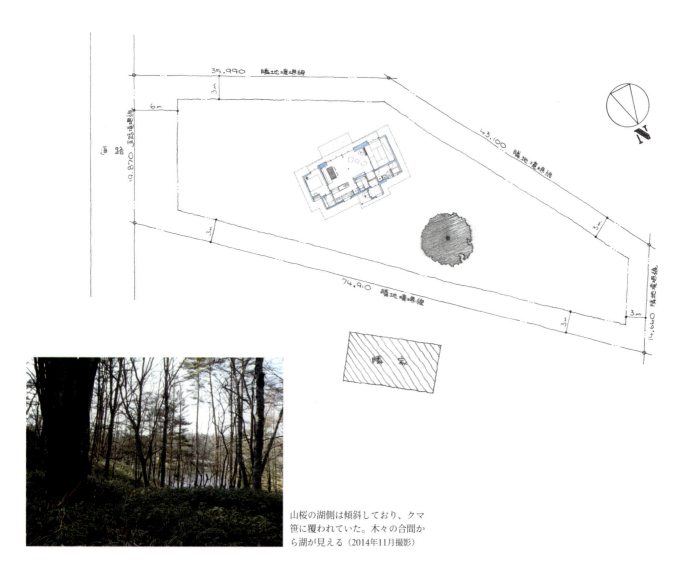

山桜の湖側は傾斜しており、クマ笹に覆われていた。木々の合間から湖が見える（2014年11月撮影）

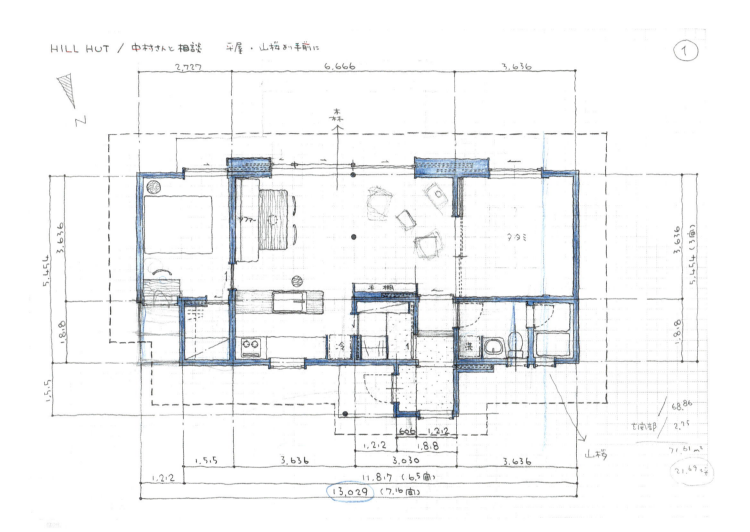

A案
寝室と和室が居間を挟む案

北側にある隣家に背を向けて、日当たりのよい南側にテラスをつくる案。山桜は浴室から眺めることにしたが、断面的に考えるとやはり軒先に隠れて山桜は見えないことが判明。玄関のスペースが狭苦しいことや、その玄関から台所への動線がギクシャクしていることなど、この案は解決すべきことがらが山積み。

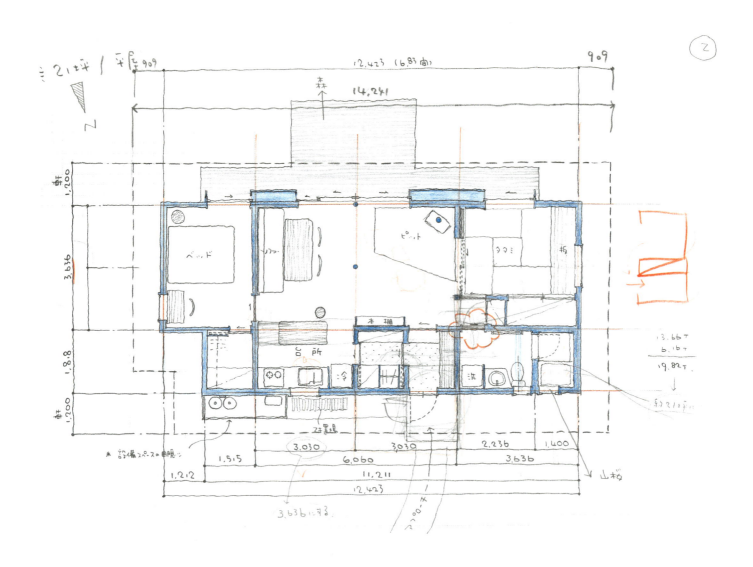

B案

台所への裏動線を
スムーズに通す案

A案の玄関の出っ張りをなくしたことで、台所への裏動線がスムーズに通った。南にテラスをつくり、大らかな拡がりも生まれたように思う。畳の部屋に押し入れを追加し、来客用の寝具が納められるようにした。ただ、やはり道路側に寝室があることは落ち着きという点から考えるとやや気になる。やはり寝室は奥にもっていくべきか？

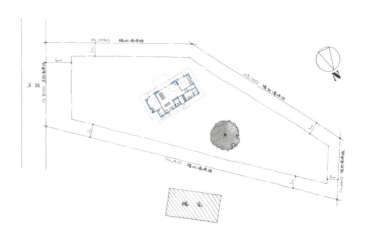

B'案

台所の窓からも山桜を
眺められるように

プランの東西を反転させて、台所と主寝室を西側に移動。北向きの窓から順光の当たる山桜を望めるようにした。また、台所仕事は外を眺めながらしたいという夫人の要望に応えて台所の窓からも山桜が眺められるようにしている。玄関を下屋で張り出し、裏動線で台所と洗面・浴室をつないだ。

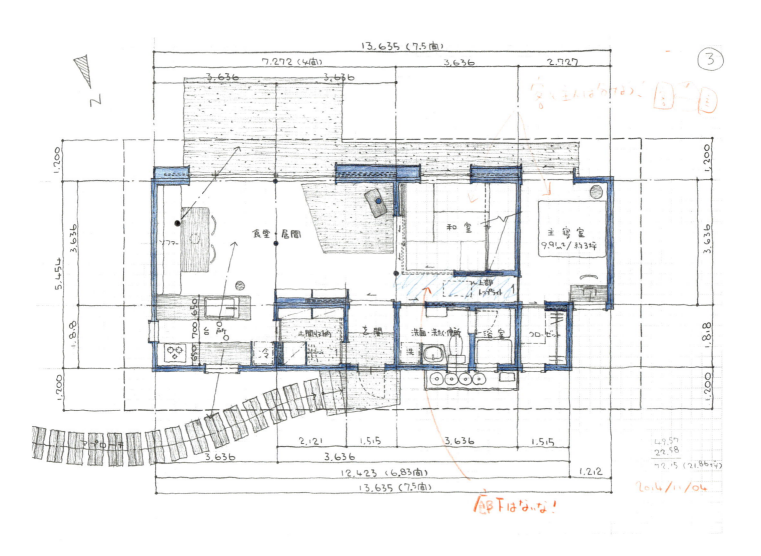

C案

平屋に限界を感じ始める

玄関を下屋で出すことをやめて、玄関から右側を和室と主寝室の並ぶプライベート空間、左側をパブリック空間とした。いったん山桜のことを忘れて、南側のメインの開口からは雑木林の眺めを楽しむことにする。和室は丸柱を残してコーナーが開いて居間と一体になるようにした…が、今度は廊下ができてしまったことが気になりだす。さらに、主寝室と来客用の和室が隣りあっているのは（間に押入を挟んではいるが）お互いに気兼ねすることになるのではないか、ということも気になりだす。それやこれや、だんだん、平屋に限界を感じ始める。

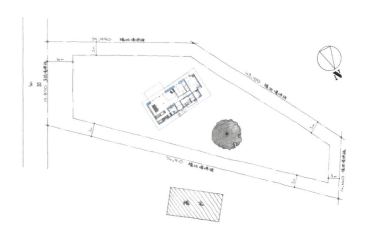

2014年6月撮影

山桜の古木は
樹木医の宇治田氏に診察してもらい、
治療を施してもらう

D案

家の中に小屋が浮いているような童話的な感覚を味わえるのではないか

1階和室の上にコンパクトな2階（ロフト）を設けて主寝室にする案。2階には直階段で上がる。階段を上がりきった右手に小さな書斎を設けた。主寝室の天井は切妻型になるので、家の中に小屋が浮いているような童話的な感覚を味わえるのではないかと考えた。1階の水回りがせこましいこと、特に浴室の狭さが気になる（山荘ではゆったりと入浴を楽しみたいものである）。このスケッチでは洗濯機を玄関付属の物置に移動し、浴室を1坪に拡げる案を検討し始めている。下屋部分にあたる玄関の間口を一間（1,818㎜）に拡げることで、洗濯機置き場も兼ねる物置の広さを確保する検討の跡も見える。

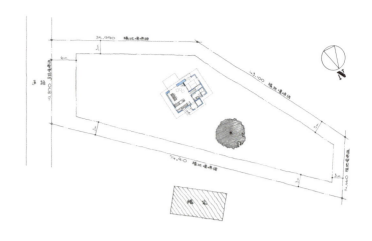

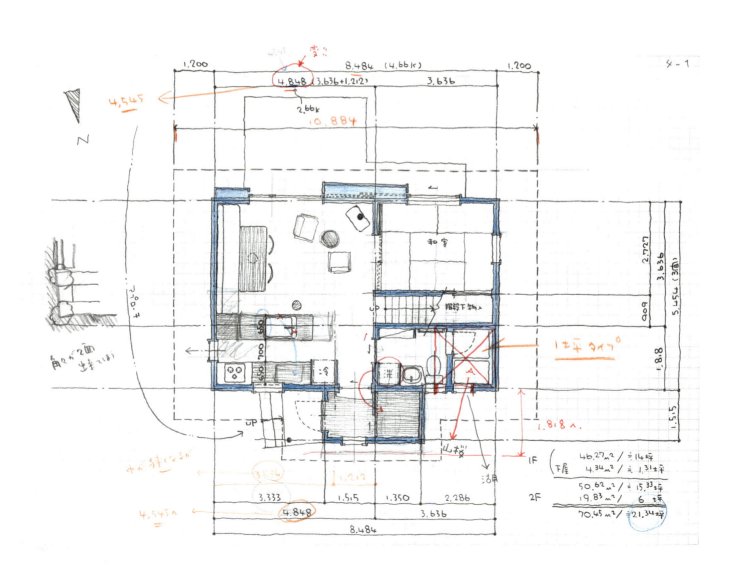

2階の天井は
切妻型にして、
家のなかに
小屋があるように。

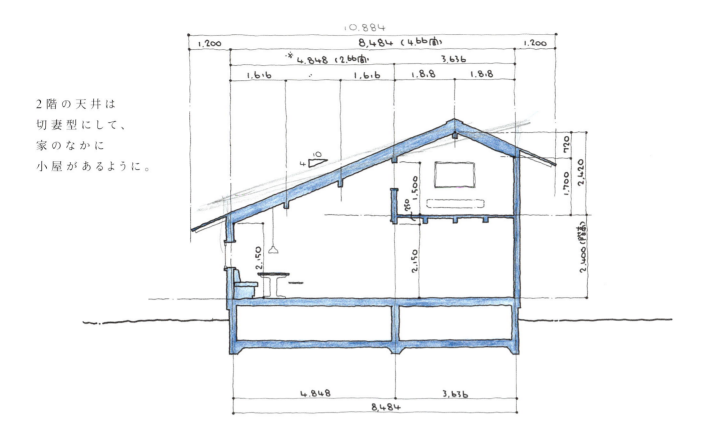

2階から
桜と湖が
見えることを
期待して‥‥

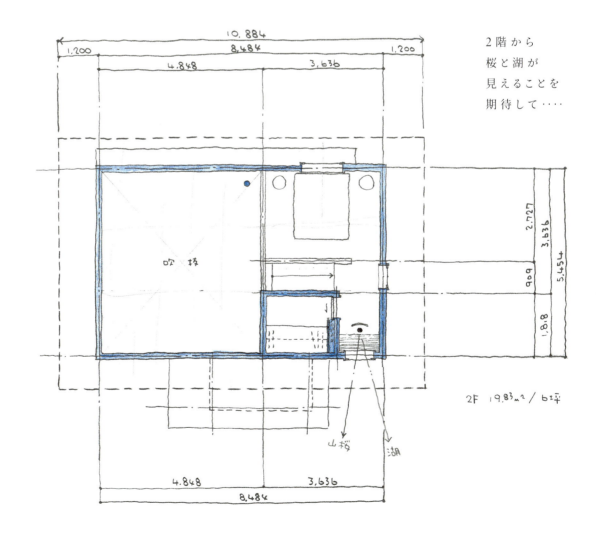

E案

隠れ家的な小書斎のある案

切妻屋根をやめて、大らかな片流れ屋根で小屋全体を覆う案。書斎は2階の主寝室を回り込んだ隠れ家的な場所にある。この書斎からは吹き抜け越しに台所と食堂を見おろすことができるし、窓からは山桜と湖を眺めることができる。1階の水回りはゆったりしてきたが、料理好きでプロ並みの腕前を持つ夫人にとっては台所が少々手狭に感じられるだろう。

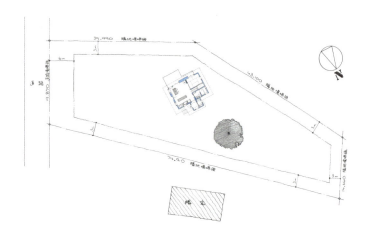

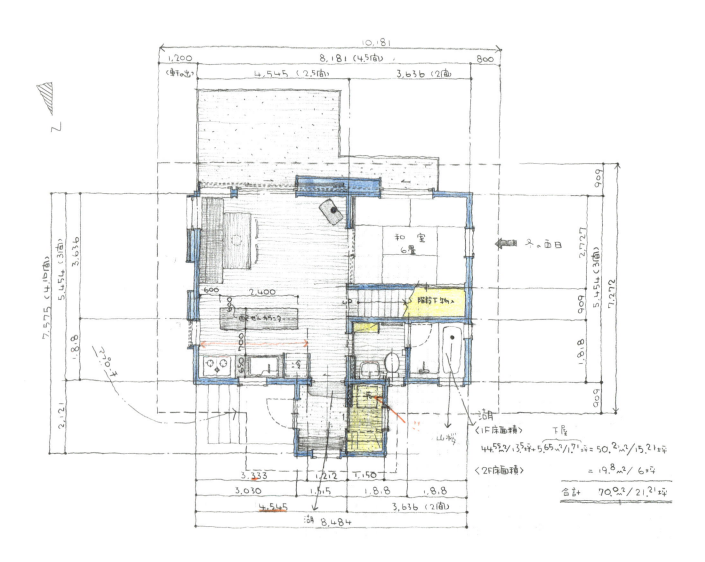

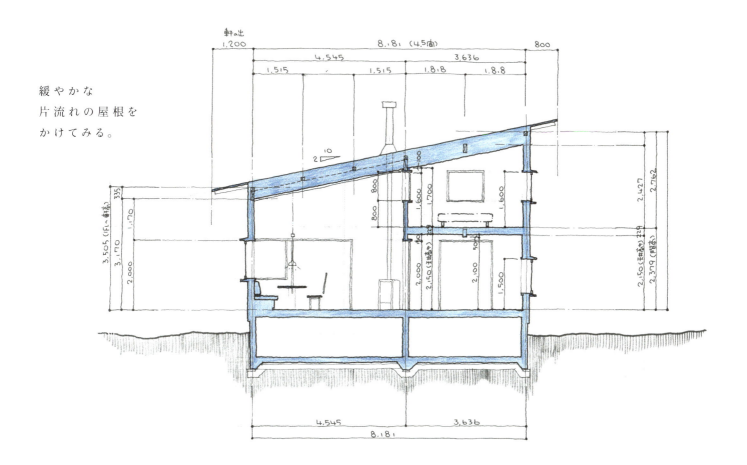

緩やかな
片流れの屋根を
かけてみる。

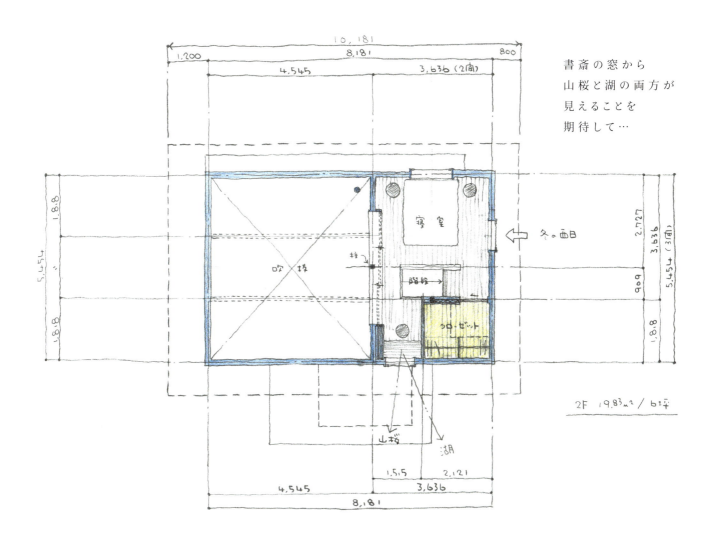

書斎の窓から
山桜と湖の両方が
見えることを
期待して…

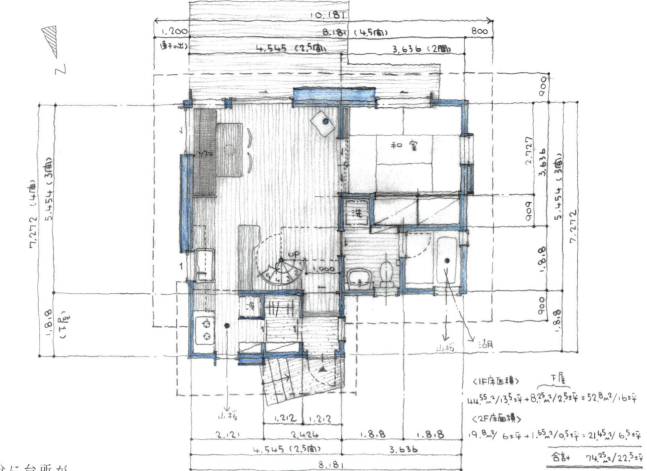

F案

下屋部分に台所が
またがっているのは
「あずましくないよね」

直通階段のようにプランの中に方向性が生じず、空間を垂直に移動できる螺旋階段が好きで、これまで多用してきたのだが、今回は暗黙のうちに螺旋階段に頼らないプランにしたいと考えていた。E案までは螺旋階段を自分の中で「禁じ手」にしていたのだが、このF案にとりかかったとき「ま、それほど頑なにならなくてもいんじゃないか」と自分に言い聞かせ、螺旋階段を採用してみた。

東側の壁に台所と食堂を一列に並べ、作業台も広くして使いやすくした。玄関から台所に至る裏動線も確保できたが、下屋部分にまたがって台所があることで、構成としての整合性を欠くところがこの案の決定的な問題点。

余談だが、北海道の友人はこういうときに「あずましくないよね」と表現する。「おさまりが悪い」「居心地が悪い」というような意味の方言である。

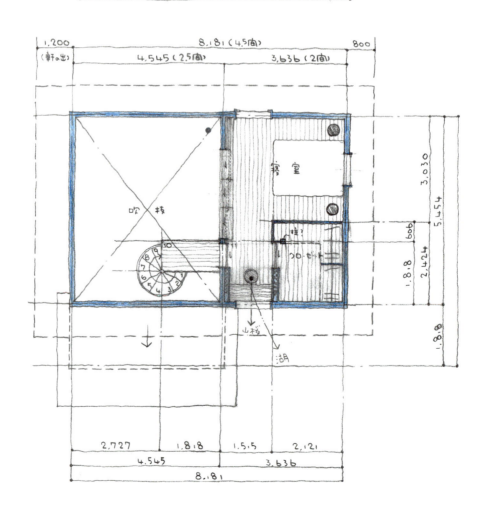

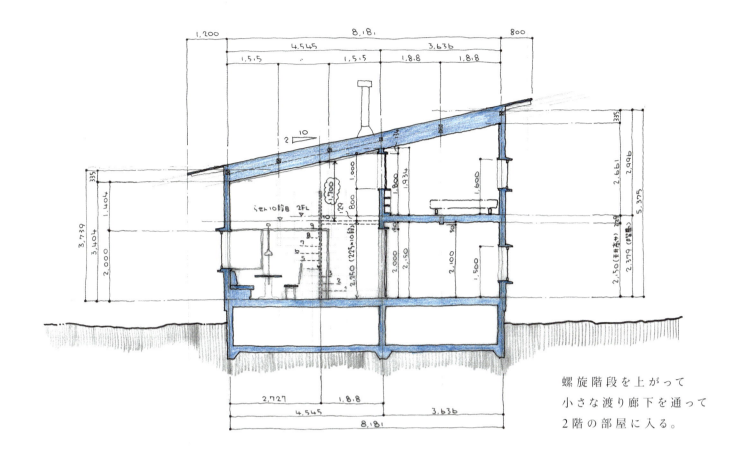

螺旋階段を上がって
小さな渡り廊下を通って
2階の部屋に入る。

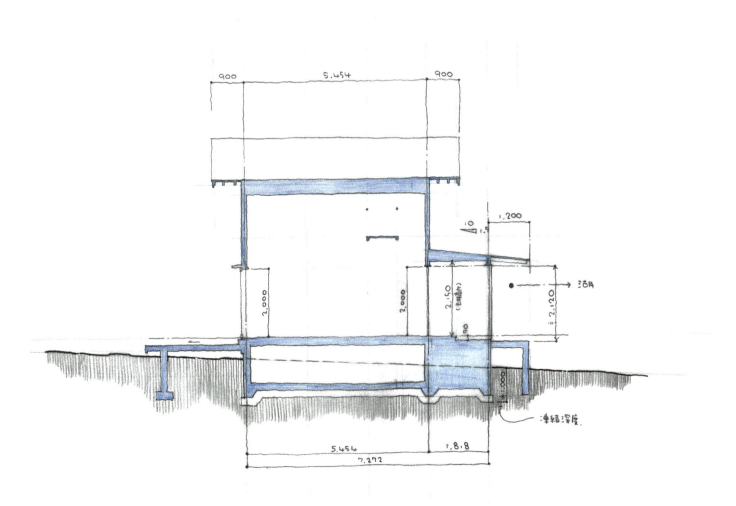

この場所から眺める湖の冬景色は眼を瞠る美しさだった

　そうこうしているうちに季節が変わり、冬を迎えると落葉した木々の間から湖の存在がはっきりと感じられるようになってきた。木々の葉がすっかり落ち、グレーベージュの景色のなかにくっきりと現れた鏡のように静かな湖面とそれを取り囲む落葉樹の森。この場所から眺める湖の冬景色は眼を瞠る美しさだった。

　山桜は春の楽しみにはちがいないが、桜の開花はわずか1週間の楽しみ。一方、湖は四季折々に変化する眺めを楽しむことができる。道路から少々遠くなることや、山桜の眺めもなかば諦めることになるのは残念だが、そのことを差し引いてでも「こちら側（つまり湖側）に建てよう！」と決心して、新たにプランの検討をスタートすることになる。

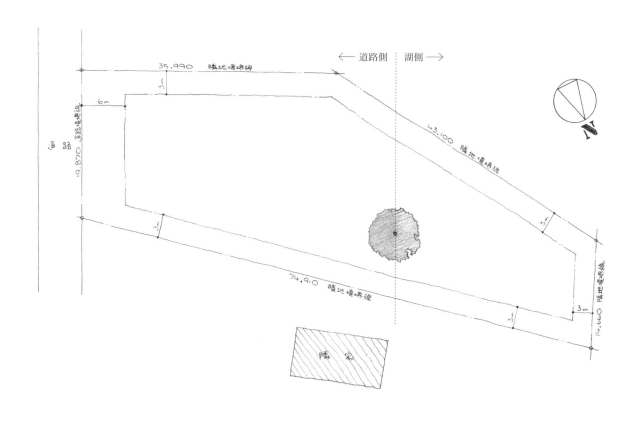

山桜の向こう側なら、
もっと湖に寄り添えるかもしれない

ここに、こんな眺めが‥‥、
この場所に建てよう！

G案

せっかく建物を湖側に
配置したわりには……

E案のプランの問題点のひとつだった「台所の狭さ」を解消するため建物の間口を三尺（909mm）拡げたうえで湖側に配置してみる。南側のテラスで山桜を楽しむ案として検討するが、敷地が次第に狭まってくるため、アプローチが建物を回り込む「空き巣狙い」の感じになっている。それだけでなく、せっかく建物を湖側に配置したわりには湖を台所とお風呂からぐらいしか眺めることができず、どこか釈然としない案。
E案のプランを改良しただけでは解決できないことが次第に明らかになってくる。

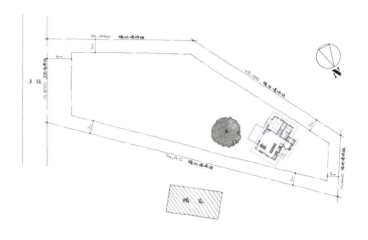

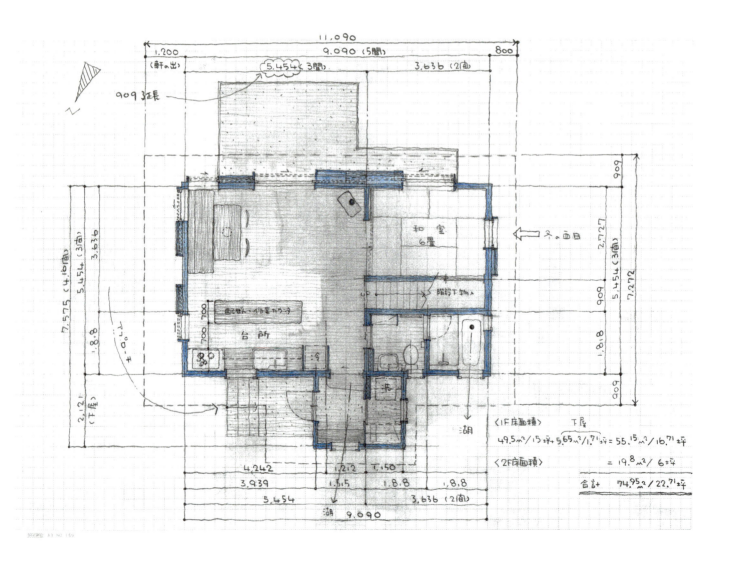

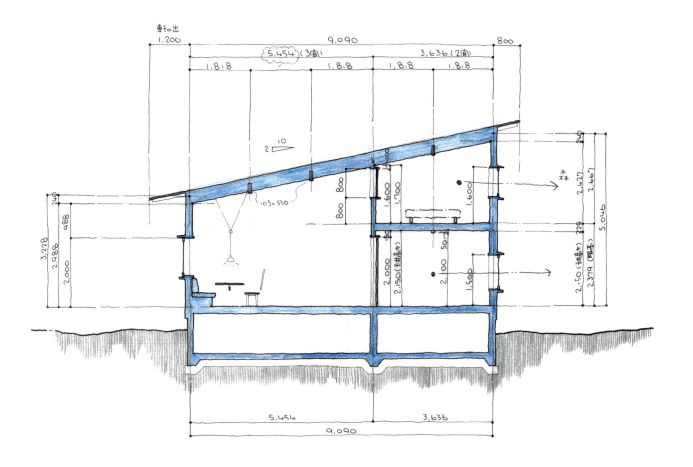
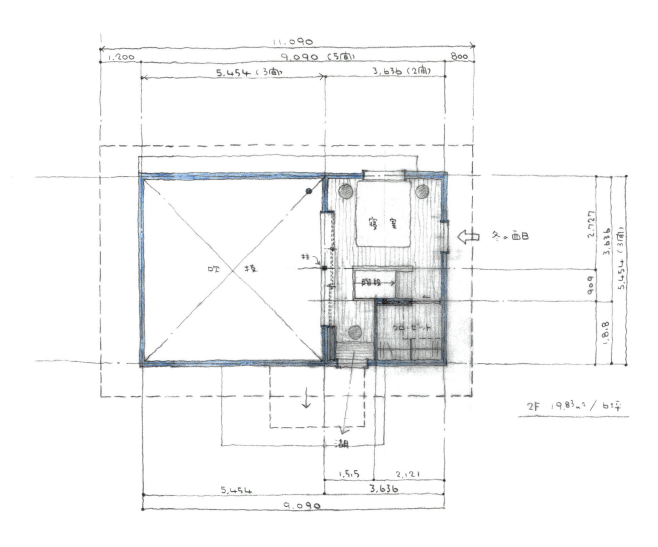

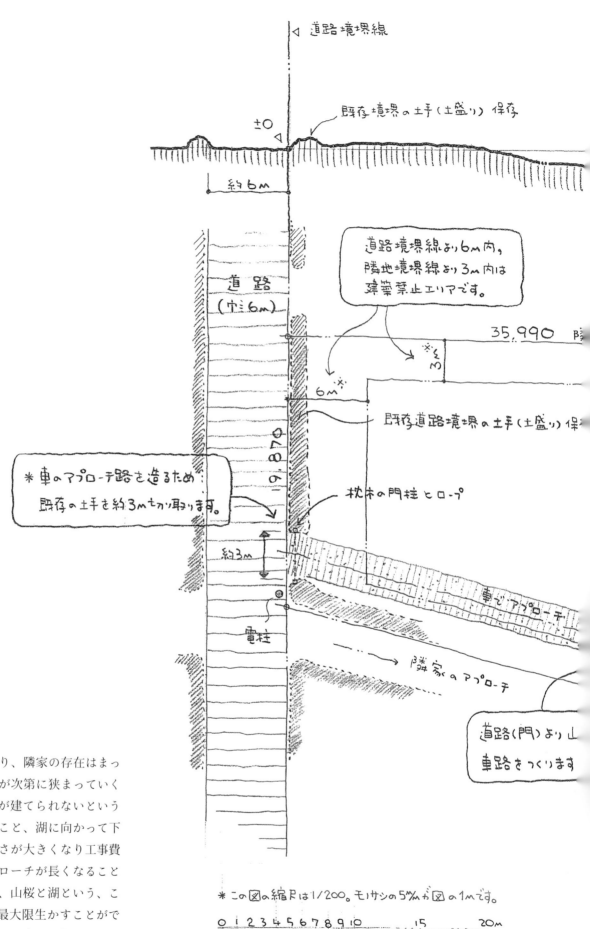

湖側に配置する際、アプローチと山桜と建物の関係はどうなるか？

山荘を湖側に配置することにより、隣家の存在はまったく気にならなくなった。敷地が次第に狭まっていくため、隣地境界から3mは建物が建てられないという地域の規定が厳しくなってくること、湖に向かって下っていく傾斜地のため基礎の高さが大きくなり工事費がかさむこと、道路からのアプローチが長くなることなど数え上げれば欠点はあるが、山桜と湖という、この敷地だけがもつ2つの魅力を最大限生かすことができるという誘惑には抗しがたく、G案を下敷きにして配置計画を練り直してみる。

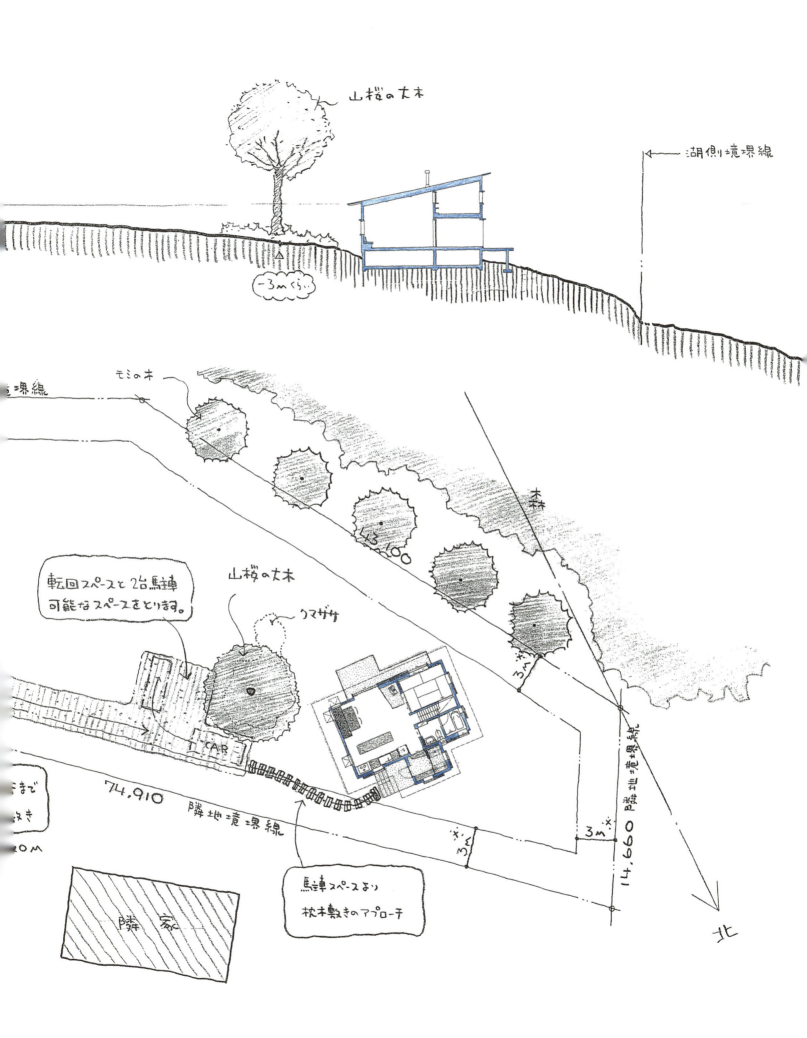

H案

建物を時計回りに30度ほど
回転させてみる

先細りで狭くなっていく敷地の形に合わせるために、これまで南に面していた建物を時計回りに（つまり西向きに）30度ほど回転させ、細長い敷地に無理なくおさまるようにした。こうすることで食堂からは山桜が、和室からは湖が眺められることになった。和室が俄然いい部屋になってきたので、さらに魅力的にするために湖に向けて大きなテラスを張り出すことにした。この配置なら浴室からも2階の寝室からも（書斎からも）湖の眺望を楽しむことができる。
このH案で蛭川夫妻に基本設計案としてプレゼンテーションすることになった。

↓
いざ、
プレゼンテーションへ

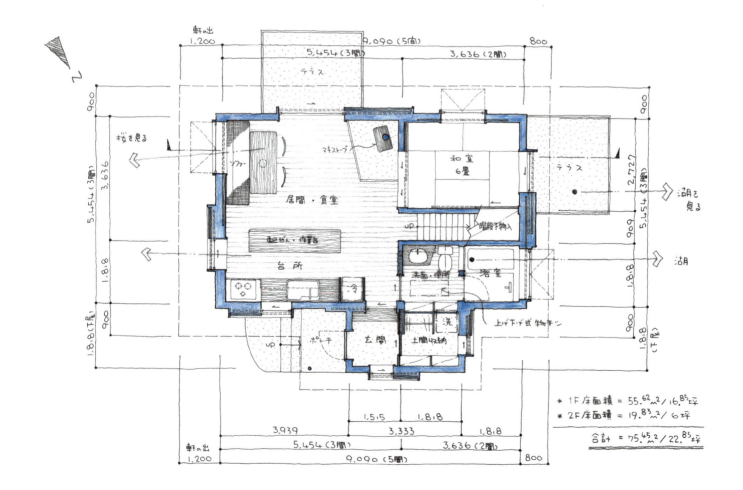

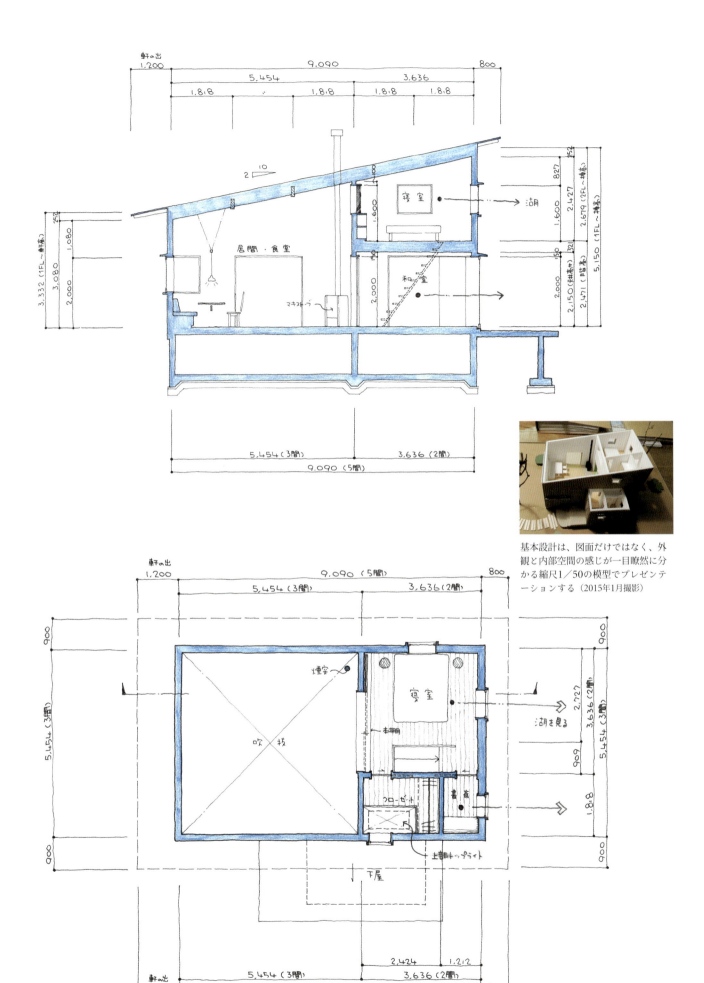

基本設計は、図面だけではなく、外観と内部空間の感じが一目瞭然に分かる縮尺1/50の模型でプレゼンテーションする（2015年1月撮影）

I案（最終案）
坂道を走り降りるようなスピードで
プランが変転し、最終案に着地

蛭川夫妻に基本設計案（H案）をプレゼンテーションした際、夫人がごく控えめなトーンで「湖を眺めながら台所仕事がしたいんです」と言われた。湖の素晴らしい眺めのことを思い浮かべるとしごくもっともな要望で、もちろん異論はない。というより、大賛成である。さっそく、要望に応えて台所と食堂が湖に面するようにプランを東西に反転させた。ただし反転させたのは1階部分だけで2階の主寝室は眺めの良い湖側にそのまま残している。このことで、D案からH案までの畳の部屋（和室）と主寝室を上下に重ねる案ではなく、台所と食堂の上に寝室が載る構成となった。

この平面構成を片流れの空間におさめて断面図を描いてみると、畳の部屋の天井が必要以上に高くなってしまったので、この部分を屋根裏部屋として使うことにした（この屋根裏部屋は予備の寝室にもなりうるという大きな利点もある）。こうして垂直方向に伸び上がる吹き抜け空間が生まれたわけだが、そうなると、その縦長の空間を「体感」したくなるのが「人情」というものだろう‥‥となると、やはり螺旋階段に登場してもらわなければならない。そして螺旋階段がゆったりおさまるようにプランを長手方向に4尺（1,212mm）拡げた。これで居間のスペースにも余裕が感じられるようになった。

この案で、もうひとつ大きな変化は屋根を「片流れ屋根」から棟の位置を大きく湖側に寄せた「切妻屋根」にしたこと。このI案（最終案）では、D案に登場していた「家の中に小屋が浮いているような」寝室と螺旋階段とが一緒に復活したことになるのである。振り返って見ると、A案からH案までは寄り道の多い散歩的な進み方だったが、ここにきて、急転直下、坂道を駆け降りるようなスピードでプランが変転し、最終のI案に着地したことになる。

最終案の模型。写真上が1階、下が2階
（2015年8月撮影）

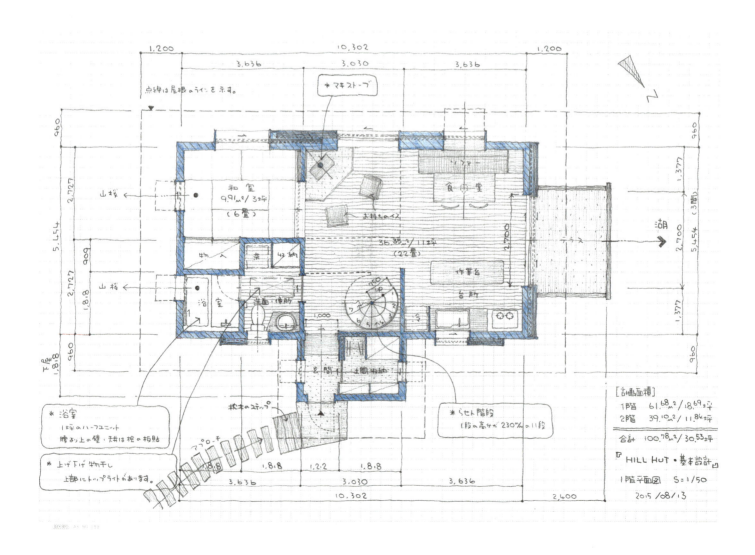

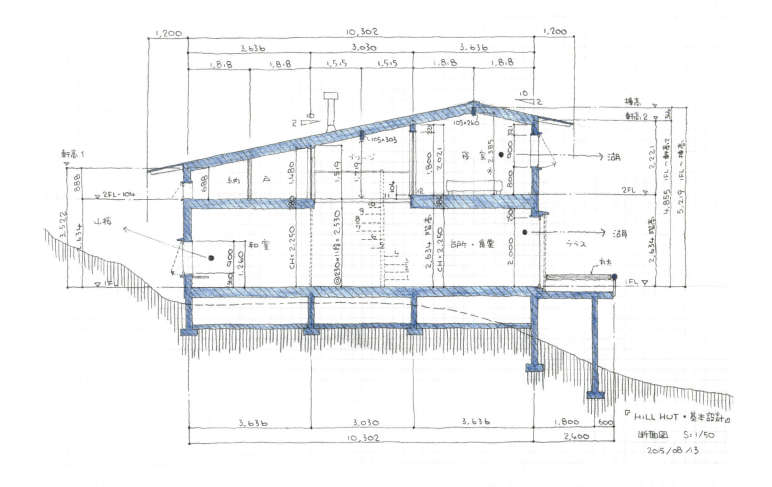
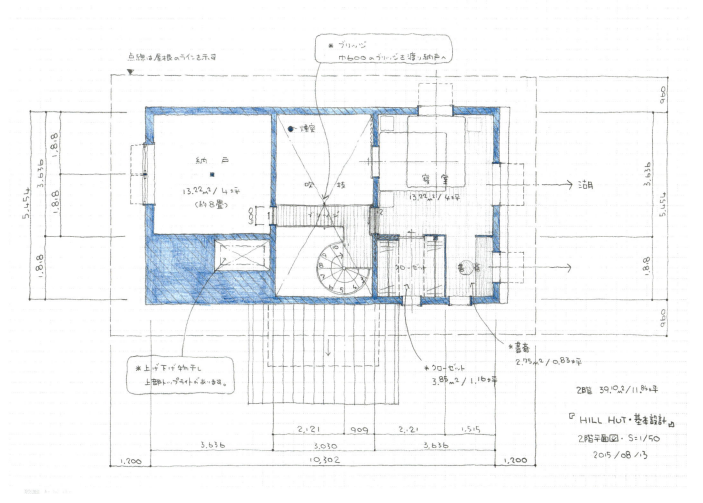

最終案（I案）を敷地内に配置してみる

基本設計最終段階の配置計画では、長いアプローチを入って来た車が向きを変えて出て行けるよう切り返しのできるパーキングスペースを設けている。パーキングの近くに暖炉用の薪置き場と薪割りのスペースをつくることも視野にいれたうえの配置である。アプローチ道路は浅間砂利を転圧して仕上げ、車を降りた人は枕木のステップを辿って玄関に向かう。最初に書いたとおり、初夏にこの土地を訪れたとき、雑木林と灌木の間からチラリと湖が見えたが、湖の近くに建物を配置しても、実際にはどのような見え方をするかまでは確認できなかった。そのためエスキースの初期段階では、山荘を山桜の手前の道路側に配置する予定で計画していた。プランを練っている間に冬を越し、その間、四季を通じて敷地に足を運んでいた蛭川夫妻は、湖の美しさに心を奪われるようになっていた。眼下に湖を見晴らす場所に建物を建てれば、視界が開け、視線は遠くに抜ける‥‥こうして夫人の要望どおり「湖を眺めながら台所仕事のできる」プランに辿り着いたのである。

設計が冬を越さずに手際よくまとまっていたら、敷地の一番奥に眠っていた「眺望という宝物」を見つけられなかったかもしれない。最終案に辿り着くための一番の功労者は、のんびり屋の設計者（つまり私と担当スタッフ）を急かすこともなく、1年を通じて幾度となく敷地に通いながら基本設計案の完成を待ち続けた夫妻には違いないが、皮肉にも設計の手際の悪さが「怪我の功名」的にひと役買ったことになる。

山桜の「こちら側」と「向こう側」でせめぎ合ってきた基本設計案が、このI案で文字通り「落着」した。さあ、いよいよ実施設計の開始である。

基本設計はこれにて一軒落着！

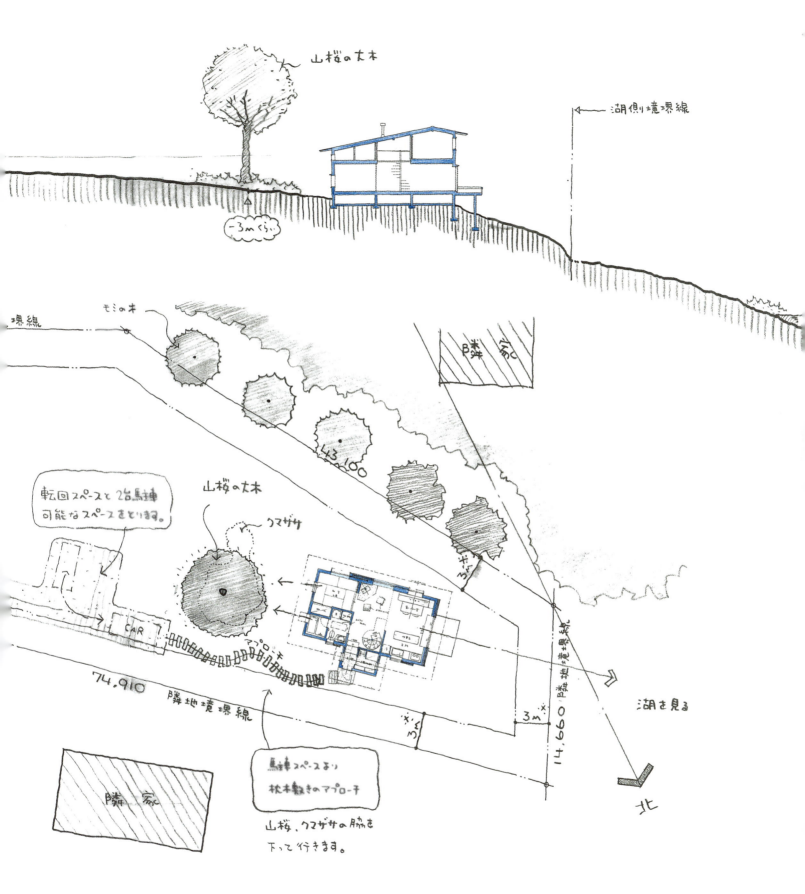

森の中に浮かんでいるような
浮遊感が味わえる
湖に向かって差し出されたテラス

The Scenery of Summer

構造	木造在来構法
敷地面積	1656.47㎡（501.96坪）
建築面積	64.42㎡（11.34坪）
延床面積	99.24（30.07坪）
	1階61.80㎡／2階37.44㎡
設計	中村好文　担当／入夏広親
施工	藤巻工業

第二章　実施設計図

EXECUTION DRAWINGS

2015年秋
工事開始

[地縄張り]

晩秋、落葉して見通しの良くなっ
た敷地を再訪

山桜の向こう側（湖側）に地縄を
張って位置を確認する

[測量・伐採する樹木の選定]

高低差の測量をする藤巻工業の
藤巻良二さん

伐採する樹を選定して印を付ける。
カラマツは大木になるわりに根が
浅く倒れやすいことと、春先には
樹脂が落ちて建物や車の屋根を痛
めるので、心を鬼にして伐採する。
また、台風などで倒れやすい木も
あらかじめ伐採する

［伐採後］

樹木を伐採し、下草を払った後の
湖の美しい眺め

伐採後に訪ねると、道路から山桜ま
で見通せるようになっていた

湖側から山桜を見上げる。すっくと
そびえ立つ山桜の勇姿

伐採した木は薪ストーブの燃料とな
る。当分、薪には困らないだろう

2016年1月

[地鎮祭]

敷地を整地し地鎮祭の準備

地面は建物の足元先端から湖に
向かって下がっていく

[地業工事]

地鎮祭翌日から、根伐りが始まる

掘削完了

明日も晴れますように‥‥

仕上げ表

建物名称	HILL HUT			
建築場所				
敷地面積	1656.47㎡ / 501.96坪	建築面積	64.42㎡ / 19.4	
延床面積	99.24㎡ / 30.07坪	1階 61.80㎡/18.72坪	2階 37.44㎡/	

外部仕上表

屋根（下屋も同仕様）	庇・軒	外壁	基礎
ガルバリウム鋼板たてはぜ葺き(銀黒)@303 アスファルトルーフィング 22kg シージングボード ⑦8t 野地板 構造用合板 ⑦12t 棟にて板金による棟換気をとる 天窓 ベルックス Fixタイプ	破風 米松⑦30t (下屋は?) 軒、けらばは化粧野地 杉板⑦12t 合いじゃくり 化粧垂木 松 45×120 @303 小庇 ガルバリウム鋼板（銀黒）	杉ザラ板⑦12t×120 ヤマト貼り 真ちゅう丸頭スクリュー釘打ち きっつき防止板 ガルバリウム鋼板 通気用胴縁 ⑦18×45 タイベック	ベニヤ型枠 コンクリ 床下換気口 丸型

内部仕上表

階	室名	床	巾木	壁	天井
1	玄関	スサ入色モルタル木ゴテ仕上 合板下地 パインフローリング⑦15t	モルタル巾木 H60 欧州赤松⑦6t H45	P.B下地ルナファーザー貼	パインフローリング
1	土間収納	スサ入色モルタル木ゴテ仕上	モルタル巾木 H60	ラワン合板⑦12t V目地つきつけ	同
1	居間	合板下地 パインフローリング⑦15t ストーブ下は色モルタル木ゴテ仕上	欧州赤松⑦6t H45	P.B下地ルナファーザー貼	同
1	食堂	合板下地 パインフローリング⑦15t	同 上	同 上	同
1	台所	同 上	同 上	同 上	同
1	和室	合板下地 琉球表ヘリなし畳⑦60t	畳よせ、板部は欧州赤松	同 上	同
1	洗面・便所	合板下地 パインフローリング⑦15t	欧州赤松⑦6t H45	同 上	同
1	浴室	ハーフユニットバス（TOTO）	―――	桧縁甲板張り ⑦12t	桧縁甲板
2	寝室	合板下地 パインフローリング⑦15t	欧州赤松⑦6t H45	P.B下地ルナファーザー貼	パインフローリング
2	クローゼット	同 上	同 上	P.B下地桧合板⑦4t 張り	同
2	書斎	同 上	同 上	P.B下地ルナファーザー貼	同
2	納戸	合板下地 ラワン合板⑦12t V目地	同 上	同 上	P.B下地 廻り縁 欧州

仕上表

開口部	ポーチ・テラス	外構・その他
外枠 米松 玄関戸 ピーラー その他の木製建具 アルス 木製サッシ 夢まど 米松（塗装はシッケンズクリア） 小窓は全てYKK AP エピソード （アルミと樹脂の複合サッシ）	玄関ポーチ スサ入色モルタル木ゴテ仕上 ステップ 枕木積み テラス スサ入色モルタル木ゴテ仕上 手スリ 笠木米松加工品 支柱 スチールアングル O.P	

造作・家具	備考
上り框 欧州赤松⑦30ᵗ	
各棚造作 栂ランバーコア⑦21ᵗ 木口テ張り	
らせん階段 段板 欧州赤松⑦30ᵗ	床暖房／長府製作所 ストーブ／SCAN C1-10GL（憩暖）
ソファー廻り家具工事	床暖房／長府製作所
台所・作業台廻り家具工事	
物入 床、壁、天井はラワン合板 中段は杉板⑦12ᵗ スノコ張り	パネルヒータ／長府製作所
洗面・洗たく機廻り家具工事 洗面カウンター前はステンレス板⑦1ᵗ貼り	ブラインド 昇降式物干し／レミングハウスが手配
各棚造作 栂ランバーコア⑦21ᵗ 木口テ張り 中段は杉板⑦12ᵗ スノコ張り デスク造作 ナラ集成材⑦30ᵗ デスク下収納 家具工事	

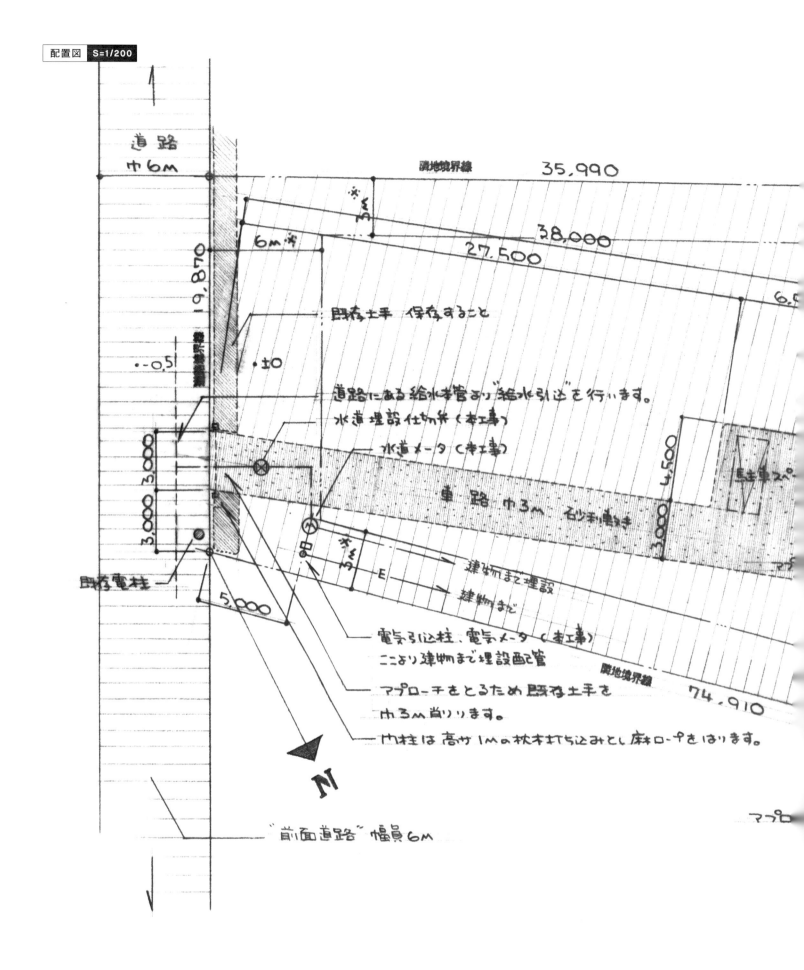

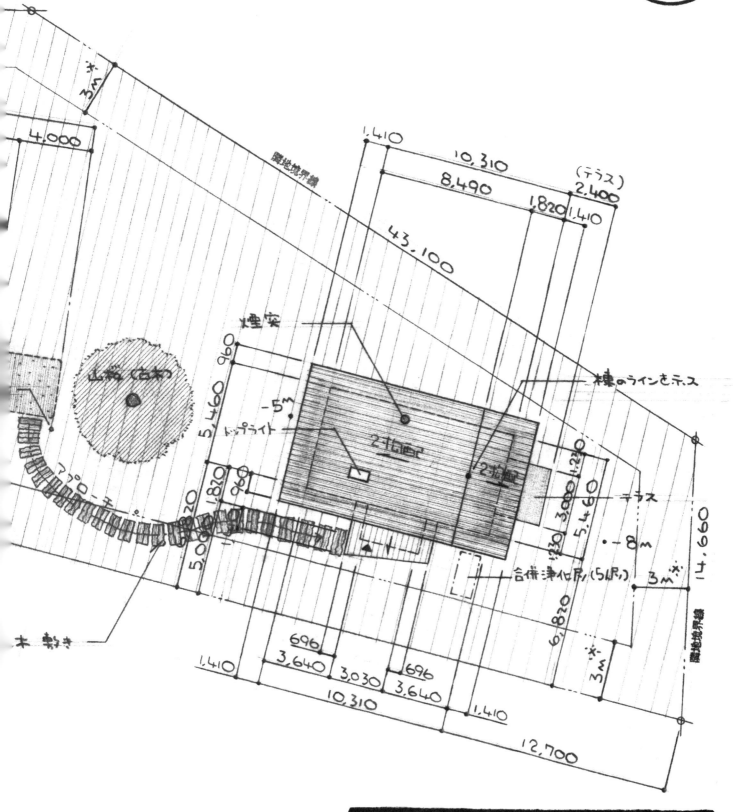

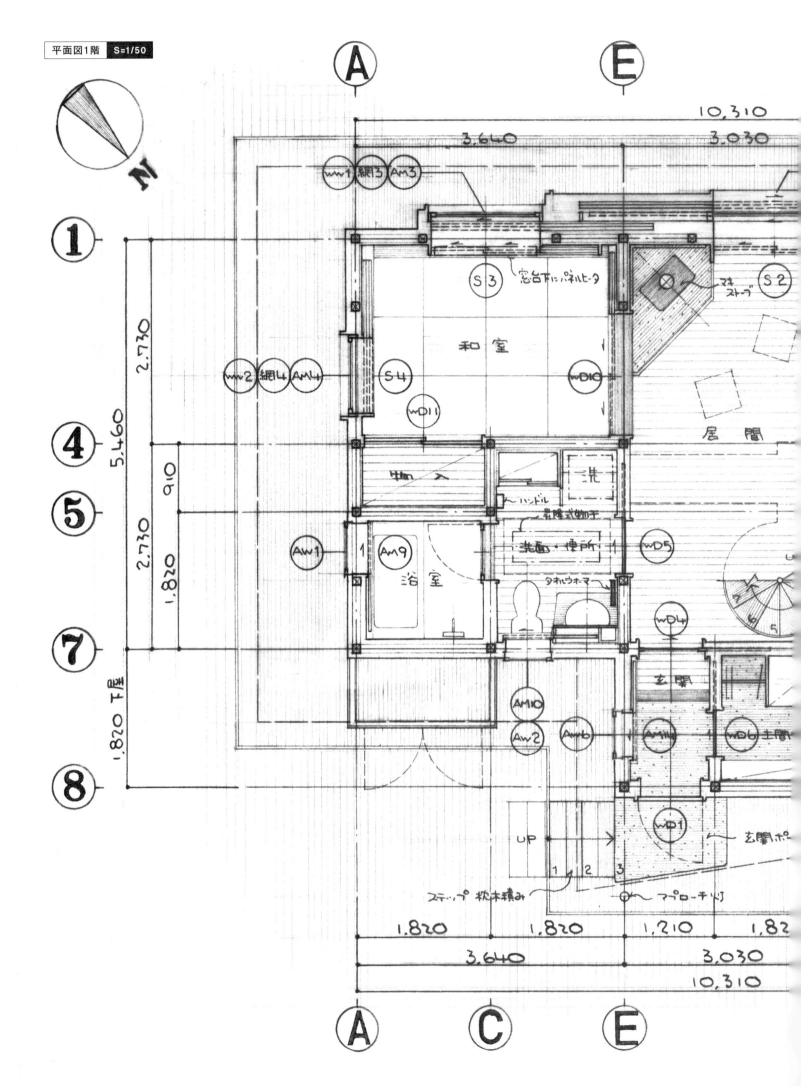

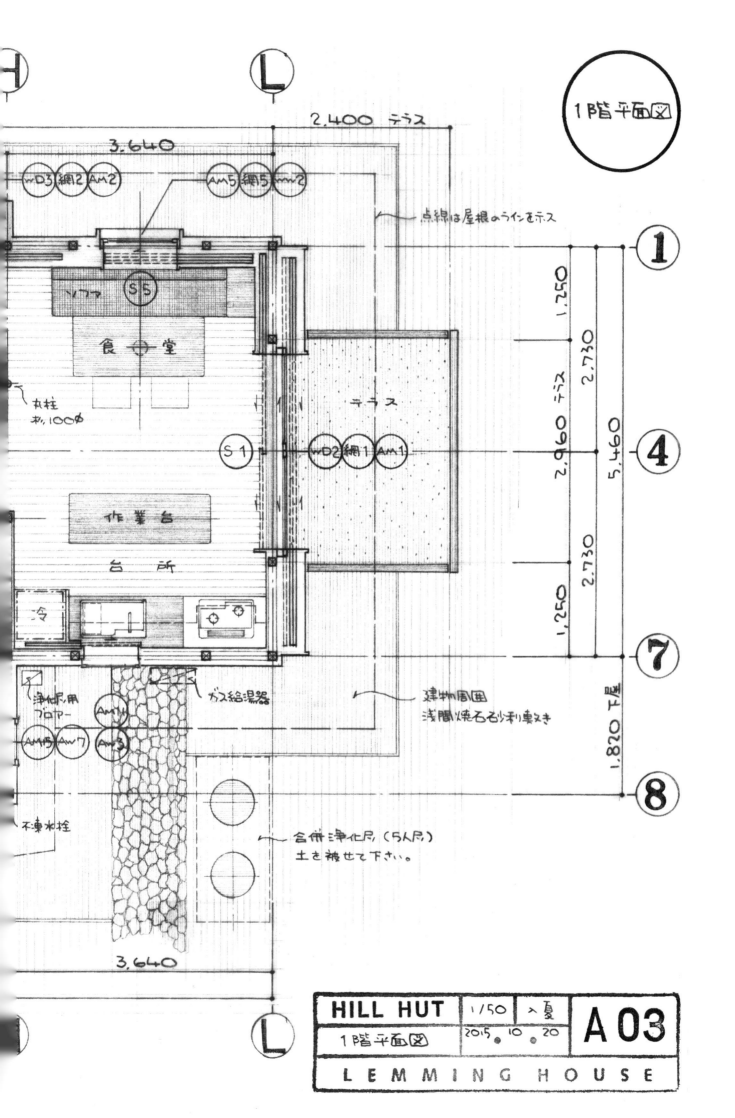

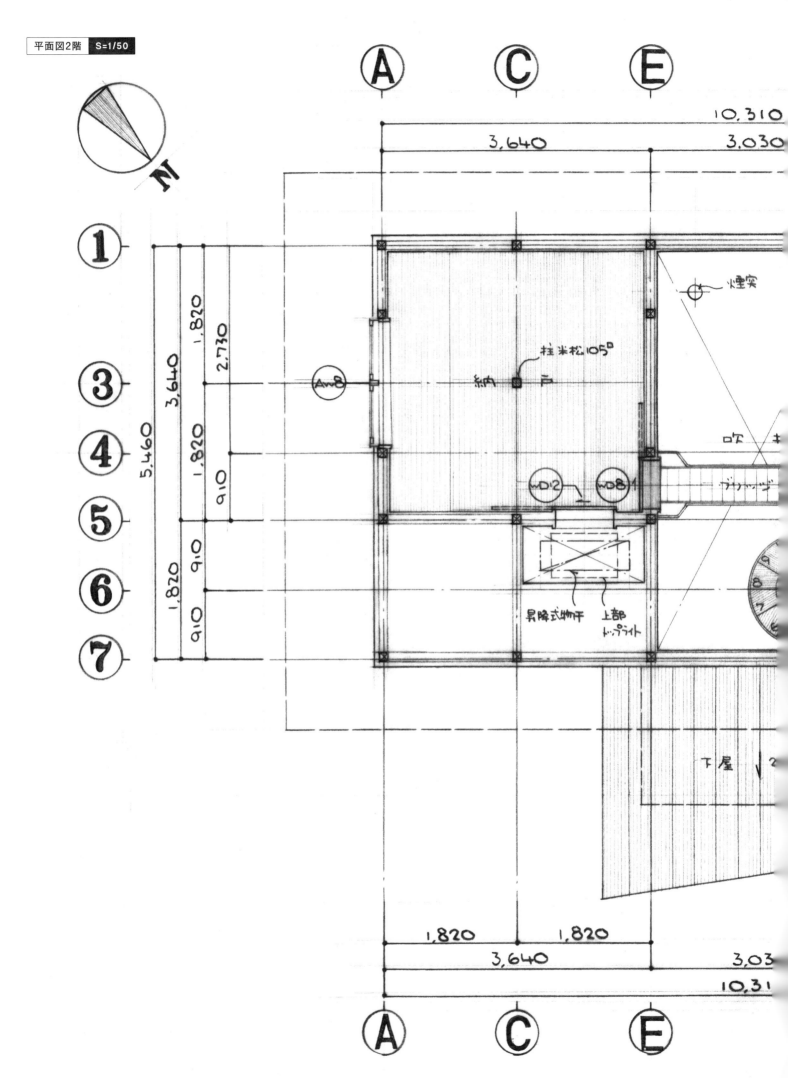

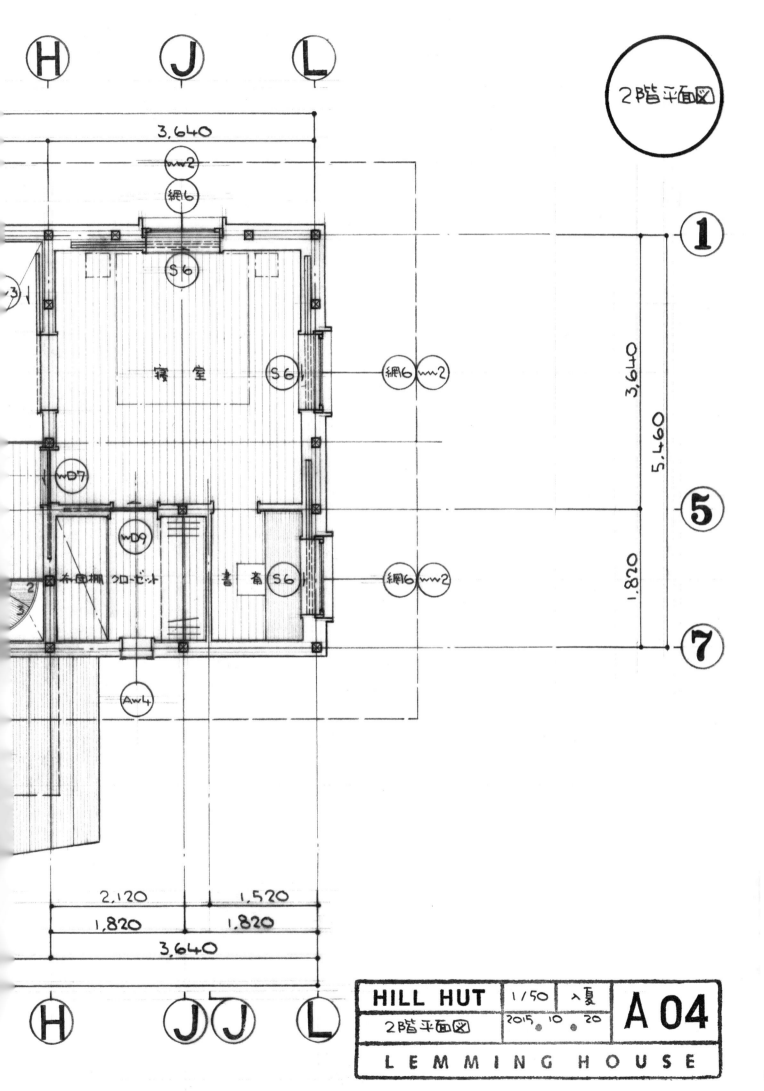

屋根伏図 S=1/50

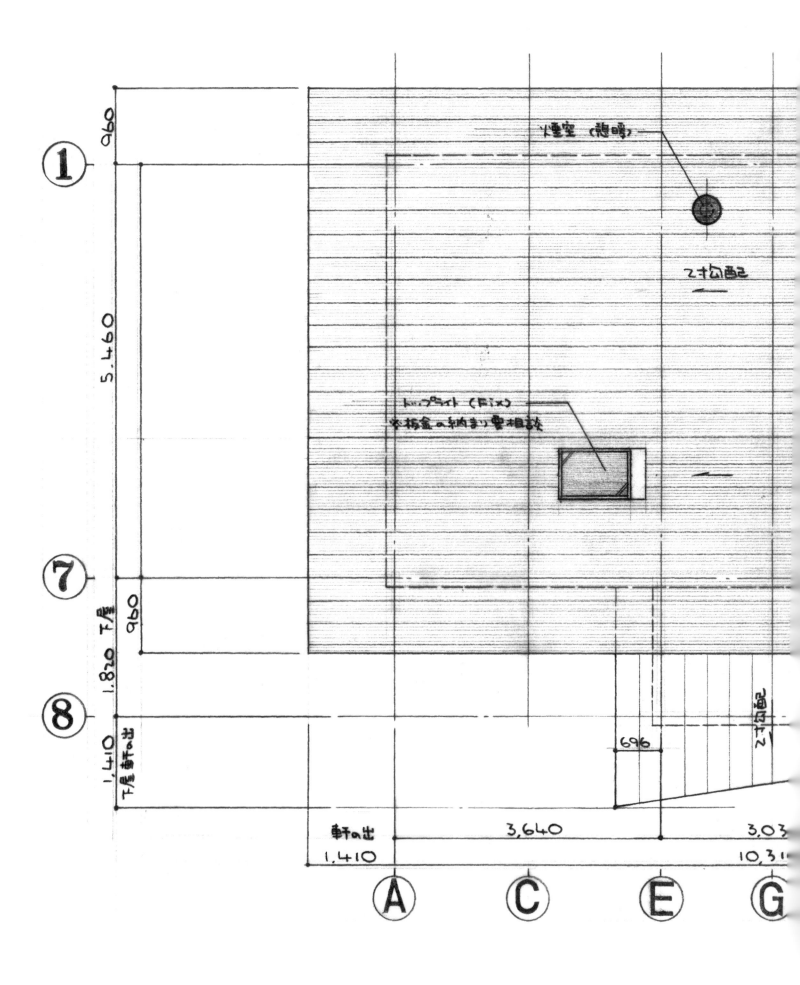

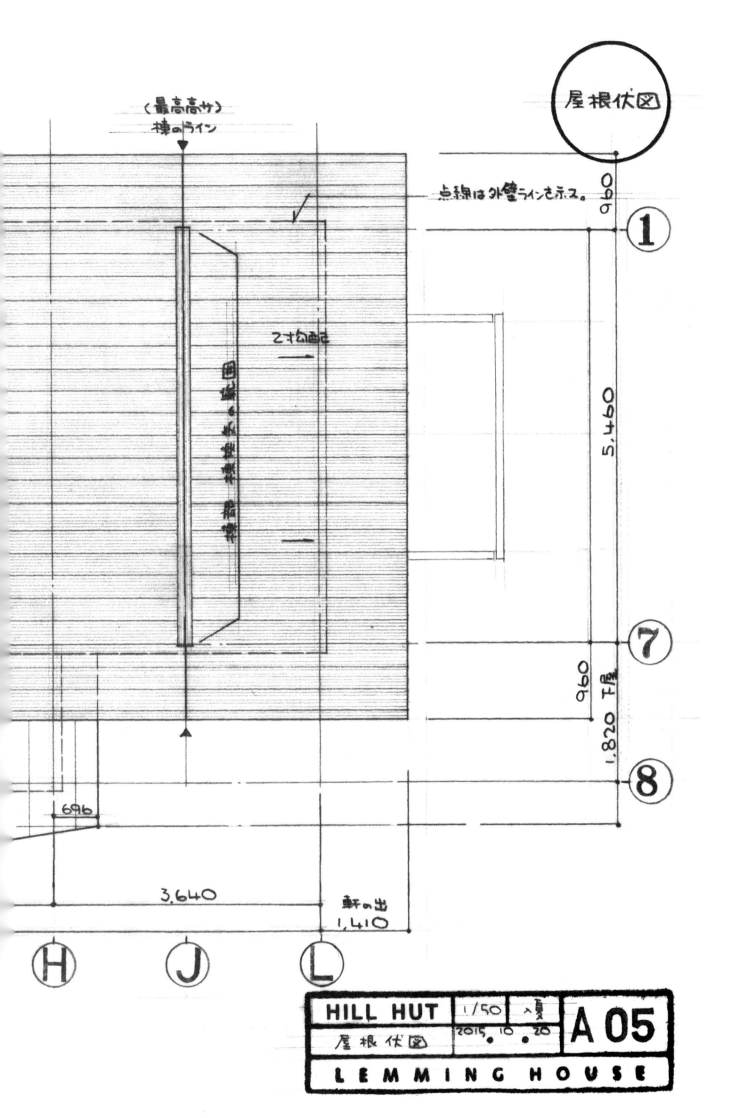

立面図 北　S=1/50

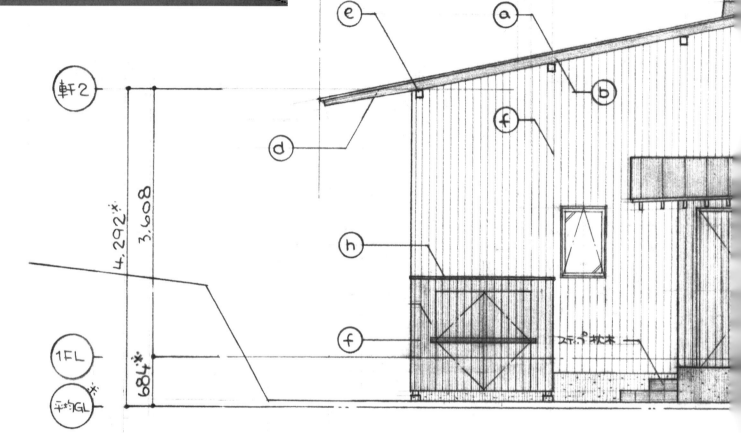

* 外部の⓪について
・屋根、小庇などの板金は銀ネズ色。
・外部木部（外壁等全て）は全て無塗装。
・コンクリート部は着色しません。

ⓐ	屋根 ガルバリウム鋼板たていぜ葺@303	ⓑ	破風 米松一等 30×150	ⓒ	垂木 松 45×
ⓔ	母屋端部 米松 105□	ⓕ	外壁 杉ザラ板⑫ ヤマト張り	ⓖ	木枠 米松一等
ⓘ	基礎 コンクリート打ちはなし	ⓙ	ズサ入色モルタル木ゴテ押え	ⓚ	床下換気口 ⑫

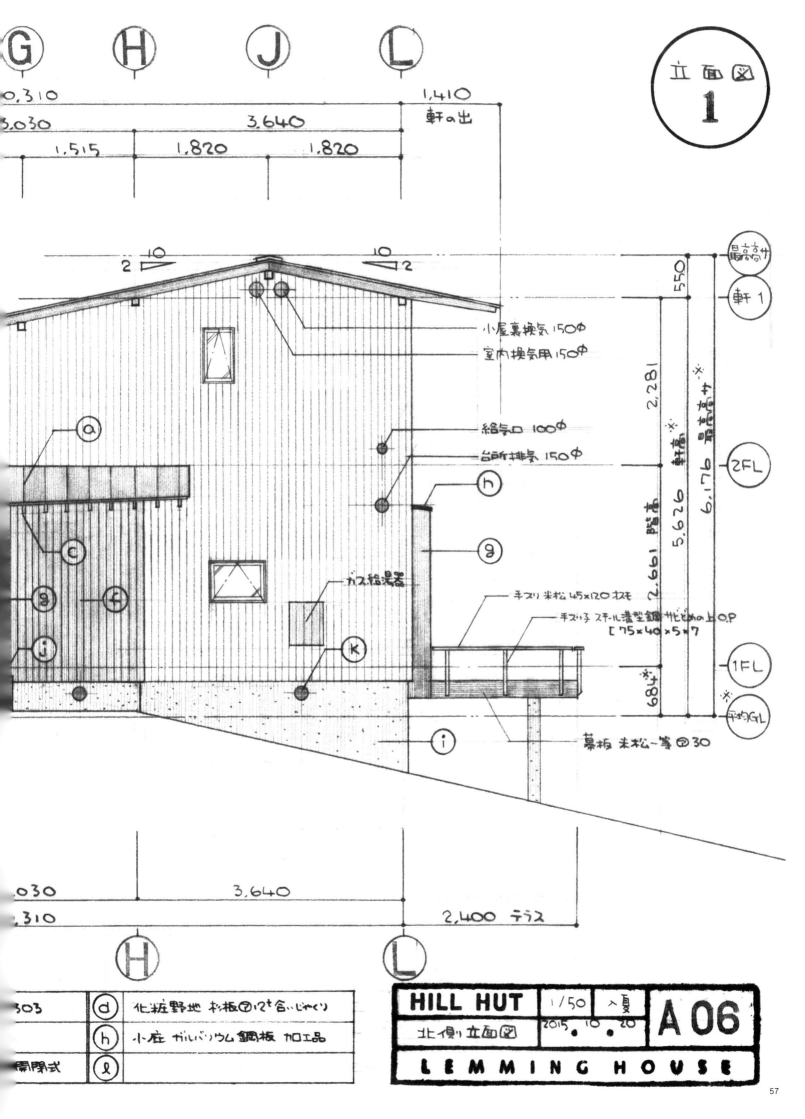

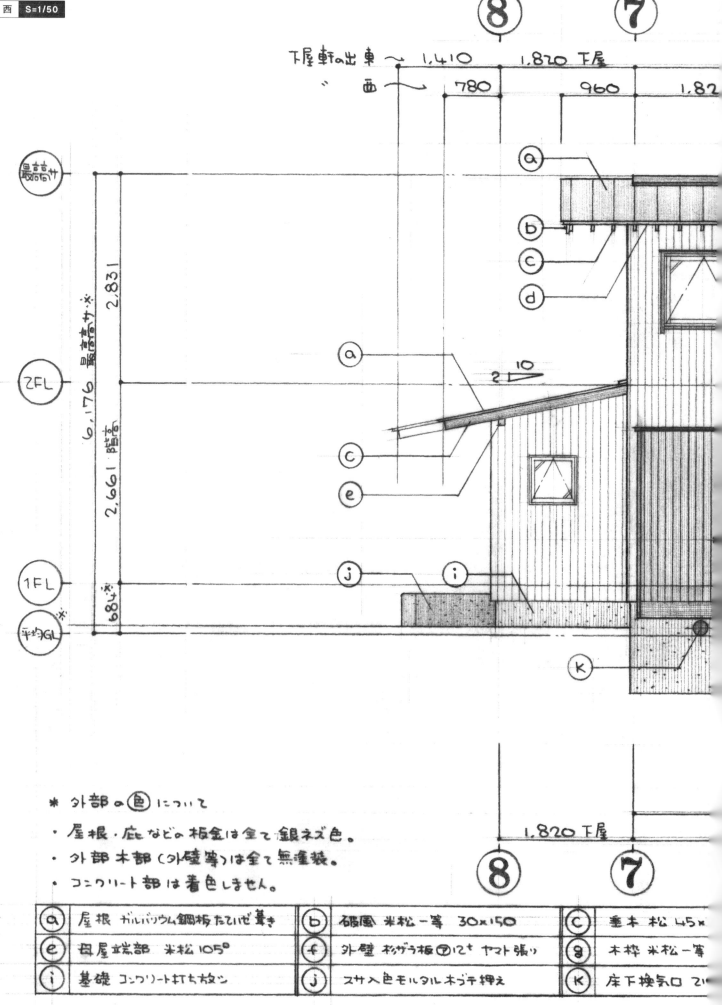

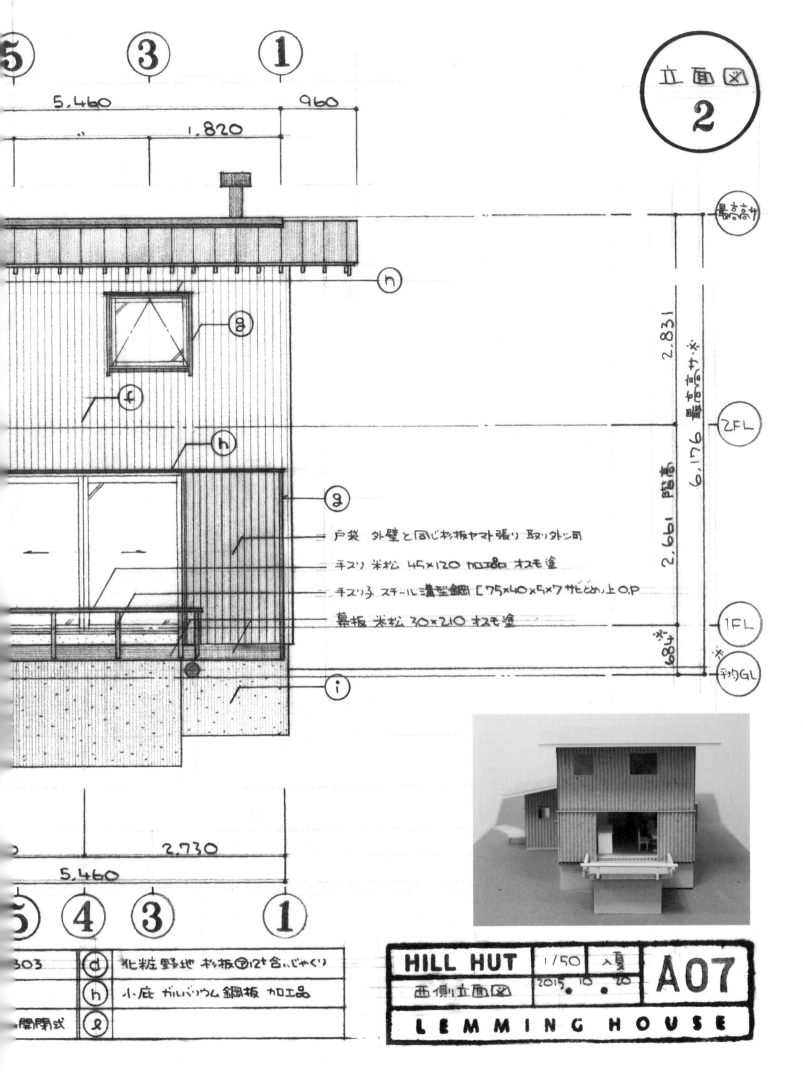

立面図 南　S=1/50

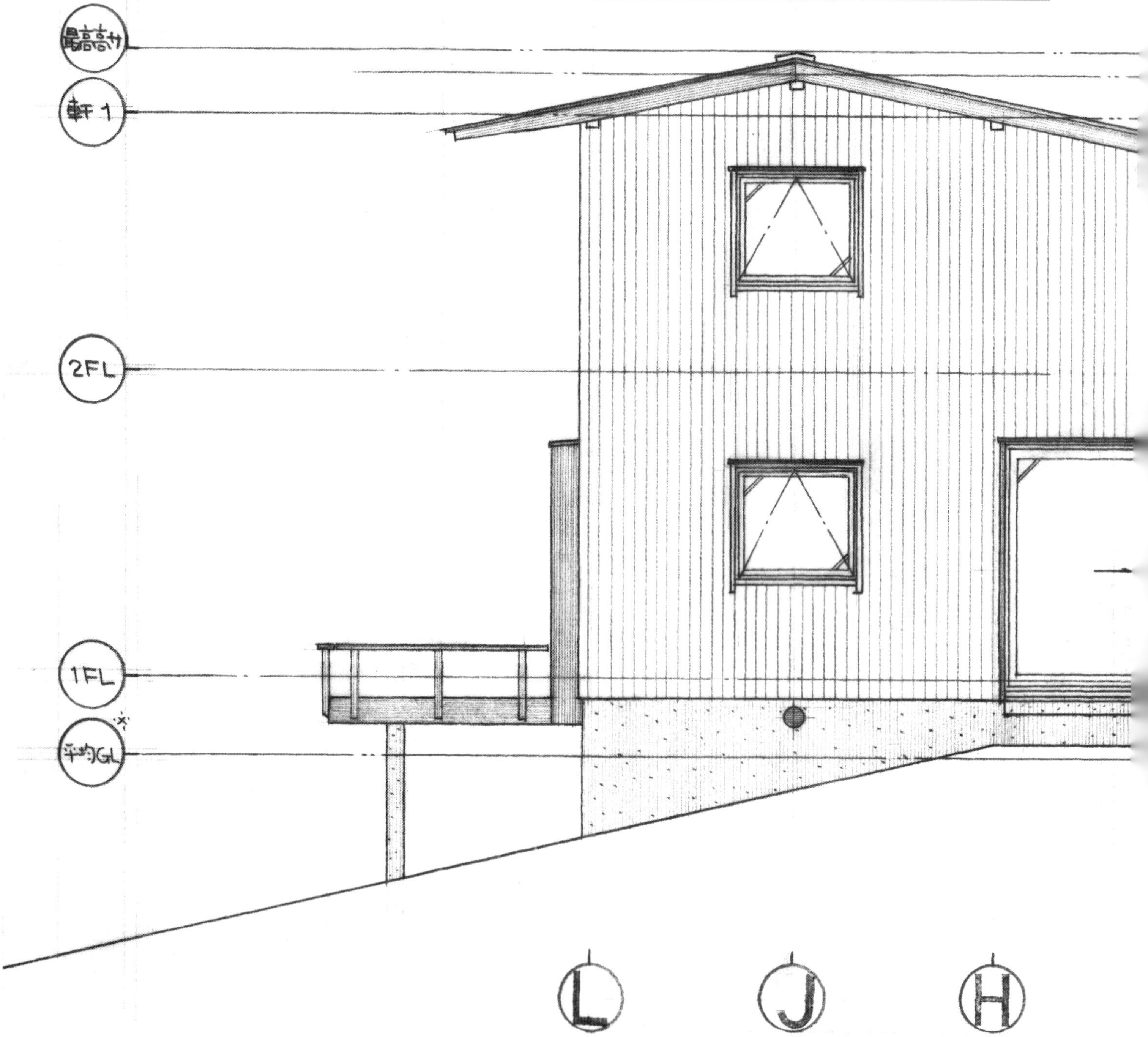

- 最高高さ
- 軒1
- 2FL
- 1FL
- 平均GL

Ⓛ　Ⓙ　Ⓗ

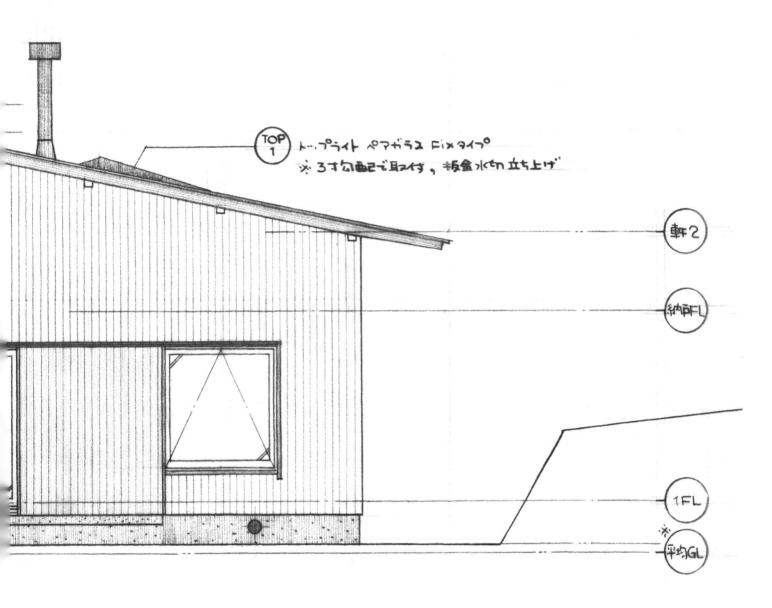

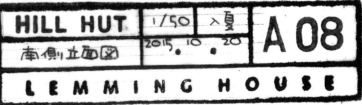

立面図 東 S=1/50

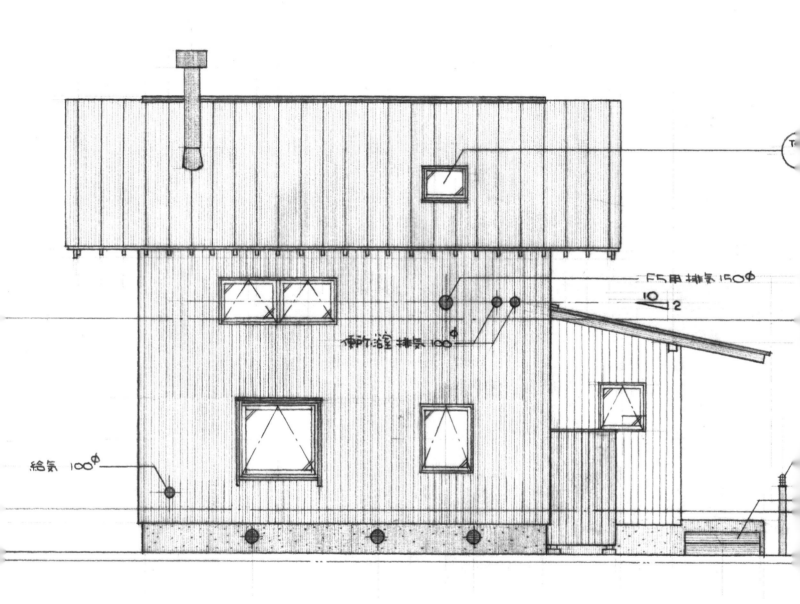

立面図 4

ップライト トーメイペアガラス Fixタイプ

納pFL

アプローチ灯 松丸太90Φ+船舶照明

ステップ 枕木積み

1FL

※ 平均GL

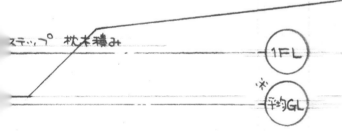

HUT	1/50	入面	A09
立面図	2015.10.20		
M M I N G　H O U S E			

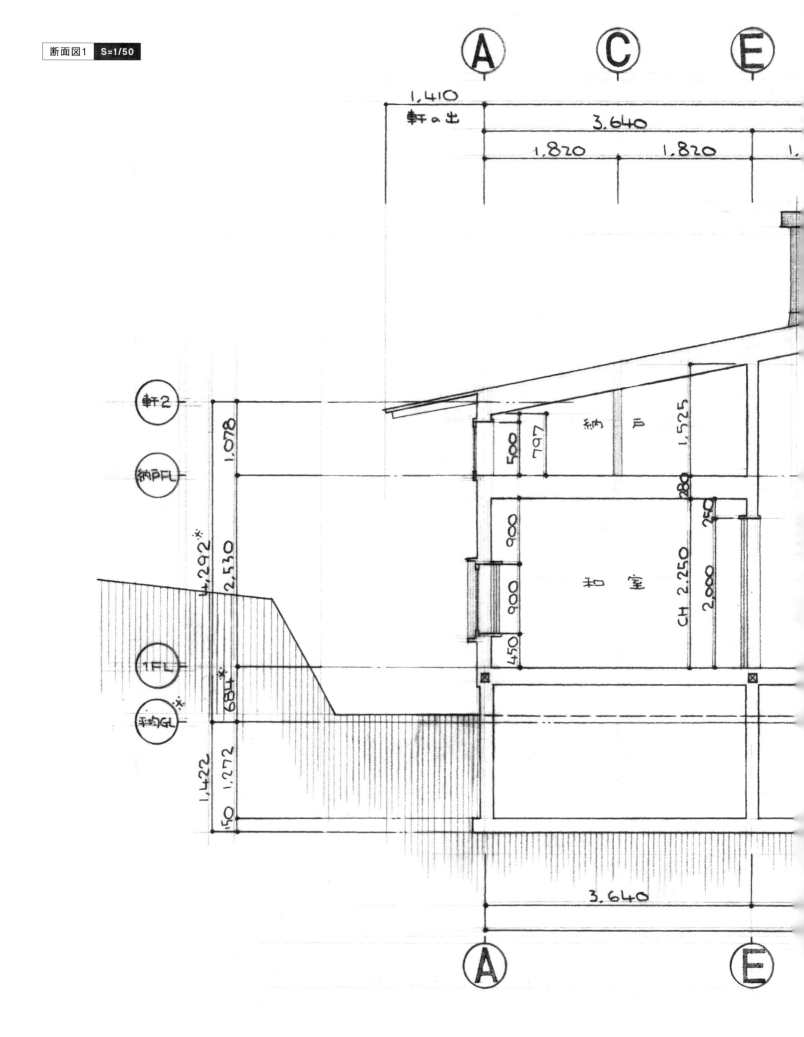

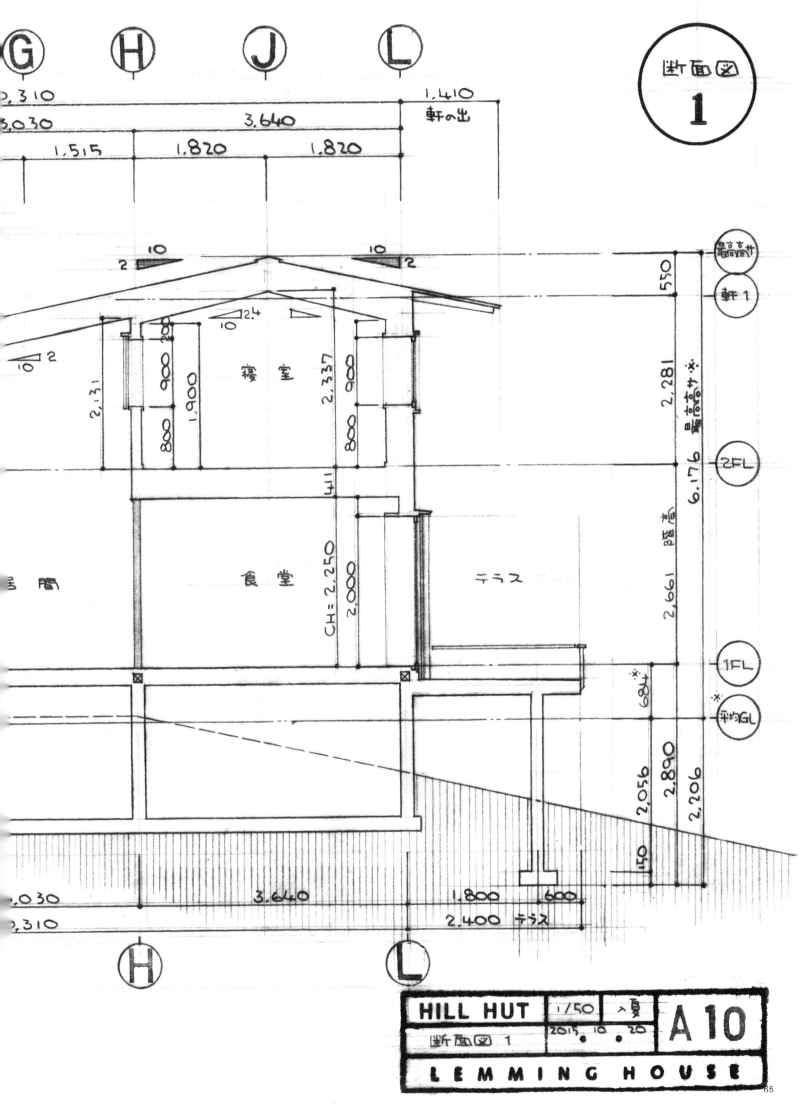

断面図2 S=1/50

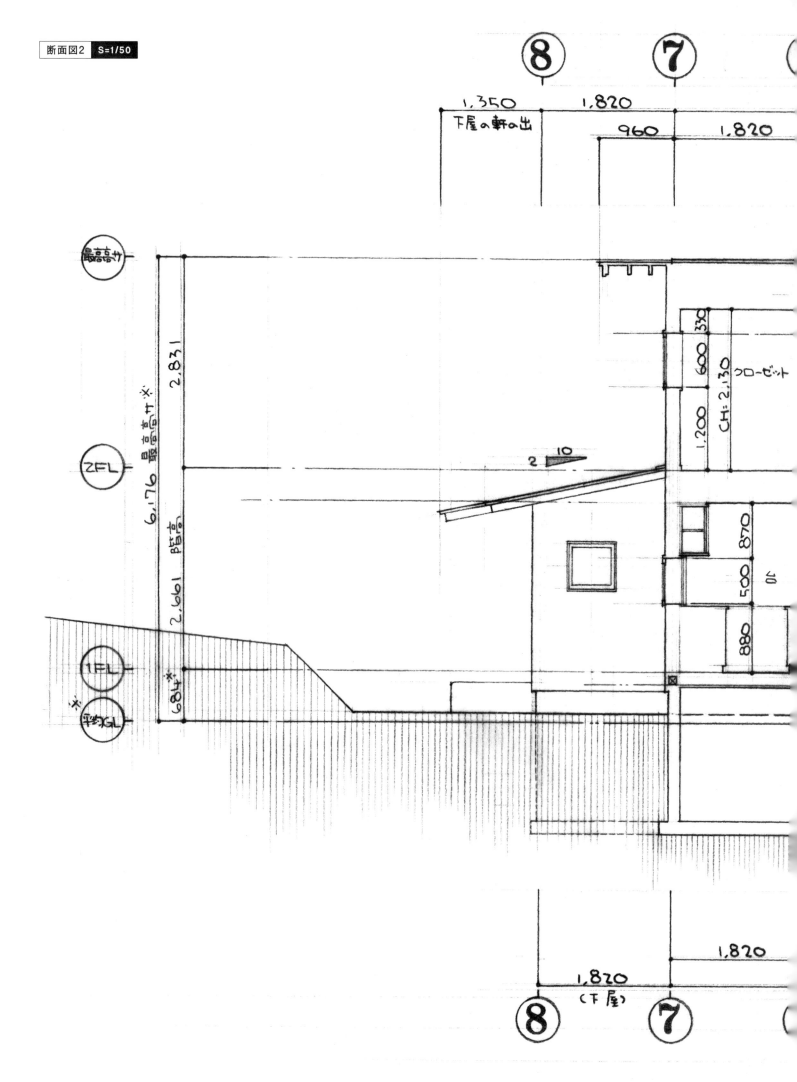

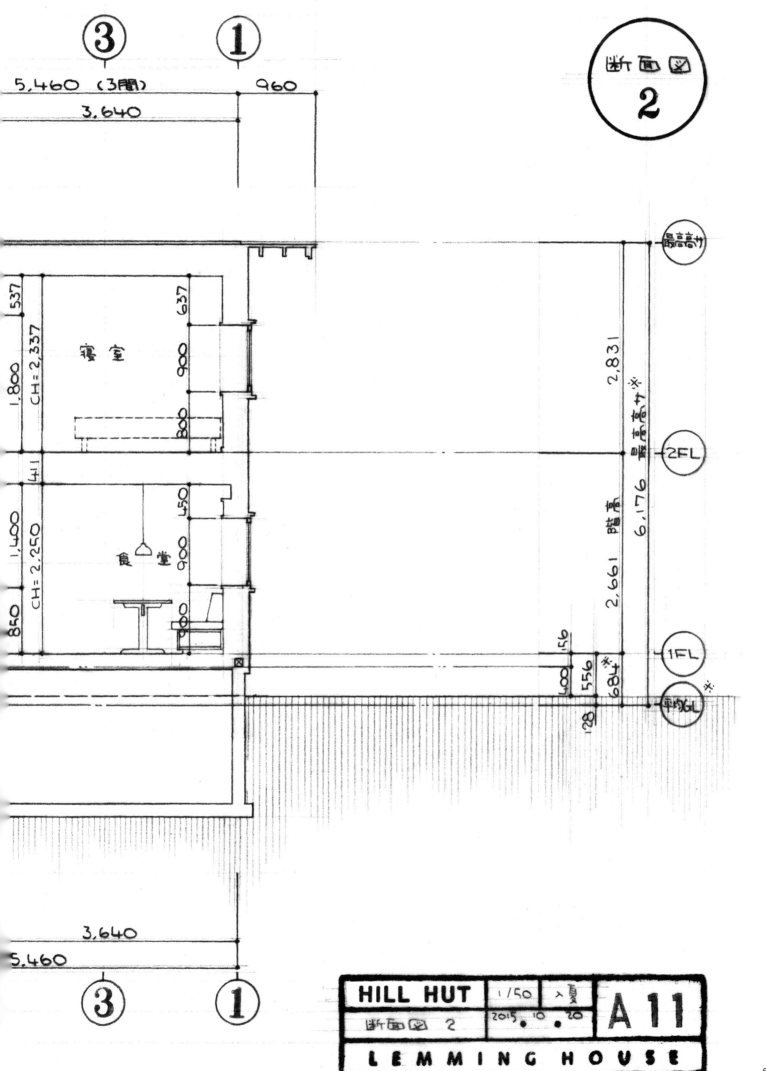

矩形図1　S=1/40

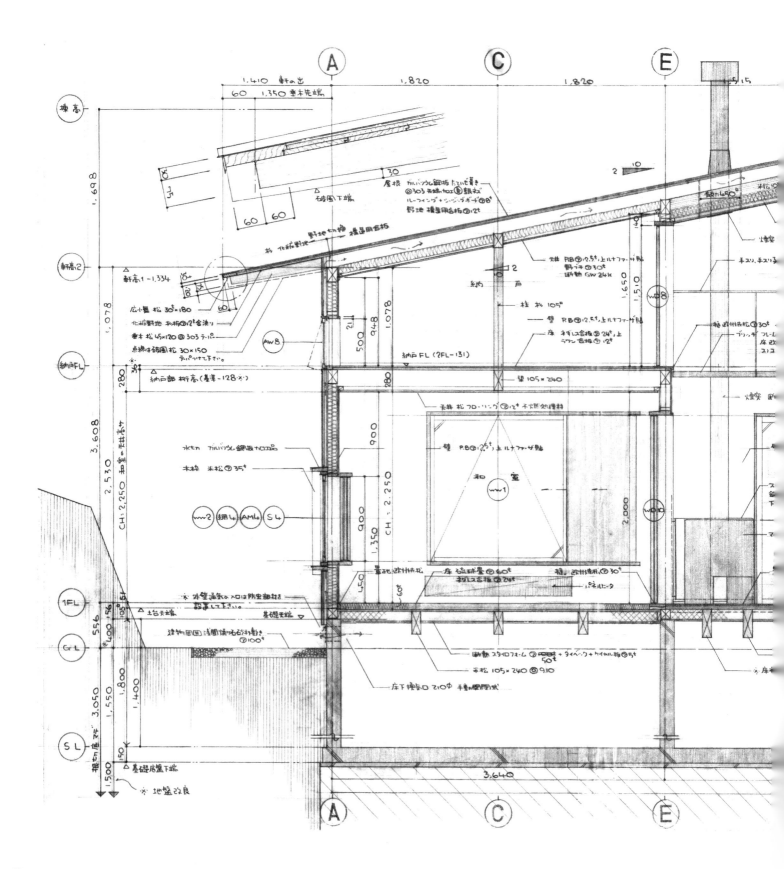

2階寝室は、切妻型の天井によって小屋のような空間になった

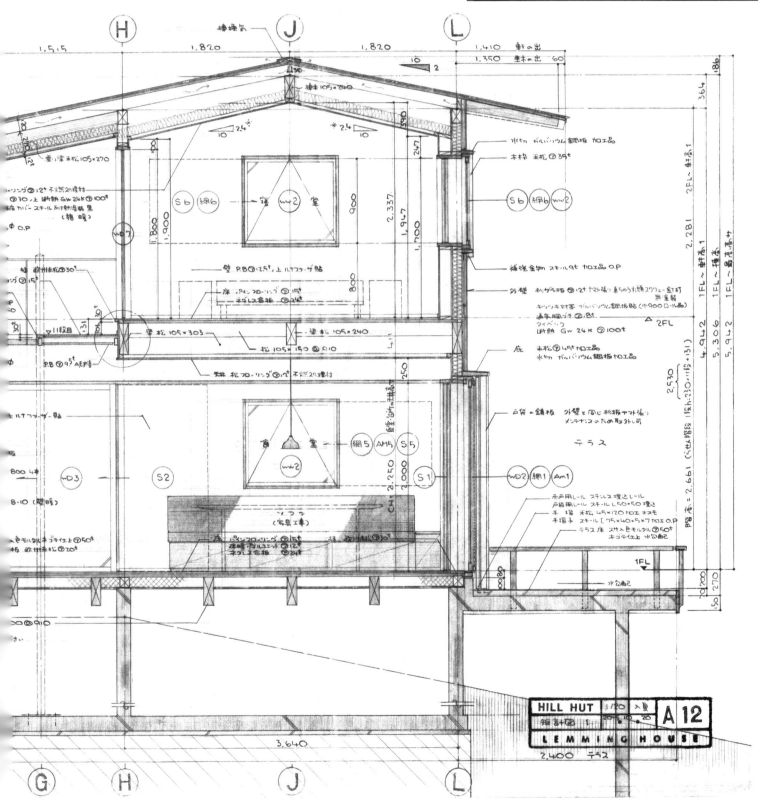

矩形図2　S=1/30

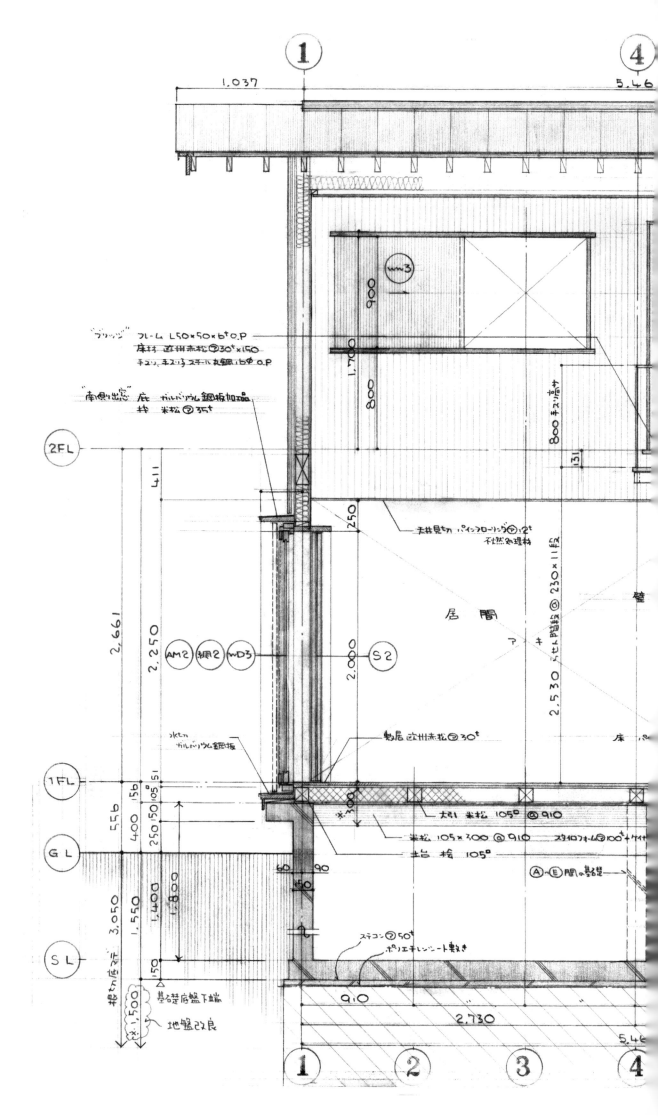

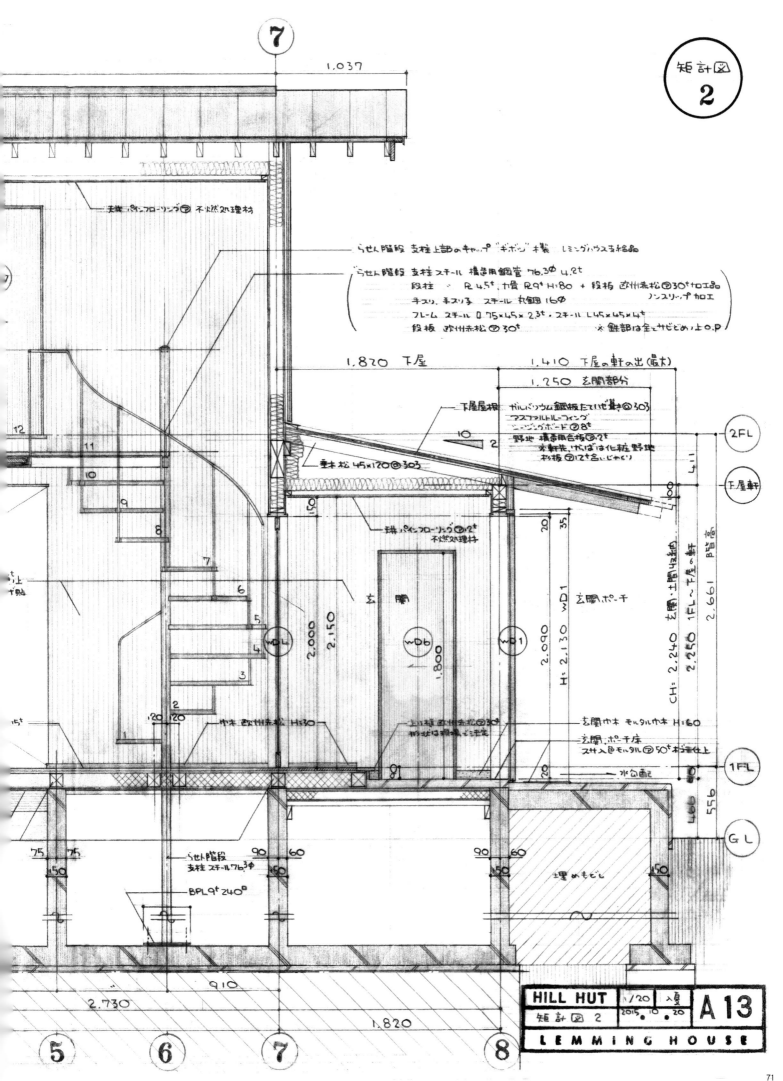

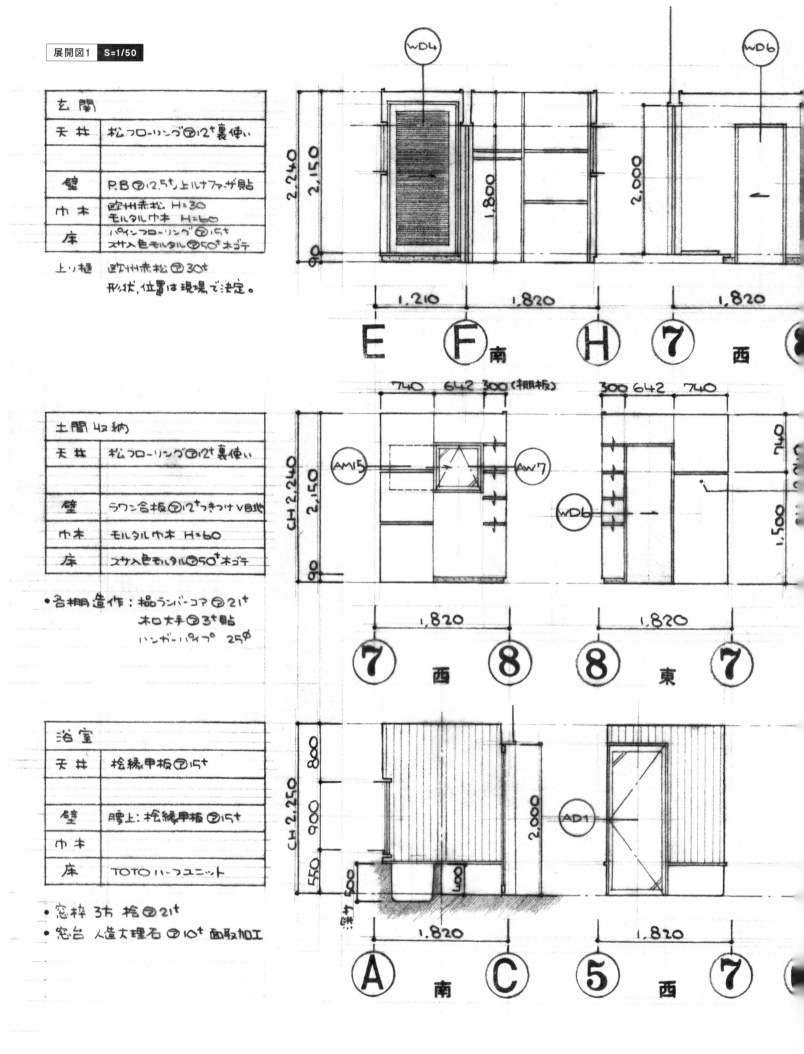

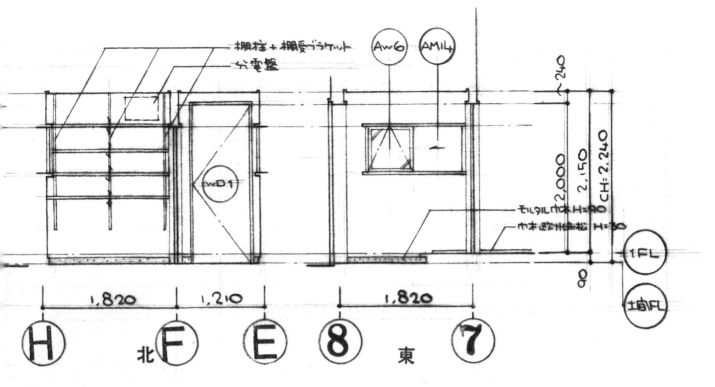
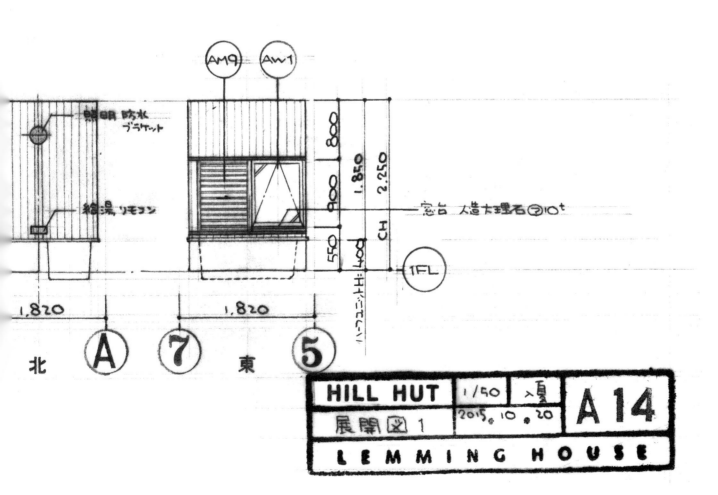

HILL HUT 展開図1 1/50 入管 2015.10.20 A14 LEMMING HOUSE

展開図2　S=1/50

台所	
天井	松フローリング⑦12ᵗ 裏使い
壁	P.B⑦12.5ᵗ 上フレキ⑦5ᵗ貼 P.B⑦12.5ᵗ 上ルナファーザ貼
巾木	欧州赤松 H=30
床	パインフローリング⑦15ᵗ

・台所廻り家具・家具工事

食堂	
天井	松フローリング⑦12ᵗ 裏使い
壁	P.B⑦12.5ᵗ 上ルナファーザ貼
巾木	欧州赤松 H=30
床	パインフローリング⑦15ᵗ

・ソファー廻り家具・家具工事

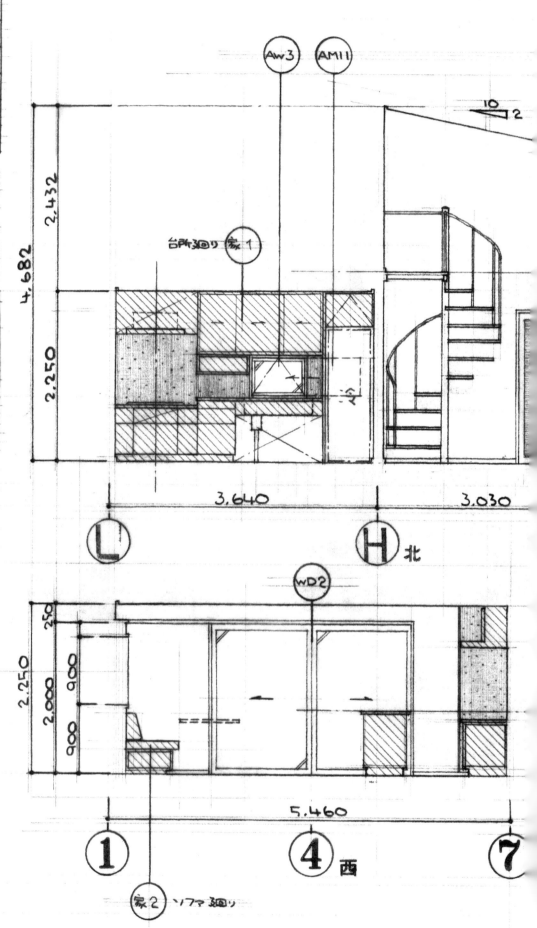

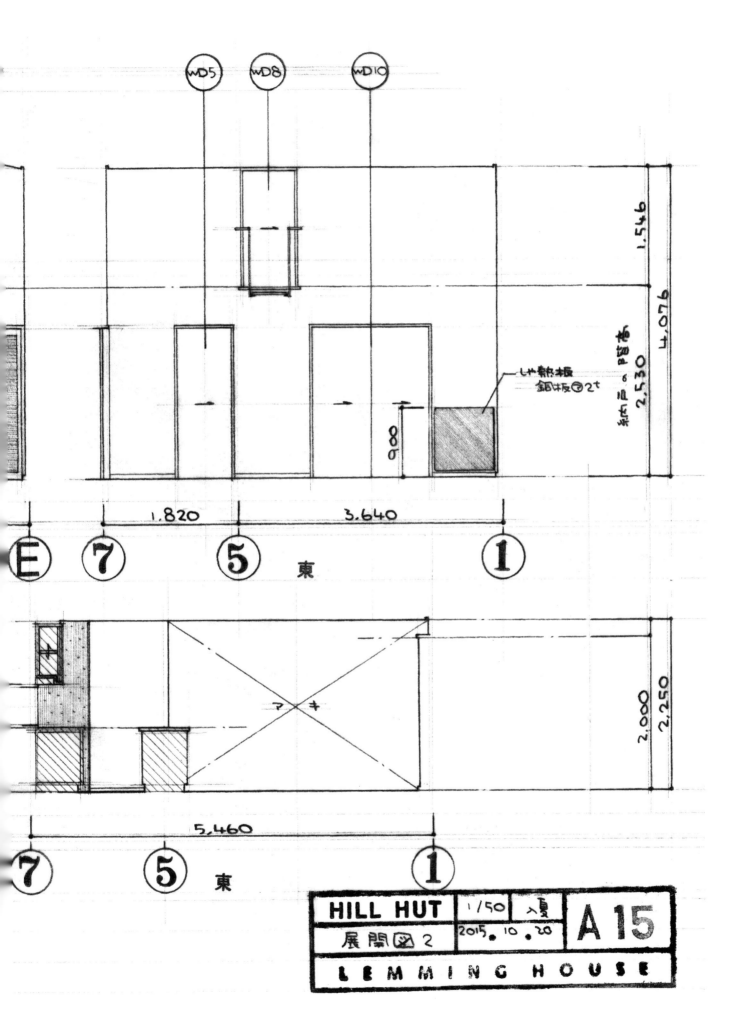

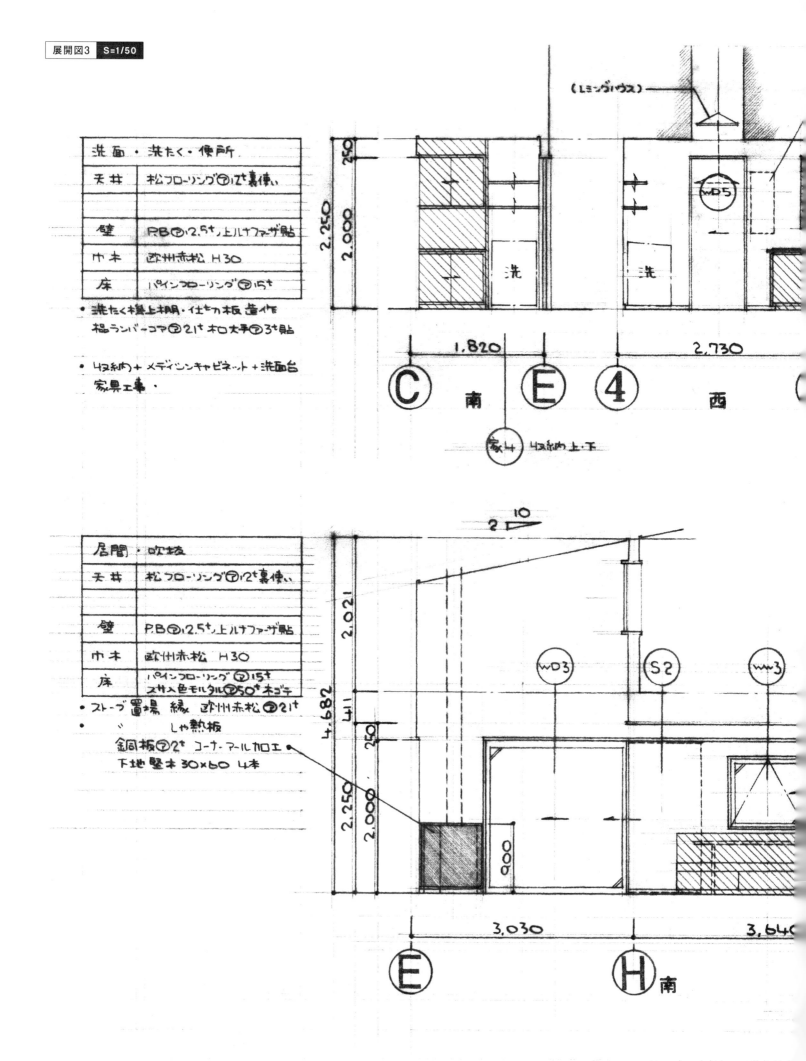

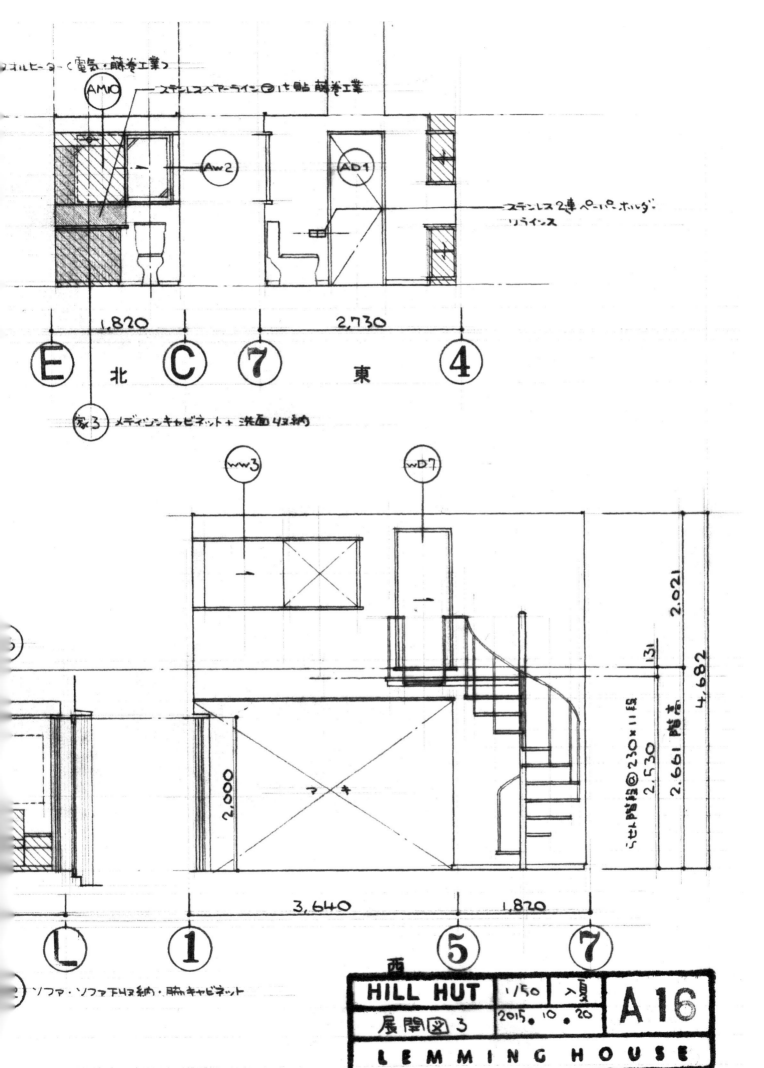

展開図4　S=1/50

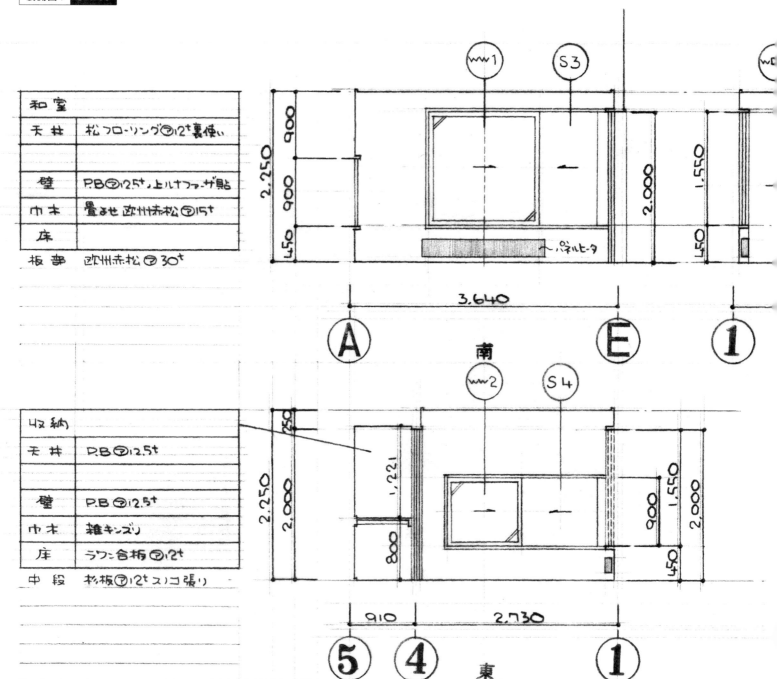

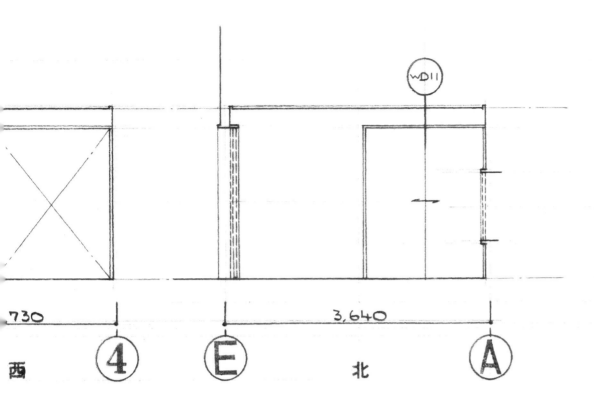

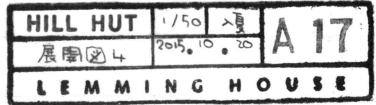

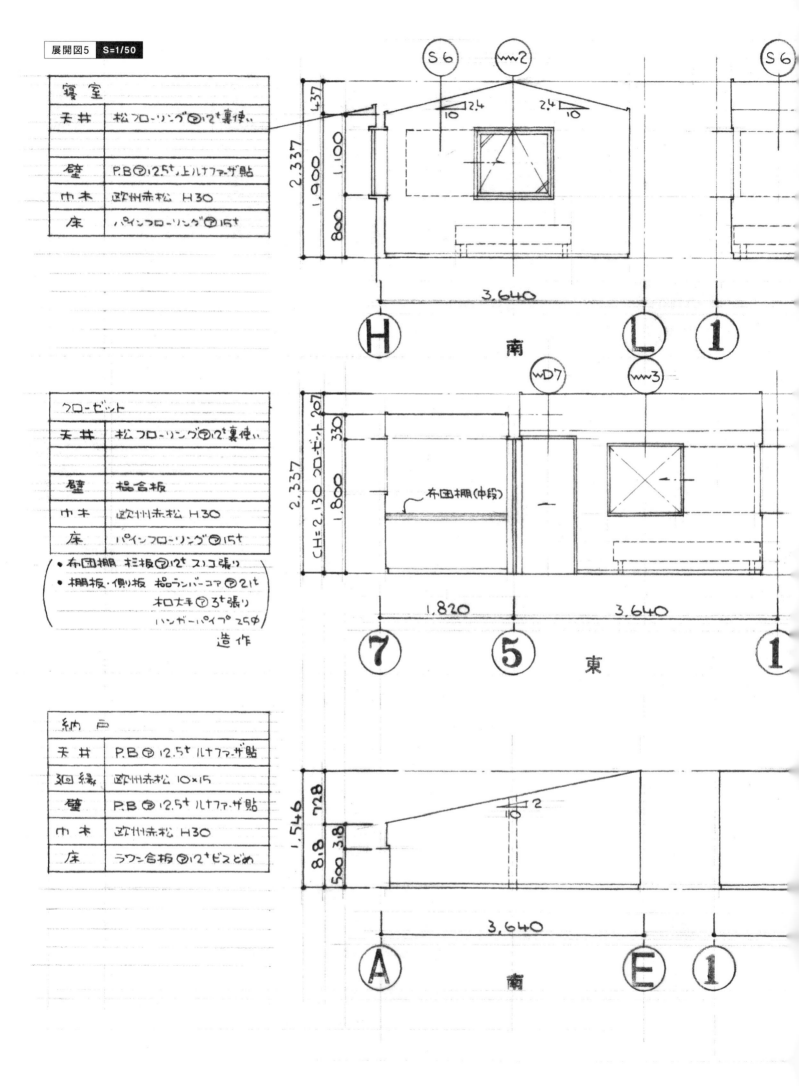

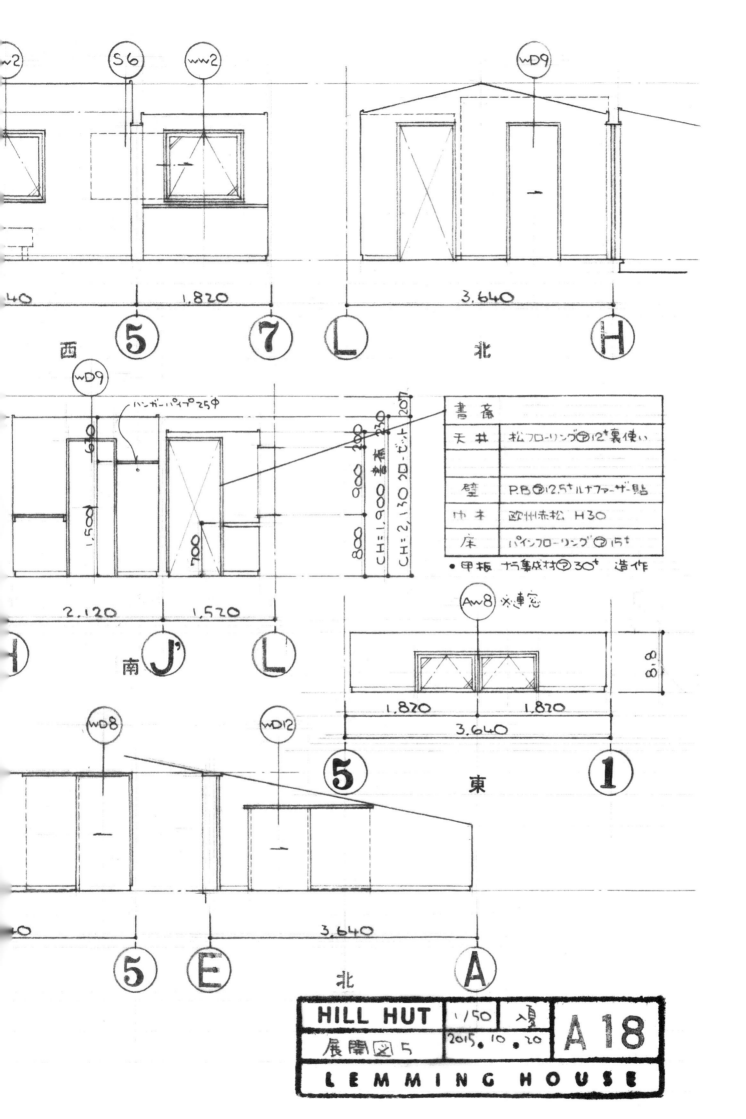

建具表1　S=1/50

記号・室名・数量	Aw1　浴室　1	Aw2　洗面・便所　1
姿図	900 / 690	900 / 600
型式・見込	すべり出し窓・86	すべり出し窓・86
材料・仕上	カムラッチハンドル	同左
金物		
ガラス等	トーメイペアガラス	同左
備考	横引きロールアミ戸	同左

記号・室名・数量	Aw6　玄関　1	Aw7　土間収納　1
姿図	600 / 600	600 / 600
型式・見込	すべり出し窓・86	すべり出し窓・86
材料・仕上	カムラッチハンドル	同左
金物		
ガラス等	トーメイペアガラス	同左
備考	横引きロールアミ戸	同左

- サッシ（Aw）は全て　YKK エピソード（アルミと樹脂の複合窓）　／　⊕ 外側アルミ部分
- 図中の寸法は全て 枠内法寸法です。 図は内観図です

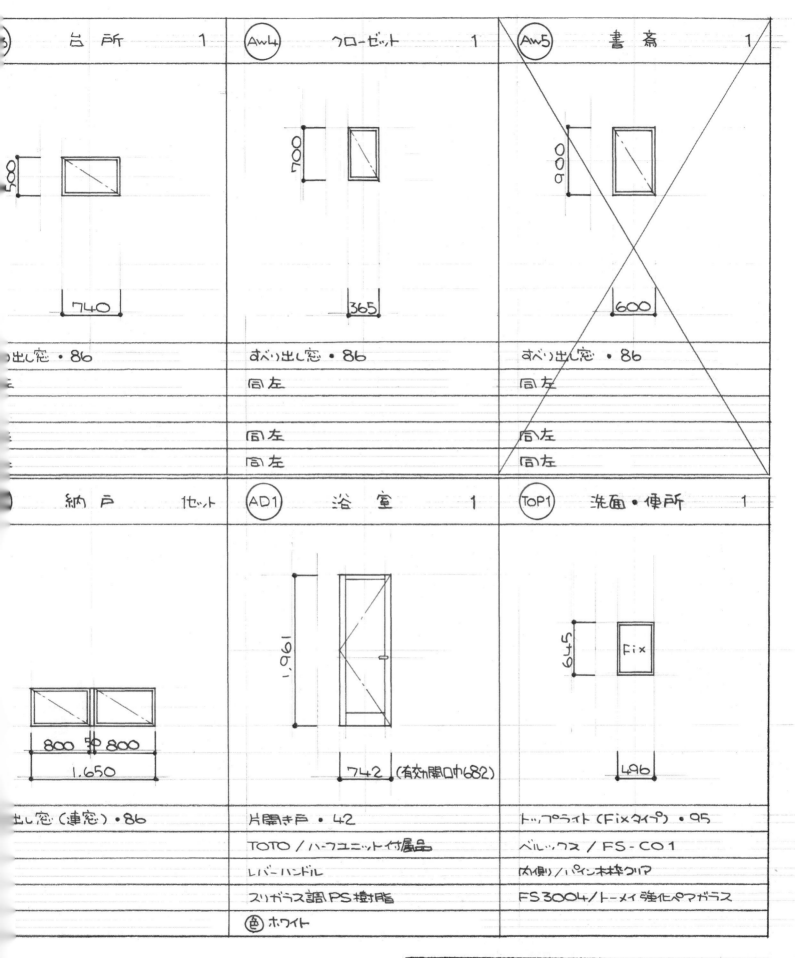

建具表2 S=1/50

記号・室名・数量	WD1 玄関 1	WD2 食堂・台所
姿図	2,100 / 840 / 1,000	2,337 / 2,037 / 50 / 50 / 1,275.5 / 2,750 / 5,301
型式・見込	片開き板タテはめ戸・45	アルス／両袖Fix無引分けヘーベシーベ・1
材料・仕上	ピーラー縁甲板	米松／シッケンズクリア塗（枠、フレーム共）
金物		ヘーベシーベ（200kgタイプ）, ハンドル Si-Line
ガラス等		トーメイペアガラス
備考		

記号・室名・数量	WD4 玄関 1	WD5 洗面・便所 1	WD6
姿図	2,000 / 930	2,000 / 730	
型式・見込	片引込框戸・36	片引込合板フラッシュ戸・30	吊片
材料・仕上	欧州赤松	桐合板	同た
金物		戸車・Vレール（竹）	ATO
ガラス等	ポリカーボネイト中空板②10t 中にイグサを入れる	カンヌキ錠／レミングハウス支給品	
備考	引手専用ルータにより加工	引手専用ルータにより合板に加工	同た

- 図中の寸法は枠内法寸法（アルスの製品は除く）。図は内観図です。
- 図中の寸法は設計寸法のため、製作時は必ず現場にて実測の上製作して下さい。

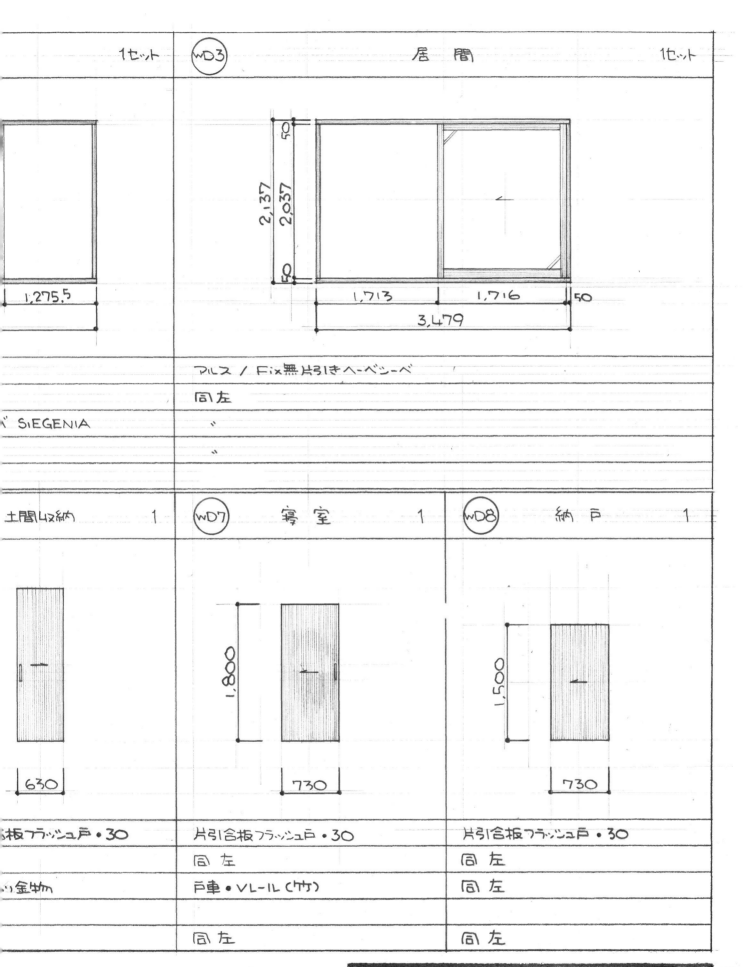

建具表3 S=1/50

記号・室名・数量	WD9 クローゼット 1	WD10 和室(西) 1セット
姿図	1,800 × 630	2,000 × 1,670
型式・見込	片引込合板フラッシュ戸・30	2本引合板フラッシュ戸・30
材料・仕上	椴合板	同左
金物	戸車・Vレール(ケケ)	敷居すべり(ケケ)
ガラス等		
備考	引手 専用ルータにより合板直に加工	同左

記号・室名・数量	WW2 和室・食堂・寝室・書斎 5セット	WW3 寝室(東) 1
姿図	29 / 916 / 29, 1,016 / 1,074	900 × 1,000
型式・見込	アルス/オーニング窓・105	吊り片引合板フラッシュ戸・30
材料・仕上	米松/シッケンズクリア塗	椴合板
金物	クランクハンドル IPA シルバー	ATOM/吊り金物
ガラス等	トーメイペアガラス	
備考		

- 図中の寸法は枠内法寸法(アルスの製品は除く)。図は内観図です。
- 図中の寸法は設計寸法のため、製作時は必ず現場にて実測の上製作して下さい。

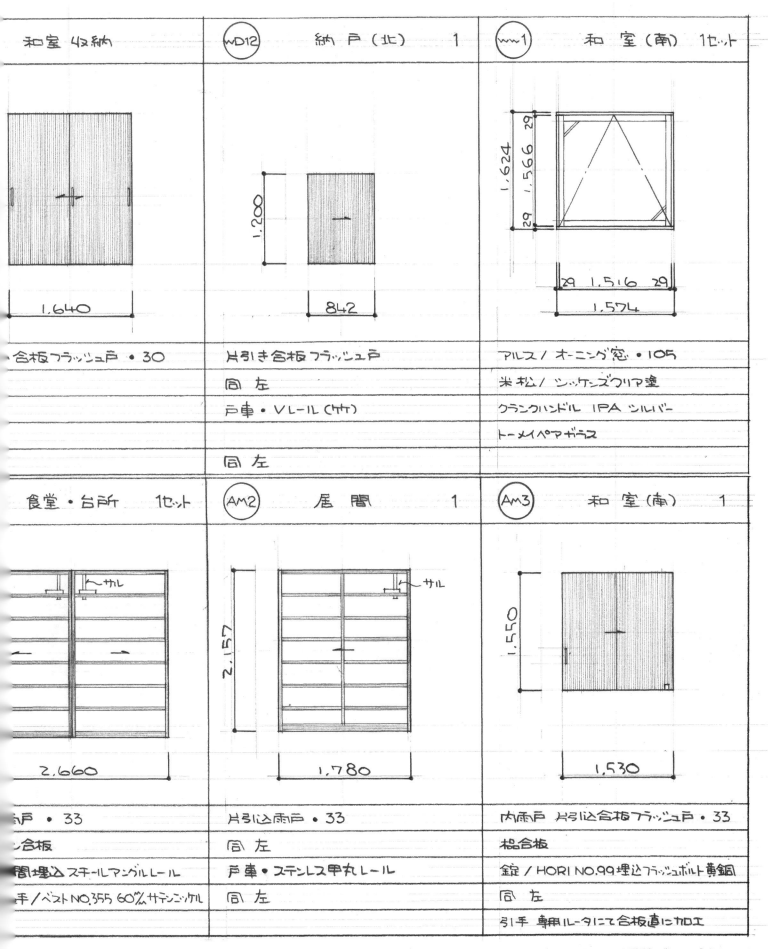

建具表4　S=1/50

記号・室名・数量	Ⓐm4　和　室（東）　1	Ⓐm5　食　堂　1
姿　図	900 × 1,030	900 × 1,030
型式・見込	内雨戸 片引合板フラッシュ戸・30	内雨戸 片引込合板フラッシュ戸・30
材料・仕上	楢合板	同左
金　物	錠/HORI NO.99 埋込フラッシュボルト黄銅	カンヌキ錠/レミングハウス支給品
ガラス等	半回転取手/ベストNO.355 60%サテンニッケル	同左
備　考	引手 専用ルーターにて合板直に加工	同左

記号・室名・数量	Ⓐm14　玄　関　1	Ⓐm15　土間収納　1
姿　図	600 × 660	600 × 630
型式・見込	内雨戸 片引合板フラッシュ戸・30	内雨戸 片引込合板フラッシュ戸・30
材料・仕上	楢合板	同左
金　物	錠/極太丸球椀締 ベストNO.525 黄銅	錠/小判中折締 ベストNO.515N 黄銅
ガラス等		
備　考	引手 専用ルーターにて合板直に加工	同左

- 雨戸 Am6〜8は中止。
- 図中の寸法は枠内法寸法（アルスの製品は除く）。図は内観図です。
- 図中の寸法は設計寸法のため、製作時は必ず現場にて実測の上製作して下さい。

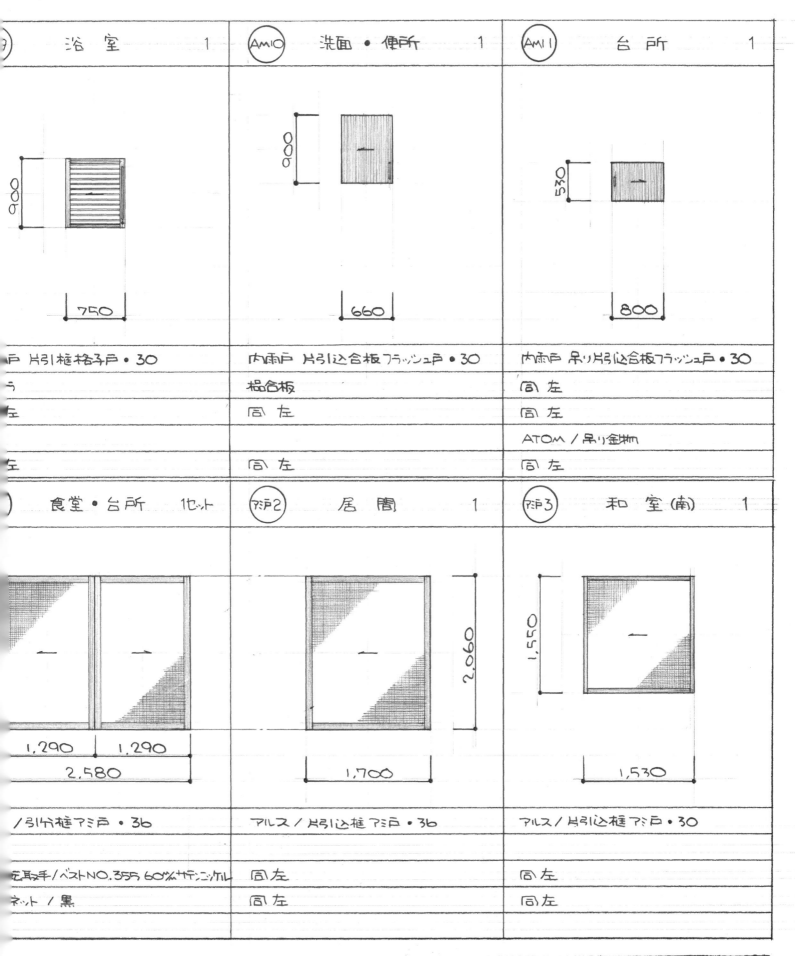

記号・室名・数量	網4　和室(東)　1	網5　食堂　1
姿図	900 × 1,030	900 × 1,030
型式・見込	アルス/片引堀アミ戸・30	アルス/片引込堀アミ戸・30
材料・仕上		
金物	半回転取手/ベストNO.355 60%サテンニッケル	同左
ガラス等	サランネット/黒	同左
備考		

記号・室名・数量	S3　和室(南)　1セット	S4　和室(東)　1
姿図	1,550 × 1,500	900 × 1,030
型式・見込	2本引タイコ貼り障子・30	片引タイコ貼り障子・30
材料・仕上	杉・障子紙	同左
金物	半回転取手/ベストNO.355 60%サテンニッケル	同左
ガラス等		
備考	引手 キャップ19φ埋込(レミングハウス支給品)	同左

- 図中の寸法は枠内法寸法(アルスの製品は除く)。図は内観図です。
- 図中の寸法は設計寸法のため、製作時は必ず現場にて実測の上製作して下さい。

寝室・書斎 3	S1 食堂・台所 1セット	S2 居間 1セット
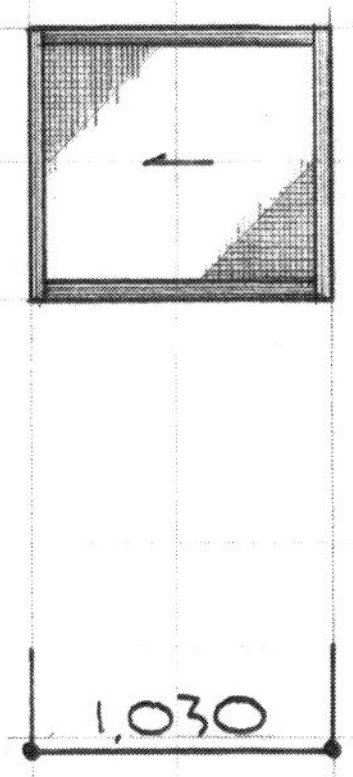 1,030	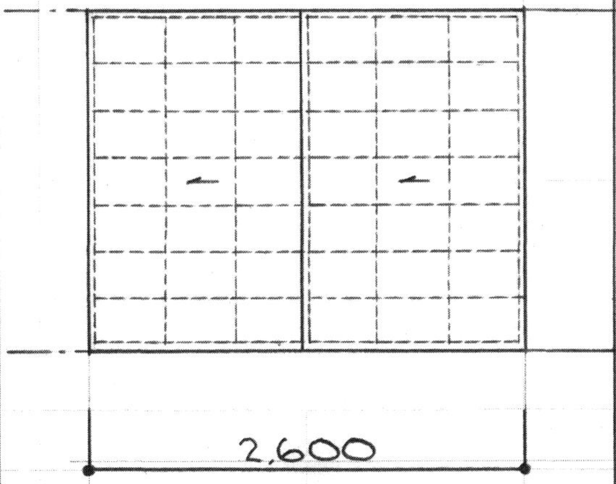 2,600 (H:2,000)	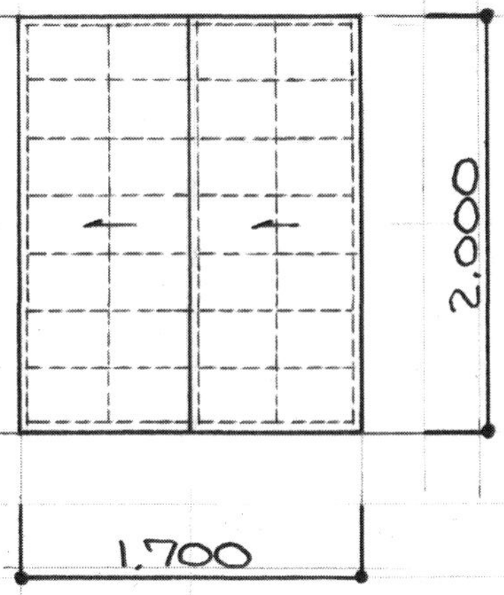 1,700 (H:2,000)
片引込框アミ戸・30	乙本引込 タイコ貼り障子・30	乙本引込 タイコ貼り障子・30
	杉・障子紙	同左
	半回転取手/ベストNO.355 60%サテンニッケル	同左
	引手 キャップ 19φ 埋込(レミングハウス支給品)	同左

食堂 1	S6 寝室・書斎 3	
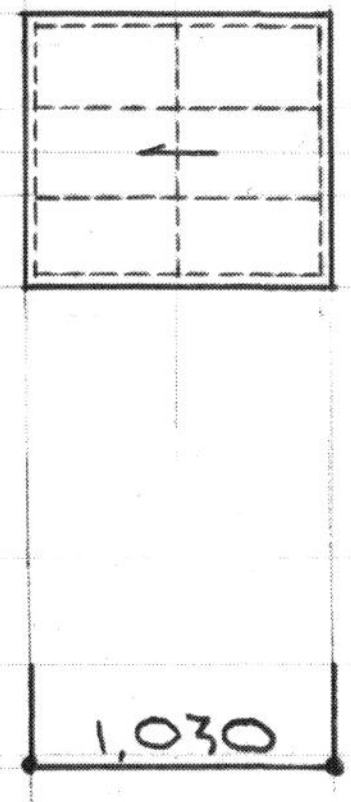 1,030	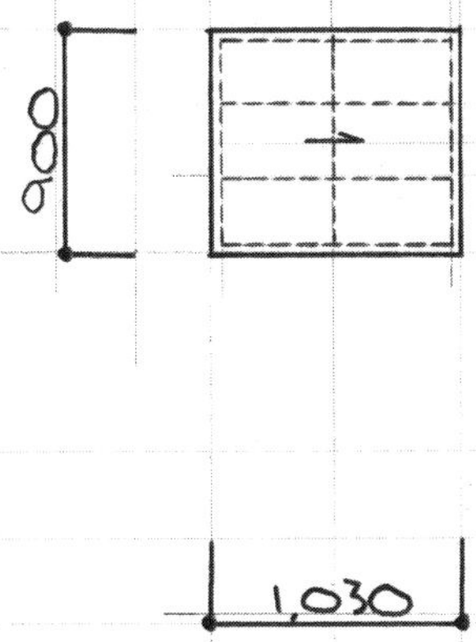 1,030 (H:900)	
タイコ貼り障子・30	片引込タイコ貼り障子・30	
	同左	
	同左	
	同左	

HILL HUT 1/50 夏
建具表 5 2015.10.20
A23
LEMMING HOUSE

基礎図 S=1/75

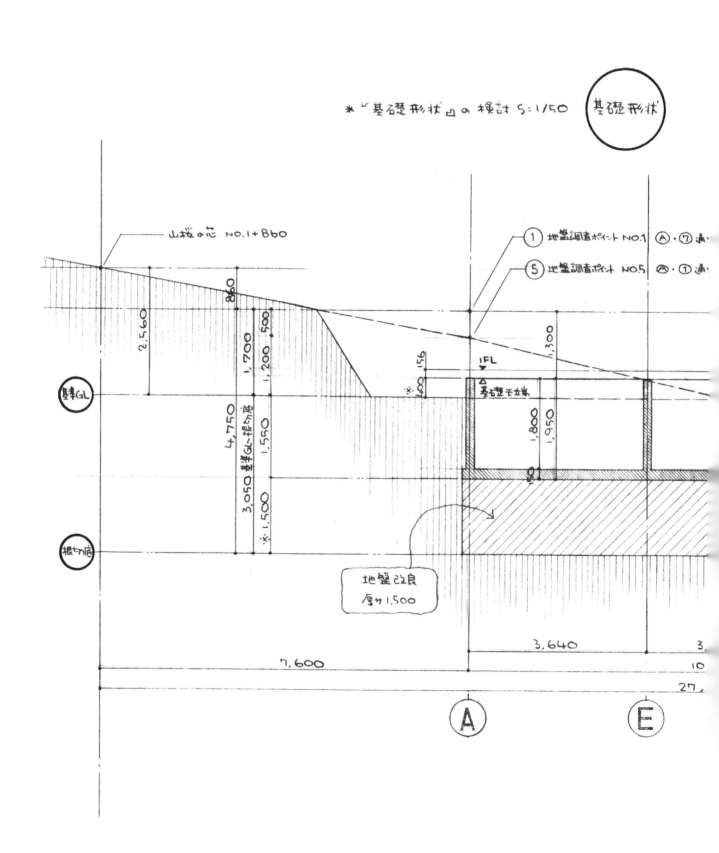

厳冬期のコンクリート打設は避けるべきだが、諸事情があって決行。打設後の養生の甲斐あって、型枠を外してみると綺麗な基礎が現れた

湖に向かってテラスが張り出している様子が分かる（2016年2月撮影）

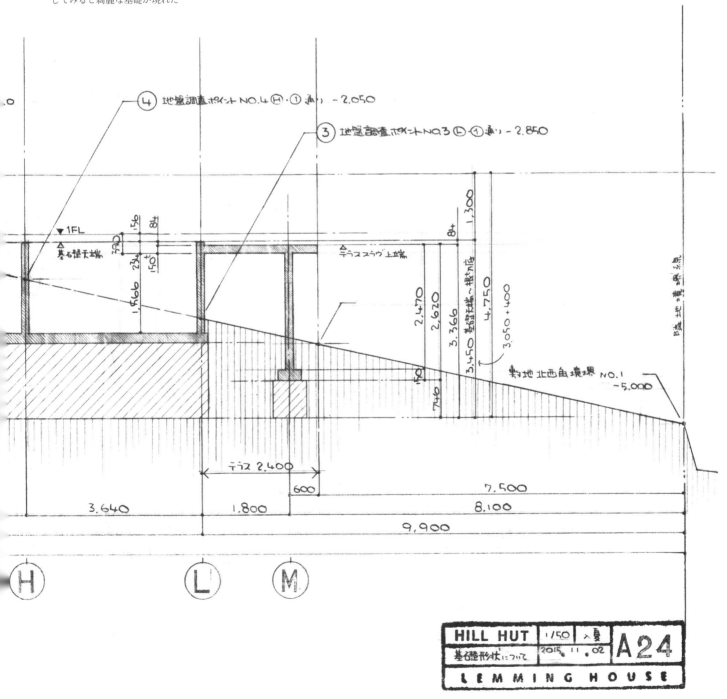

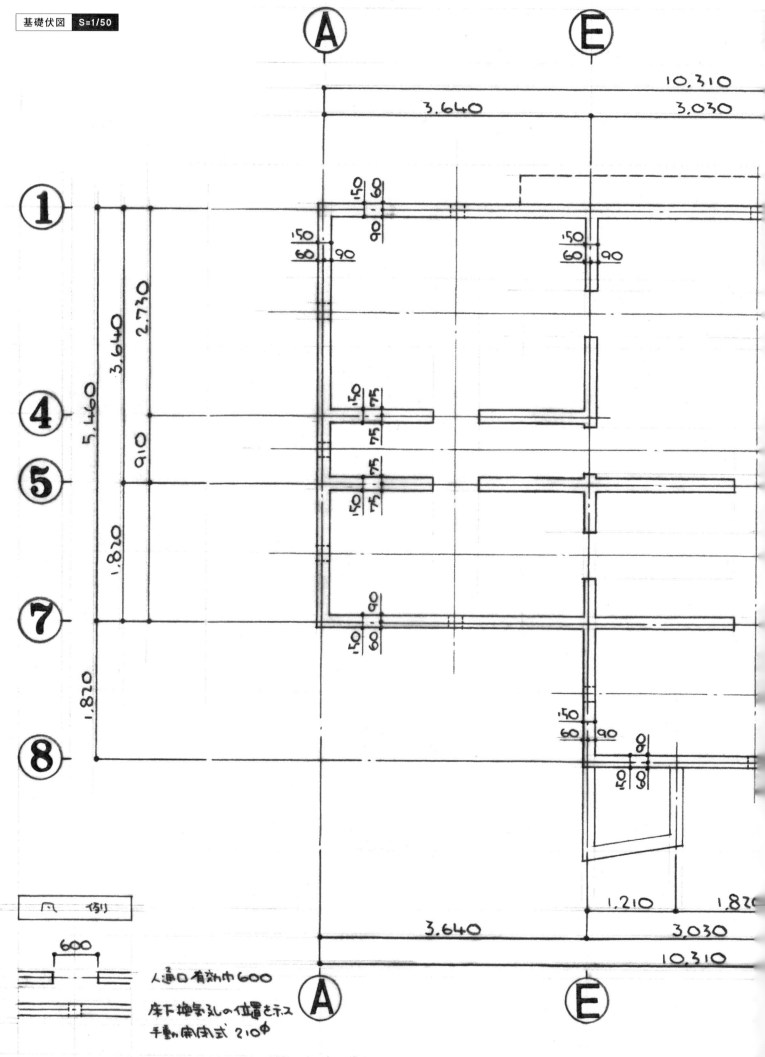

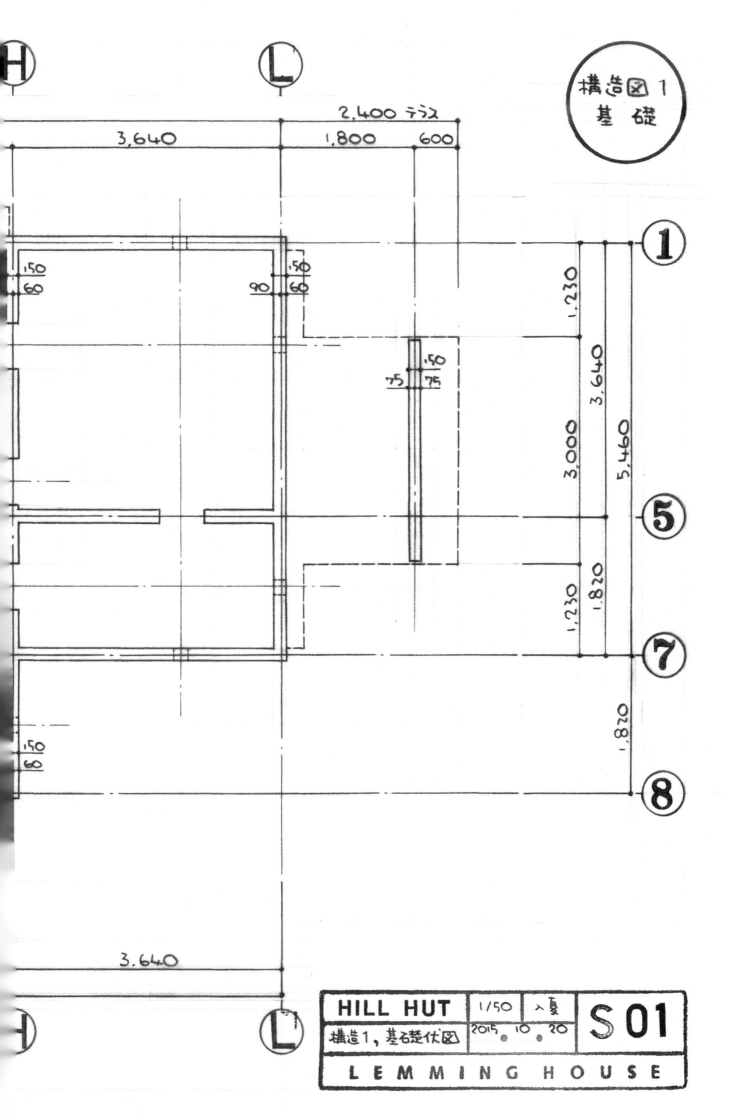

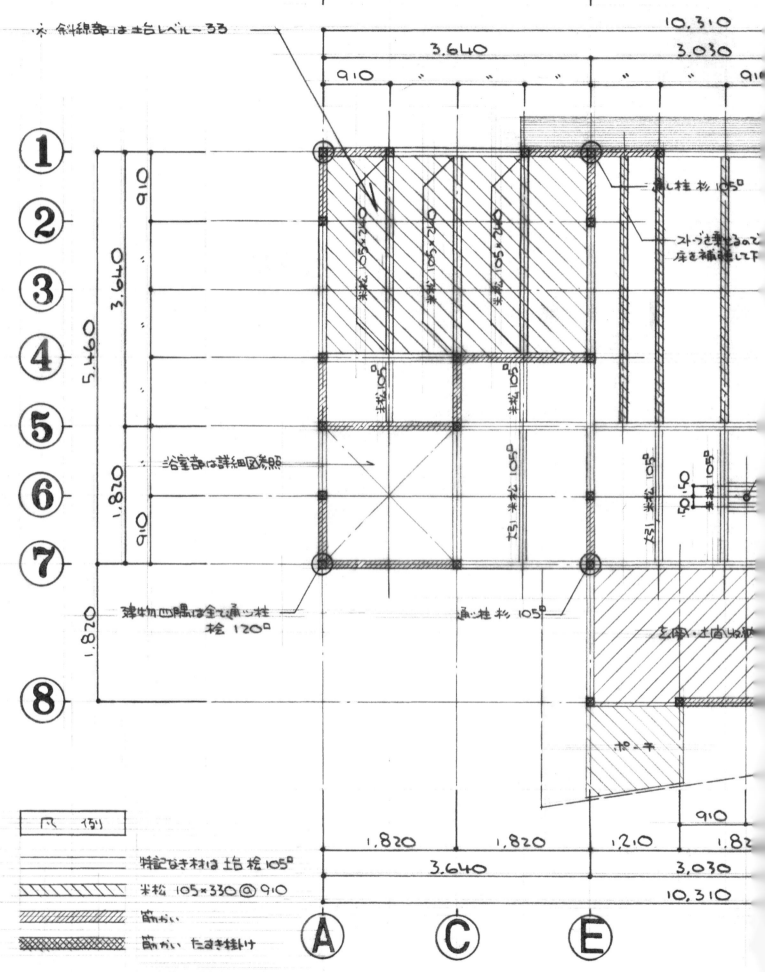

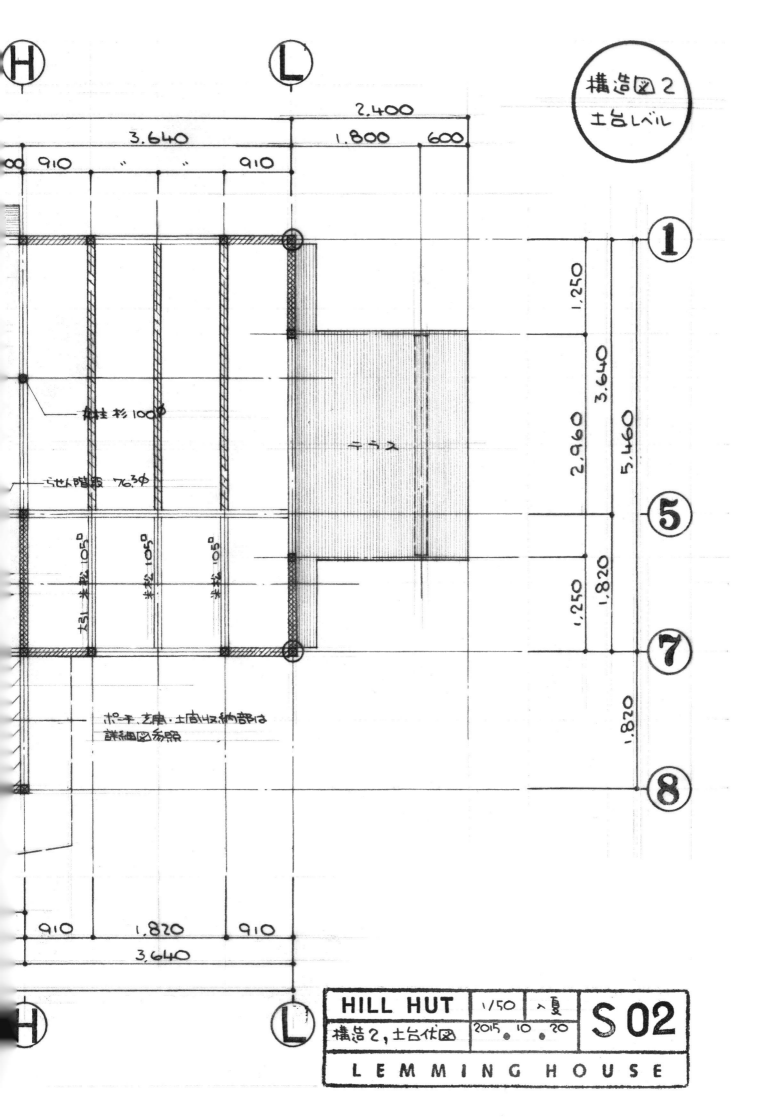

桁伏図 S=1/50

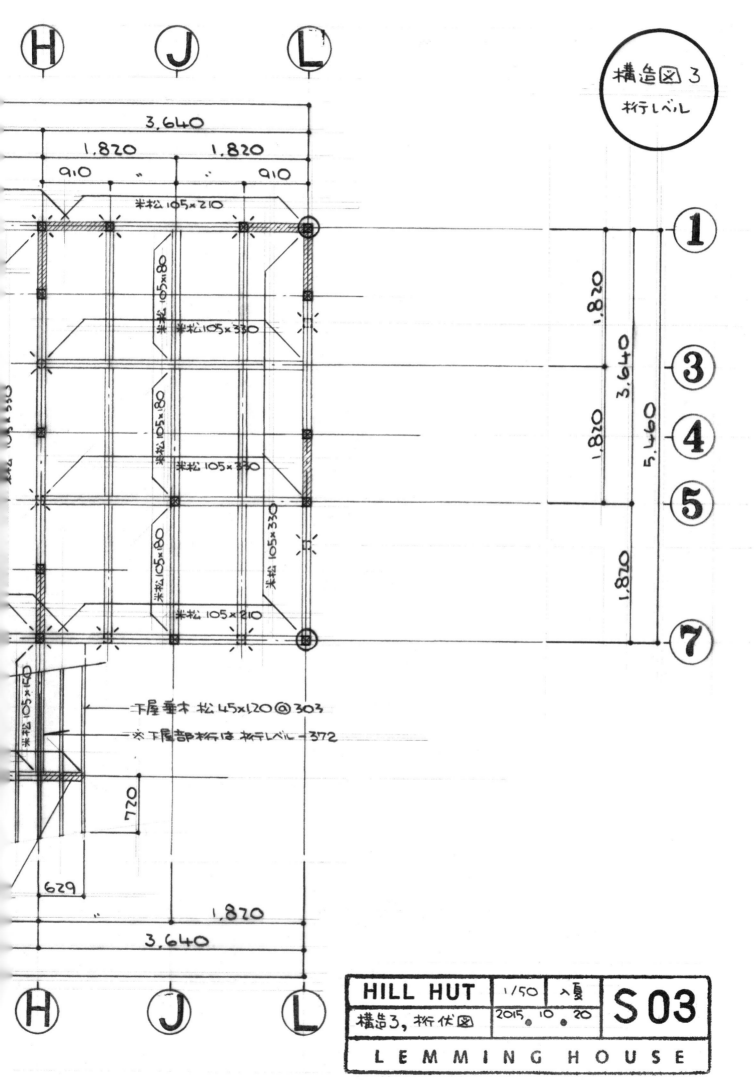

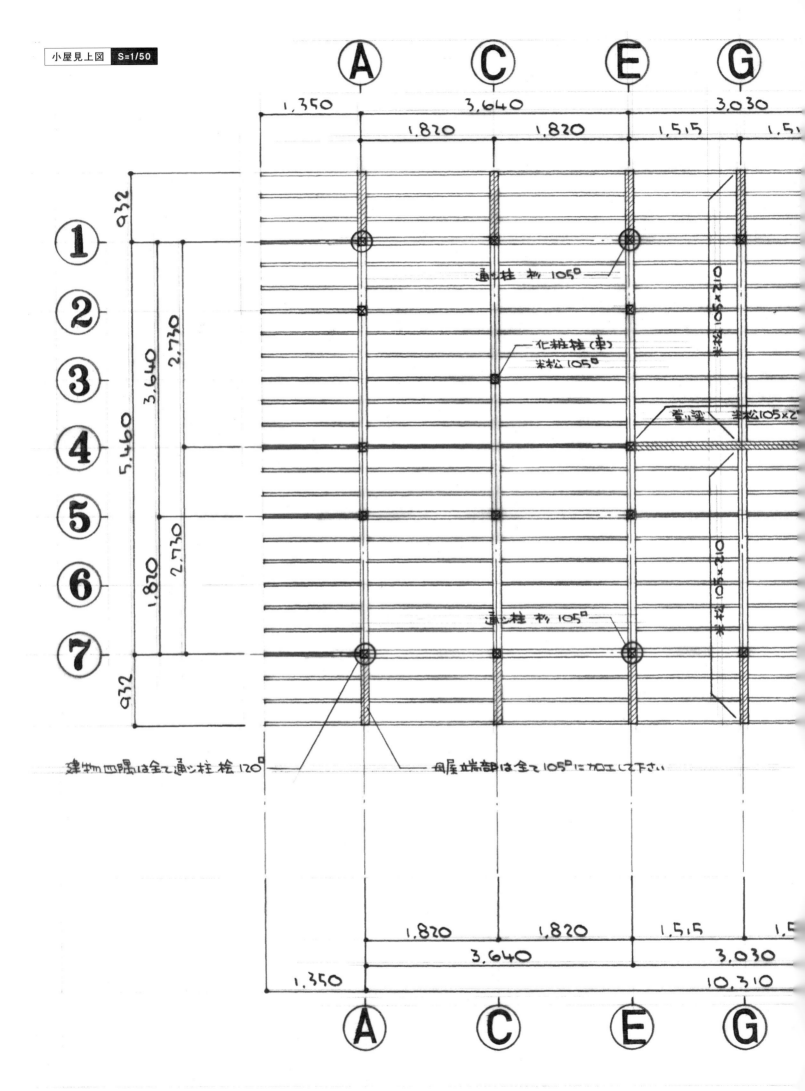

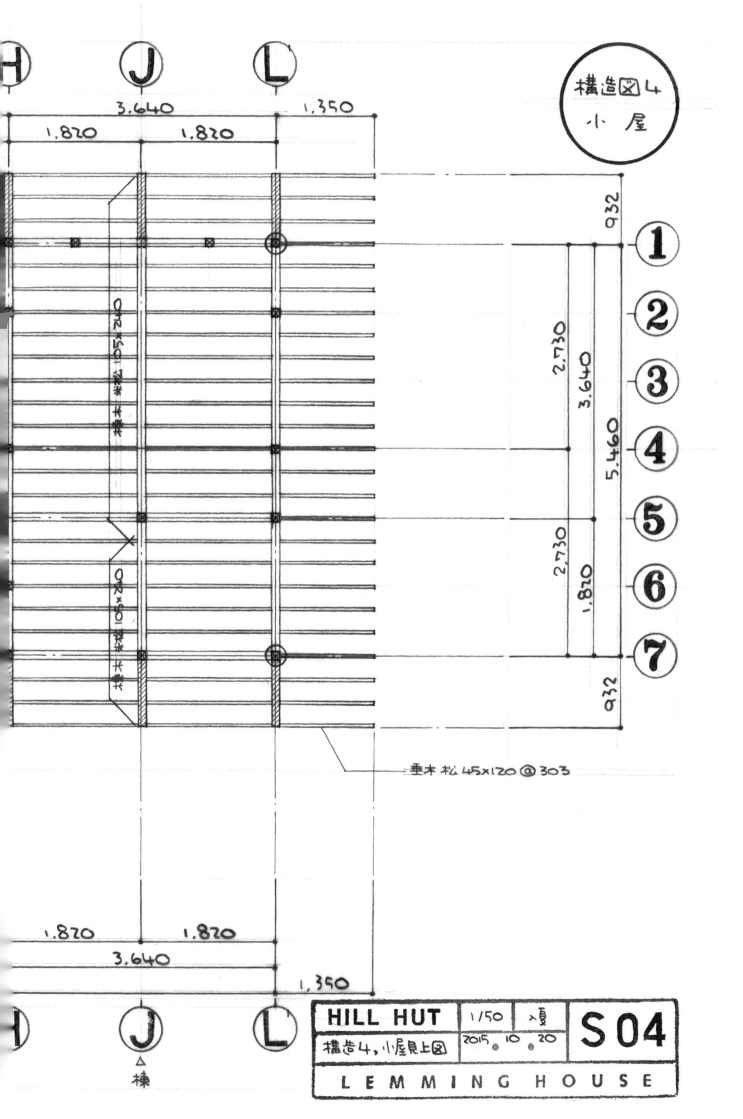

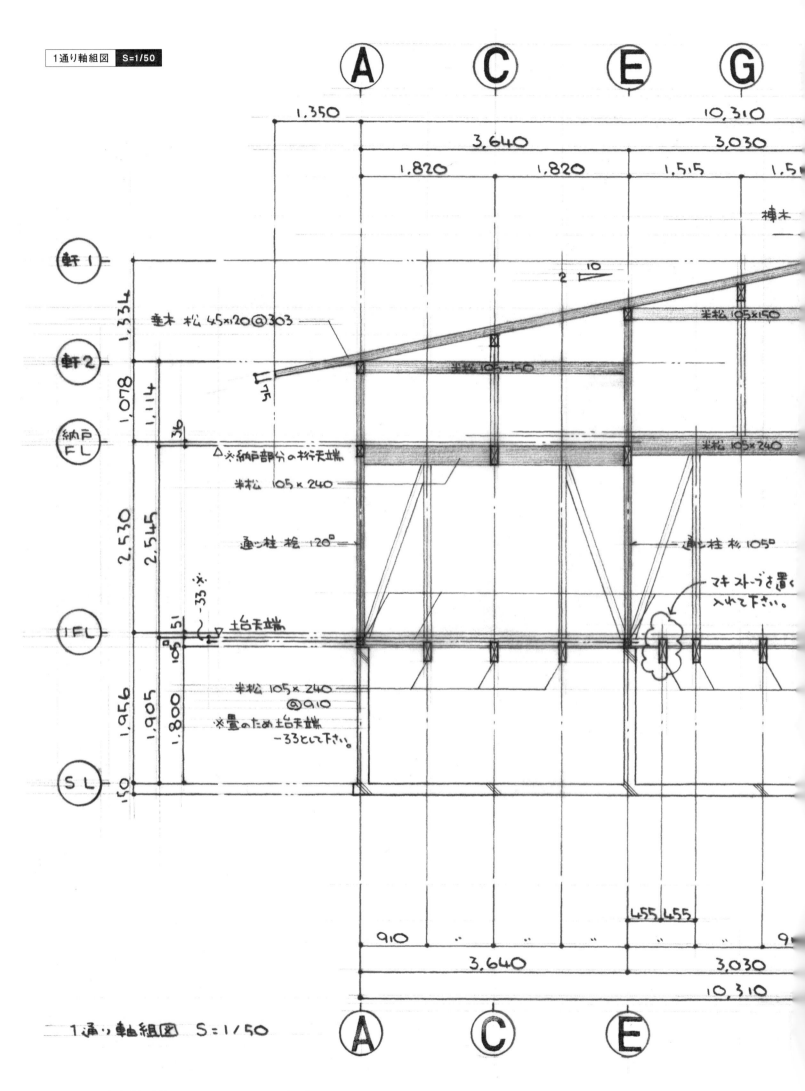

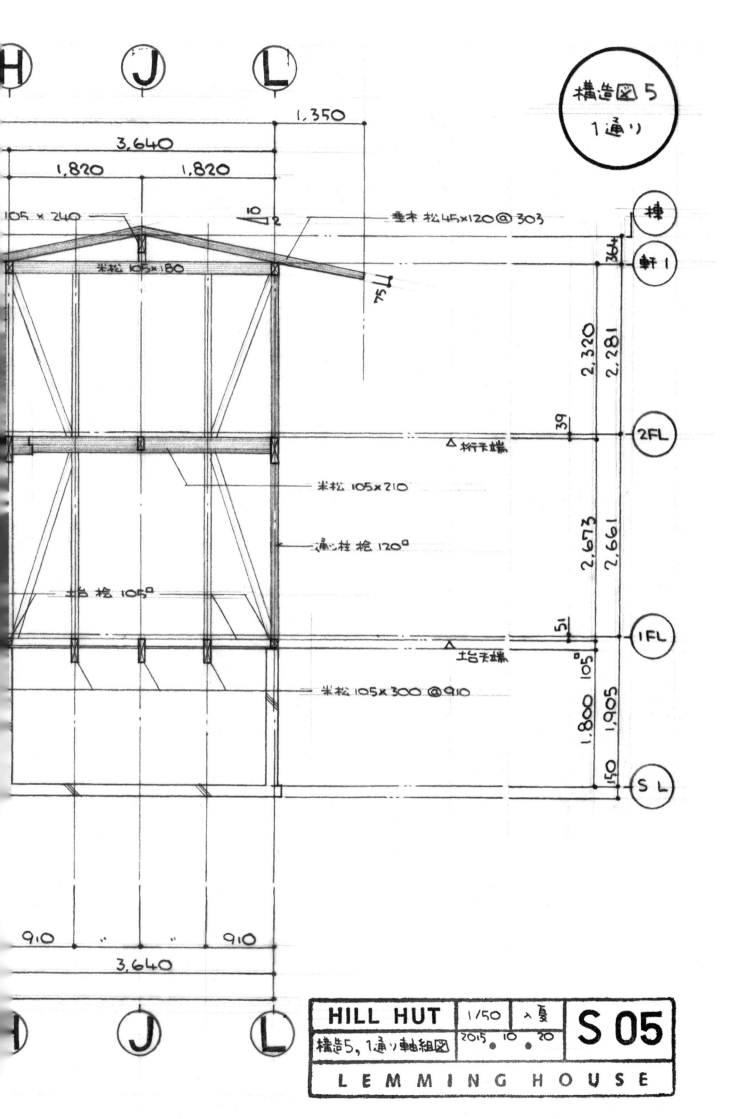

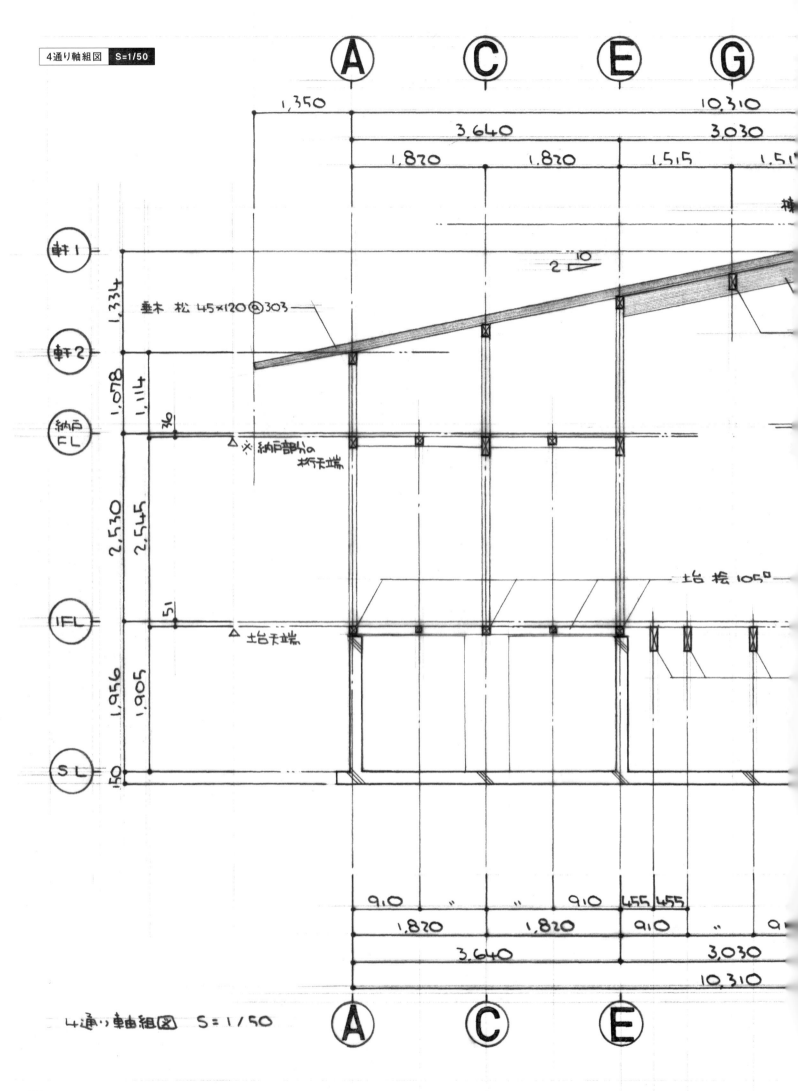
4通り軸組図 S=1/50

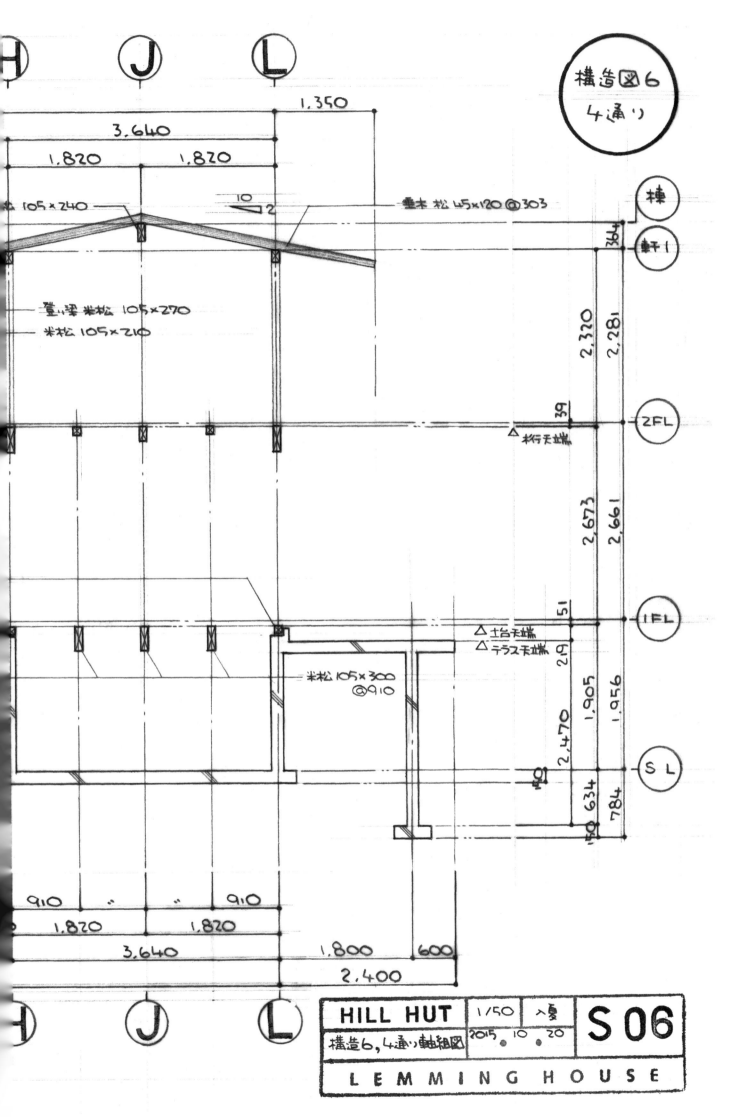

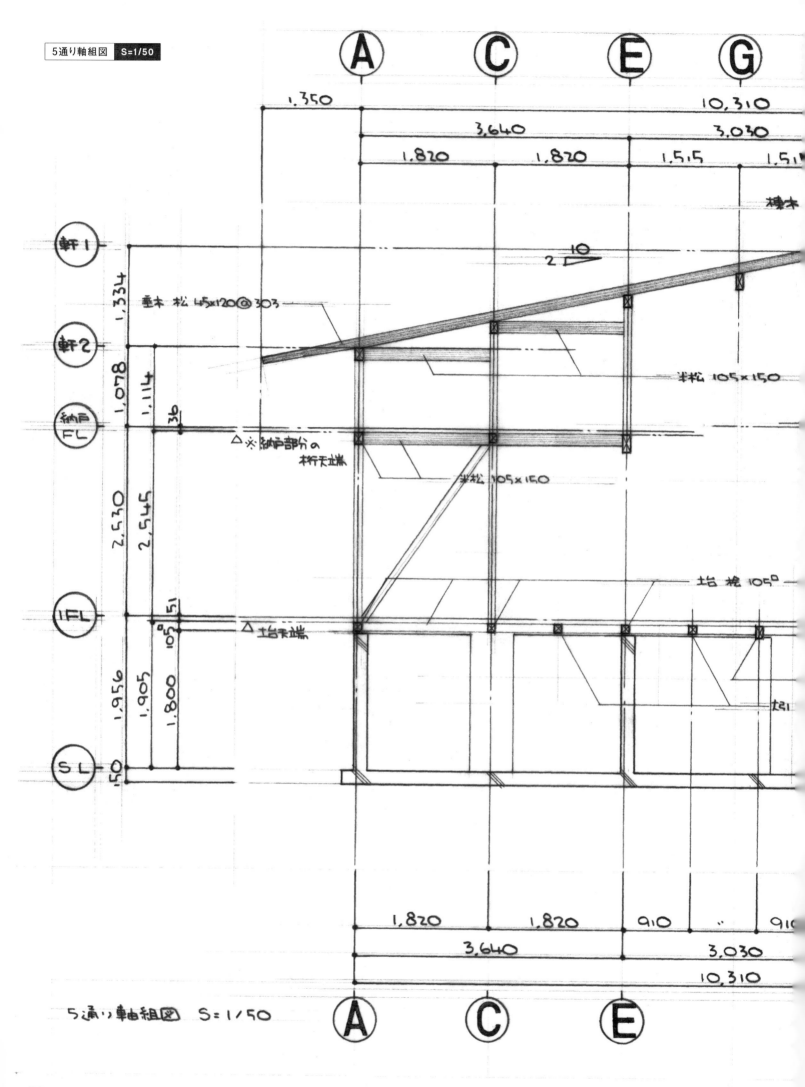

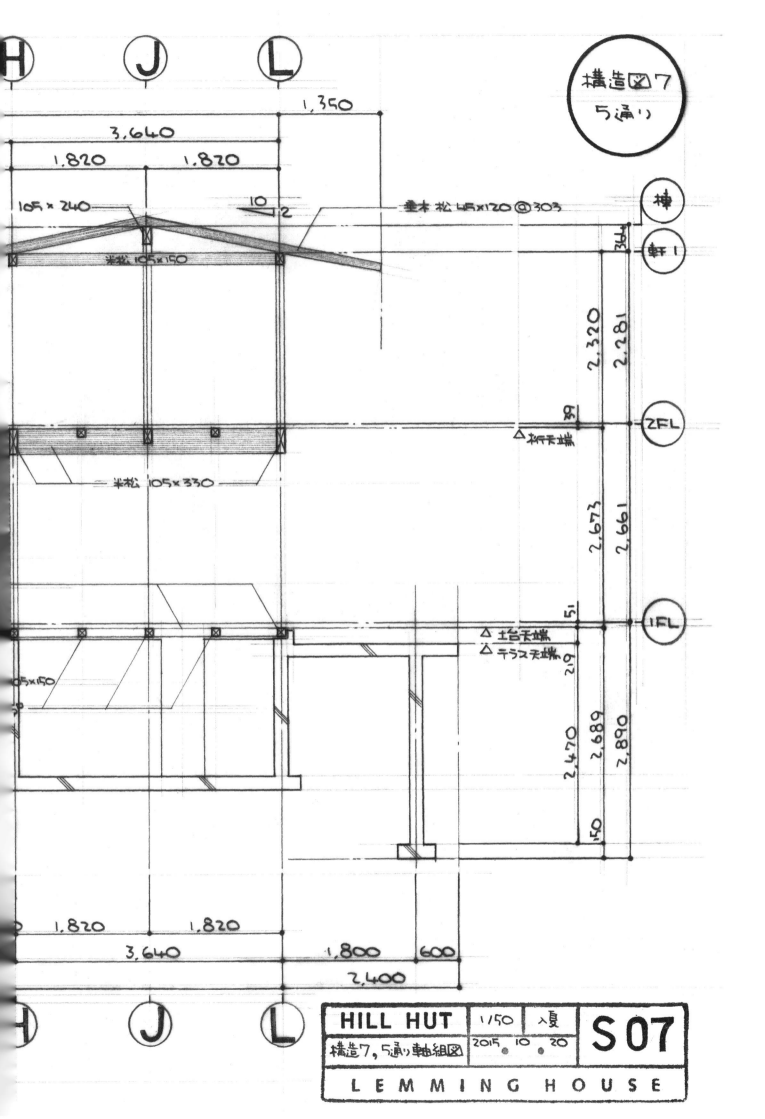

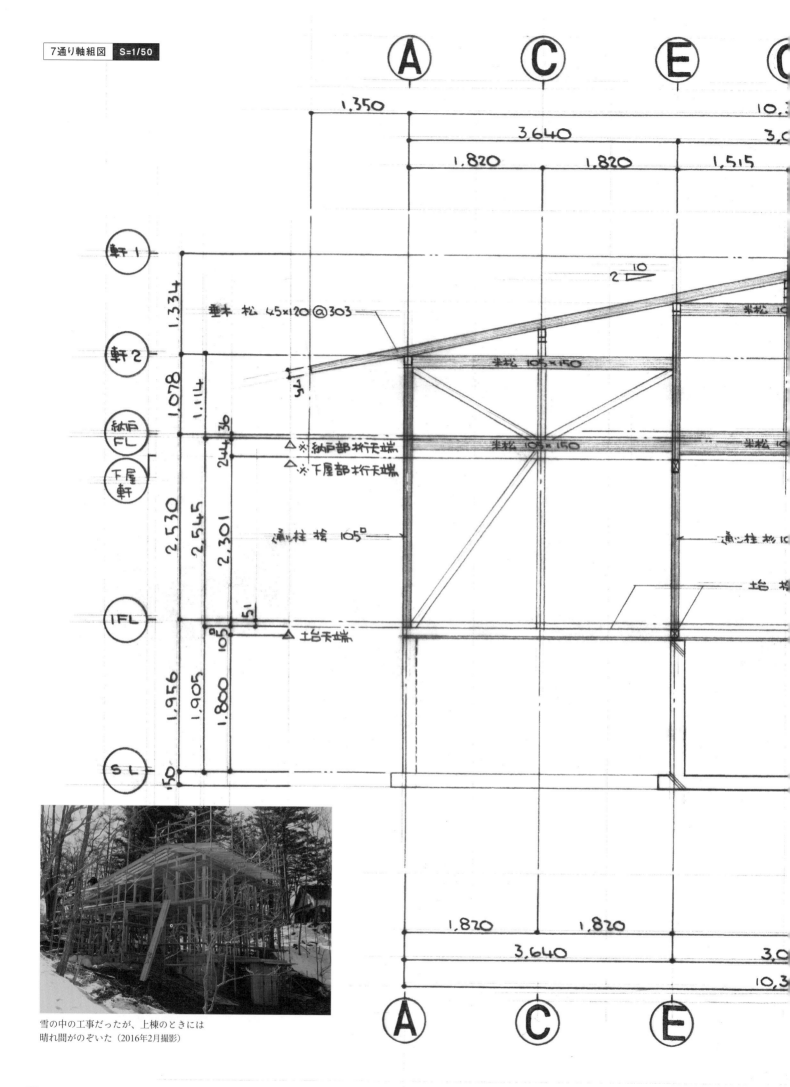

雪の中の工事だったが、上棟のときには
晴れ間がのぞいた（2016年2月撮影）

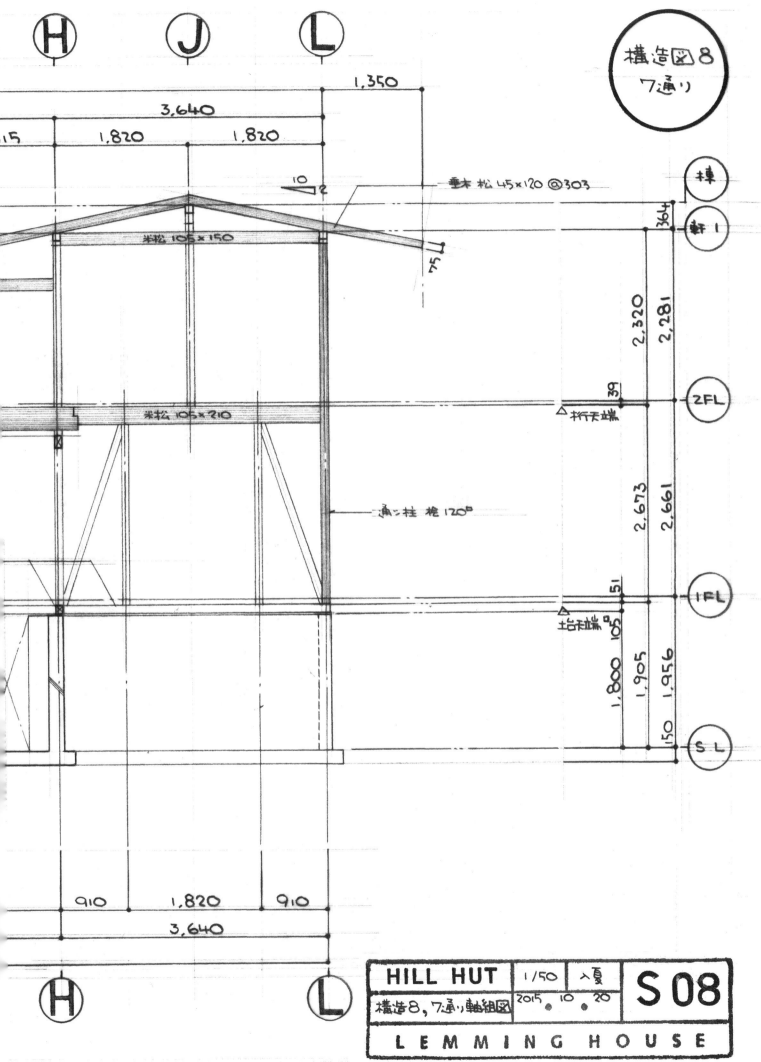

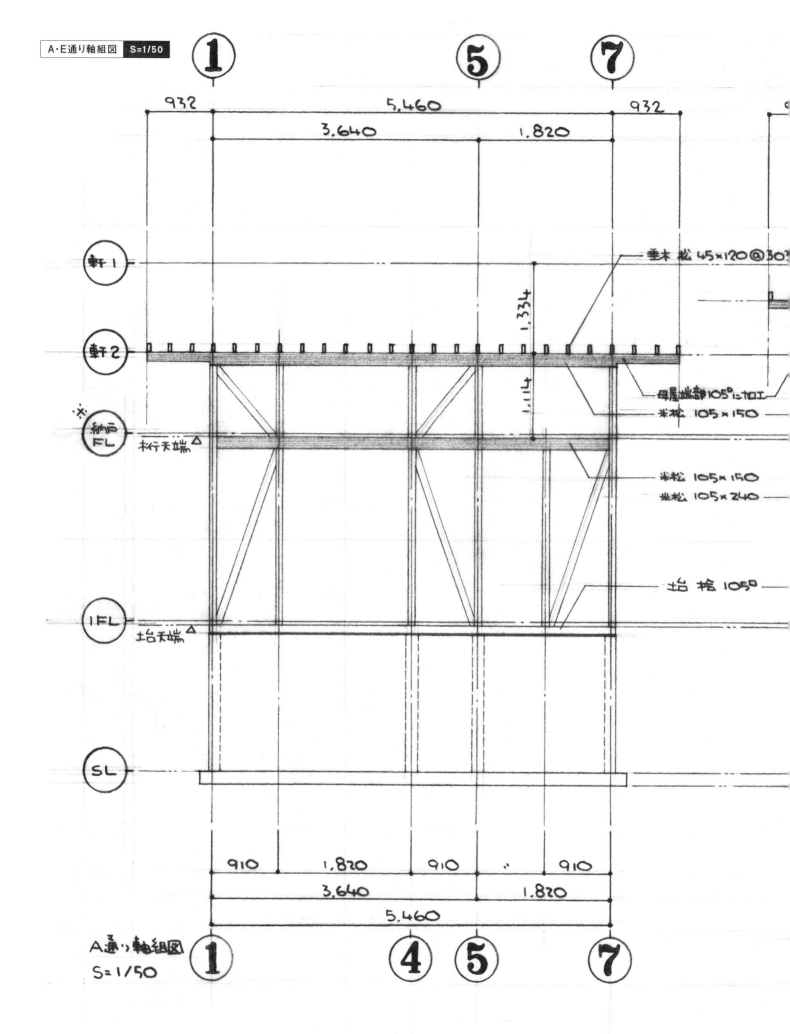

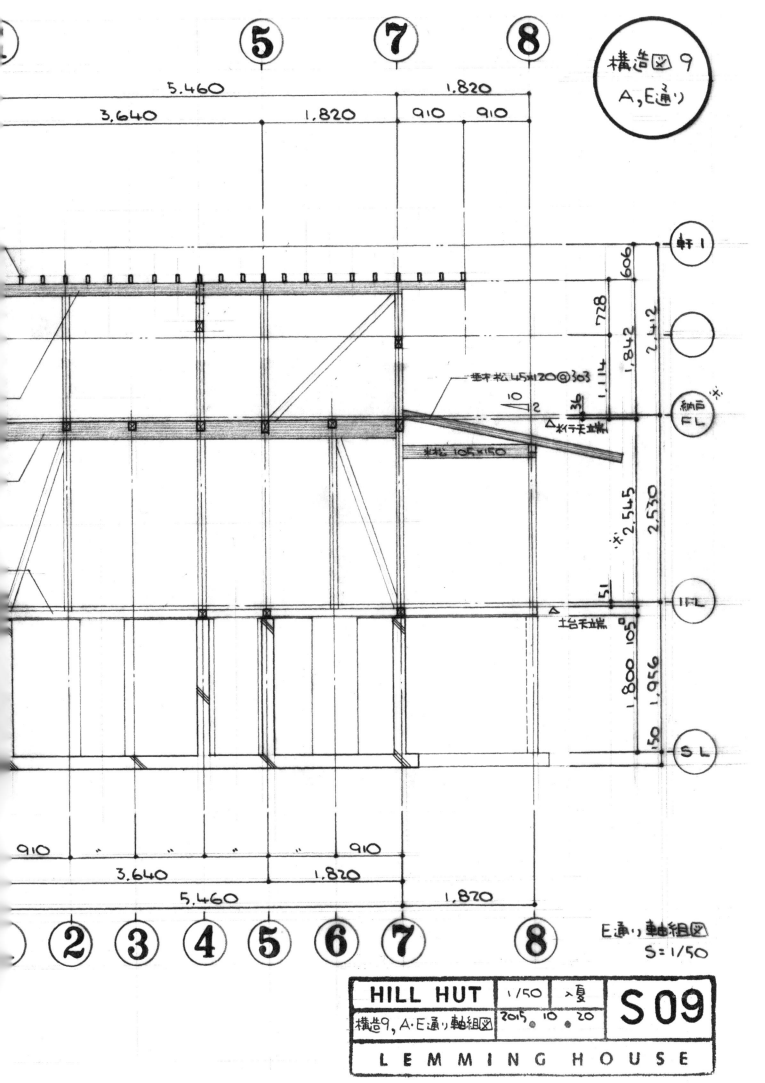

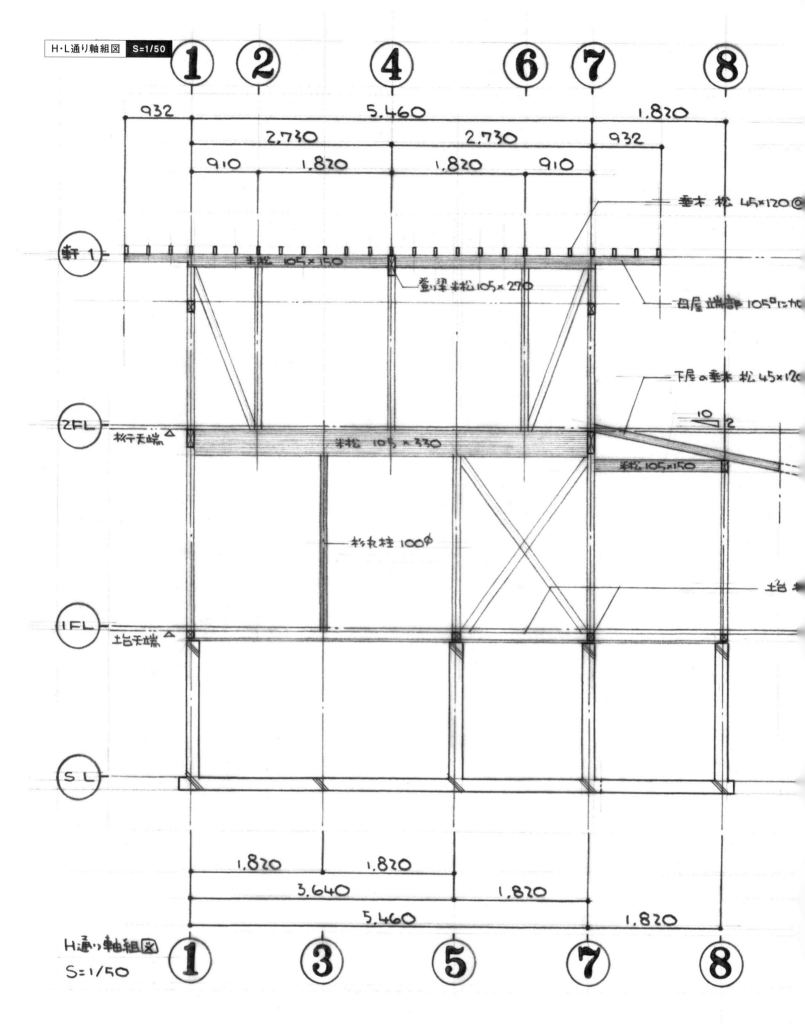

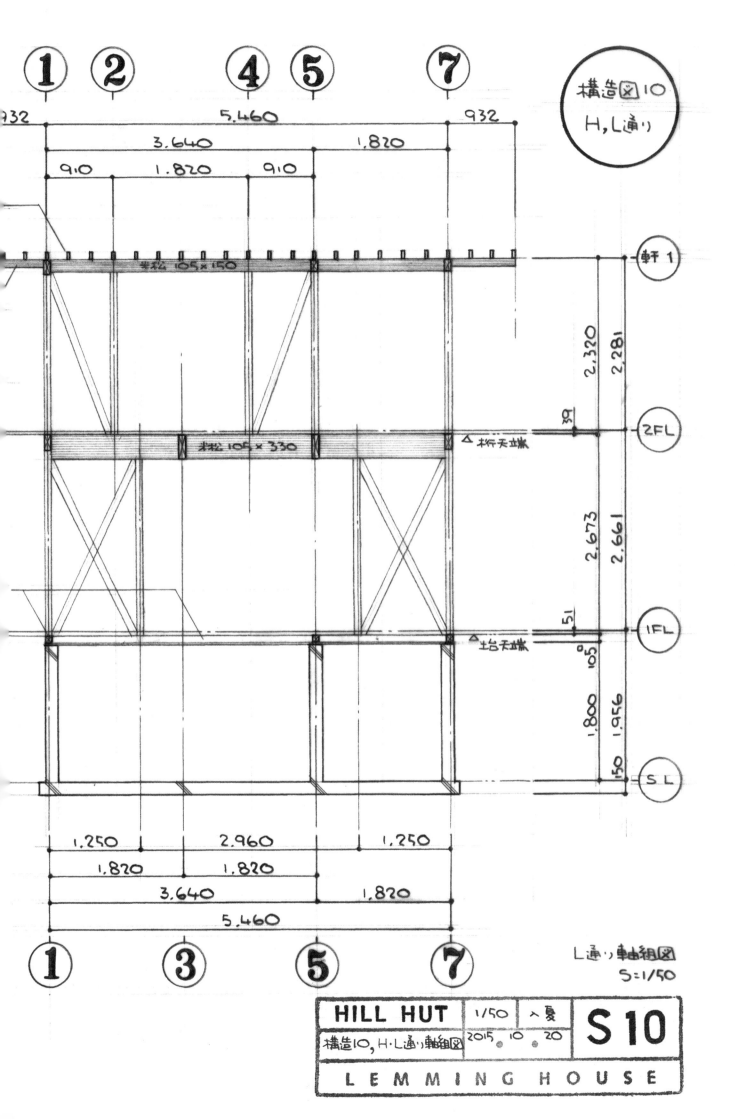

電気設備図1 S=1/50

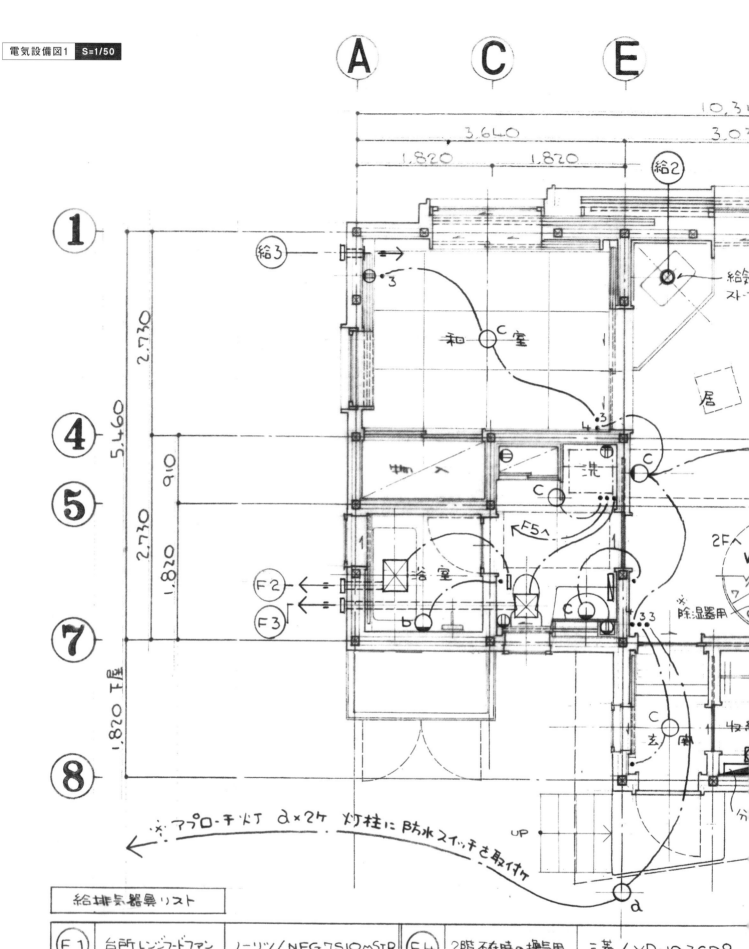

給排気器具リスト					
F1	台所レンジフードファン	ノーリツ/NFG7S10MSTR	F4	2階不在時の換気用	三菱/VD-10ZCD9
F2	浴室換気乾燥暖房機 100φ	パナソニック/FY22UG6V	F5	洗面・便所上部の換気	三菱/V-12PPS6
F3	便所天井扇 100φ	三菱/VD-10ZCD9	給1	台所レンジタイ付給気口 150φ	キョーワナスタ KS-8655MR-SG

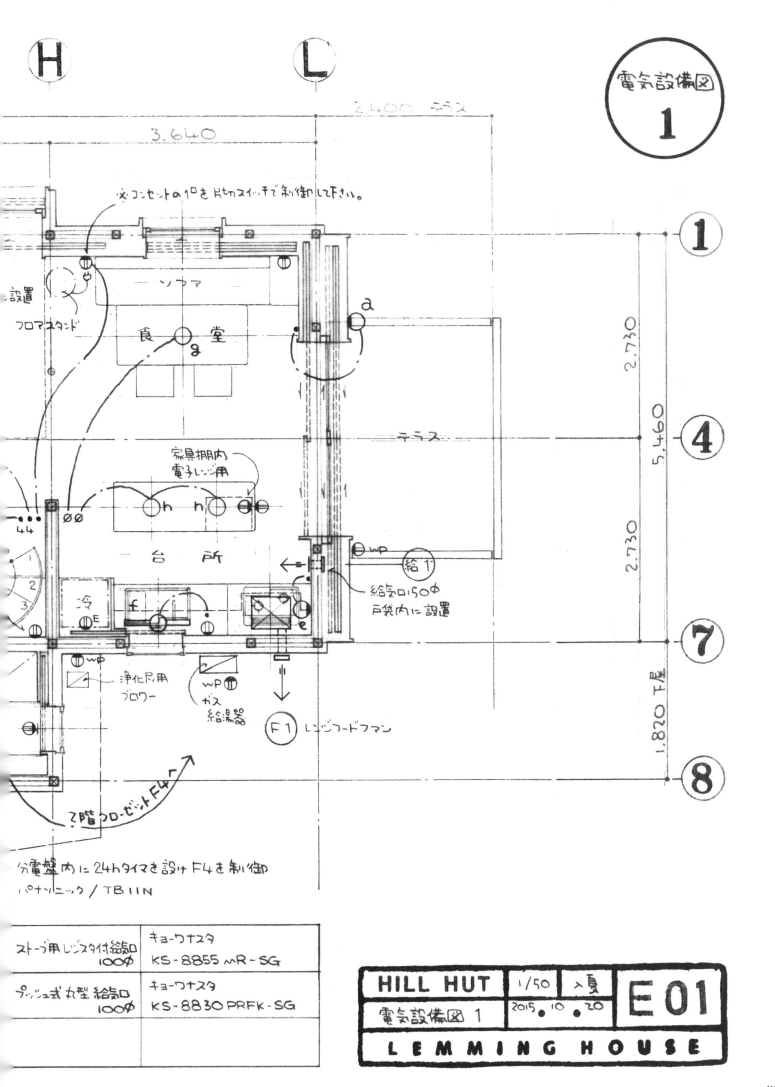

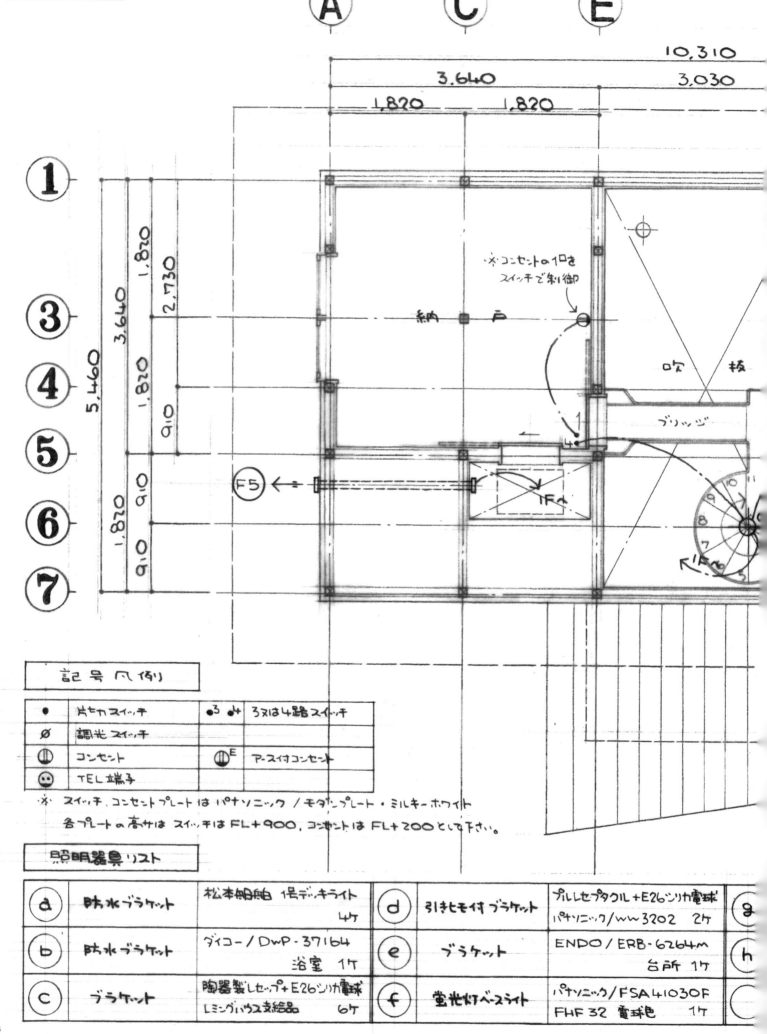

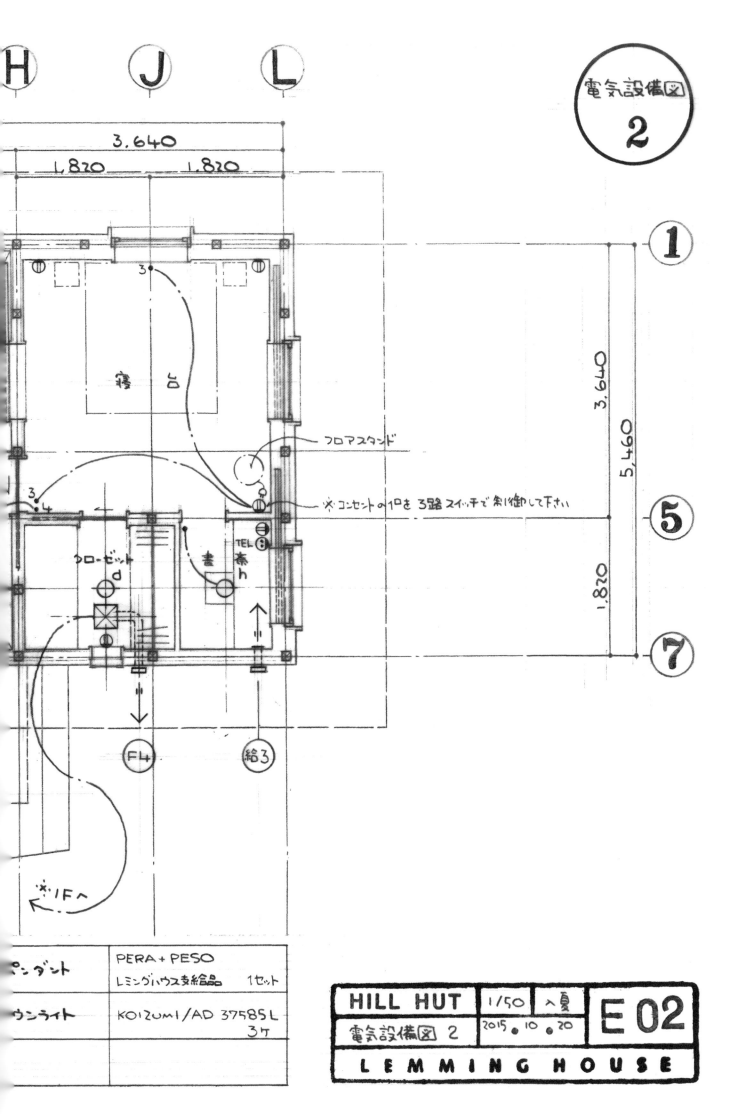

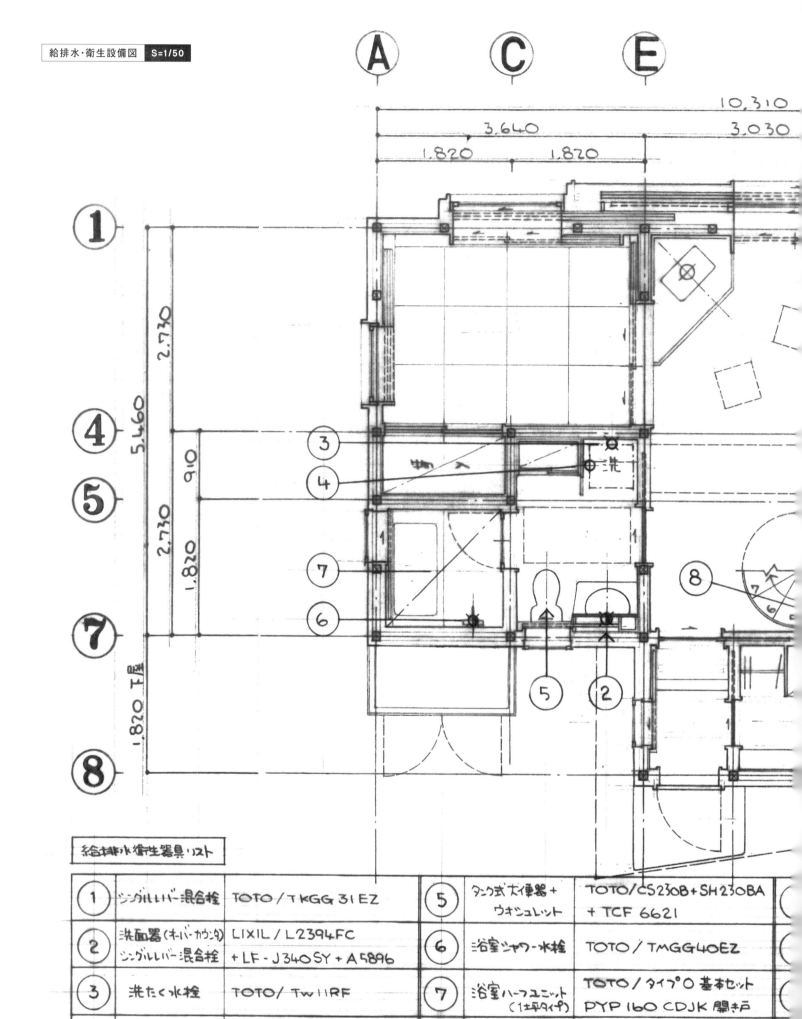

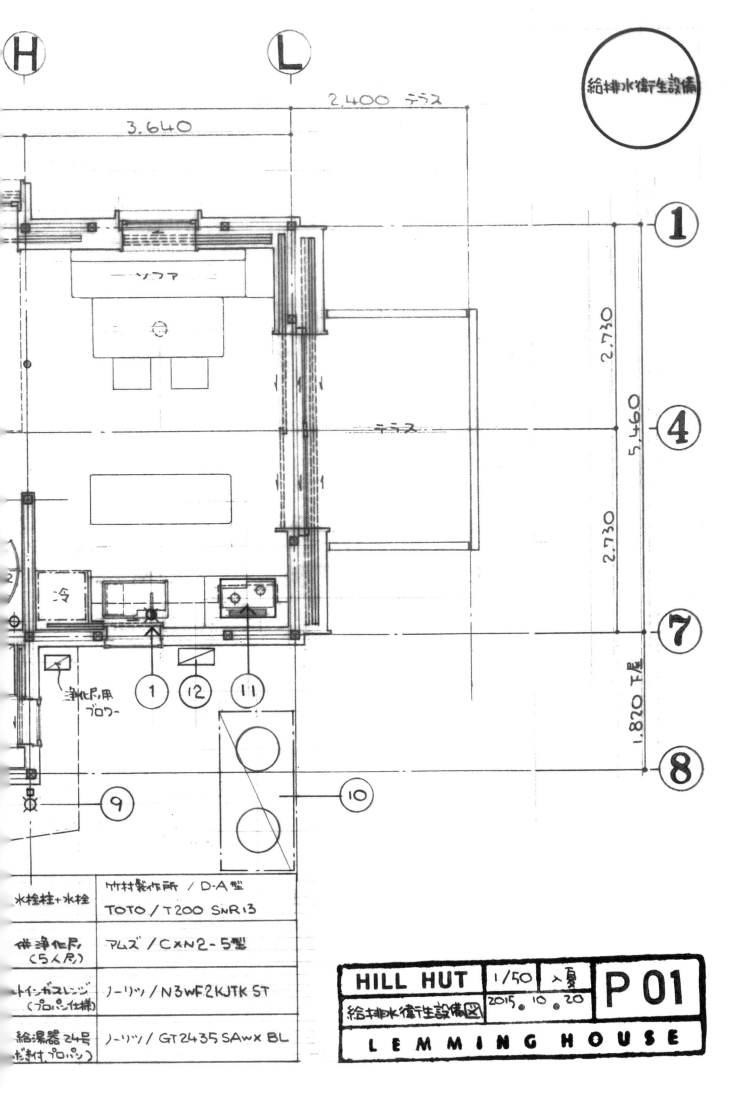

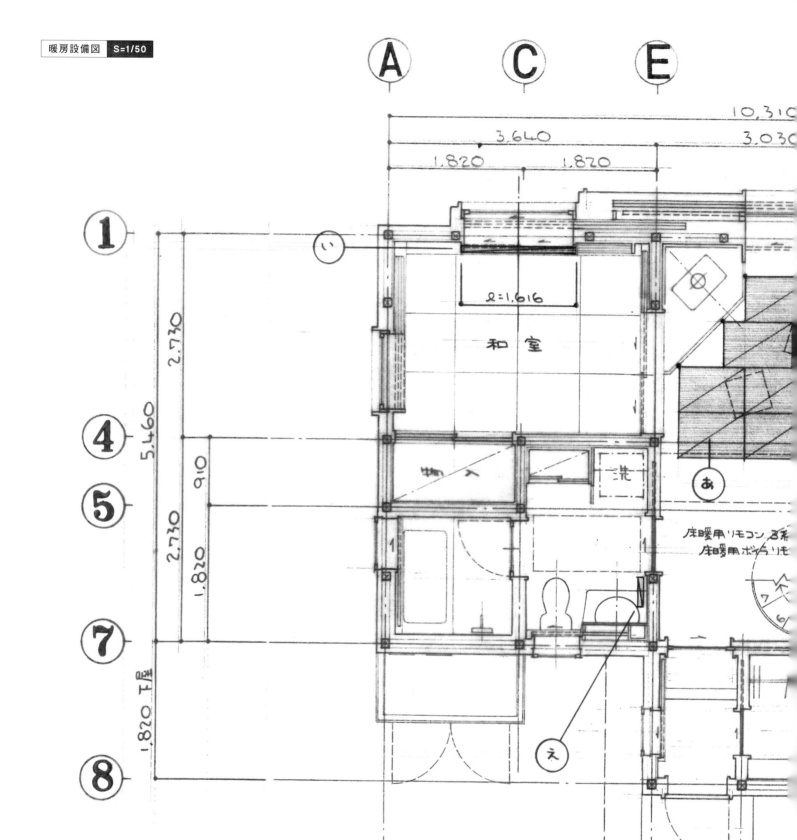

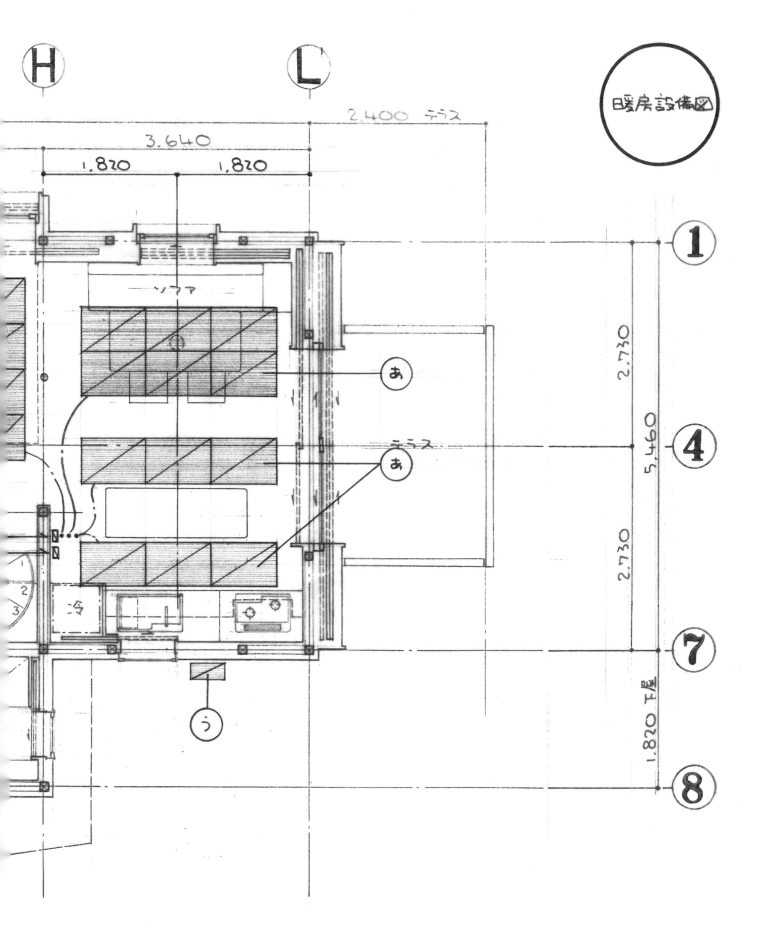

The Scenery of Autumn

第三章

部屋詳細図

DETAIL DRAWINGS
OF EVERY ROOMS

部屋別詳細図について

　基本設計案がめでたくクライアントに受け入れられたら、次は実施設計である。そして、こちらのペースで設計に専念できるのは、その実施設計図を作成している期間まで。工事が始まったら「こちらのペースで」などと悠長なことは言っていられない。仕事の段取りを乱さないよう、職人の仕事に支障を来さないよう、タイミングを見計らいつつ必要な図面を描いては現場に手渡していかなくてはならない（と言いつつ、申しわけないことに図面作成に手間取ってしばしば工事に支障を来すのが常である）。

　そんなわけで、工事が始まると設計側は現場から煽られてたちまち尻に火が付いたように忙しくなるのである。この段階で描く図面番号の頭に付す「D」の文字は、もともとは詳細図＝Detailの頭文字なのだが、私の事務所の場合はどちらかといえば施工図的な意味合いが強い。この山荘では、各部屋の平面図と断面展開図を縮尺1／10で描いている。実施設計図の縮尺1／50の展開図では空間の実感は湧きにくいが、この縮尺で描くと部屋の明暗や空気感までリアルにイメージすることができる利点がある。図面にはスウィッチやコンセントをはじめ、電気や設備関係のコントロールパネルなどの位置も正確に指示しておく。

　また、この縮尺だと台所の造り付け家具なども部屋との関係を踏まえた家具図として描けるのも大きなメリットである。部屋別詳細図は、図面番号でいうとD01〜D32までだが、D20とD21の間に図面番号のないステンレスシンクを特注製作するための図面が2枚入っているので、全部で34枚ある。

| 玄関・土間収納平面 | S=1/15 |

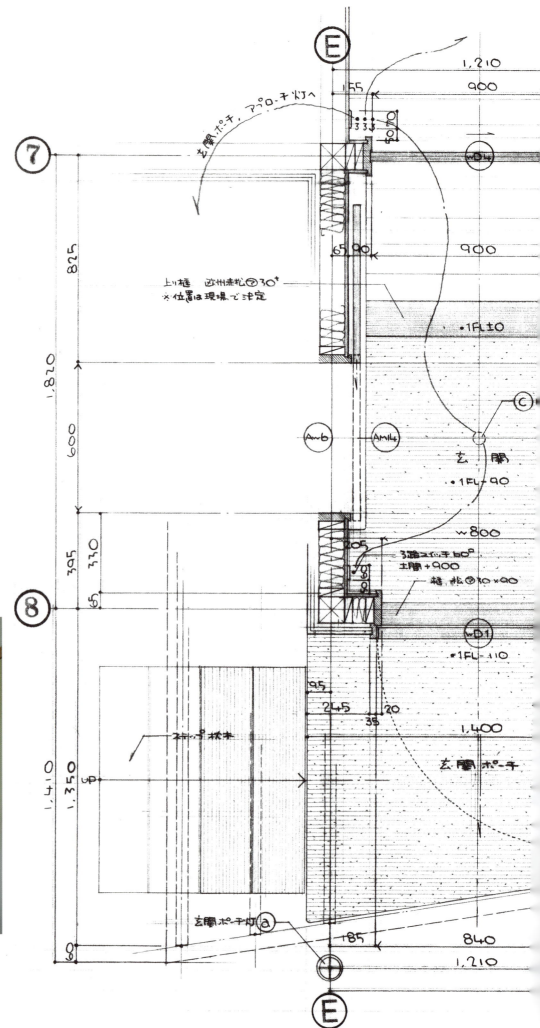

玄関を入り、ツインカーボ入りの引戸を開けると真正面のストーブが出迎えてくれる。ストーブを焚く季節、ストーブの炎に迎えてもらえるのは、何ものにも代えがたい悦びである

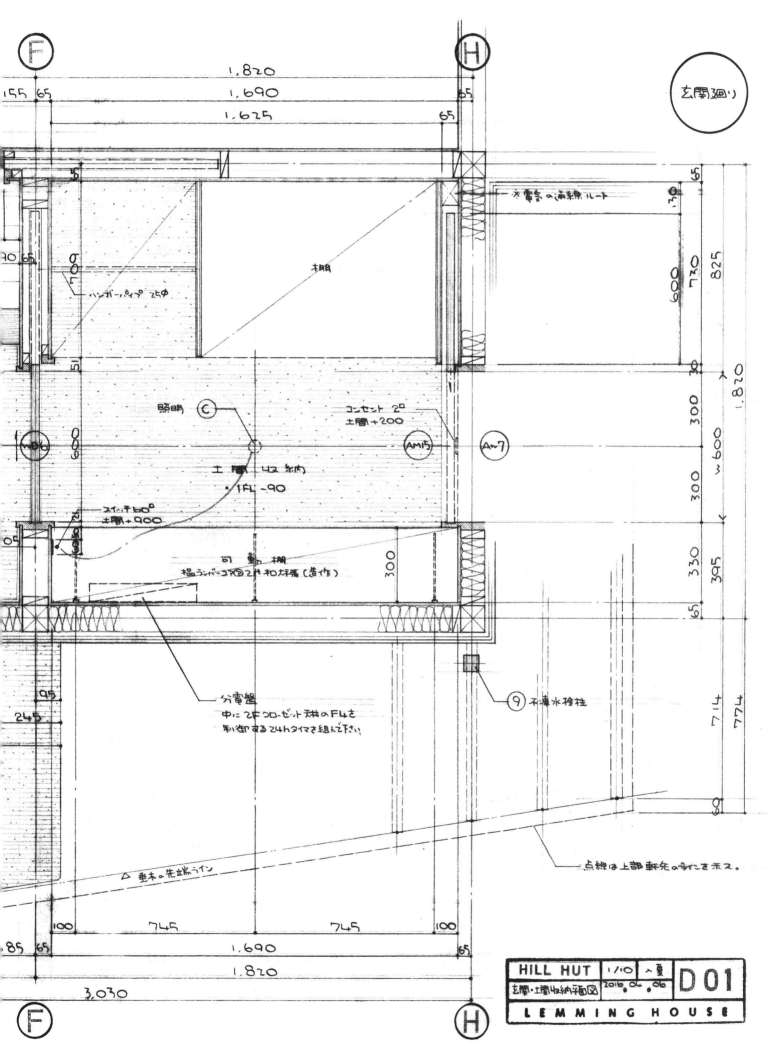

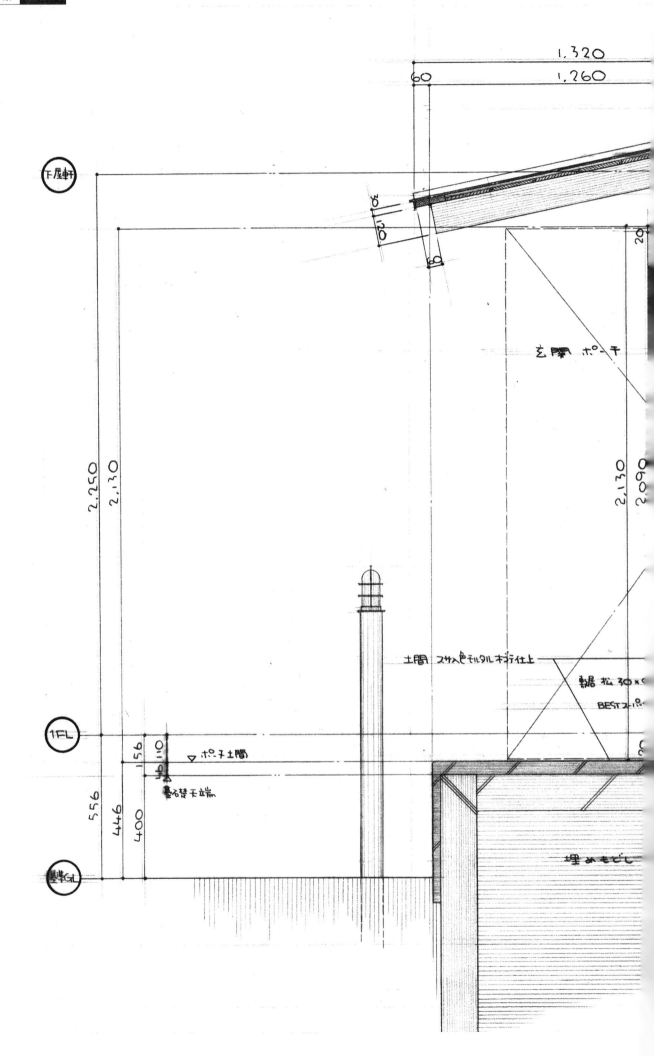

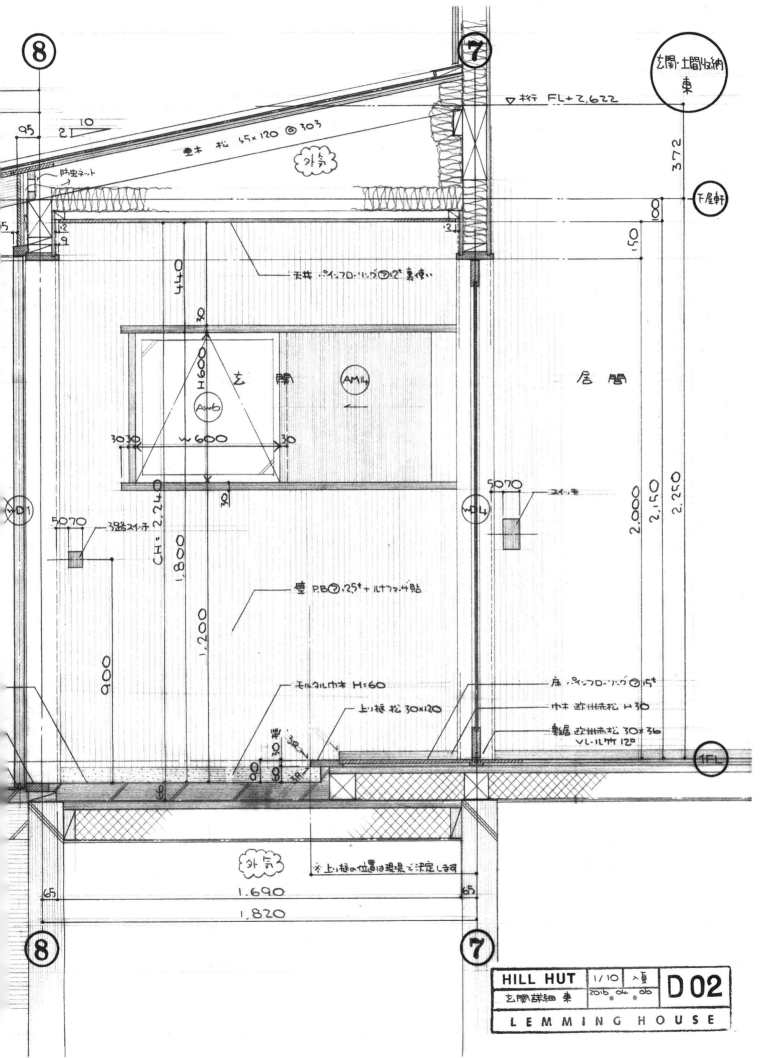

玄関・土間収納断面　南　S=1/15

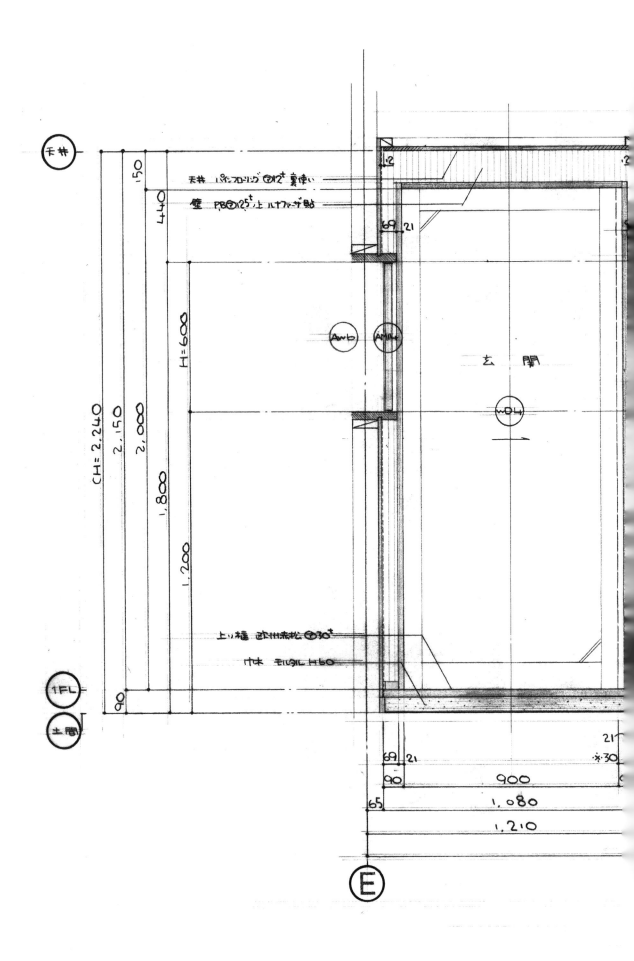

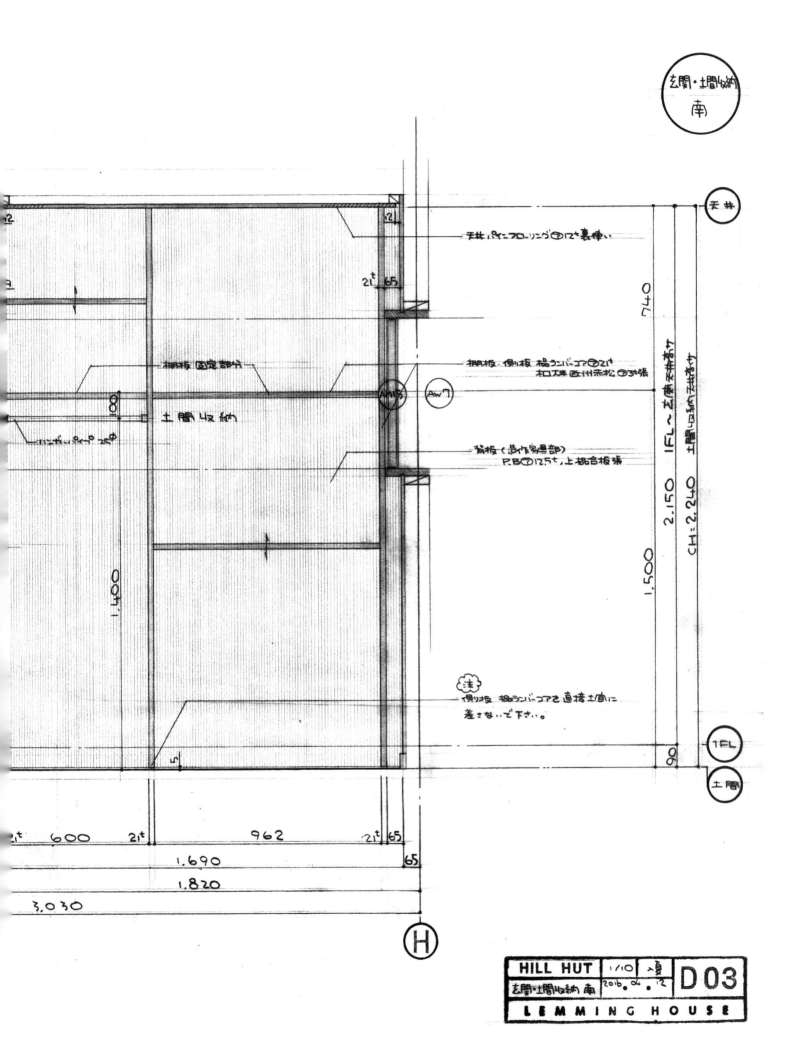

玄関・土間収納断面 北 S=1/15

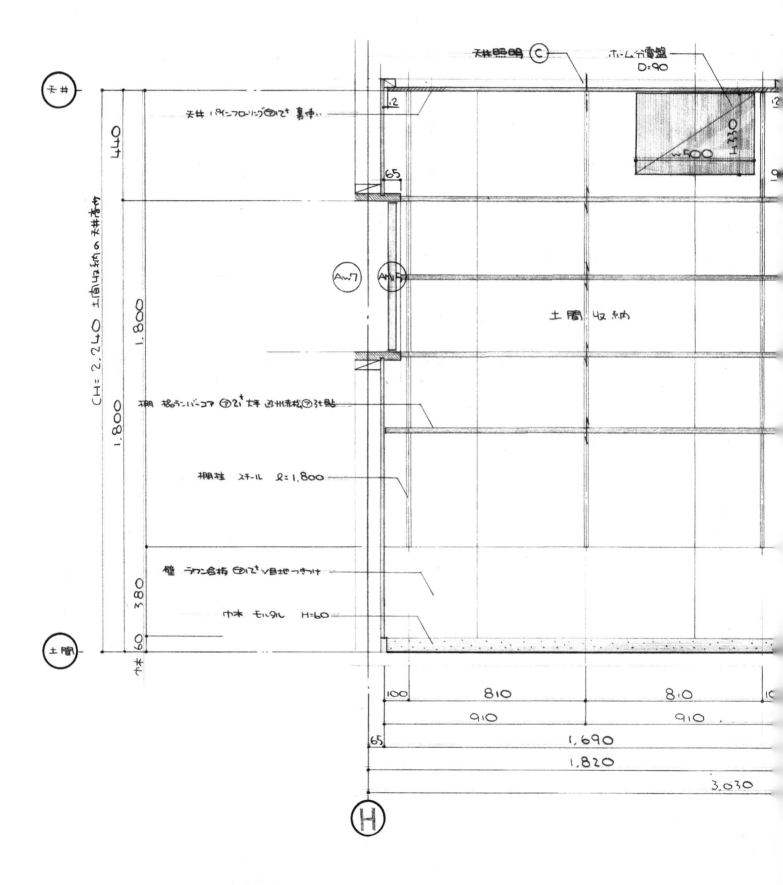

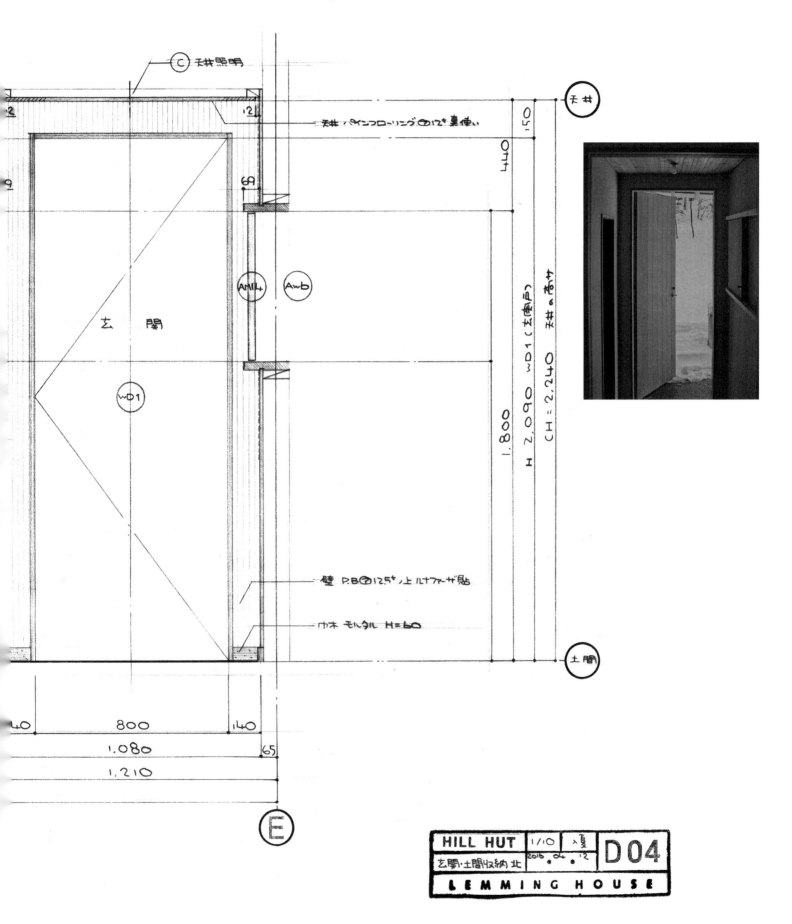

玄関・土間収納
北

HILL HUT 1/10 夏
玄関・土間収納 北 2016.04.12 D04
LEMMING HOUSE

土間収納断面 東・西 S=1/15

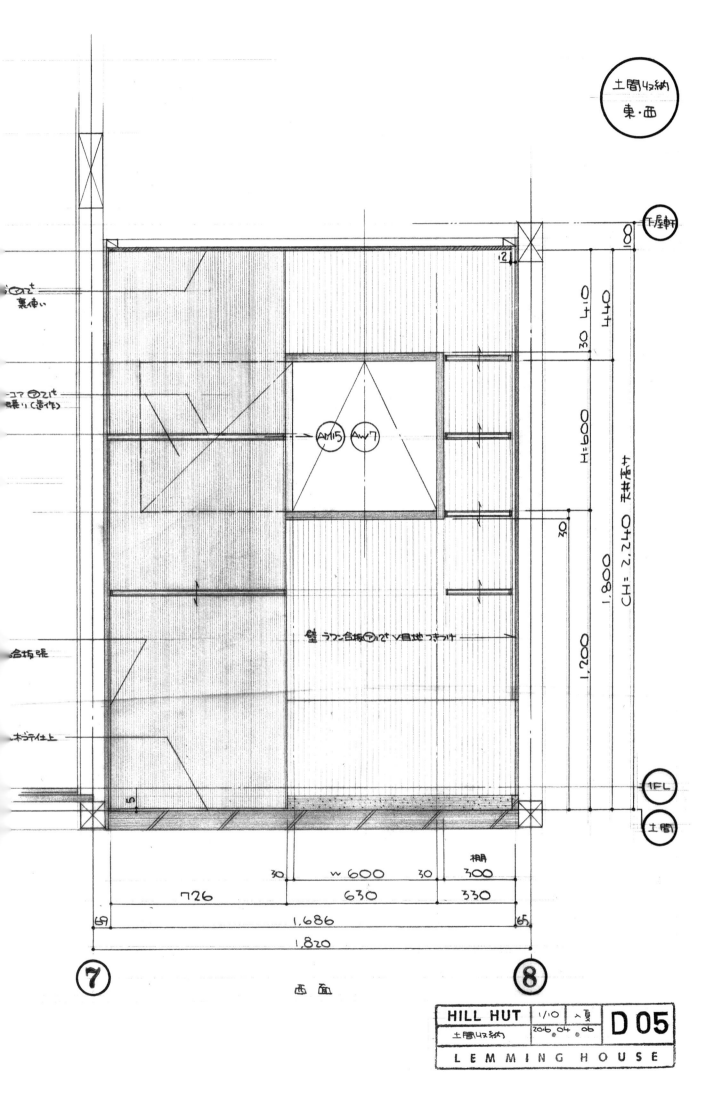

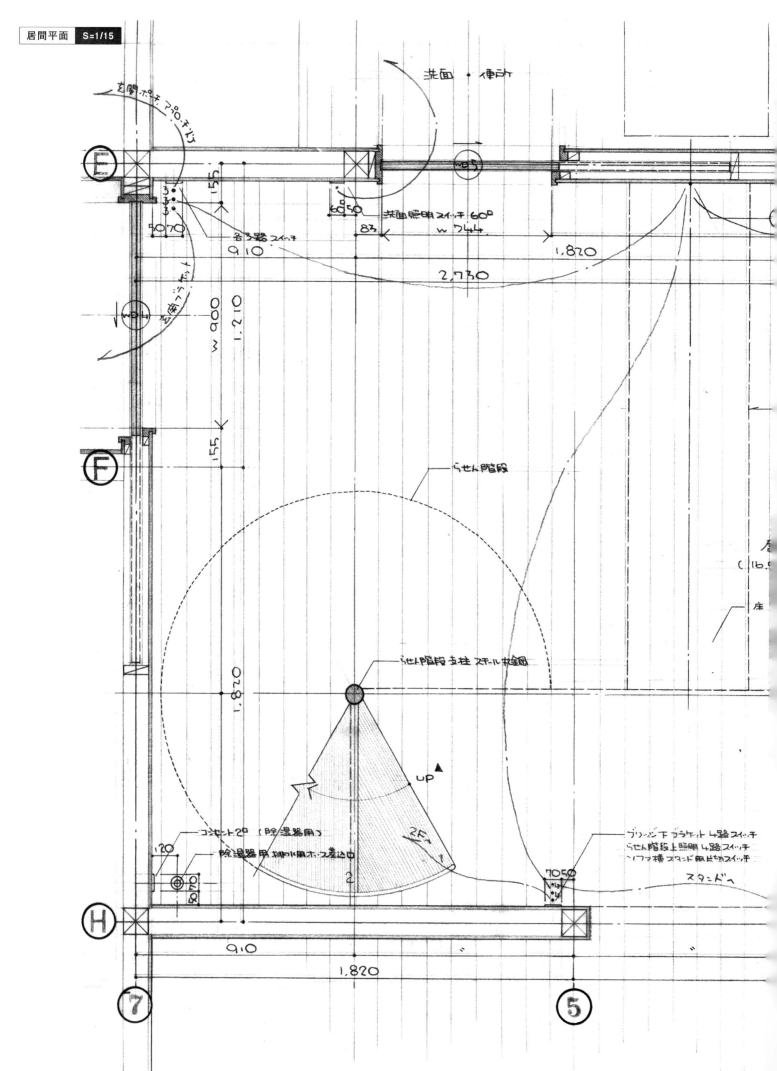

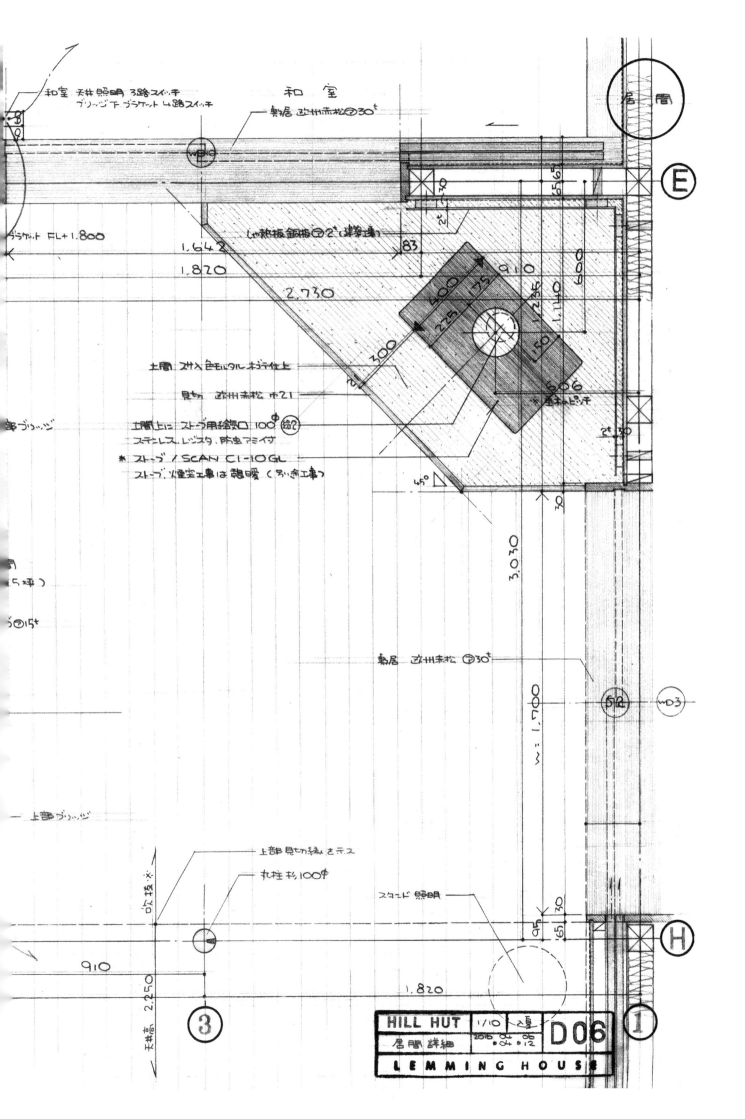

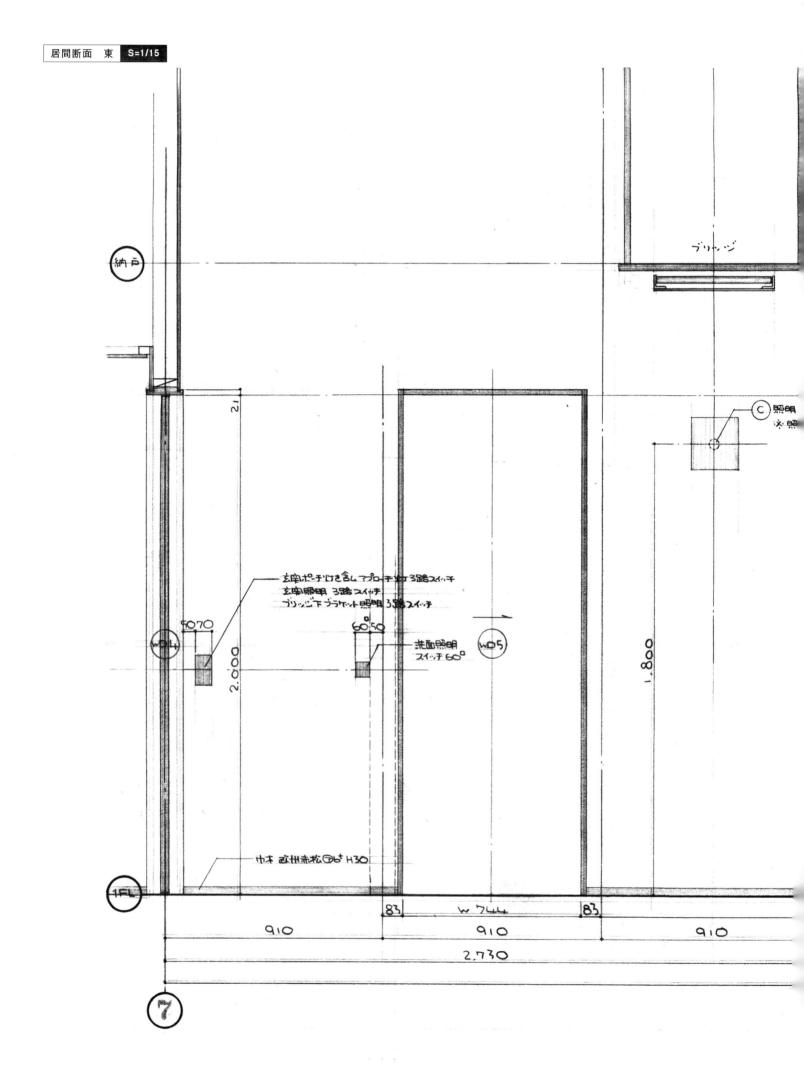

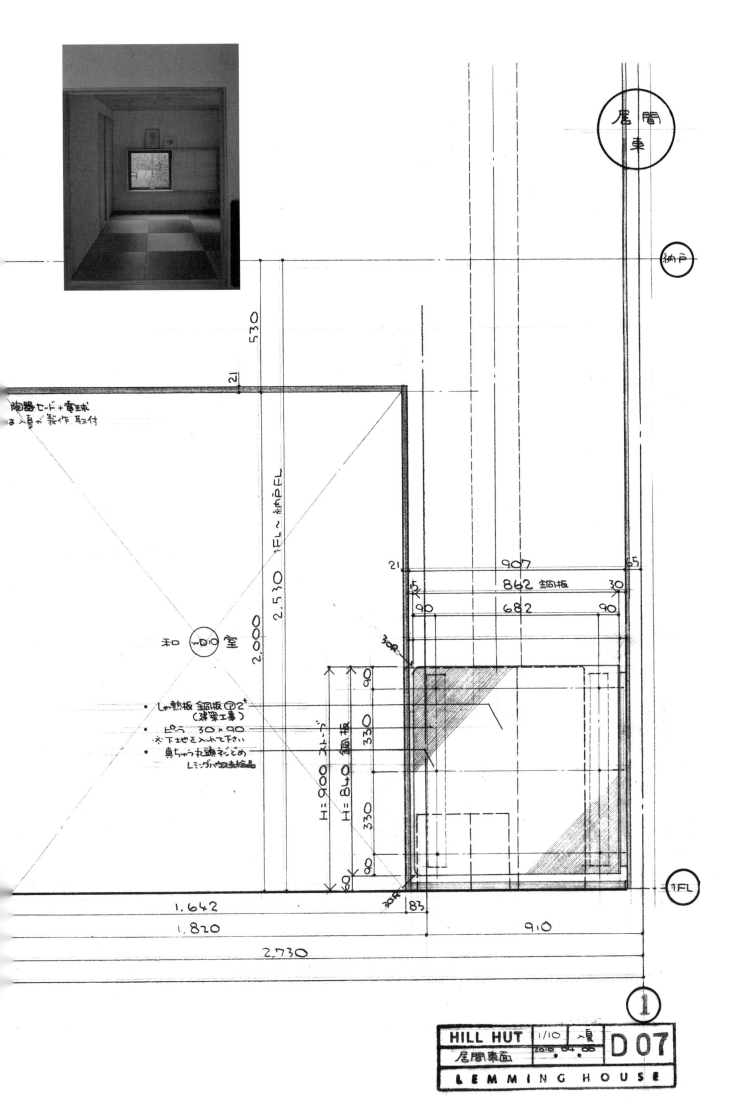

HILL HUT 1/10 夏 D07
居間東面 2015.04.05
LEMMING HOUSE

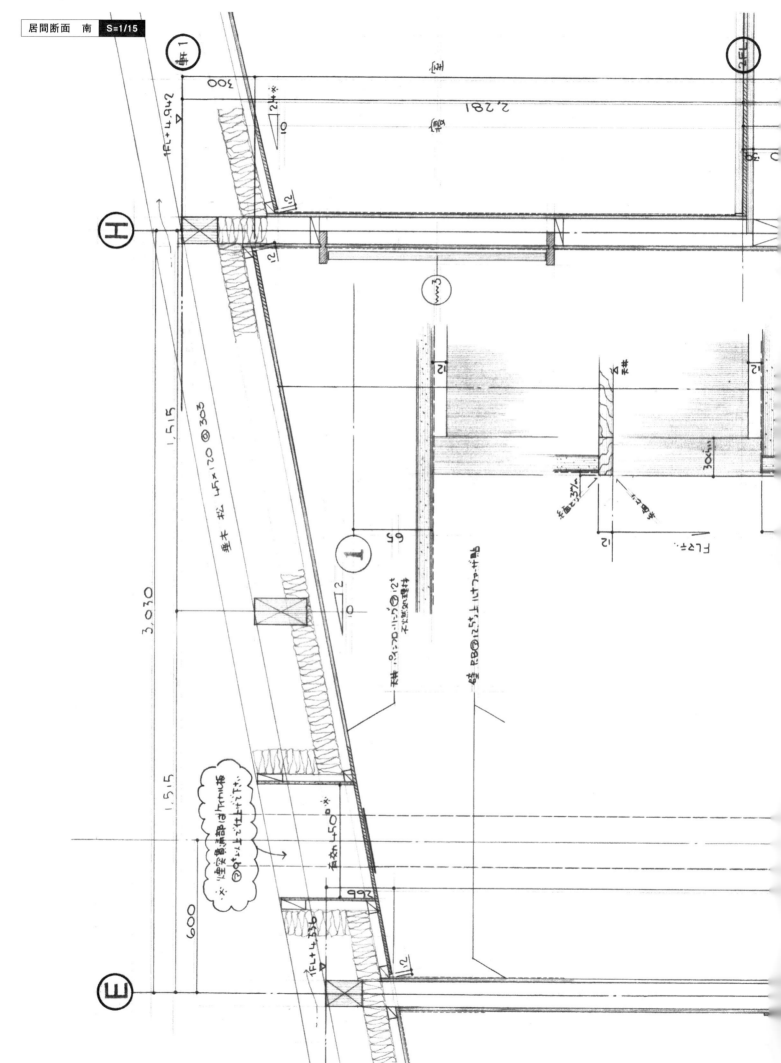

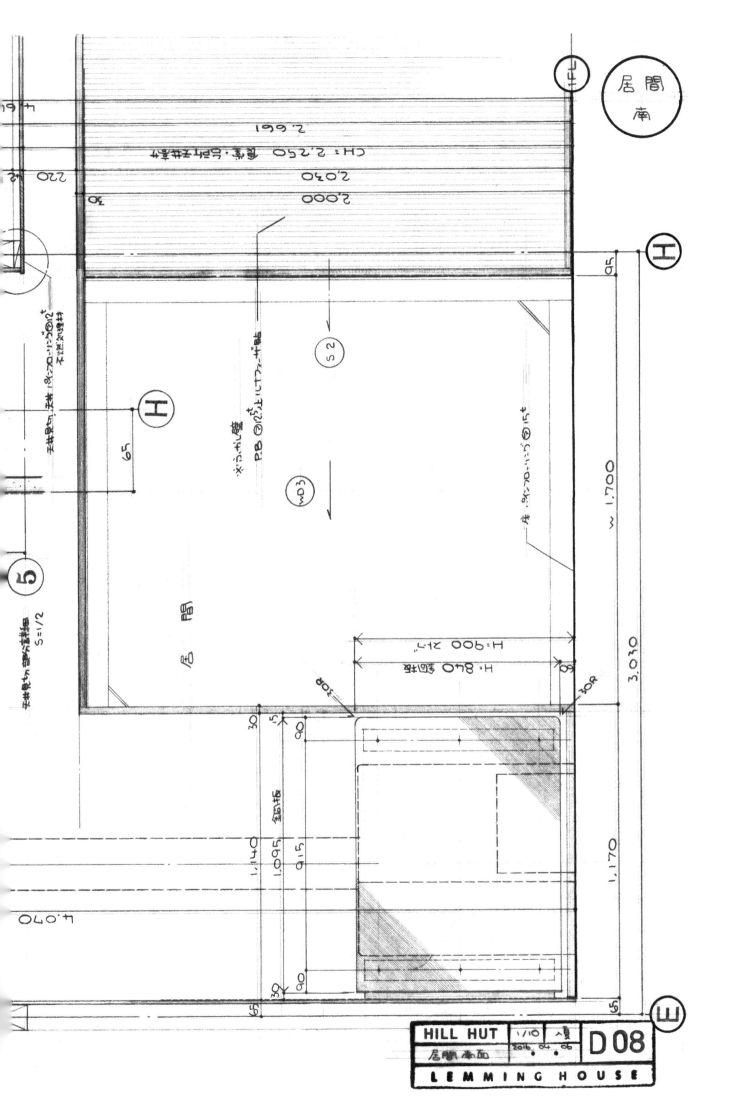

和室平面 S=1/15

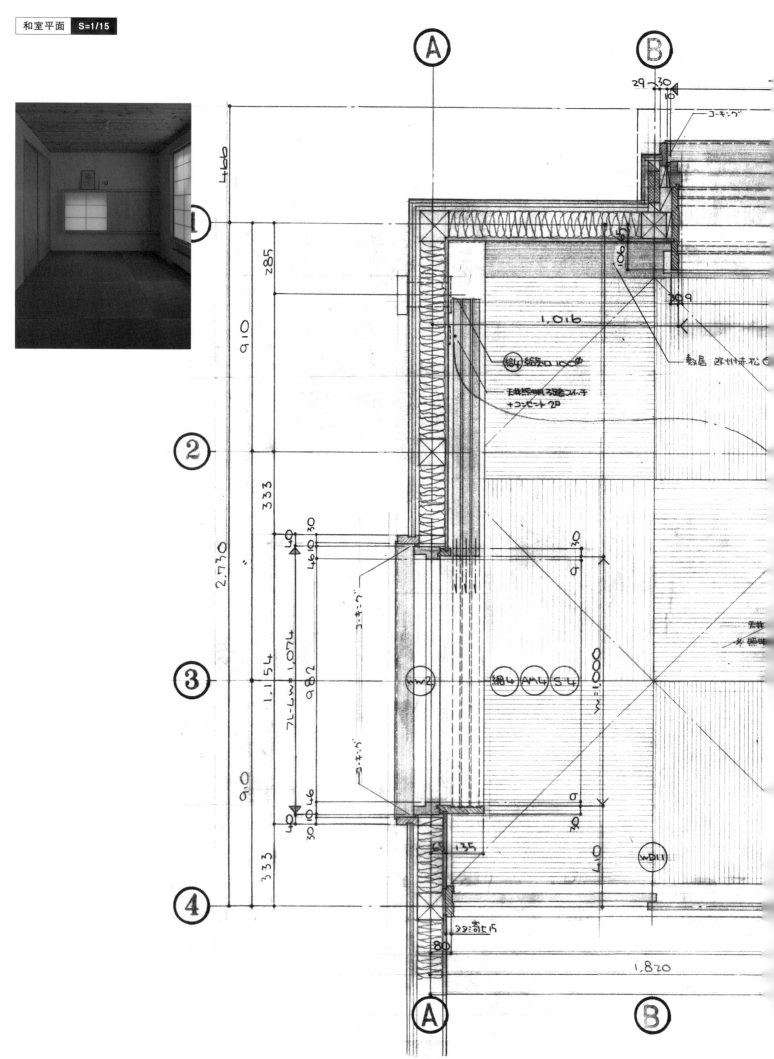

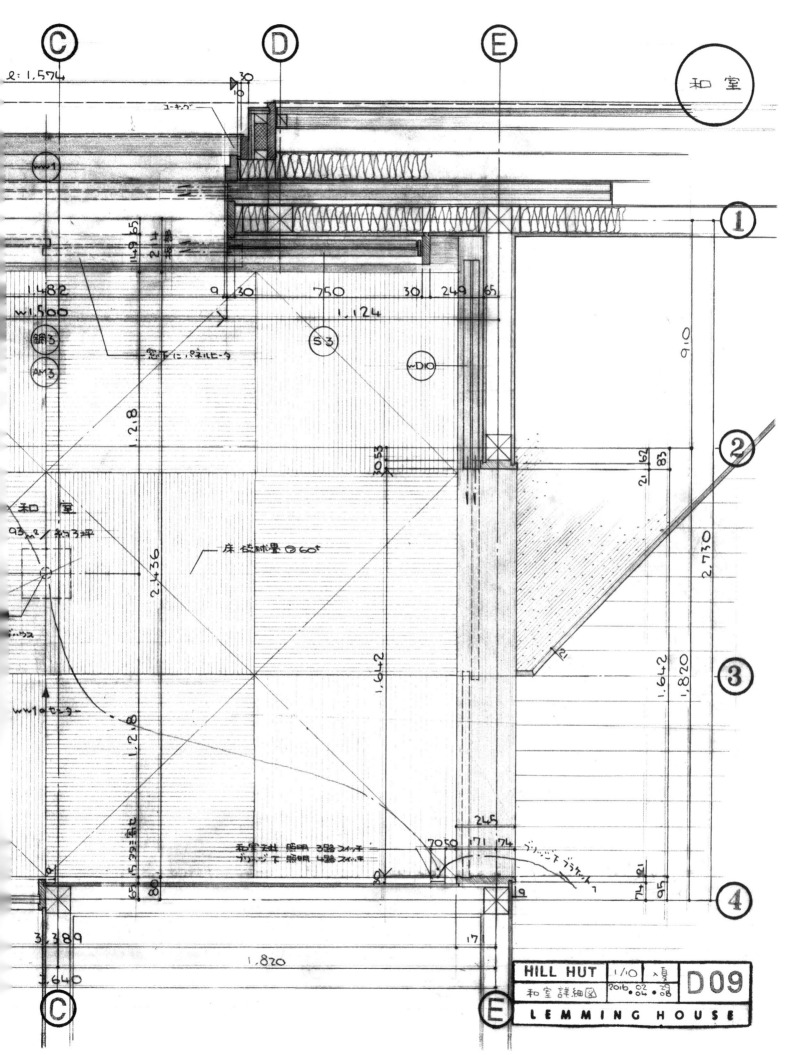

和室断面 南 S=1/15

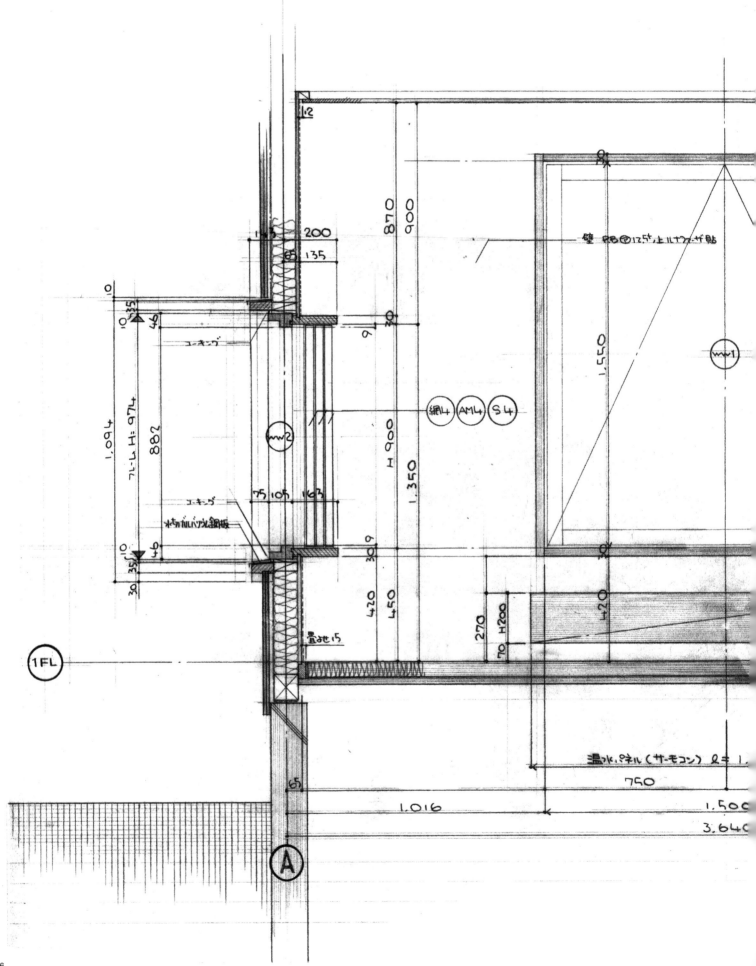

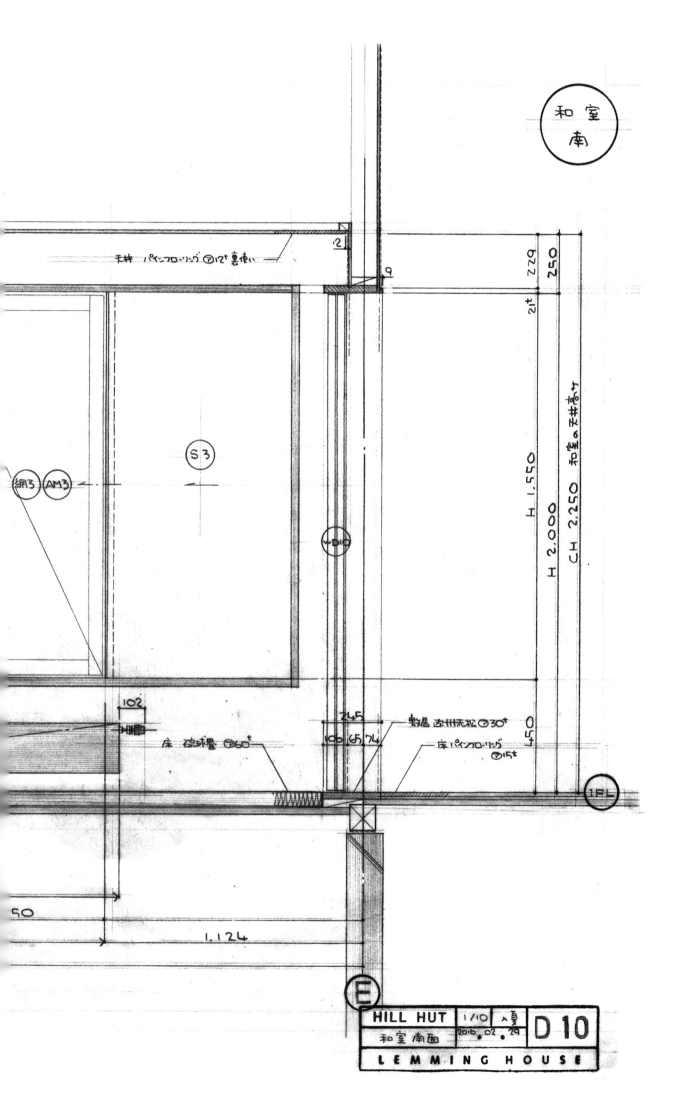

和室断面 東　S=1/15

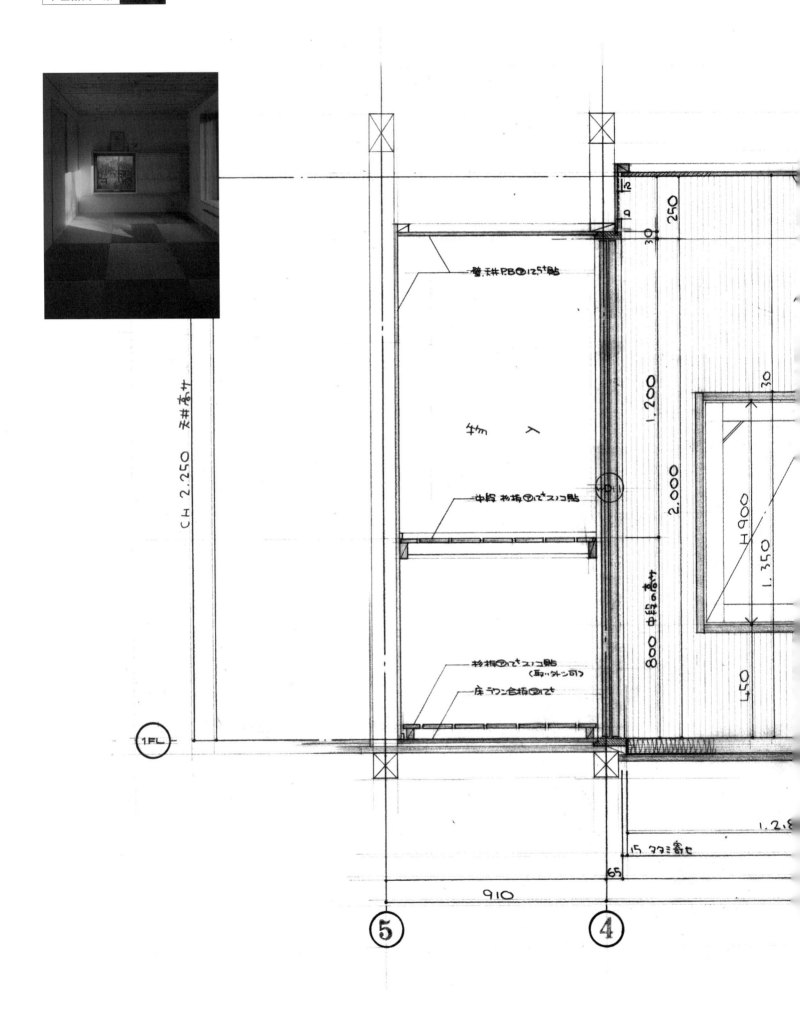

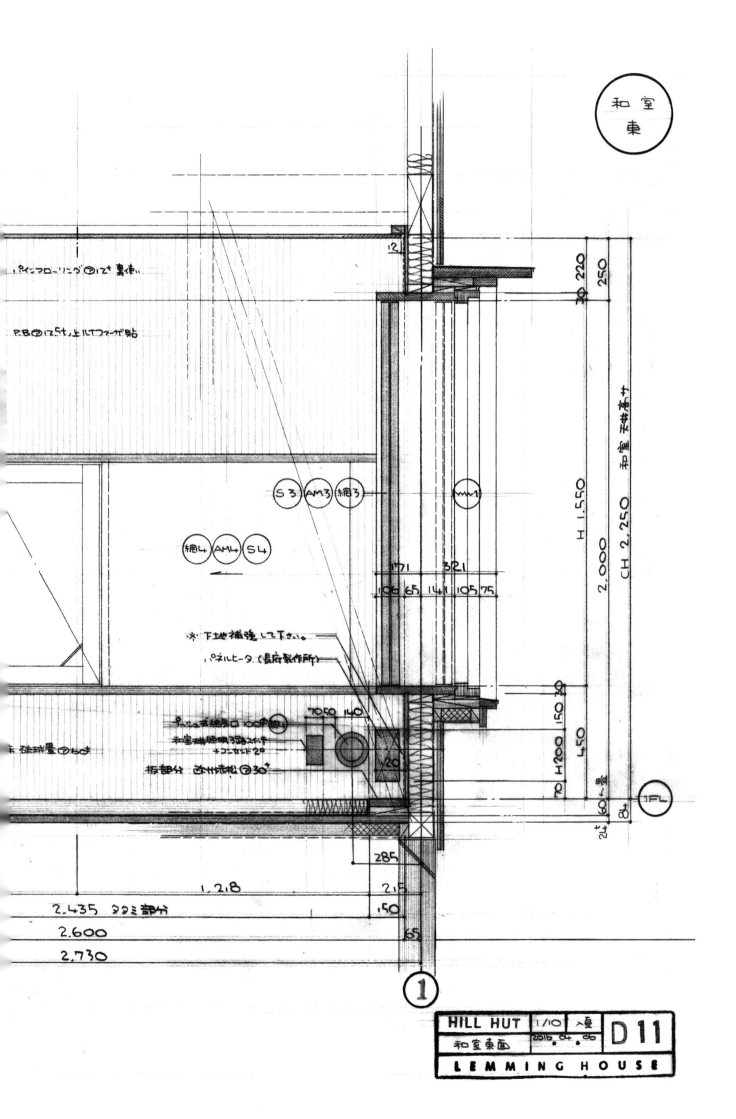

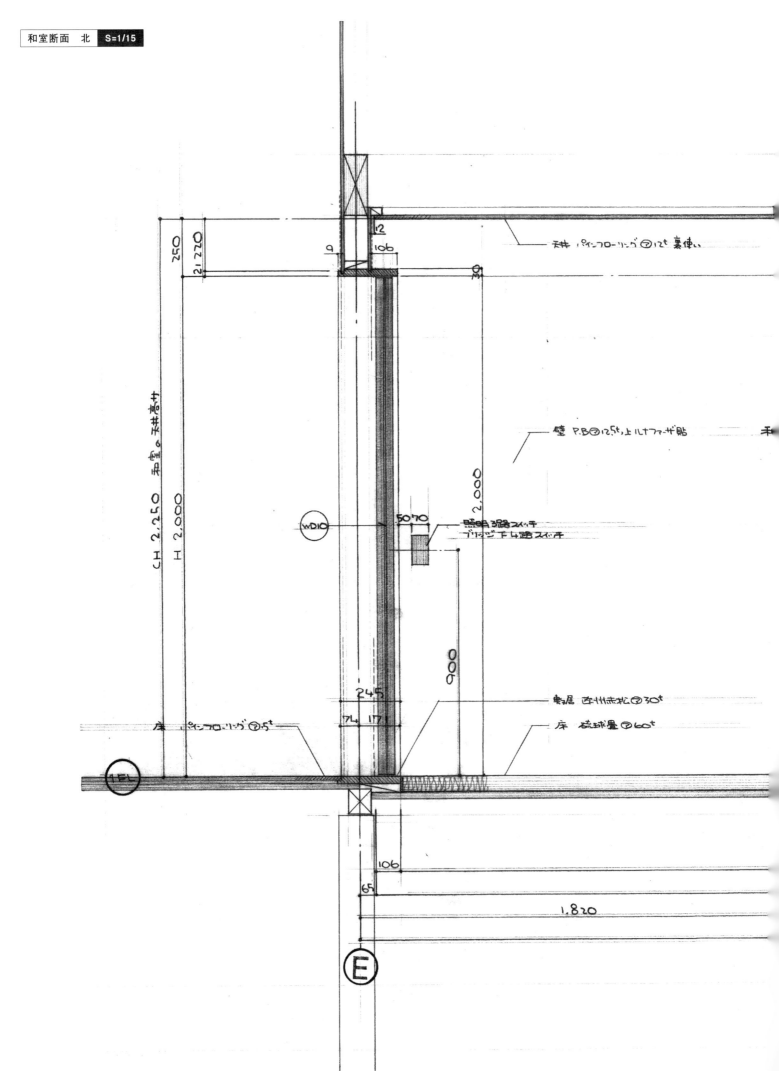

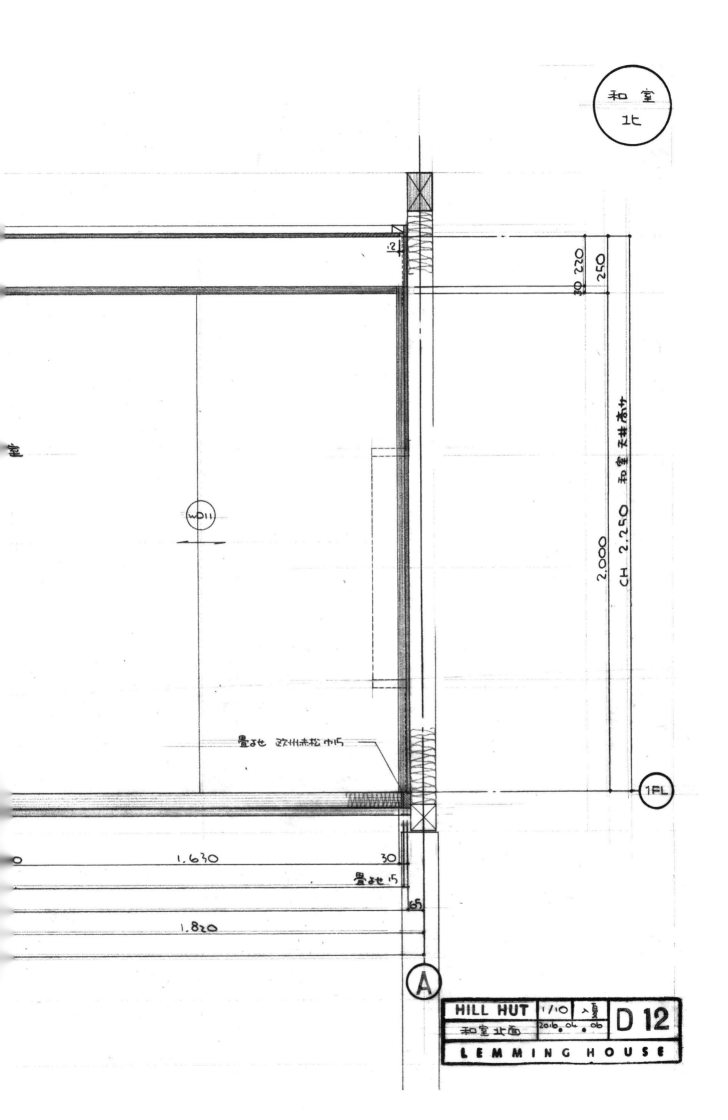

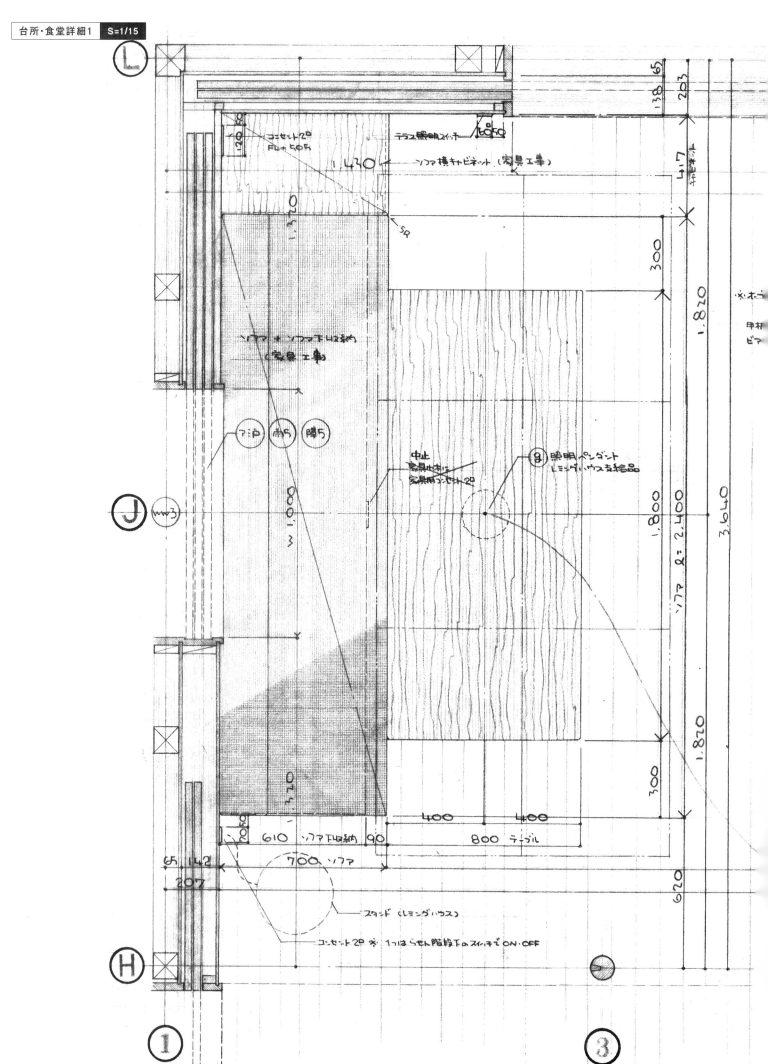

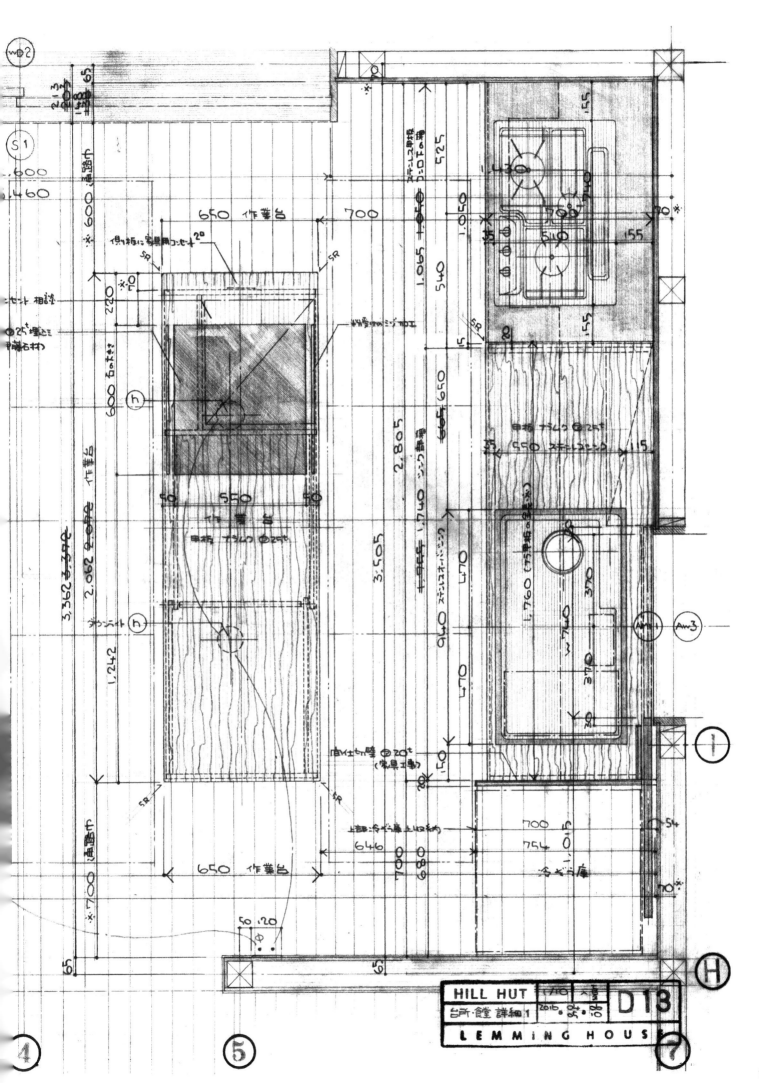

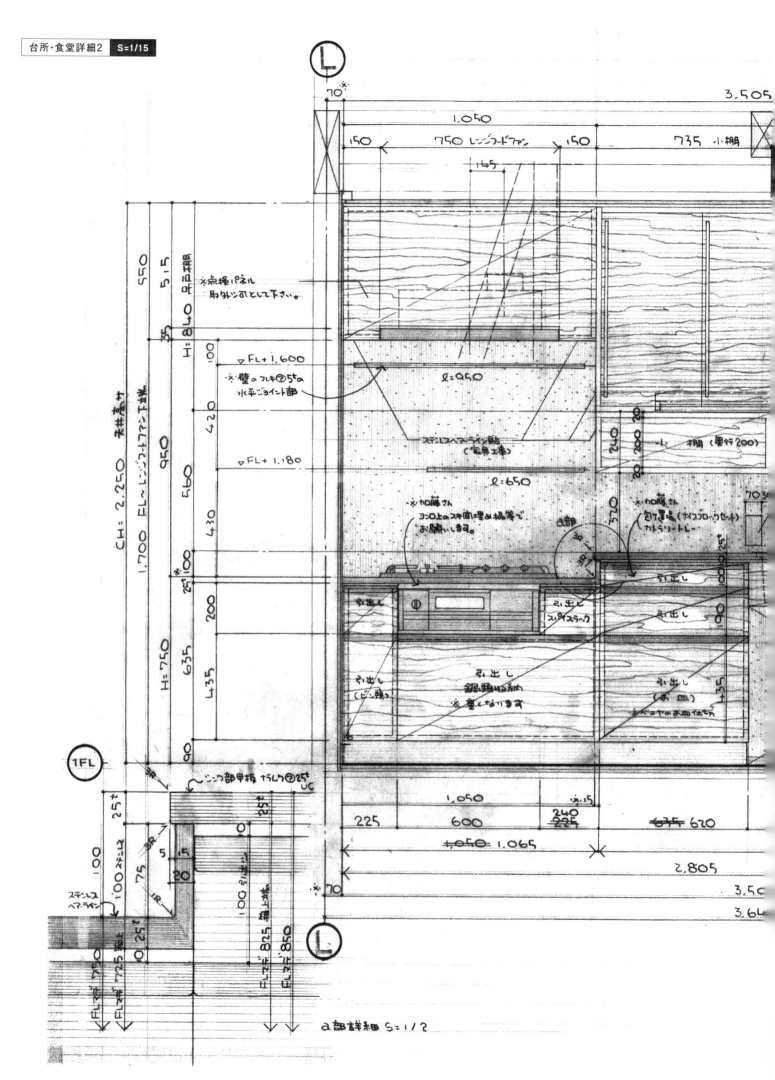

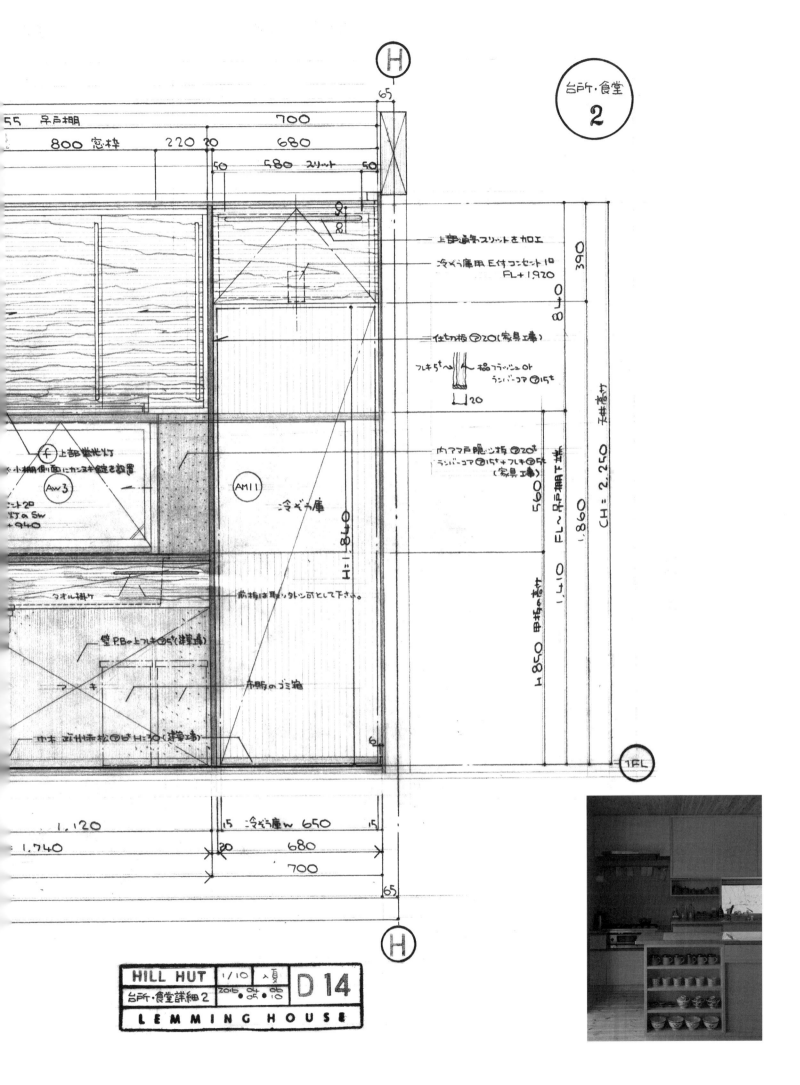

台所・食堂詳細3　S=1/15

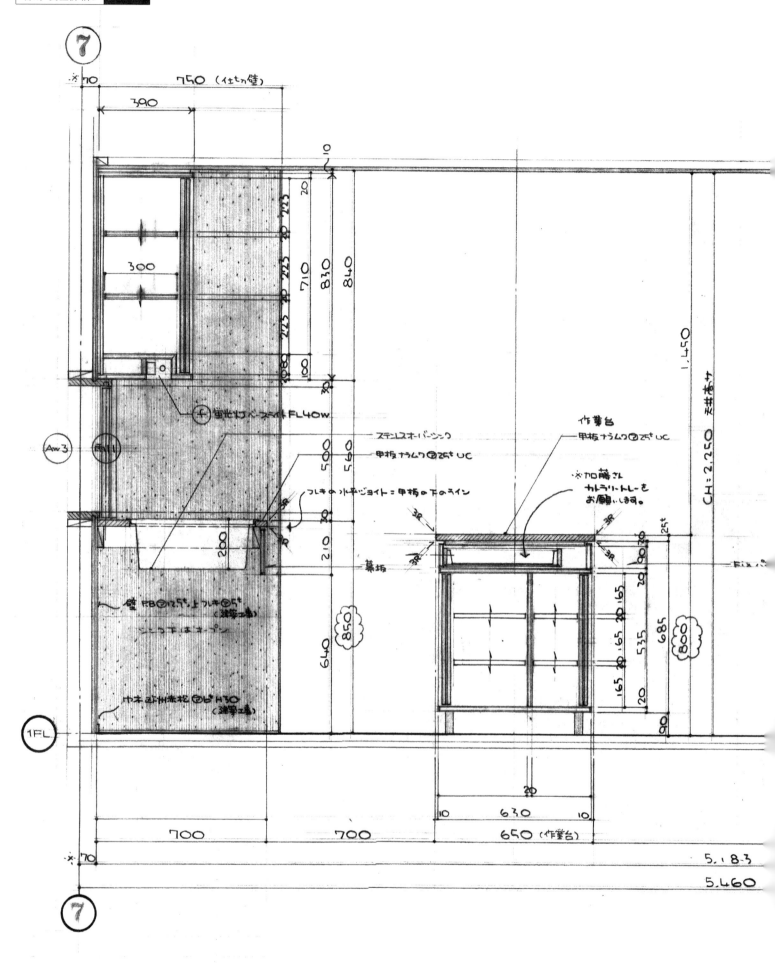

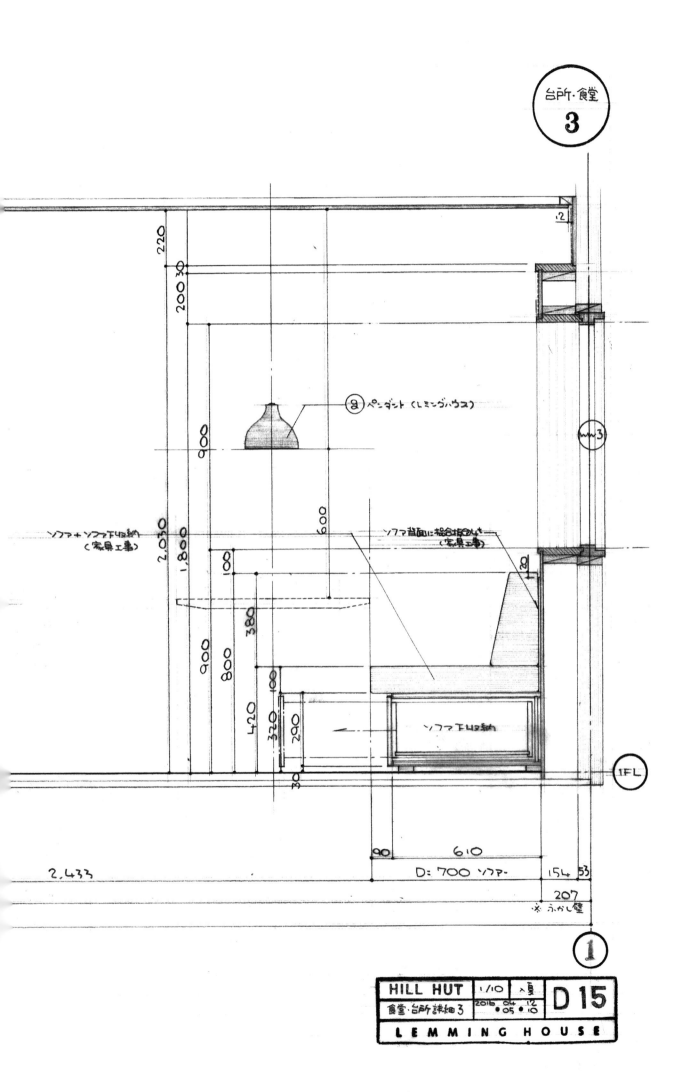

台所・食堂詳細4 S=1/15

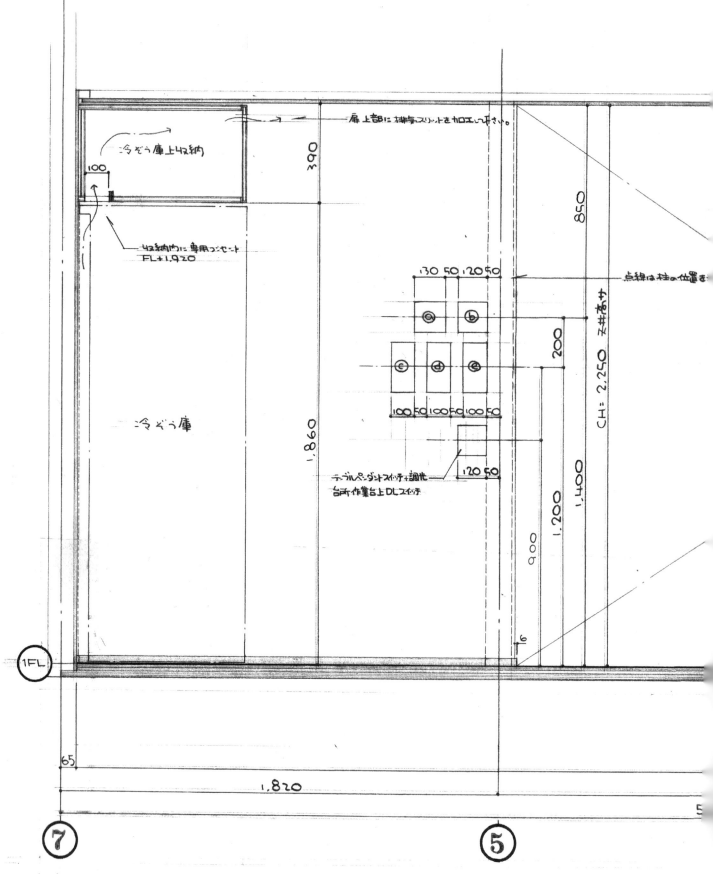

* 各リモコンについて
ⓐ 給湯用ボイラーの台所リモコン／ノーリツ ⓑ 床暖用ボイラーのリモコン／長府
ⓒ 床暖"台所廻り"のコントローラ ⓓ 床暖"食堂廻り"のコントローラ ⓔ 床暖"ストーブ廻り(居間)"のコントローラ

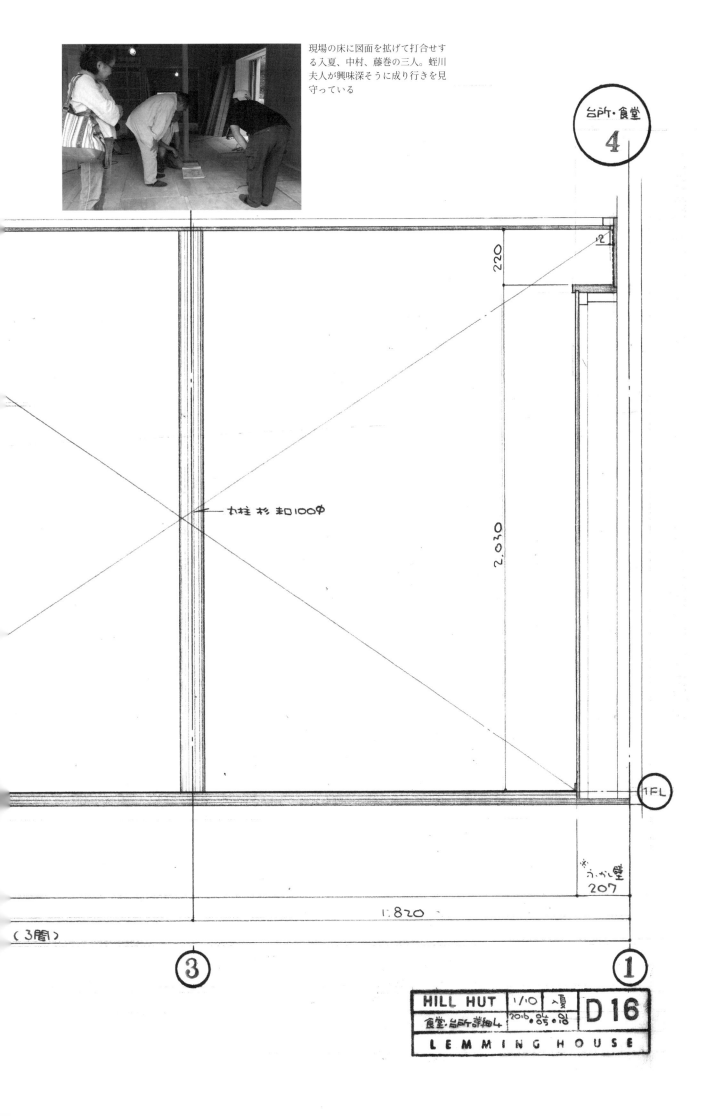

現場の床に図面を拡げて打合せする入夏、中村、藤巻の三人。蛭川夫人が興味深そうに成り行きを見守っている

台所・食堂詳細5 　S=1/15

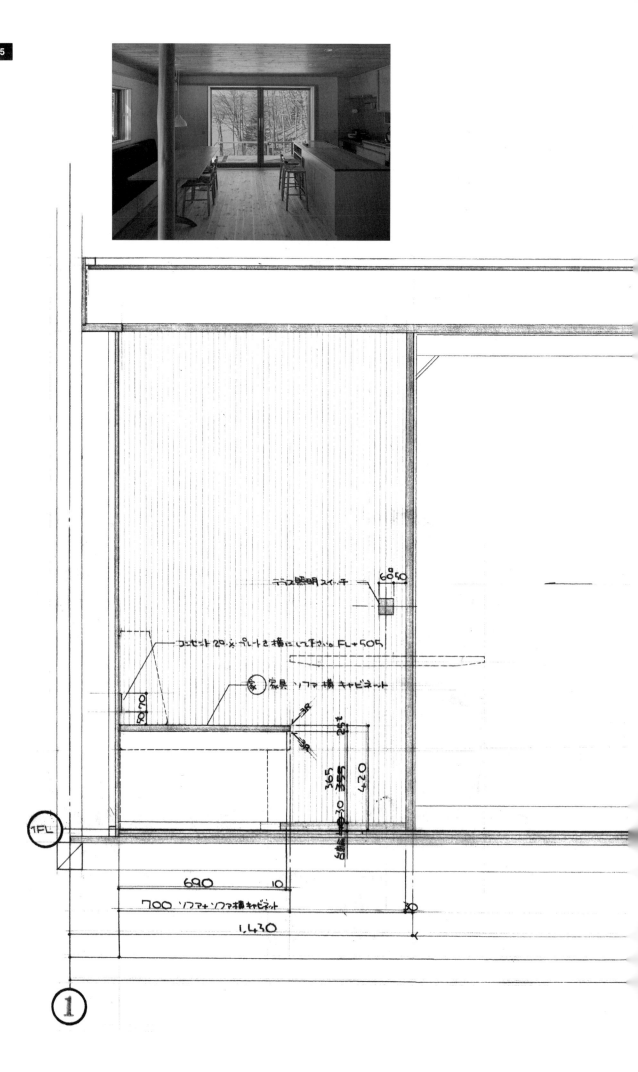

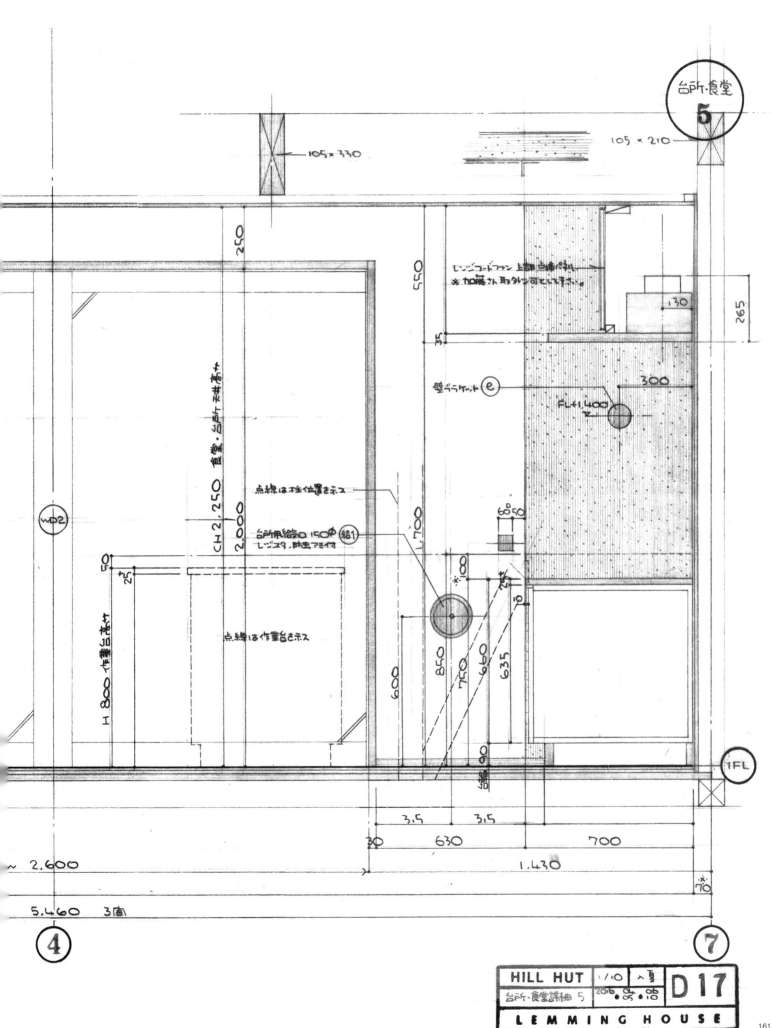

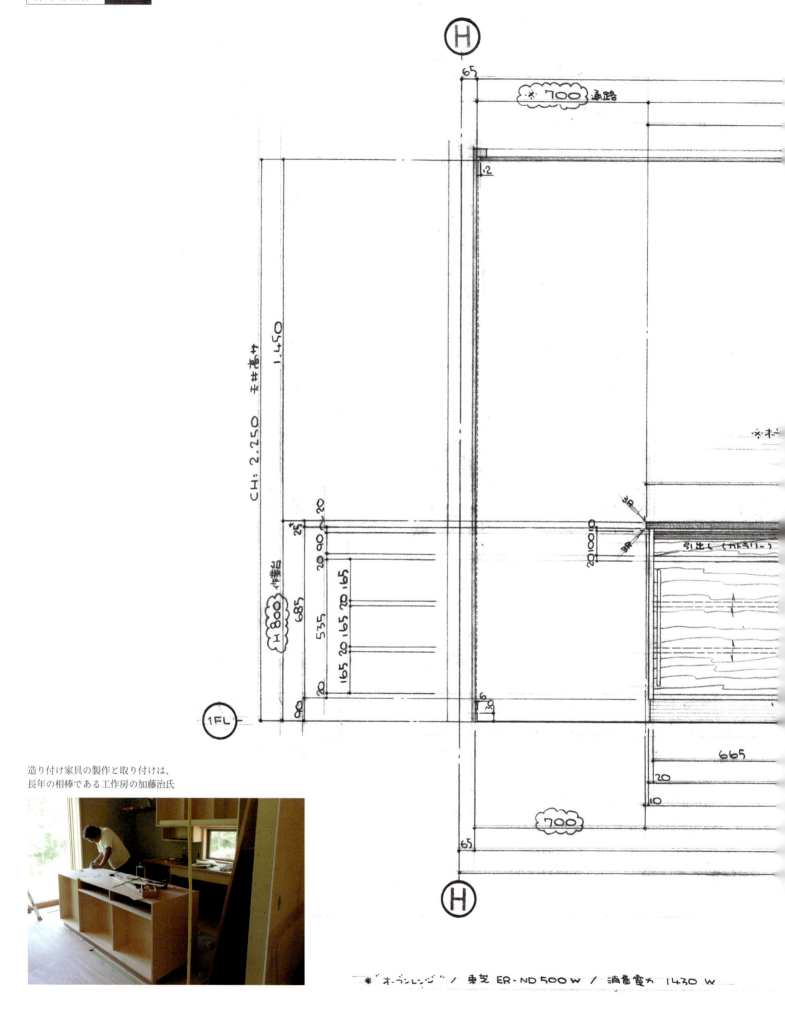

台所・作業台1　S=1/15

造り付け家具の製作と取り付けは、長年の相棒である工作房の加藤治氏

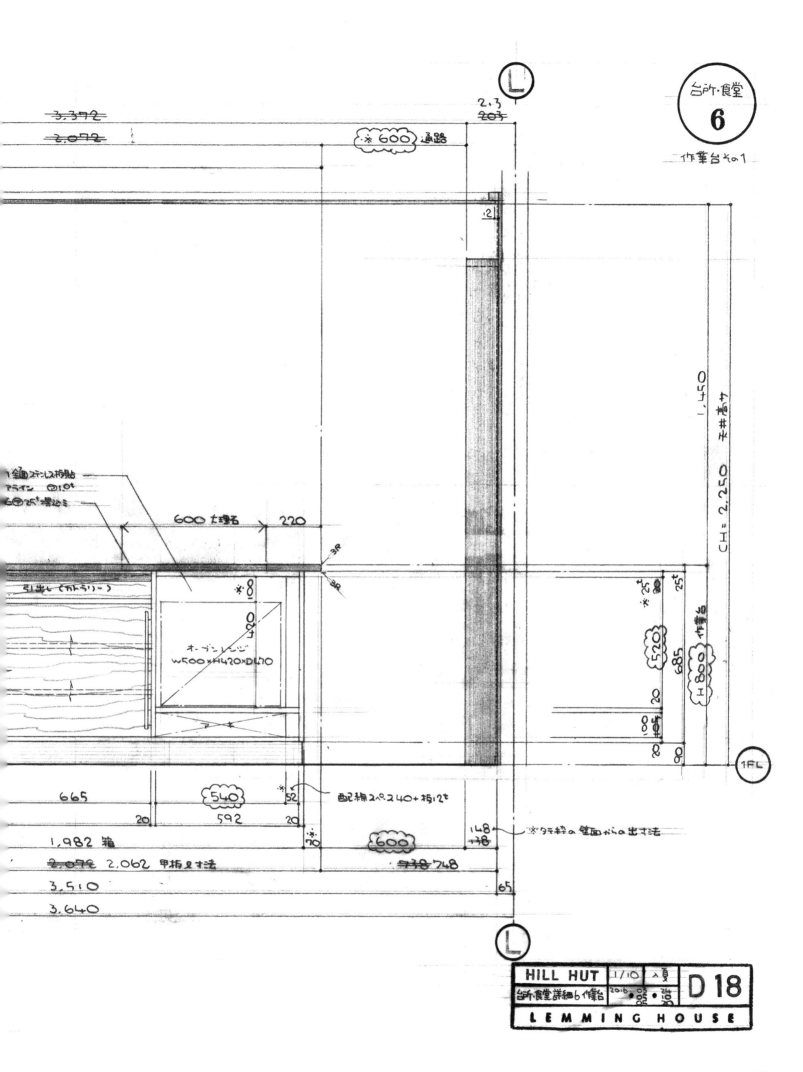

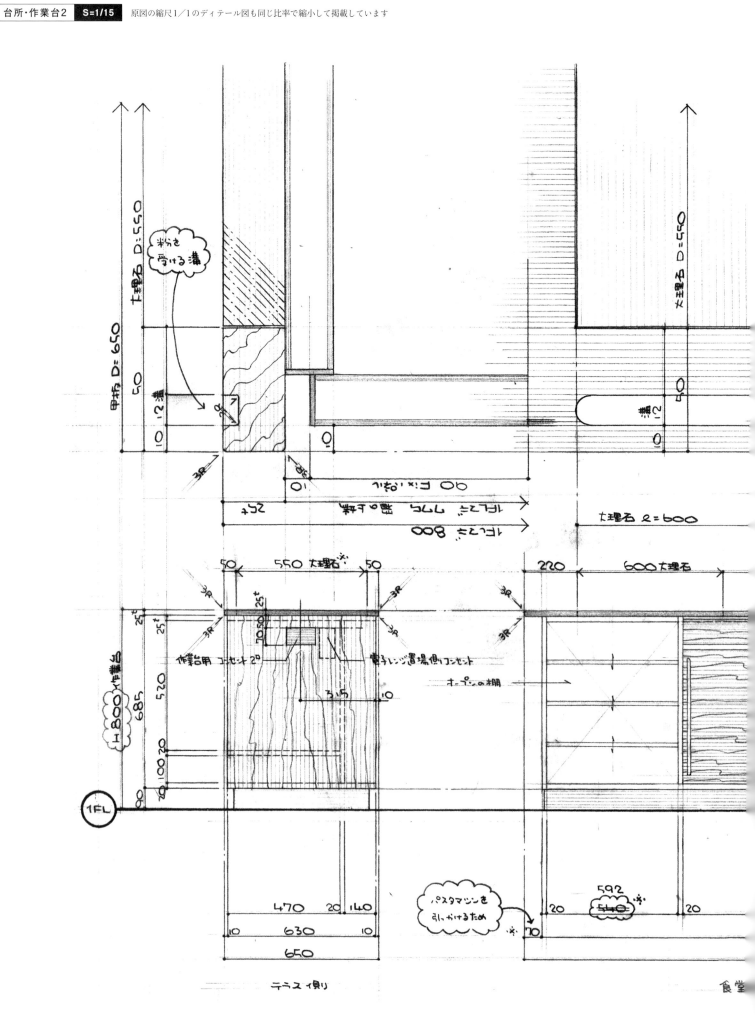

甲板には、お蕎麦やパスタを打つための大理石の板がはめ込んであり、縁には粉を床にこぼさないように粉受けの溝を掘り込でいる

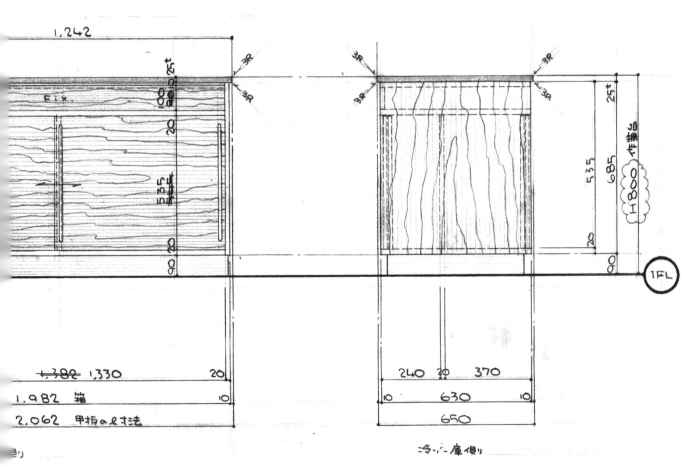

「近すぎず、遠すぎず」と「ゴロリ」について

　小さな家の台所と食卓は、近すぎず、遠すぎず、作業しながら会話のできる距離感を大切にしたい。食事の支度から片付けまでを「食事の時間」として考えるためには、この距離感がなによりも重要である。できれば「私、作る人」「私、食べる人」と役割（立場?）が2つに分かれるのではなく、作る人、食べる人が渾然一体となっているのが好ましい人間関係であり、食卓風景だと思う。さらに「食べる人」はごく自然に「片付ける人」であり「洗う人」であってくれれば申し分ない。そして、そうなるかどうかの決め手が、じつは台所と食卓との物理的かつ心理的な距離感なのである。

　この山荘では食堂は同時に茶の間であり、居間である……というわけで、ここにいる時間はおのずから長くなる。その長い時間を居心地よく過ごせるよう壁側にはベンチ式のソファを設えた。ソファの座面はダイニングチェアと同じ高さにしてあり、寄りかかってくつろげる背もたれクッション付きである。この背もたれは断面が台形の置き型なので、ワインが進んで瞼が重くなってきたら背もたれを外してゴロリと横になれる。外した背もたれの幅とソファの奥行き寸法と合わせてあり、横になる時に枕にできるようにしてある。

　「お酒好き、うたた寝好きならではのアイデア」という声もチラホラ。

写真左は、中村好文デザインのダイニングテーブル「フラティーノ」の搬入。テーブルや椅子などの置き家具は、中村好文の家具デザインの仕事には欠かせない長野県大町在住の家具職人、横山浩二氏が担当

ソファベンチ、テーブル、ペンダントライト（高さ調節用バランサー）、ダイニングチェア、キッチンストゥール……など、すべて中村好文のデザインによる定番アイテム

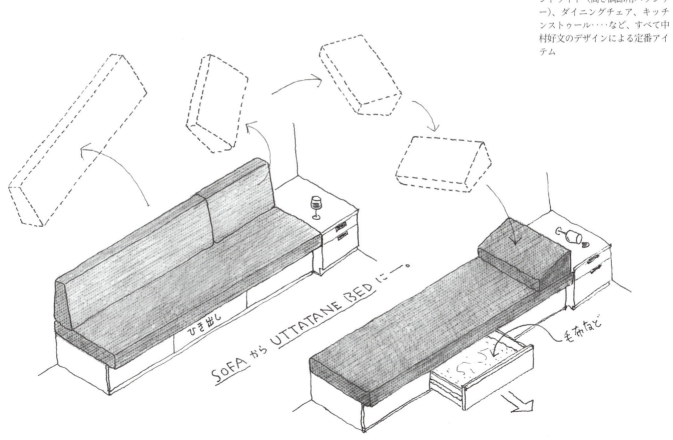

SOFA から UTTATANE BED に——。
ひき出し
毛布など

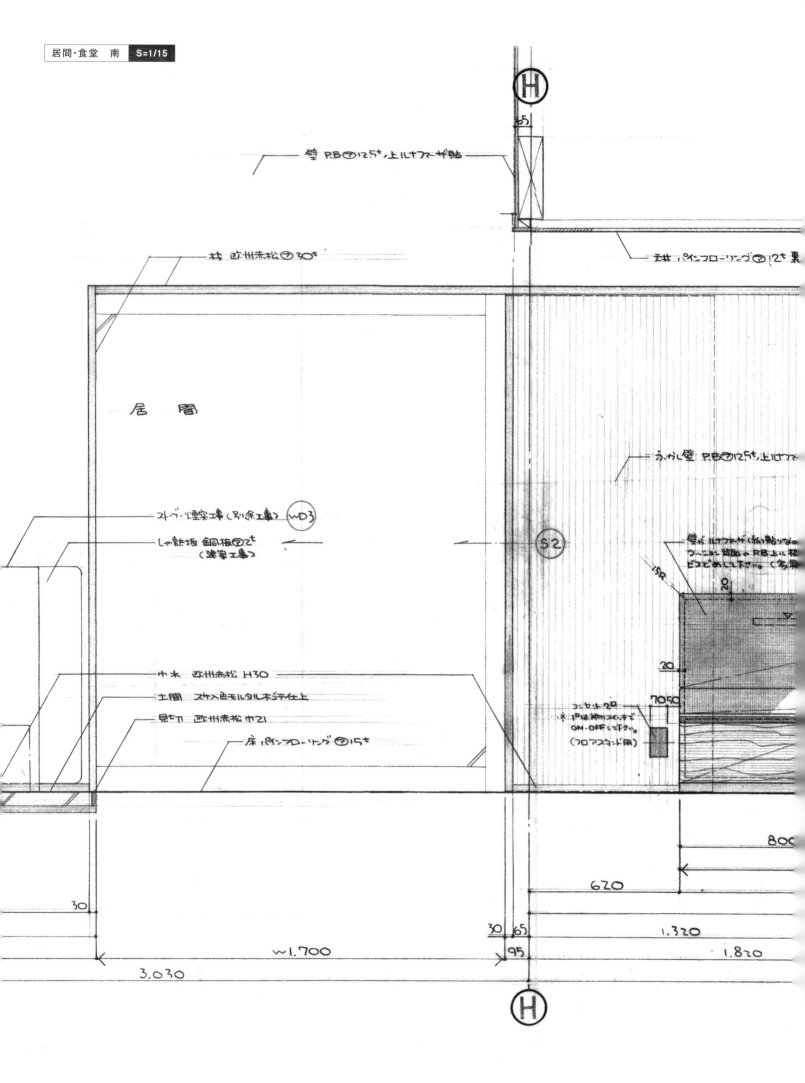

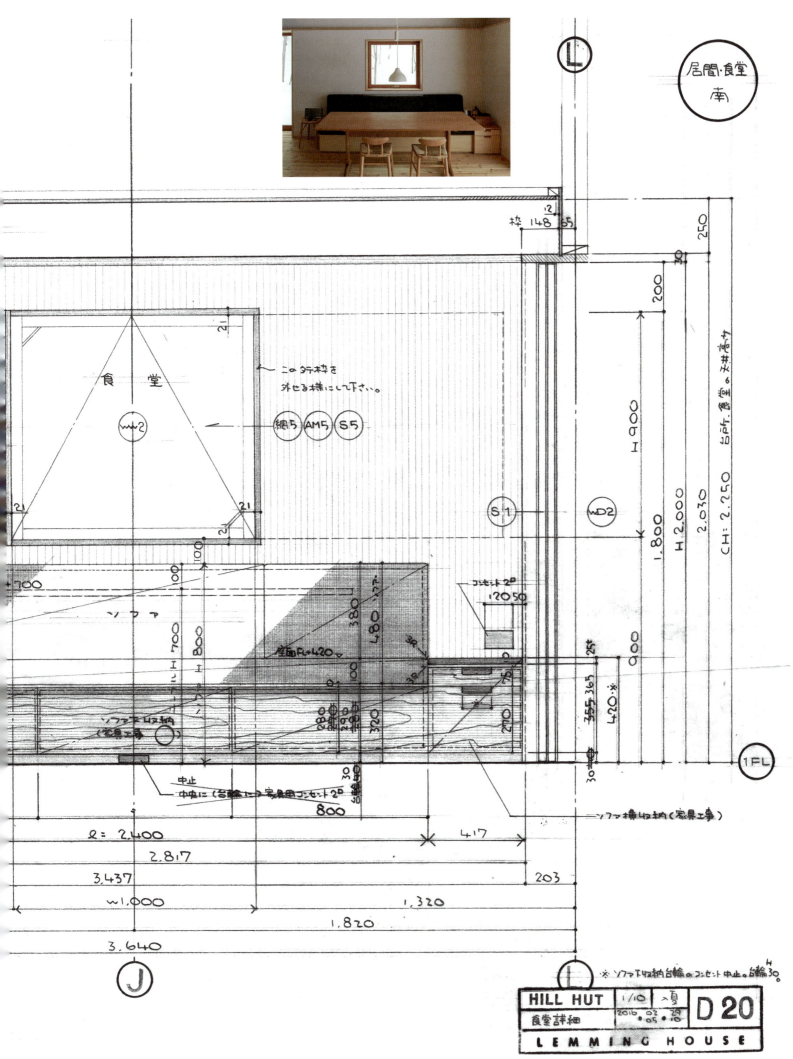

ステンレスオーバーシンク S=1/5

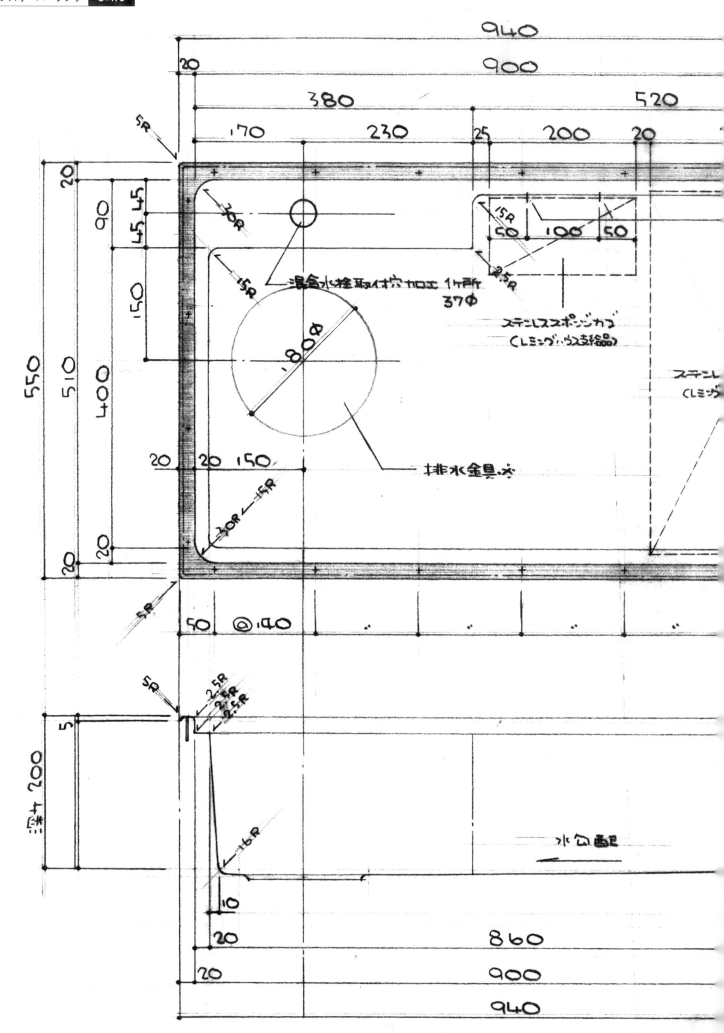

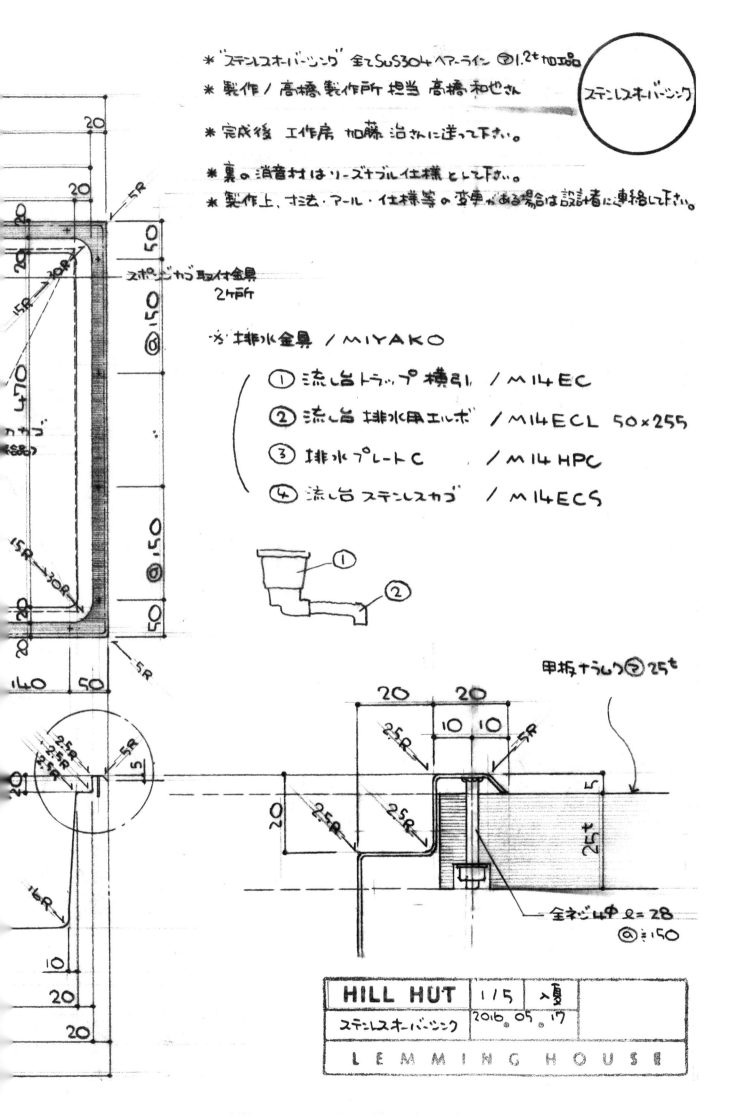

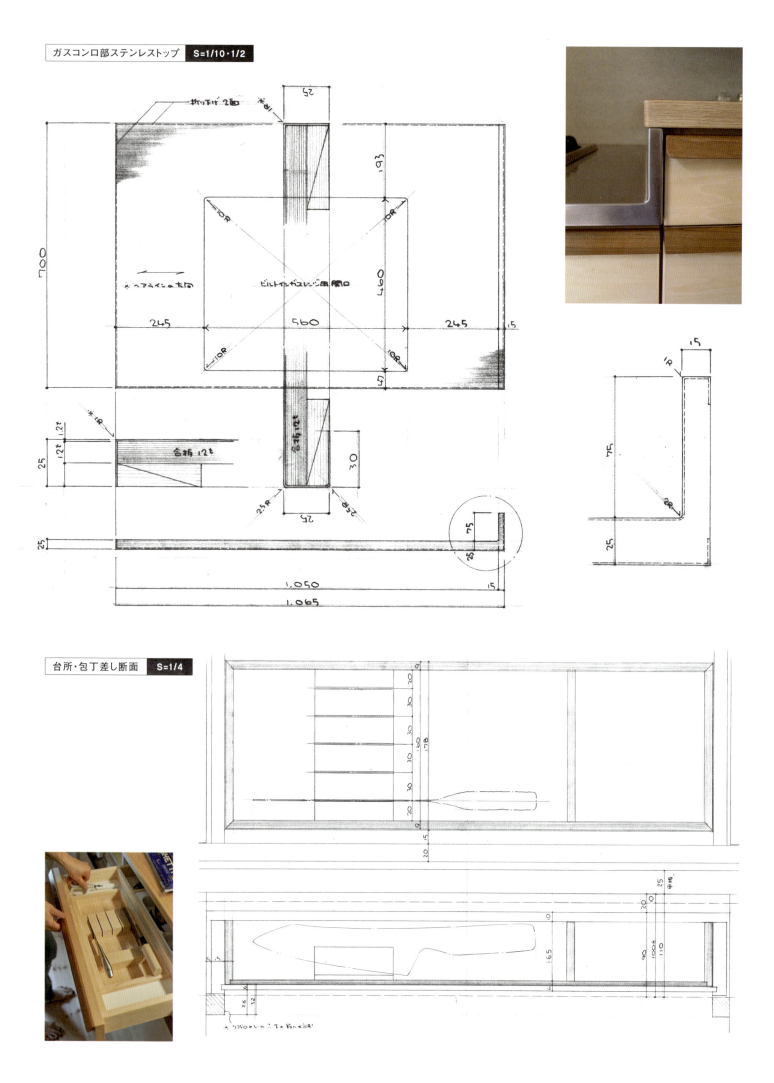

ガスコンロ部ステンレストップ　S=1/10・1/2

台所・包丁差し断面　S=1/4

室内の洗濯物干しについて

　私は1986年9月に建築雑誌（住宅特集）に『三谷さんの家』という作品でデビューした。『三谷さんの家』は松本市の郊外のリンゴ畑に隣接して建つ寒冷地の住宅だったので、洗濯物の干し場についてひと工夫する必要があった。冬季は凍り付いてしまって屋外に干すことはできないし、夏季は夏季でリンゴ畑に頻繁に散布される消毒薬が気になって外には干せないからである。かといって一年中、室内に洗濯物がぶら下がっているのは鬱陶（うっとう）しい。幸いこの家には食堂上部に空気を対流させるための細長い吹き抜けを設けたので、この吹き抜けの上部を室内のモノホシ場とすることにした。この場所は食堂のベンチに座って見上げさえしなければどこからも見えない場所であり、かつ東南の角窓からサンサンと陽光が差し込み、洗濯物干しにはうってつけの場所だったのだ。私が室内のモノホシ場について気になる建築家になったのはこのときの経験によるものである。

　それはさておき、この湖畔の山荘でも計画の初期段階から室内のモノホシ場のことが頭の隅で気にかかっていた。目障りにならない場所といえば、やはり吹き抜けということになる。そこで洗濯機のある洗面所の上部を吹き抜けにして洗濯物をここに吊り上げ、乾いた洗濯物は2階の納戸から取り込めるようにしたのだが、そのアイデアが浮かんだ時は、人知れずほくそ笑んだ。寝室も2階にあるので「洗濯→モノホシ→取り込み→収納」の理想的な洗濯物の動線ができたことも喜ばしい限りである。

　手動式のハンドルをグルグル回して洗濯物を吊り上げるのは自家薬籠中（じかやくろうちゅう）の手法だが、こういう日々の暮らしを愉しくするためのささやかな仕掛けをあれこれ考案することが、私にとっては「住宅設計の醍醐味」のひとつなのである。この「吊り上げ方式」は20数年前に思いついて、工作名人の友人、稲田芳和氏と試行錯誤したあげく私の事務所の定番となったものである。手動式と電動式の2タイプがあり、この山荘では手動式を採用している。共同考案者にして製作者でもある稲田氏の名前にちなんで「イナダ式洗濯物昇降機」と呼んでいる。

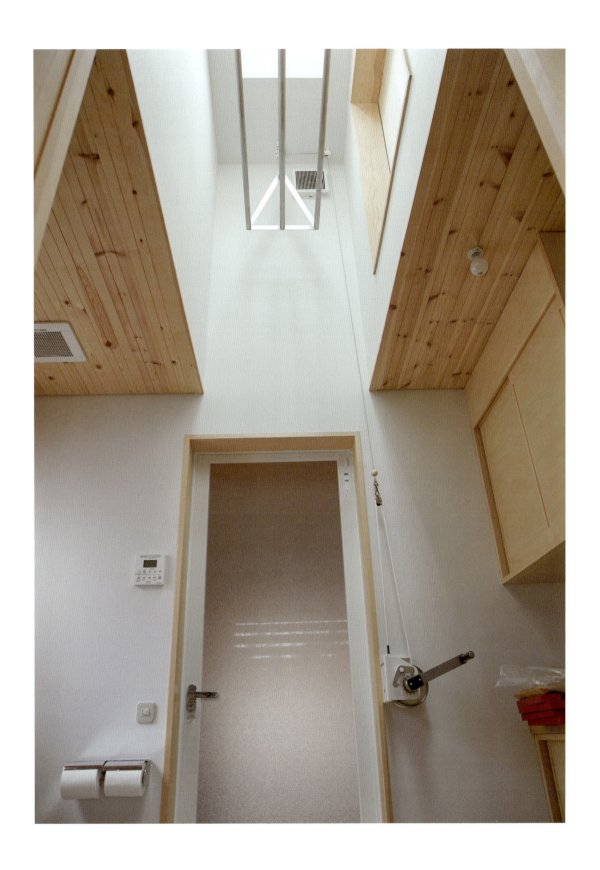

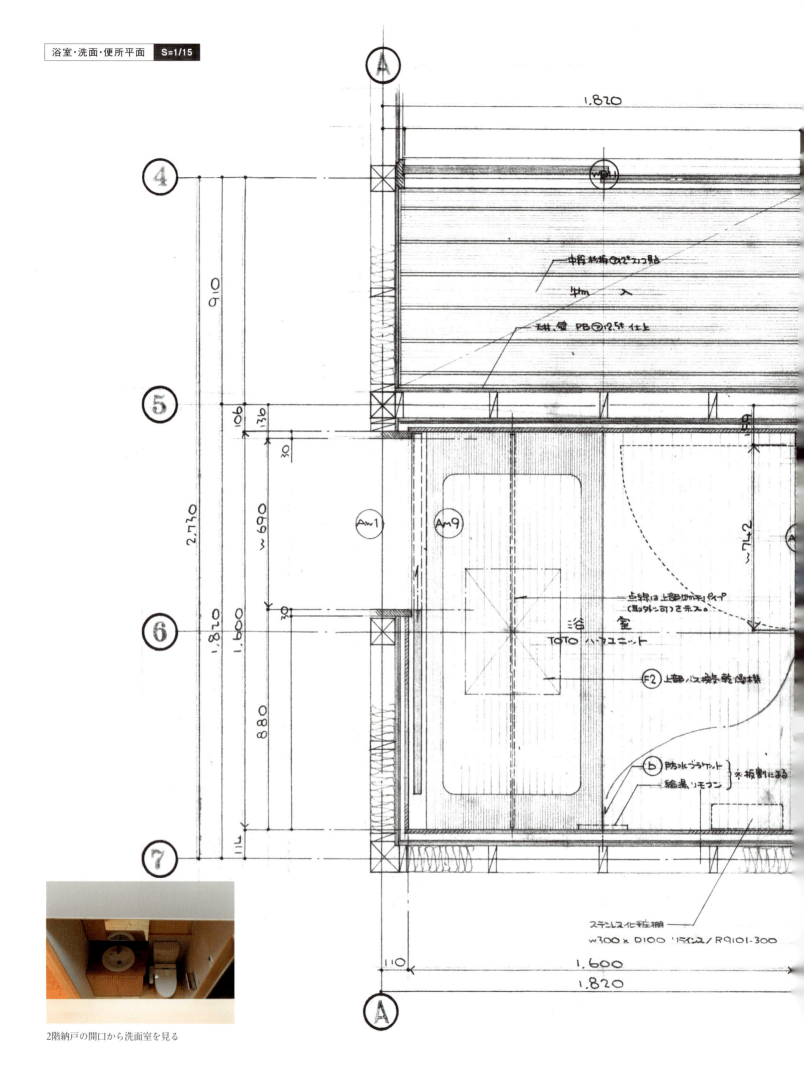

2階納戸の開口から洗面室を見る

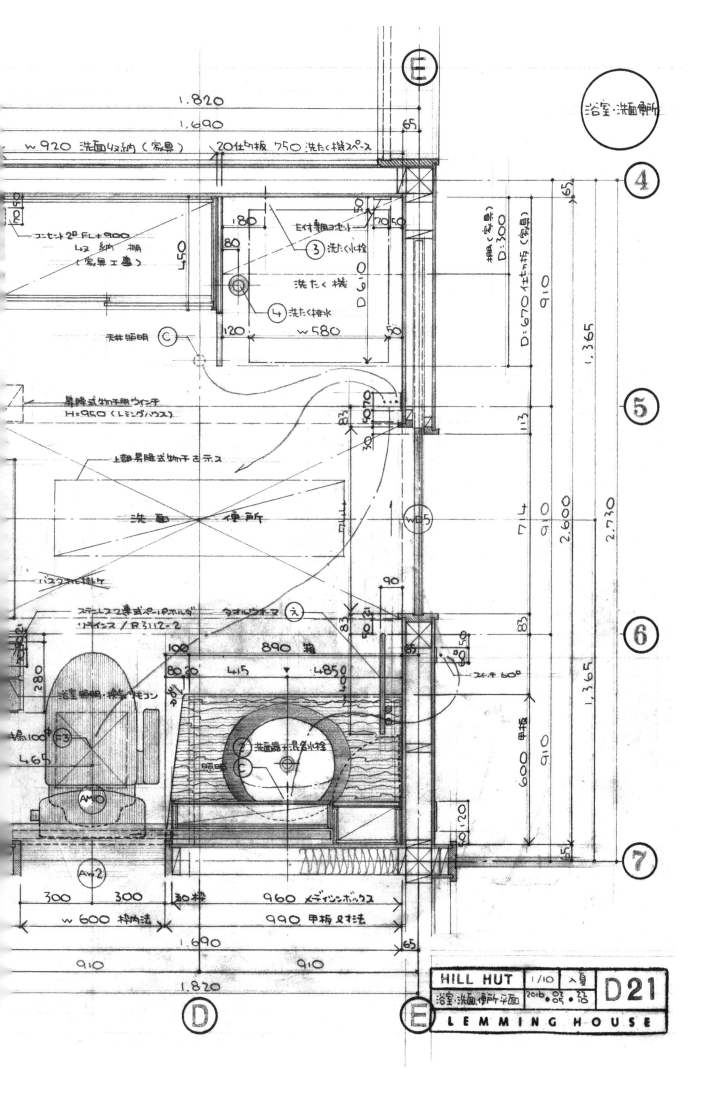

洗面・便所断面 北 S=1/15

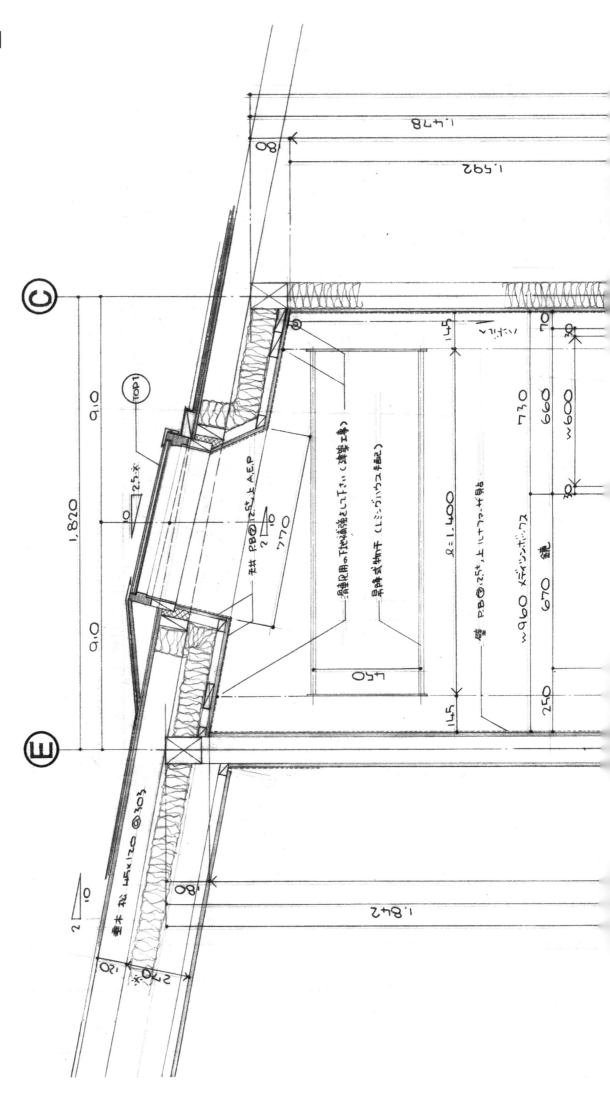

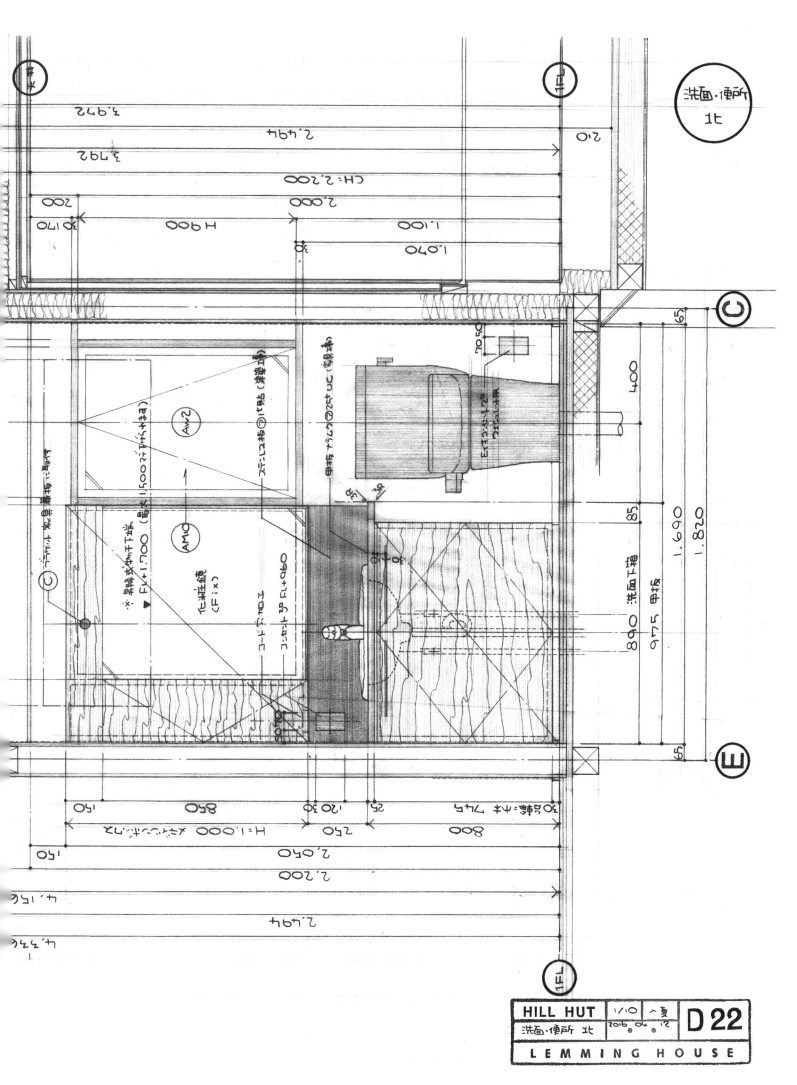

洗面・便所断面 西　S=1/15

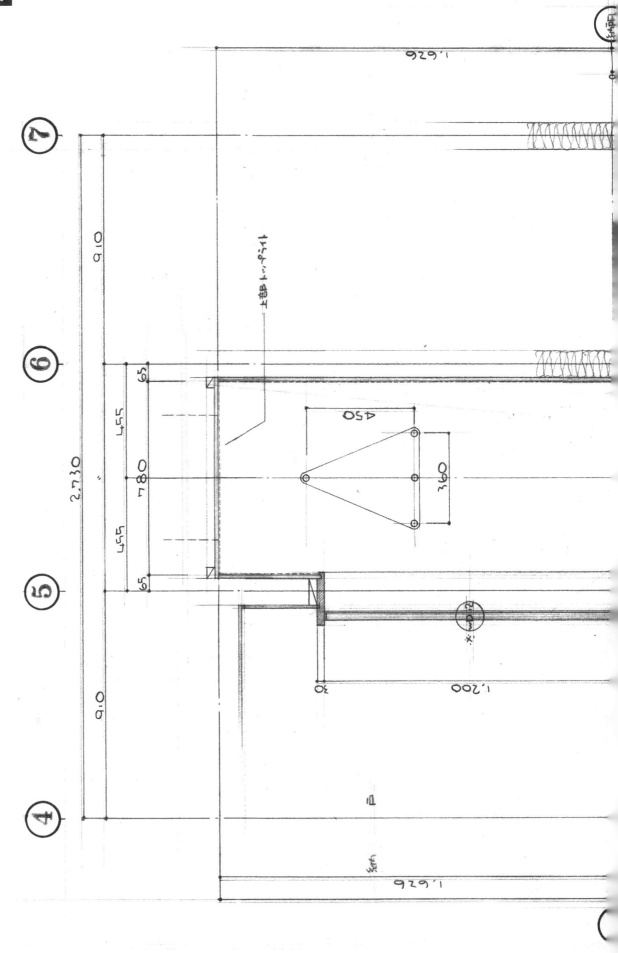

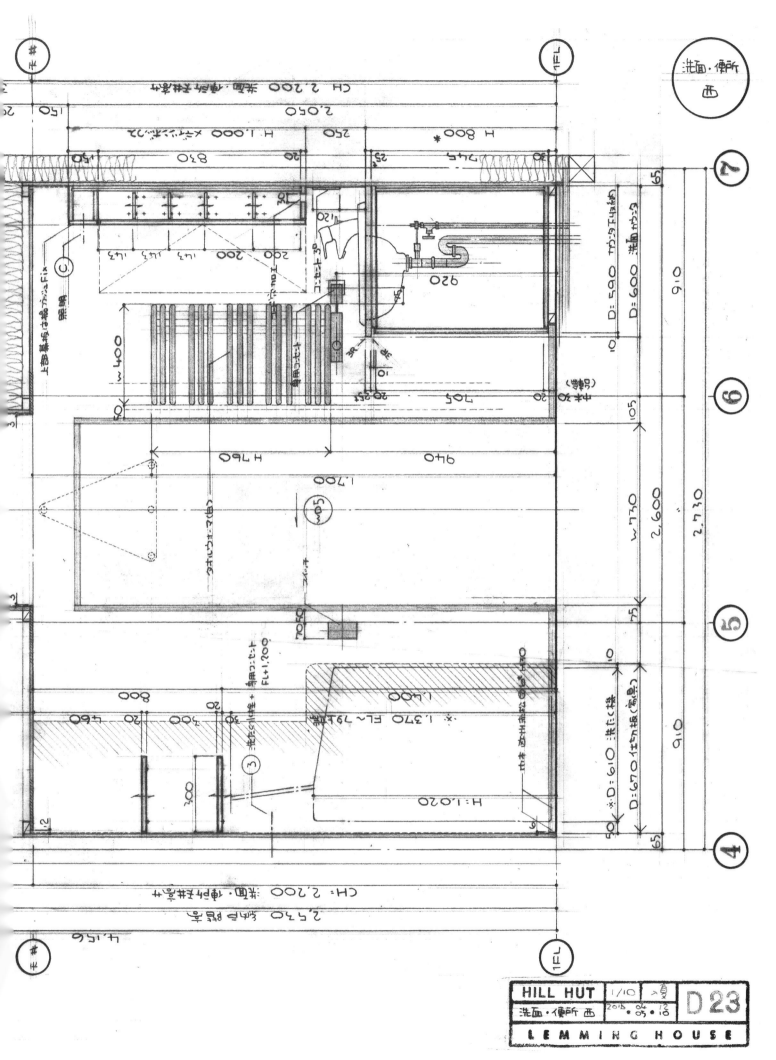

| 洗面・便所断面　東 | S=1/15 |

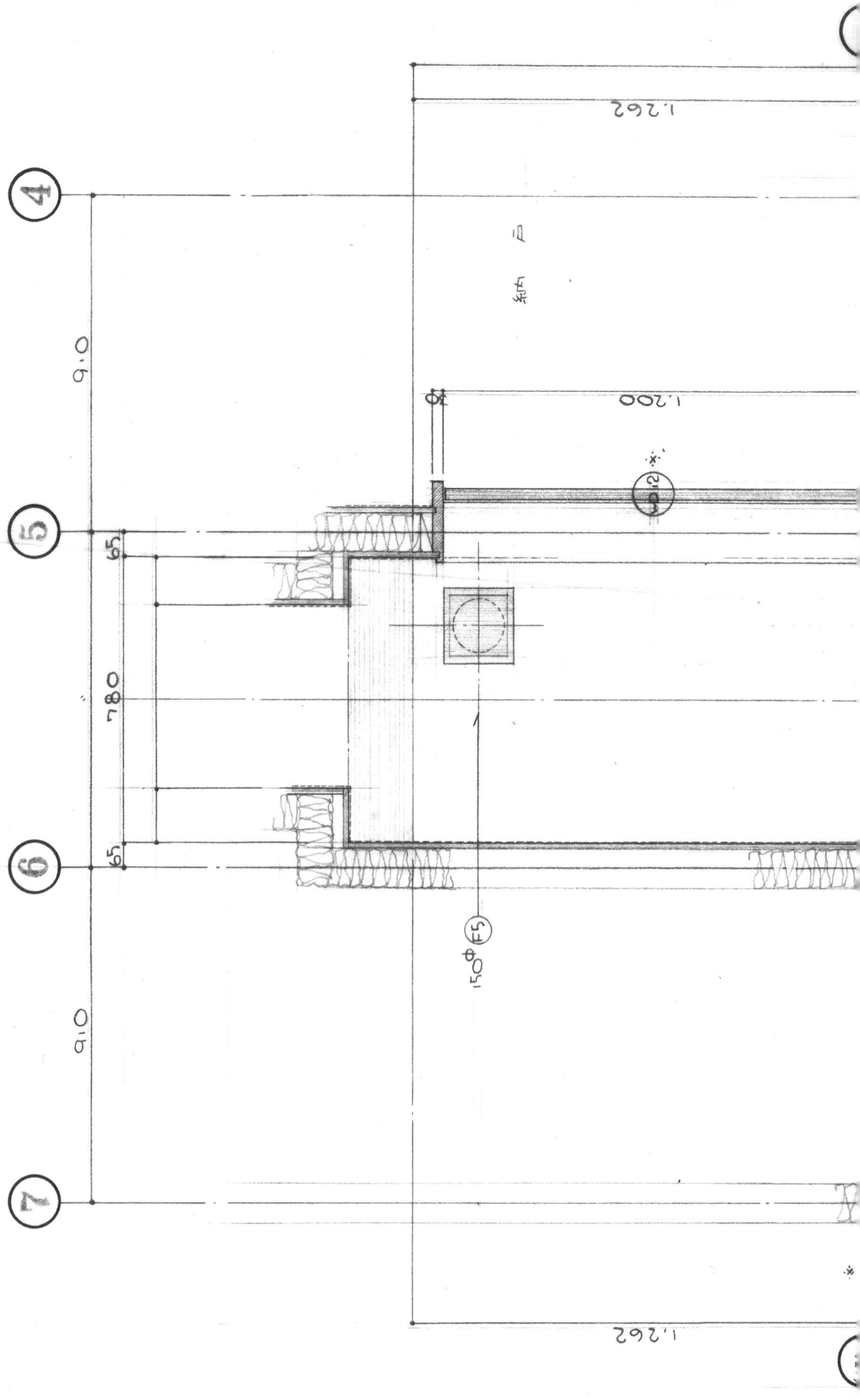

910

65

780

65

910

1,262

1,200

1,262

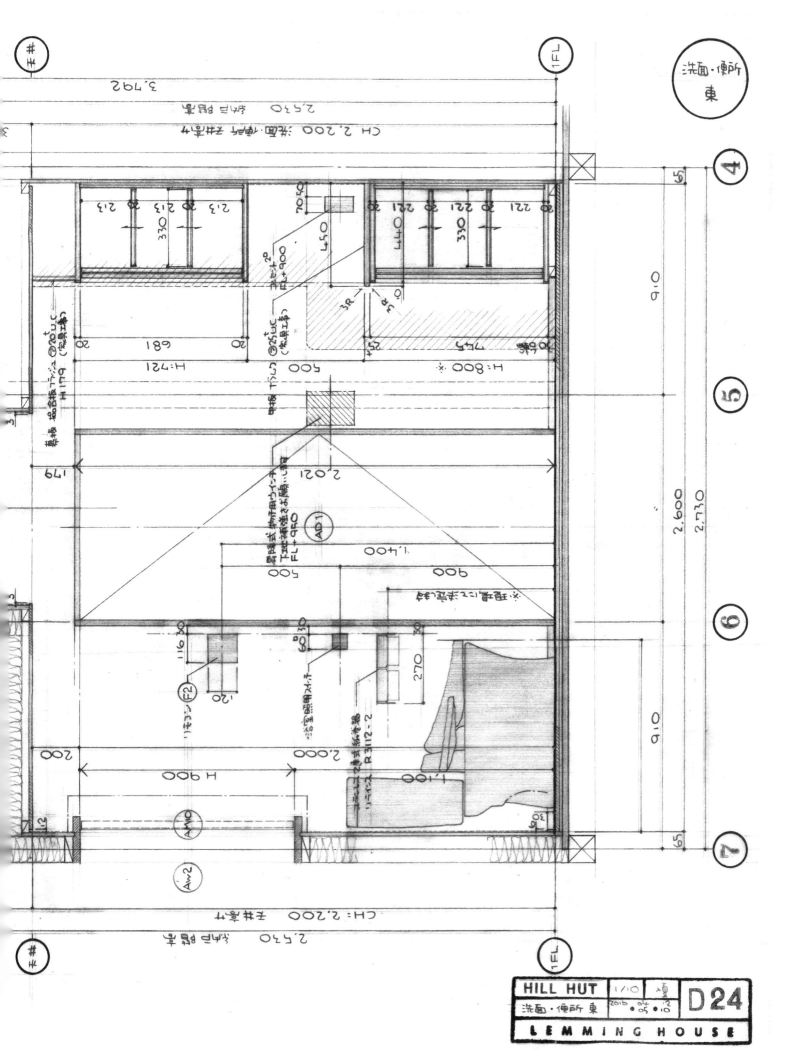

洗面・便所断面　南　S=1/15

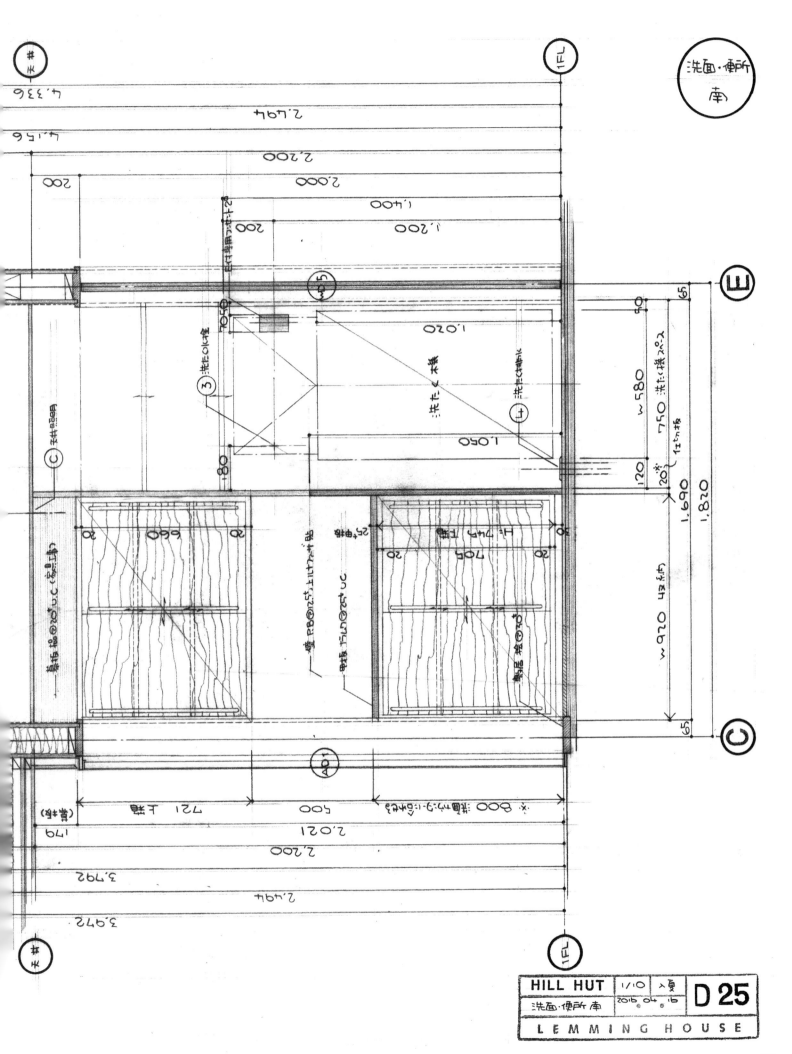

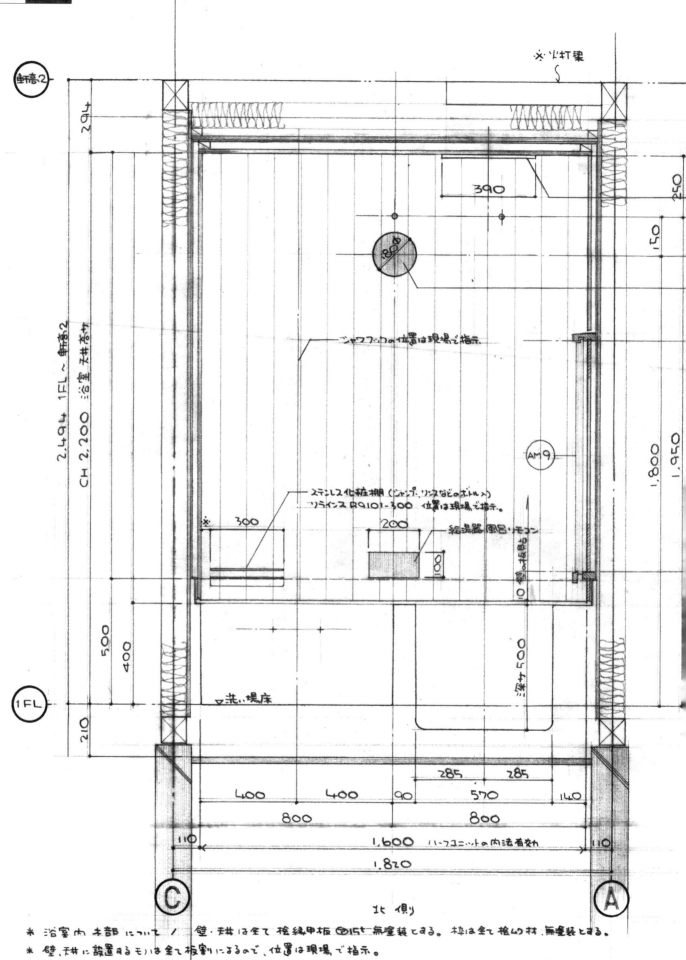

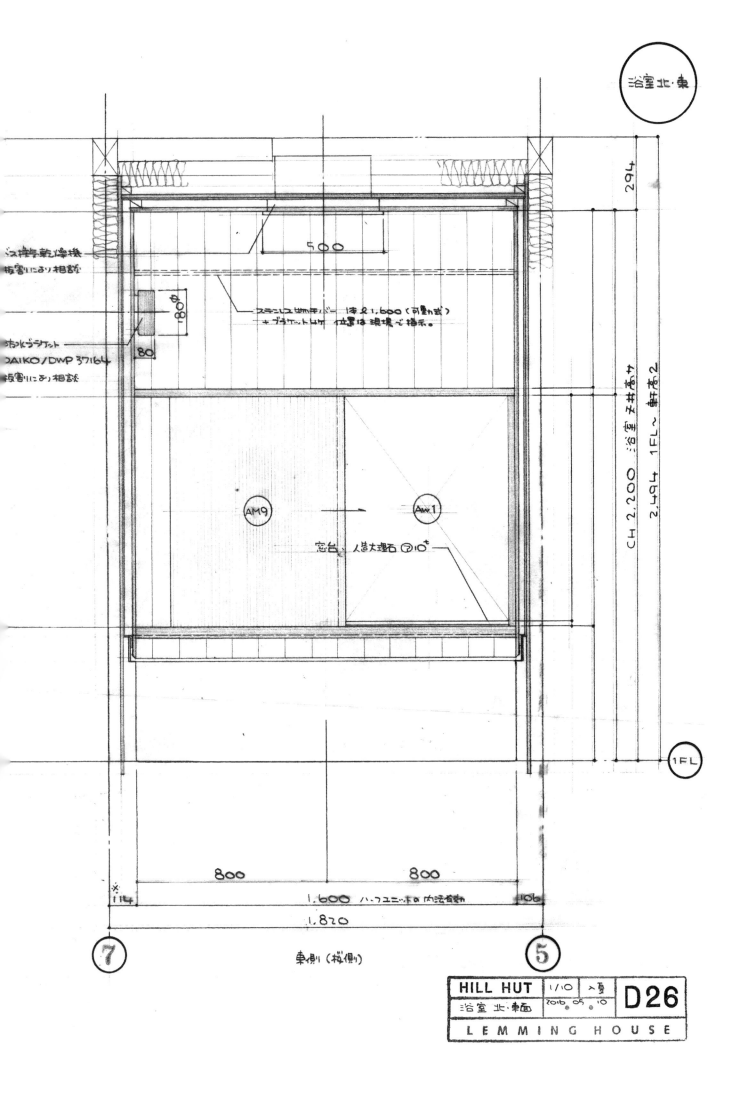

寝室・書斎・クローゼット平面　S=1/20

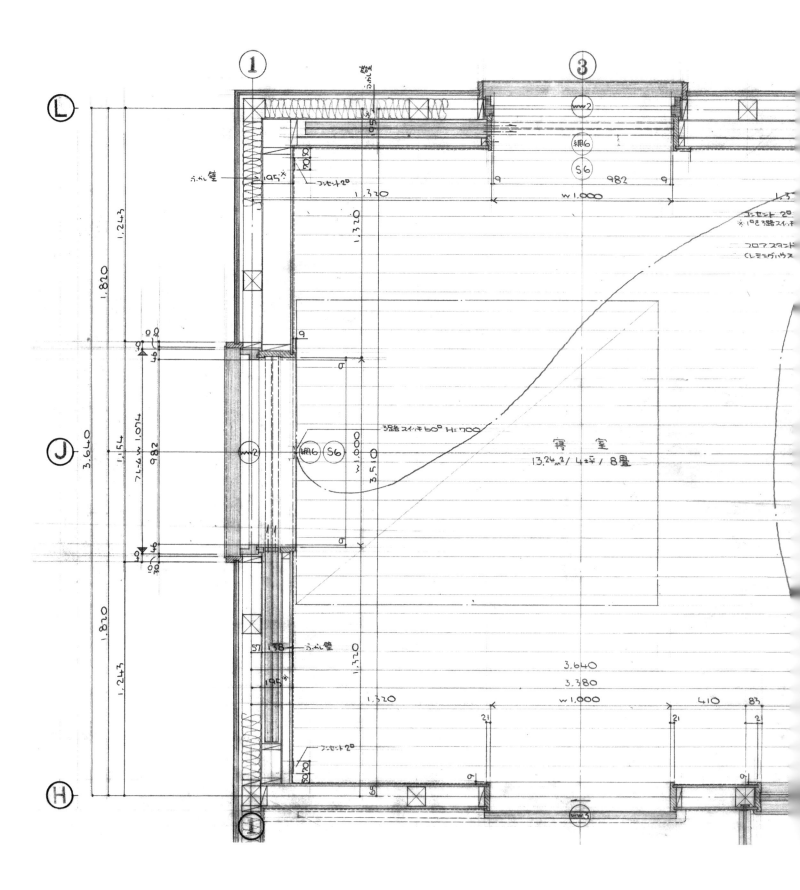

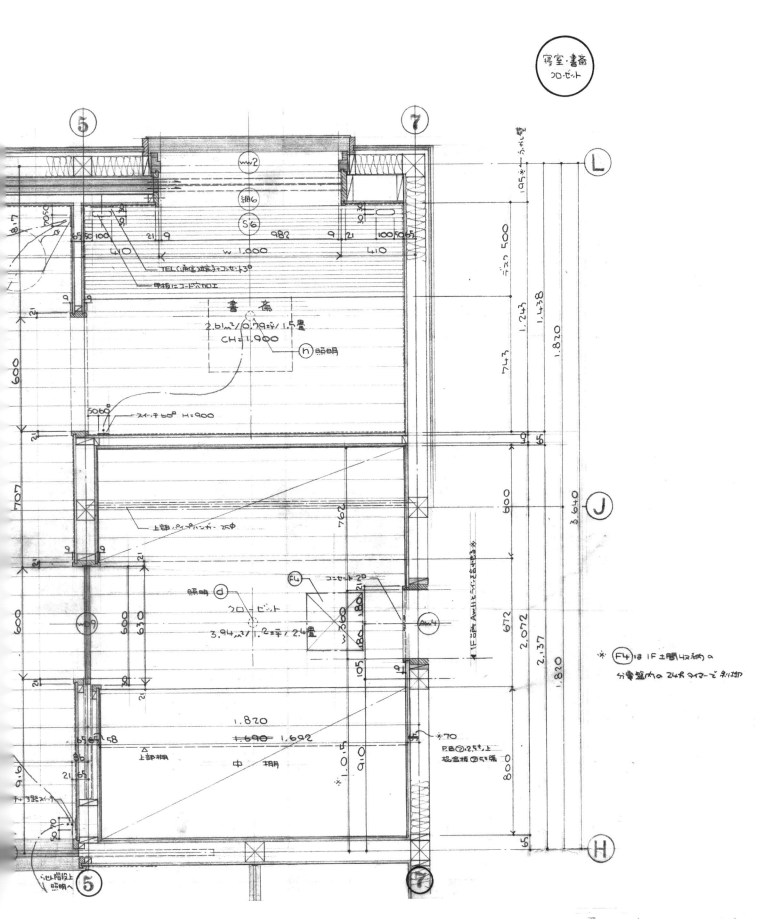

寝室・書斎・クローゼット断面 S=1/20

2階の寝室北側には書斎とクローゼットの出入口がシンメトリーに並ぶ

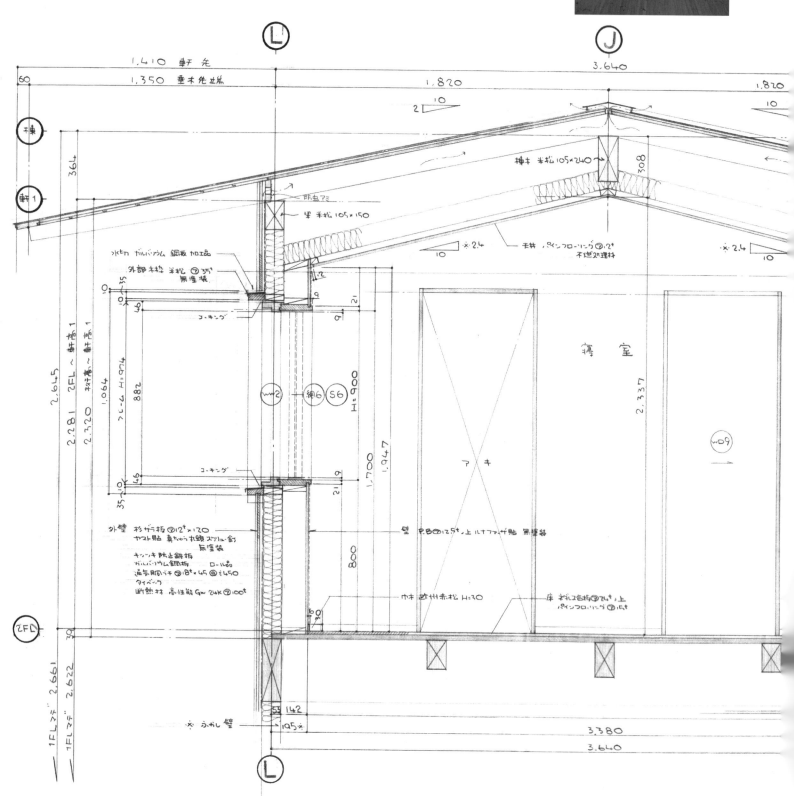

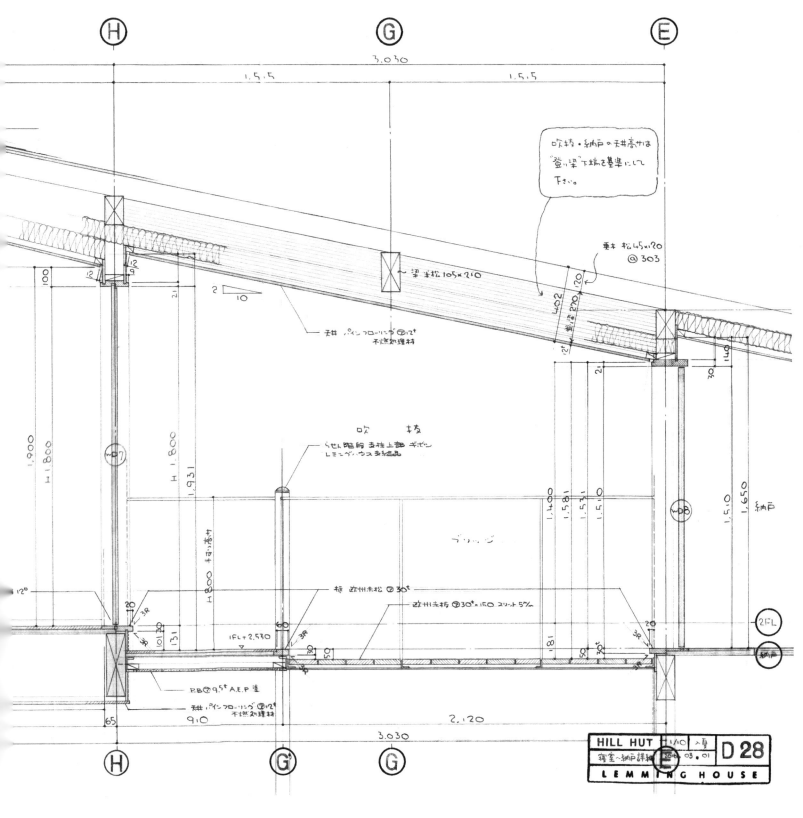

寝室・書斎断面　西　S=1/15

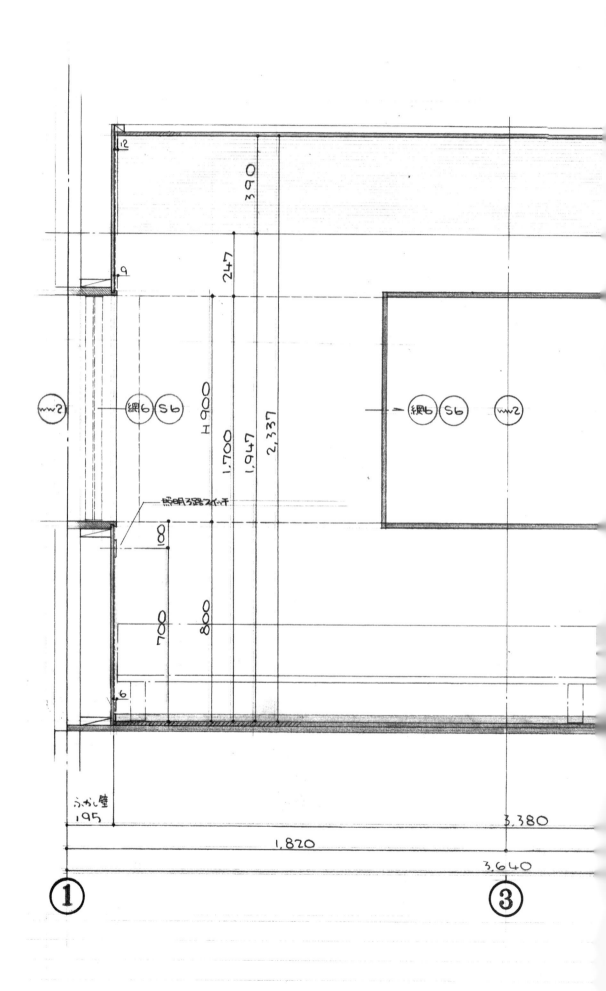

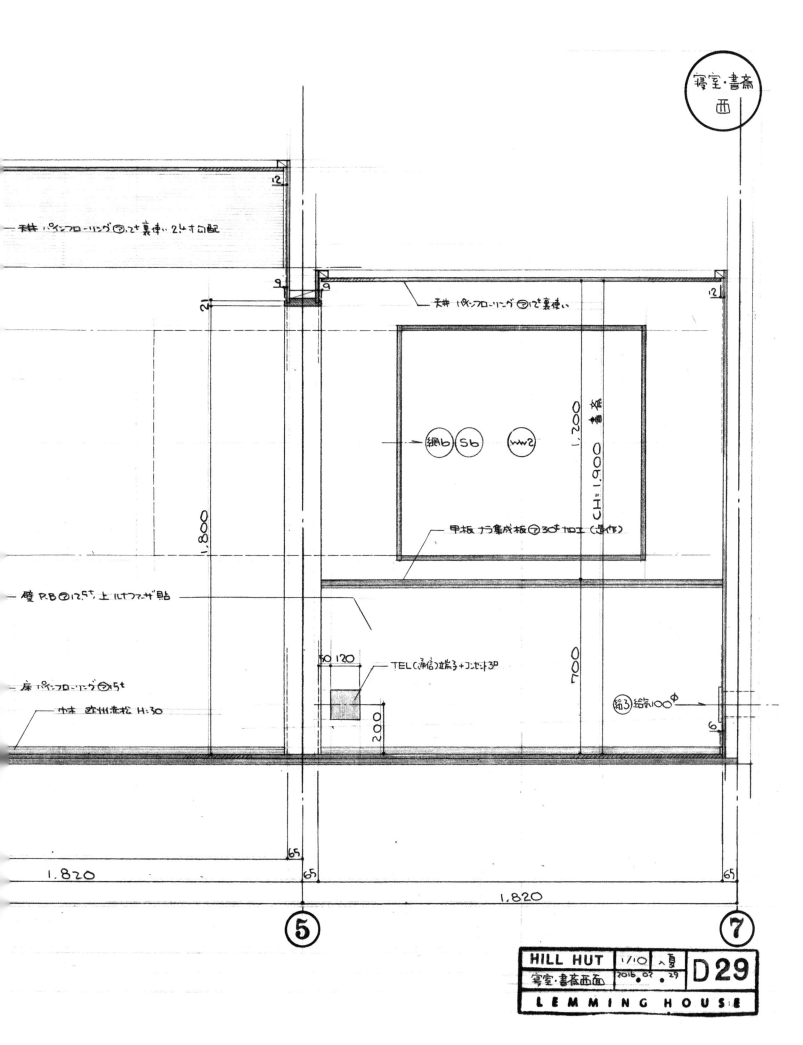

2階書斎・クローゼット断面　S=1/15

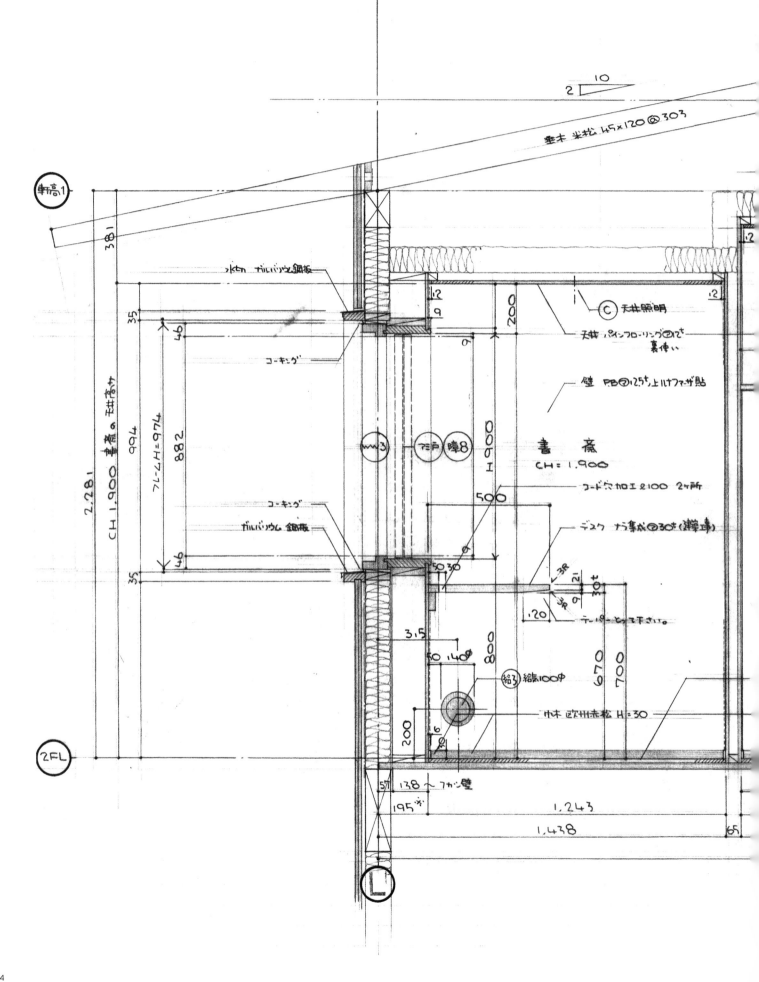

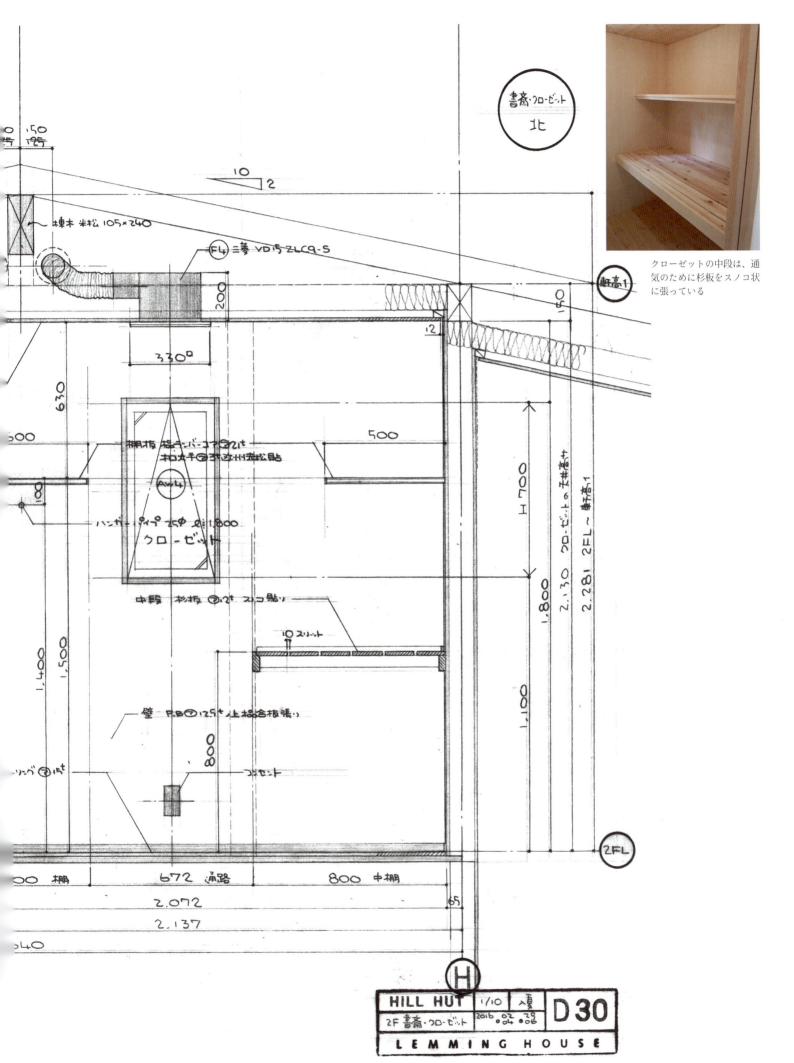

クローゼットの中段は、通気のために杉板をスノコ状に張っている

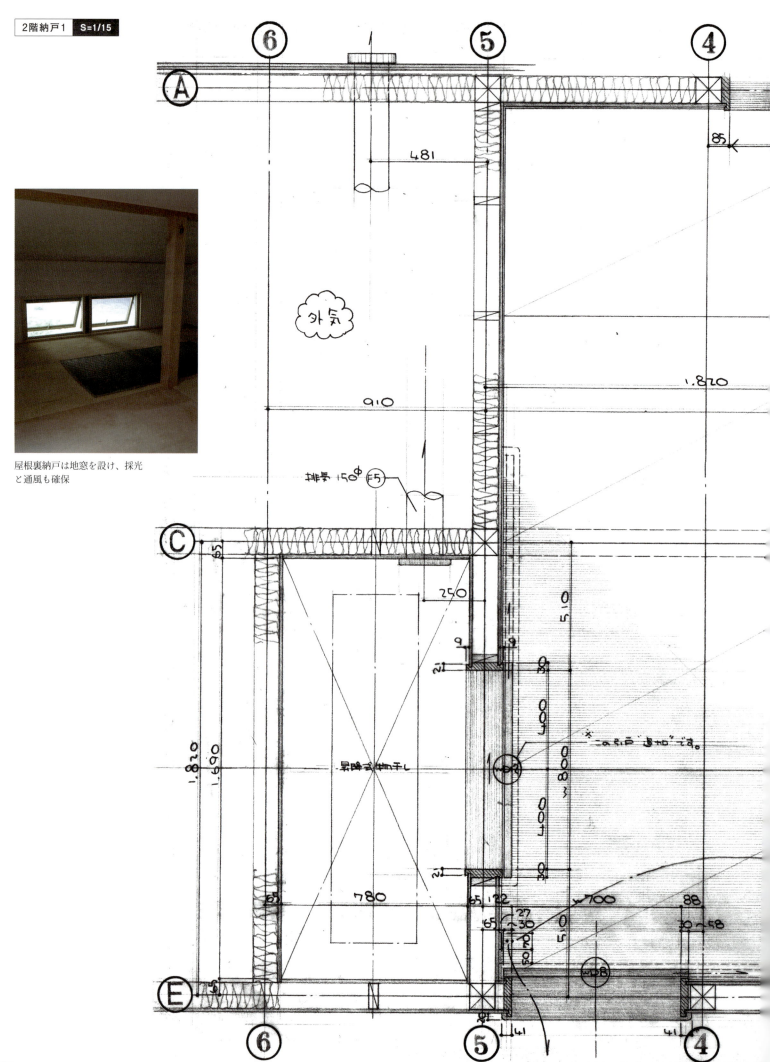

屋根裏納戸は地窓を設け、採光と通風も確保

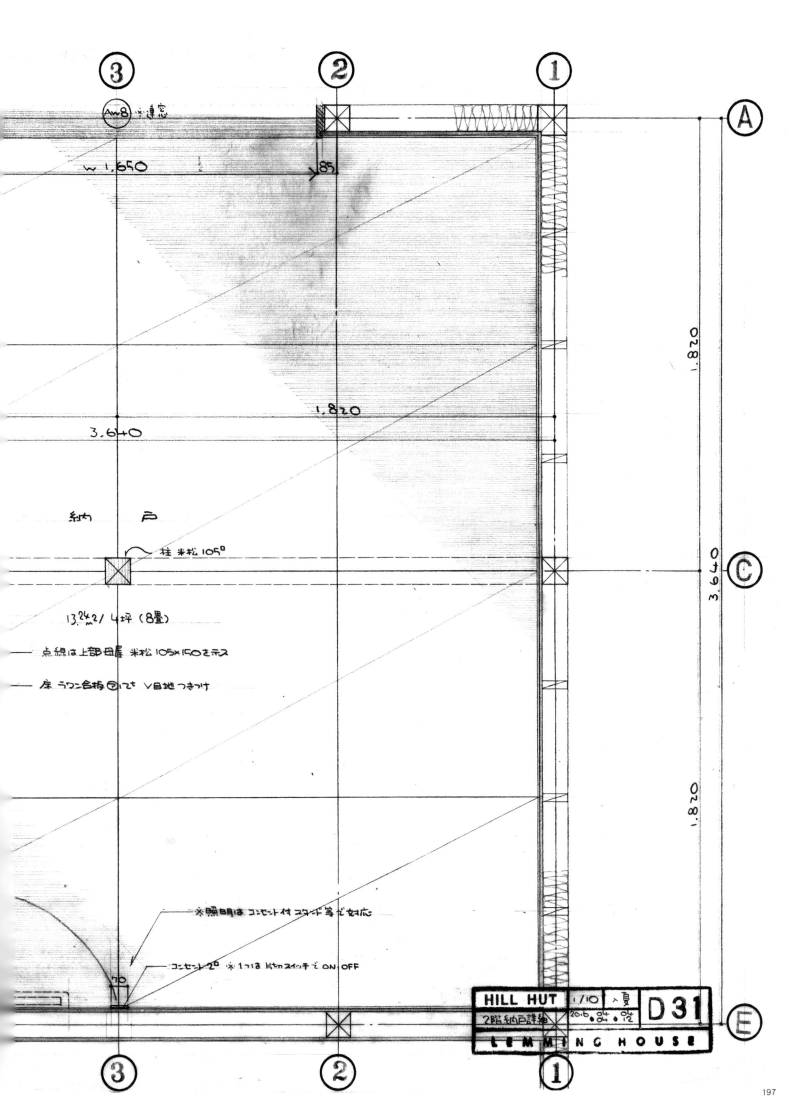

2階納戸2 S=1/15

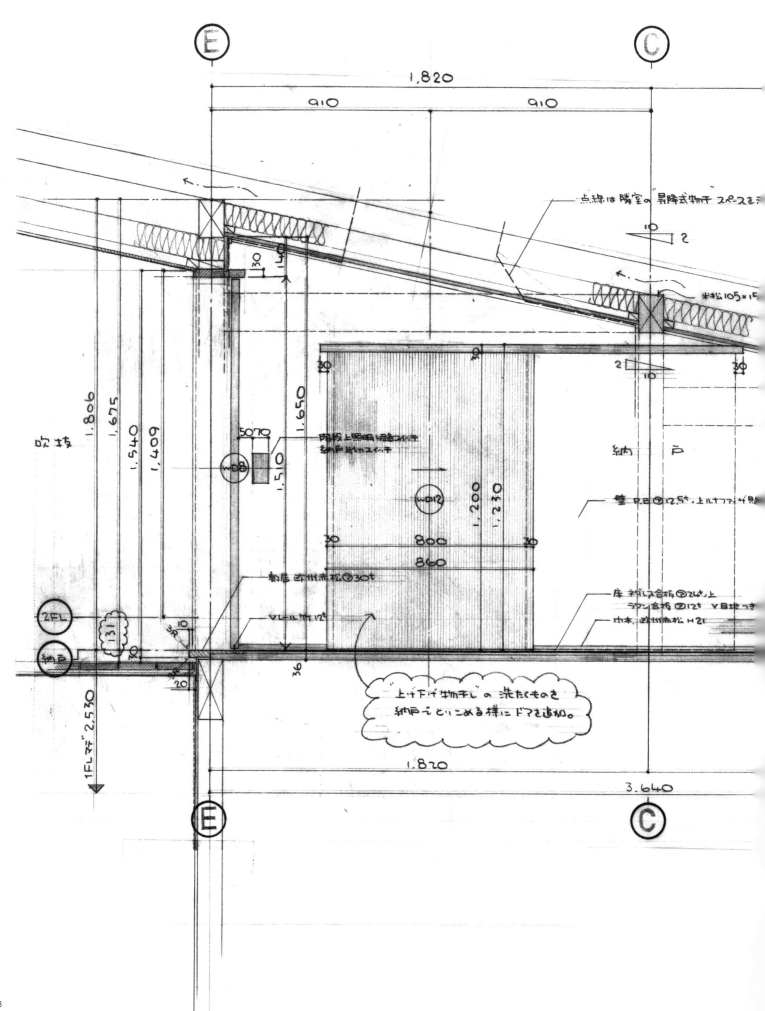

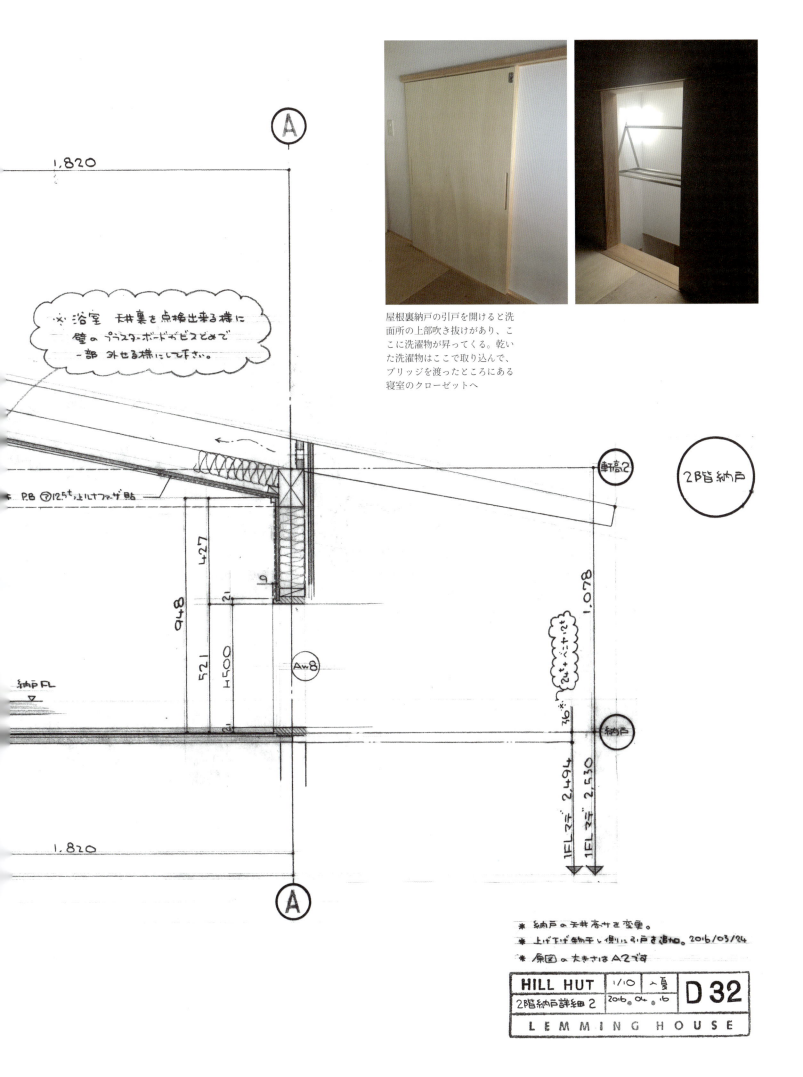

屋根裏納戸の引戸を開けると洗面所の上部吹き抜けがあり、ここに洗濯物が昇ってくる。乾いた洗濯物はここで取り込んで、ブリッジを渡ったところにある寝室のクローゼットへ

The Scenery of Winter

第四章

枠・建具詳細図

DETAIL DRAWINGS
OF
FRAMES AND FITTINGS

出入口・窓の枠まわりと建具の詳細図について

　ここから枠まわりと建具の詳細図が延々64枚ほど続く。枠まわり図はどれも似たような印象の図面なので、読者によっては「取り付く島がない」と感じられるかもしれない。念のため簡単な解説をつけておくことにする。

　この山荘では7カ所の居室の開口部に木製サッシ（アルス／「夢窓」シリーズ）を使っているが、開口部は木製サッシのほかに、雨戸、網戸、障子付きを標準仕様としている。ただし、居室以外の小窓は断熱仕様のアルミサッシを使用している。

　208p～213pまでの図面番号のないフリーハンドの図面は食堂と居間のテラス戸の納まり検討用の詳細図である。このテラス戸の開口部は、外側から、雨戸、網戸、木製サッシ、障子で構成している。木製サッシの食堂側は引き分けタイプのヘーベシーベ、居間側は片引きタイプのヘーベシーベだが、雨戸の戸袋をメンテナンスの際に外せるように「けんどん式」にしたり、土台の外側に重量のある木製サッシを支えるためにあらかじめコンクリート製のアゴ（受け台）を設けたりするなど、それなりの工夫を凝らしている。テラス戸以外の木製サッシはオーニング窓（滑り出し窓）なので、網戸をサッシの外側に付けることができない。このためメーカー（アルス社）はプリーツ式の簡易網戸をオプションで付ける方式を推奨しているが、この山荘では網戸の建具もアルス社に特注で製作してもらい、片引きで壁内に引き込めるようにした。

　片引きと言えば、オーニング窓の部分は、防犯、遮光、断熱の三拍子の性能を兼ね備えた片引き雨戸（内雨戸）がサッシの内側に仕込んであるところにも注目いただきたい。その昔、吉村順三先生の方南町の自宅の改修工事を担当した折、私が「先生、この家はどうして雨戸がガラス戸の内側にしてあるんですか？」と質問したら、先生は即座に「内雨戸にしておけば、雨戸を閉める時に部屋の暖かい空気が外に逃げないだろう、それに、雨戸の閉まっている家は留守宅だと思われて、泥棒に狙われやすいんだよ」と説明してくれた。内雨戸を採用する時はいつもこの吉村先生の低い声が耳元で聞こえるような気がする。

　建具については詳細図を眺めてもらえば、特に説明の必要はないと思うが、私の考案した建具用の部品や、私が好んで用いる手法については、念のため、図中にキャプションを添えておく。

オーニング窓を任意の位置で留めるための金物の調整をする中村と現場監督の藤巻さん

太鼓張りの障子を透過する自然光は室内を繭玉の中のように優しい雰囲気に変えてくれる。建具の厚み分の空気を封じ込めていることになるので断熱効果も抜群

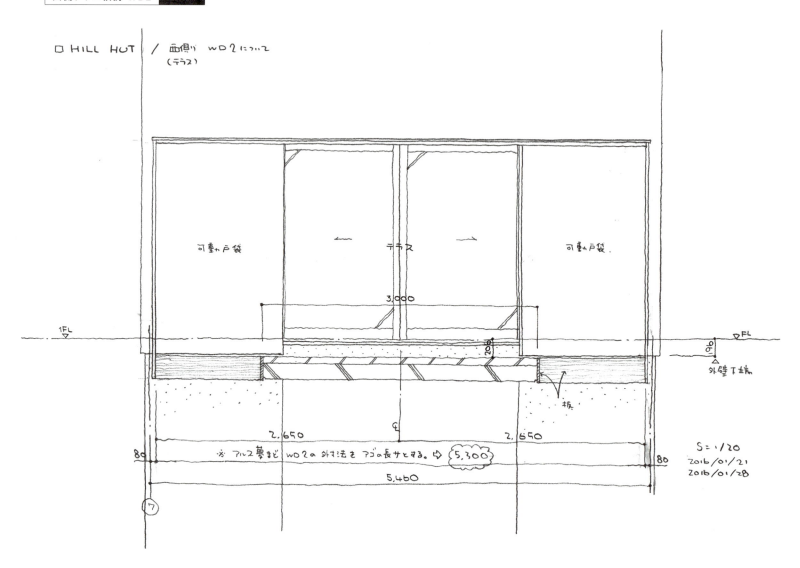

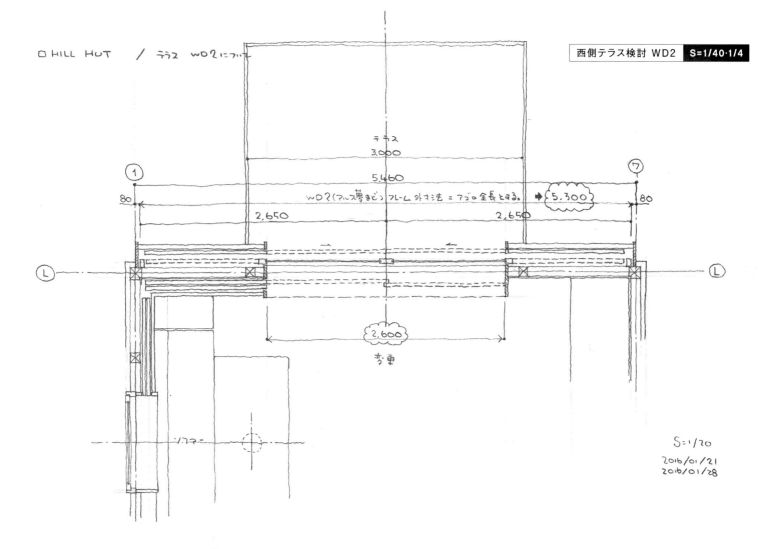

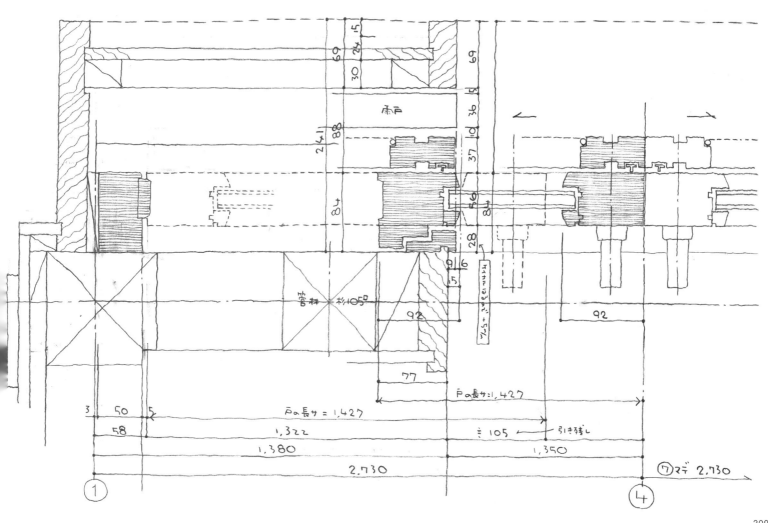

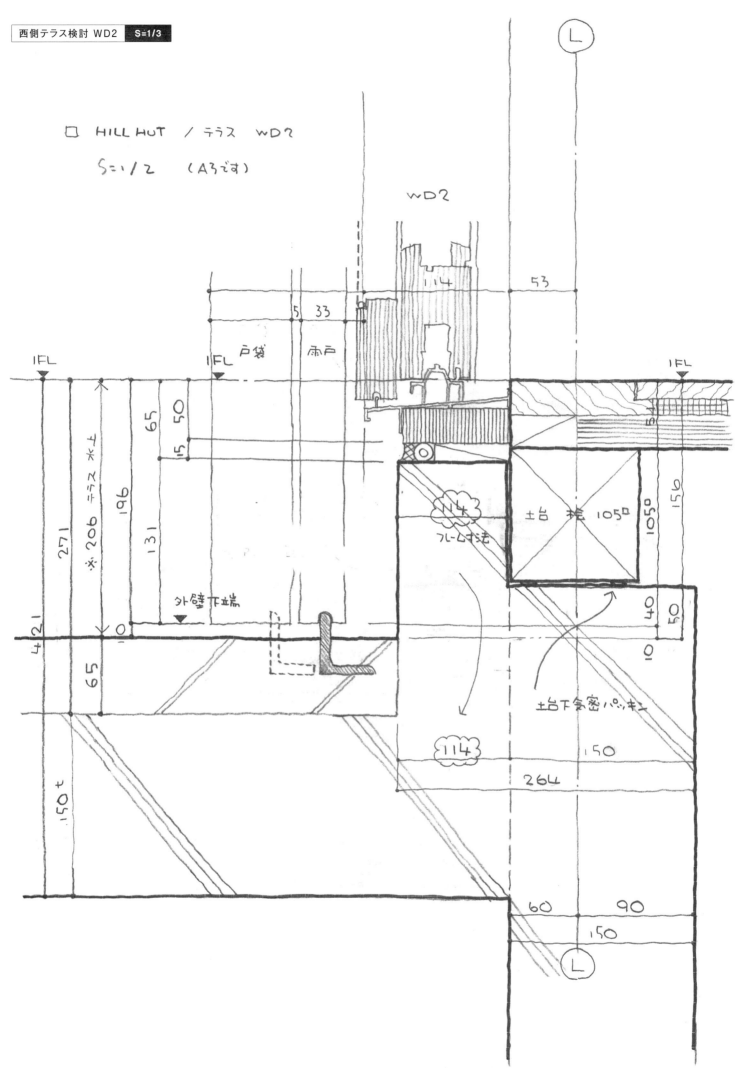

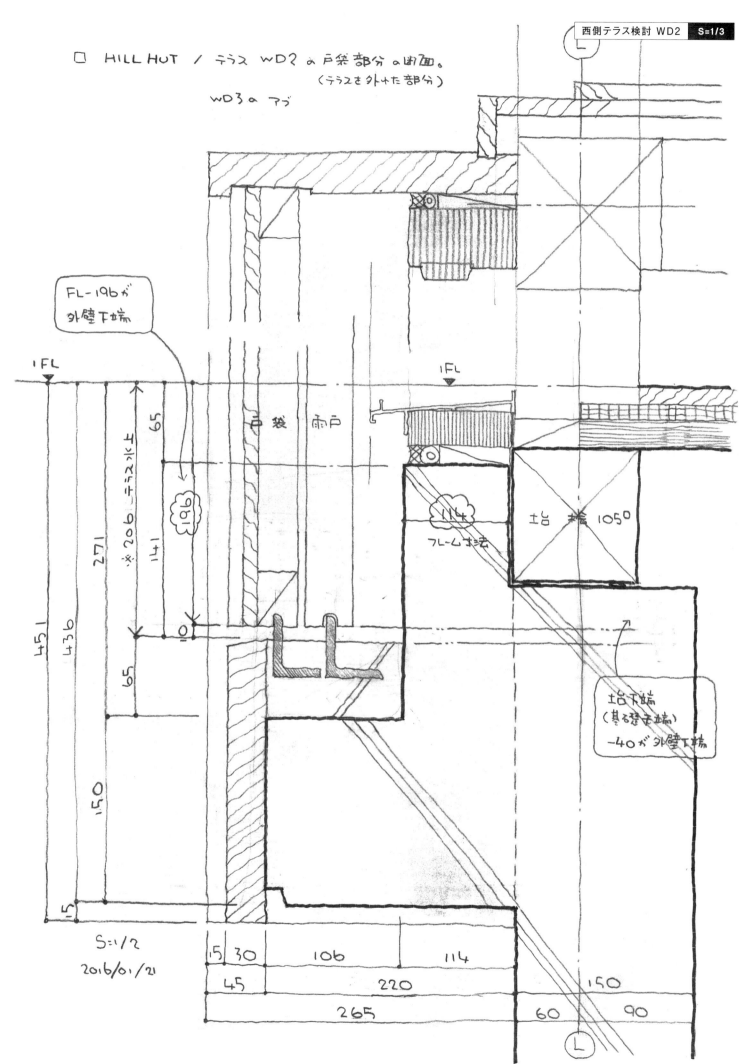

南側テラス検討 WD3・WW1　S=1/40

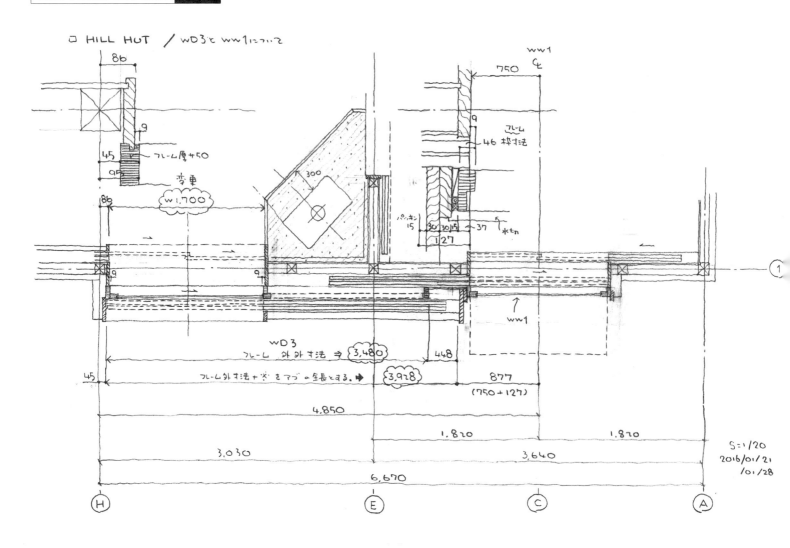

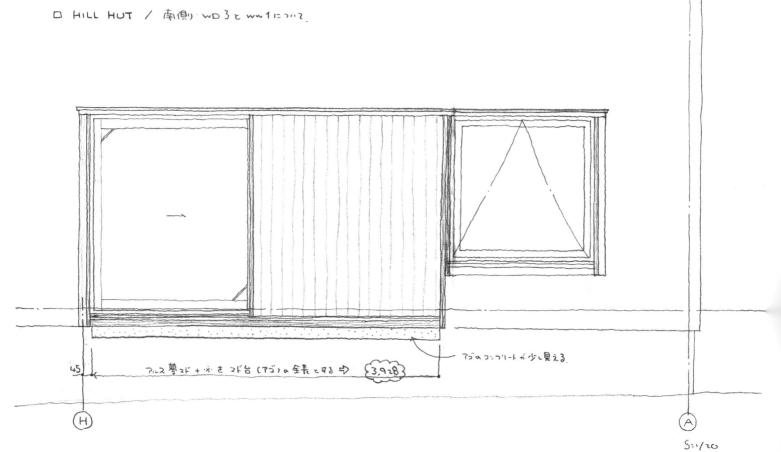

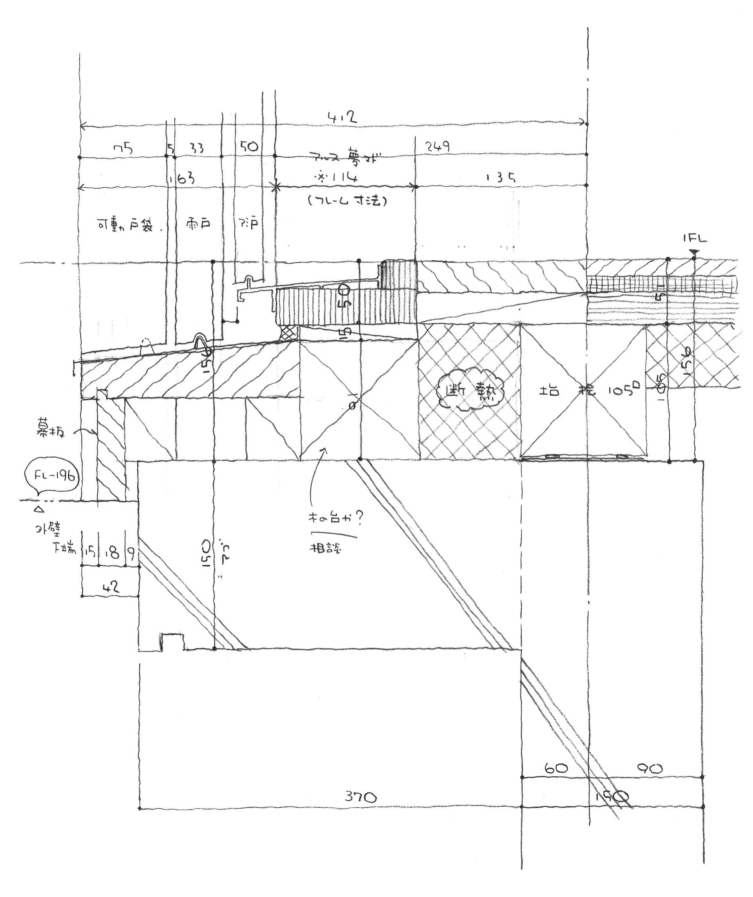

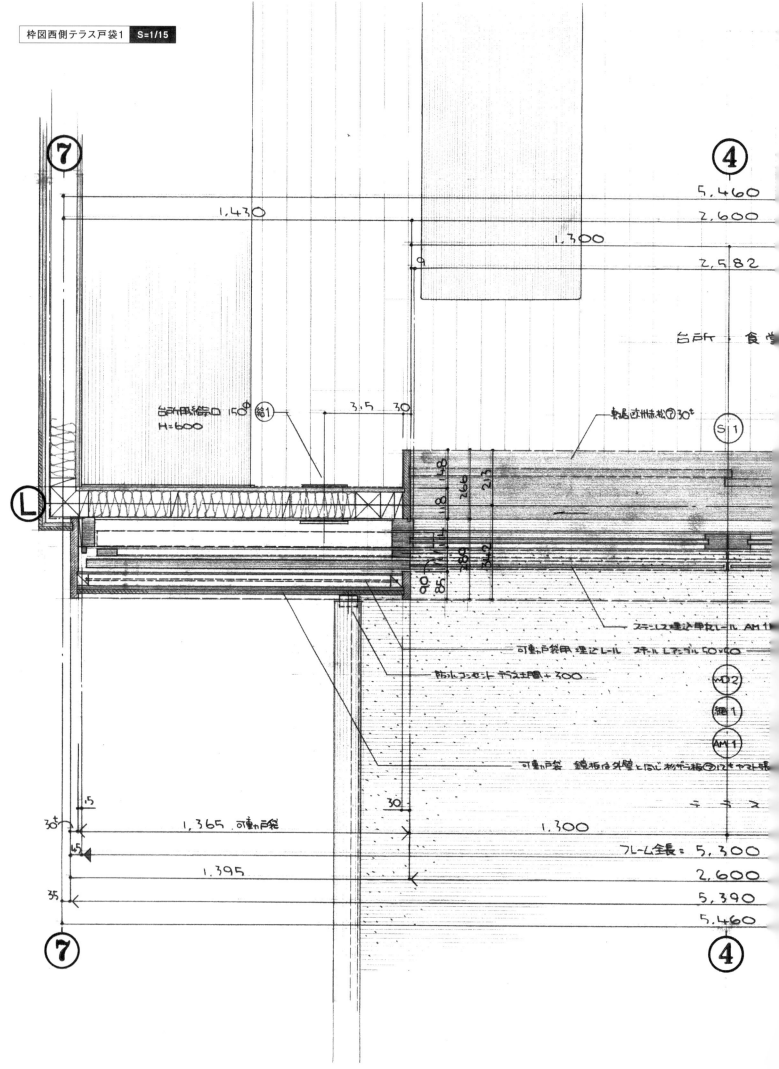

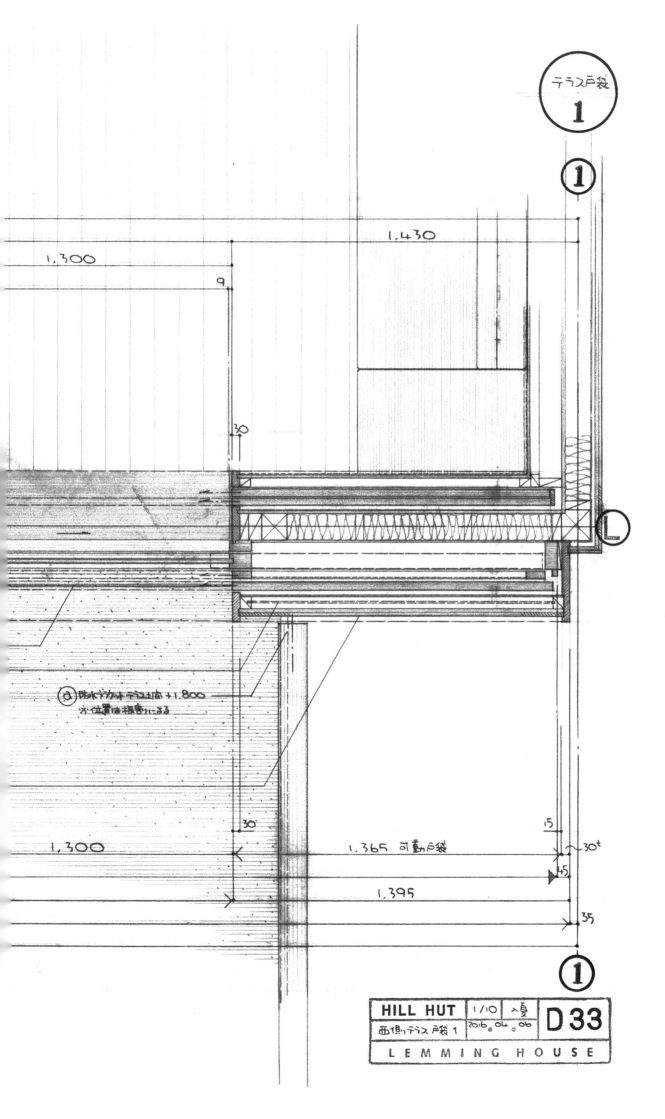

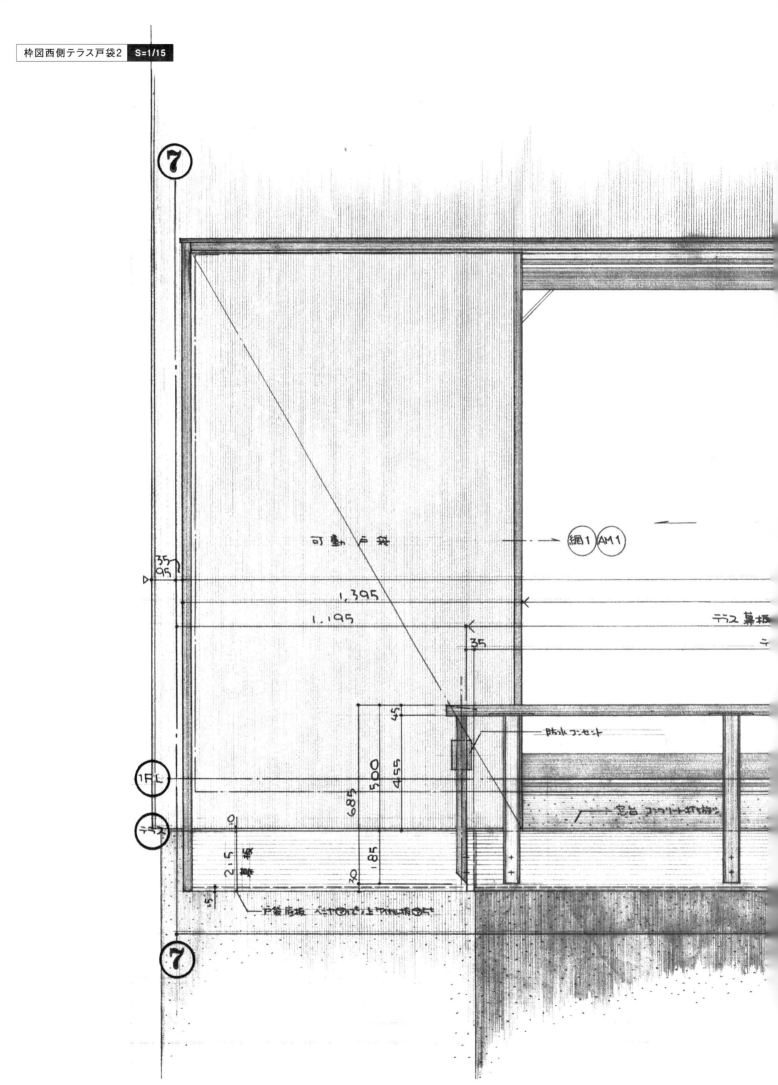

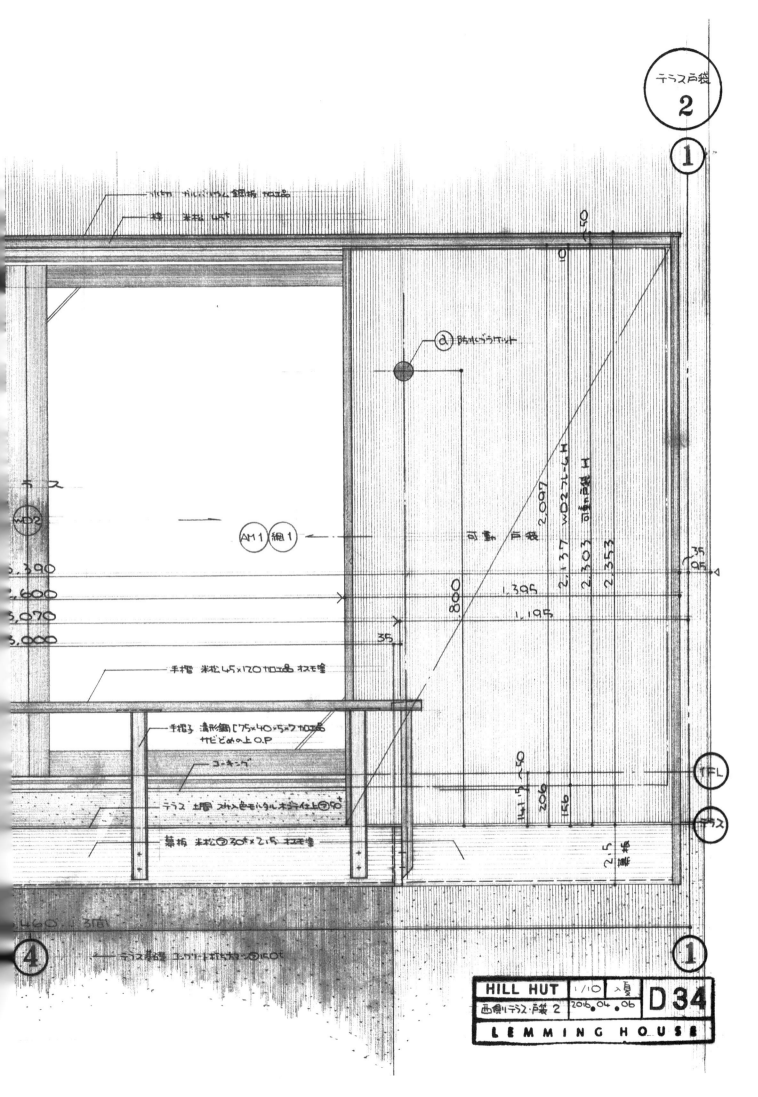

枠図南側出窓1　S=1/20

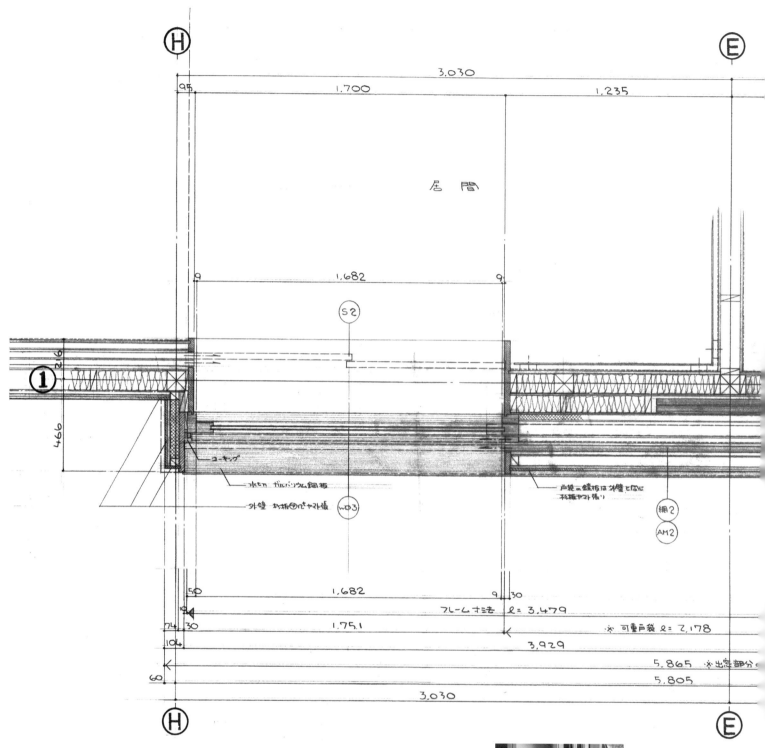

四苦八苦した2つの枠まわり

①通りの和室の窓は、外側から「滑り出し木製サッシ」「網戸」「内雨戸」「引き違い・引き込み障子」で構成している。一方、同じく①通りの居間の掃き出し窓は外側から「可動式戸袋」「雨戸」「網戸」「片引き木製サッシ」「引き違い・引き込み障子」の構成である。

2つの開口部の枠まわりを別々に考えていければさほどの苦労はなかったと思うが、プラン上、この重装備（？）の2つの開口部の戸袋を共有させなければならなかったために、この部分の枠まわりは一筋縄ではいかず、四苦八苦することになった。

その苦心惨憺の足跡を、図面番号、D36、D37、D38（和室窓）と、D47、D48、D49（居間掃き出し窓）の図面と合体させて、じっくりご覧いただきたい。

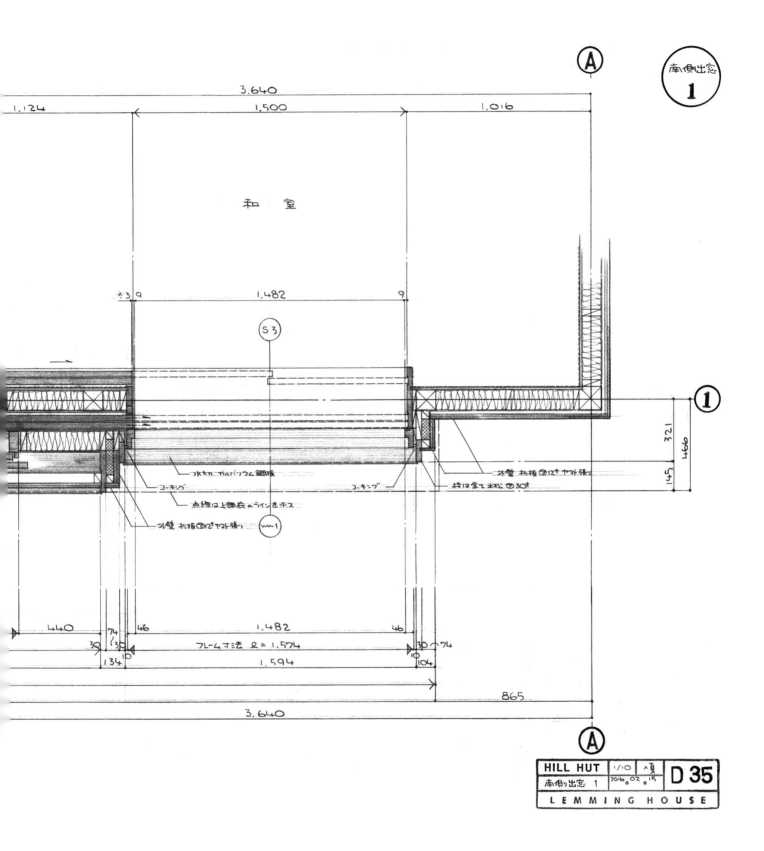

枠図南側出窓2　S=1/20

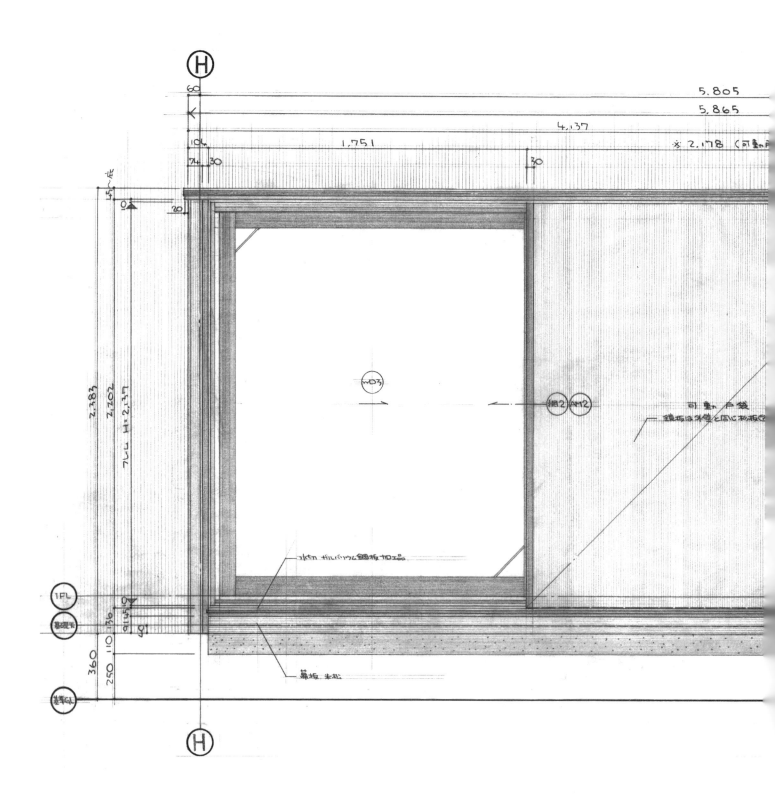

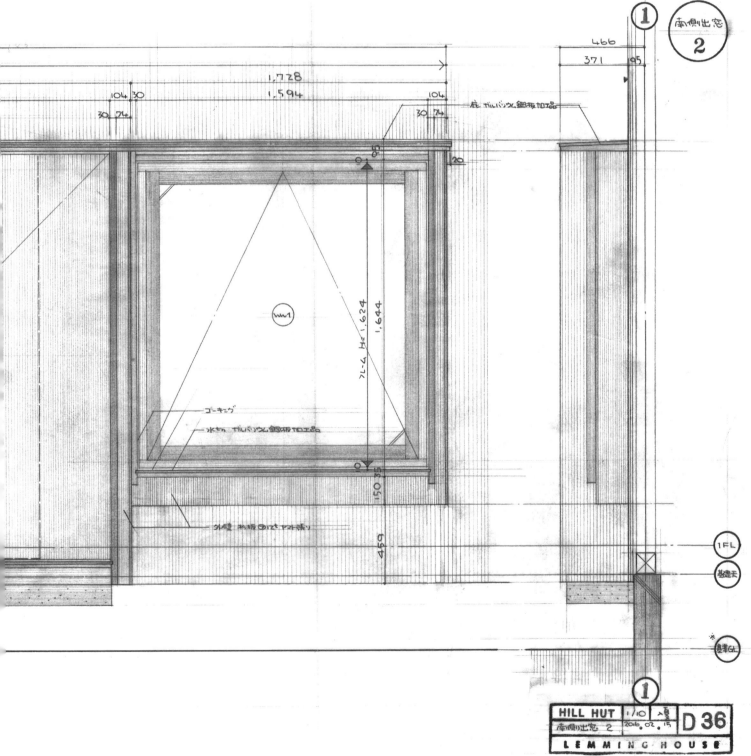

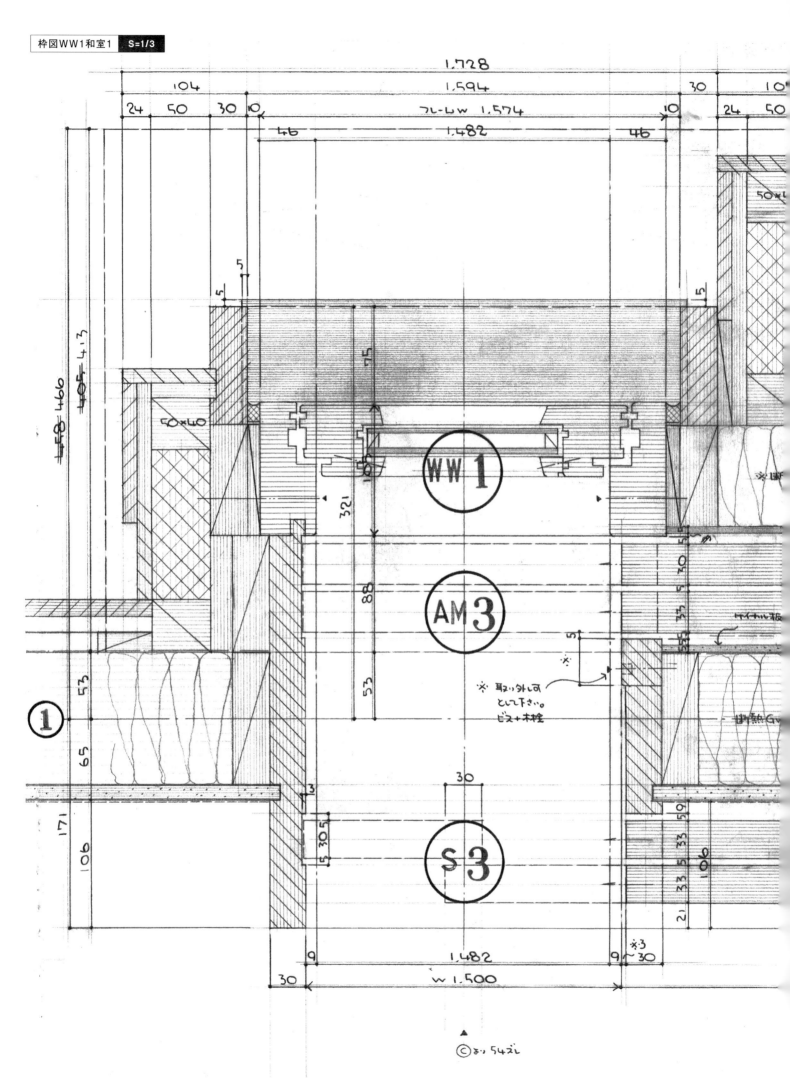

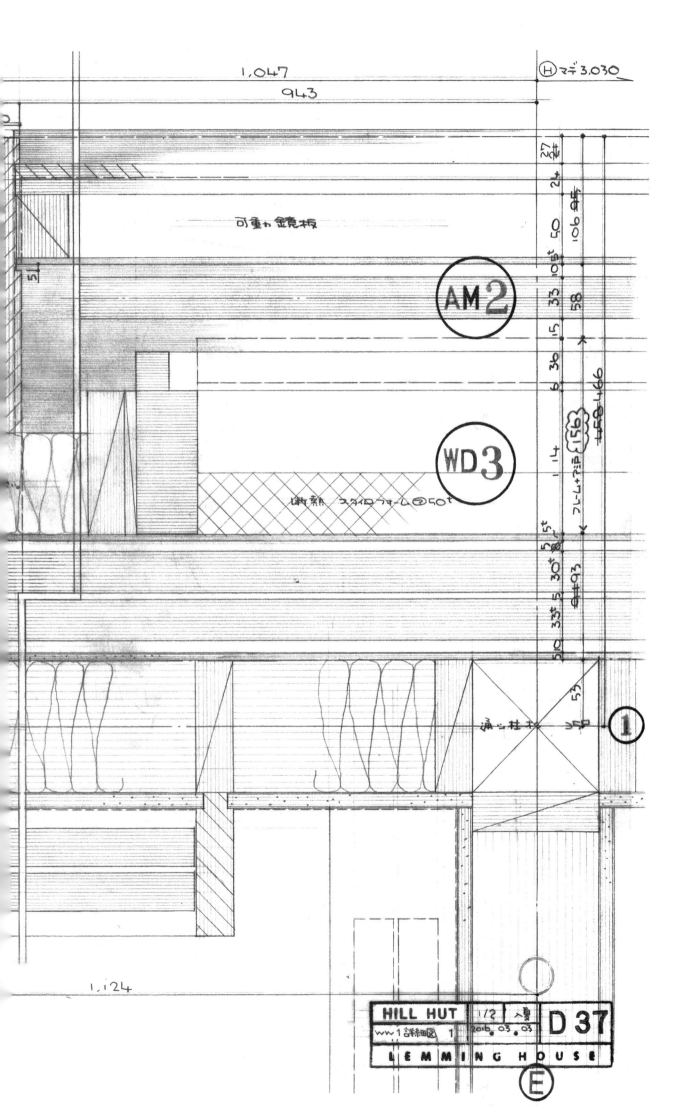

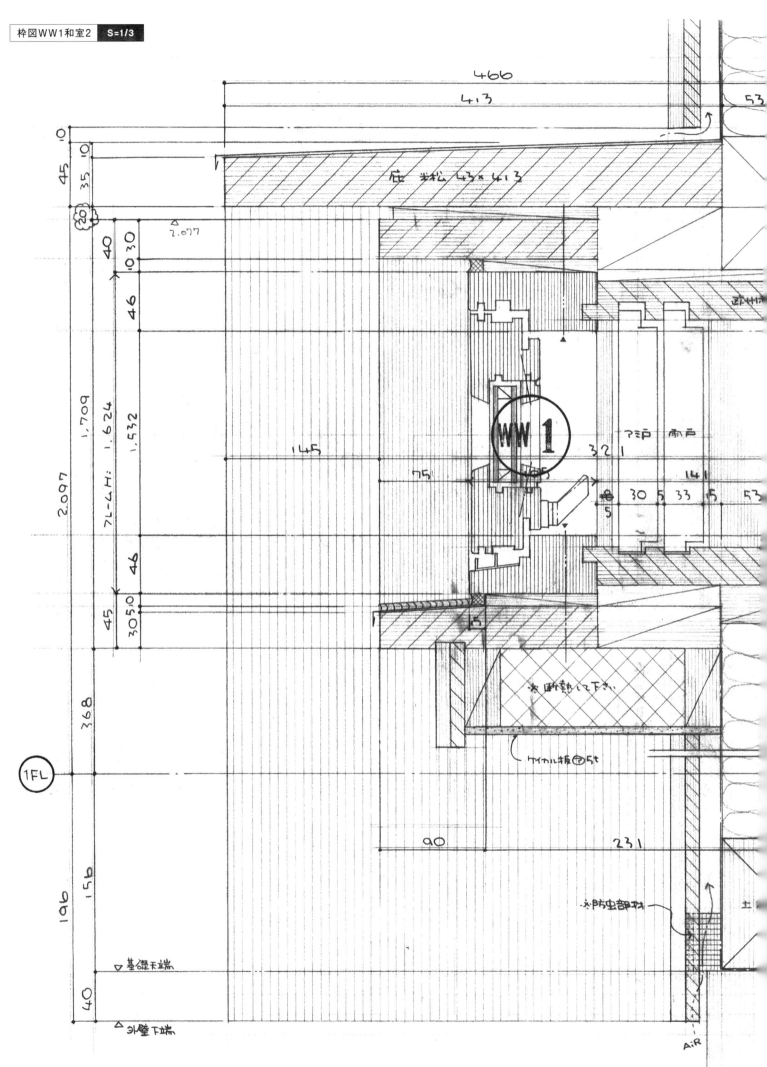

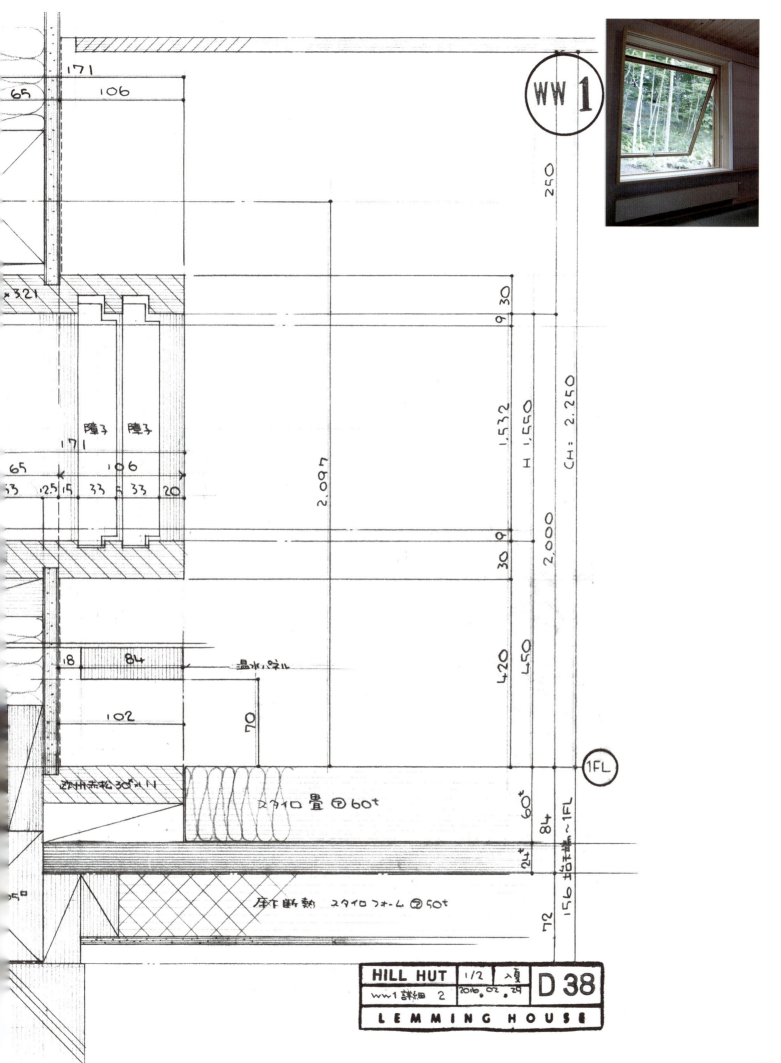

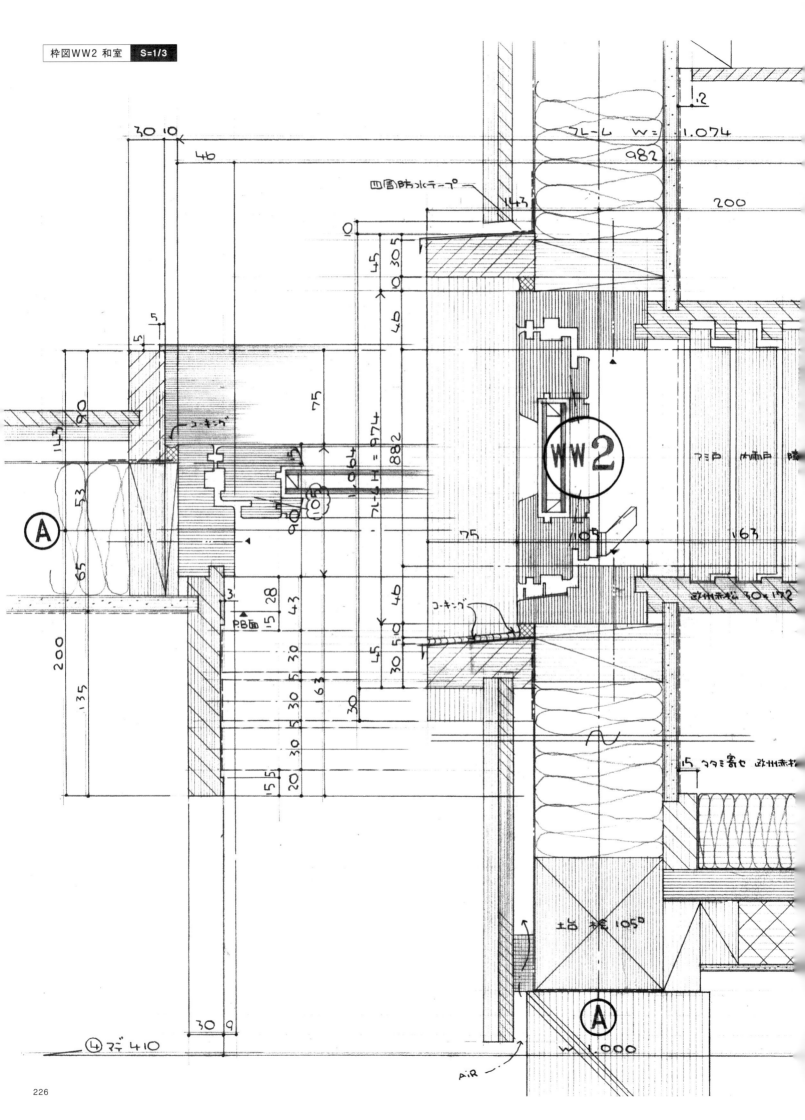

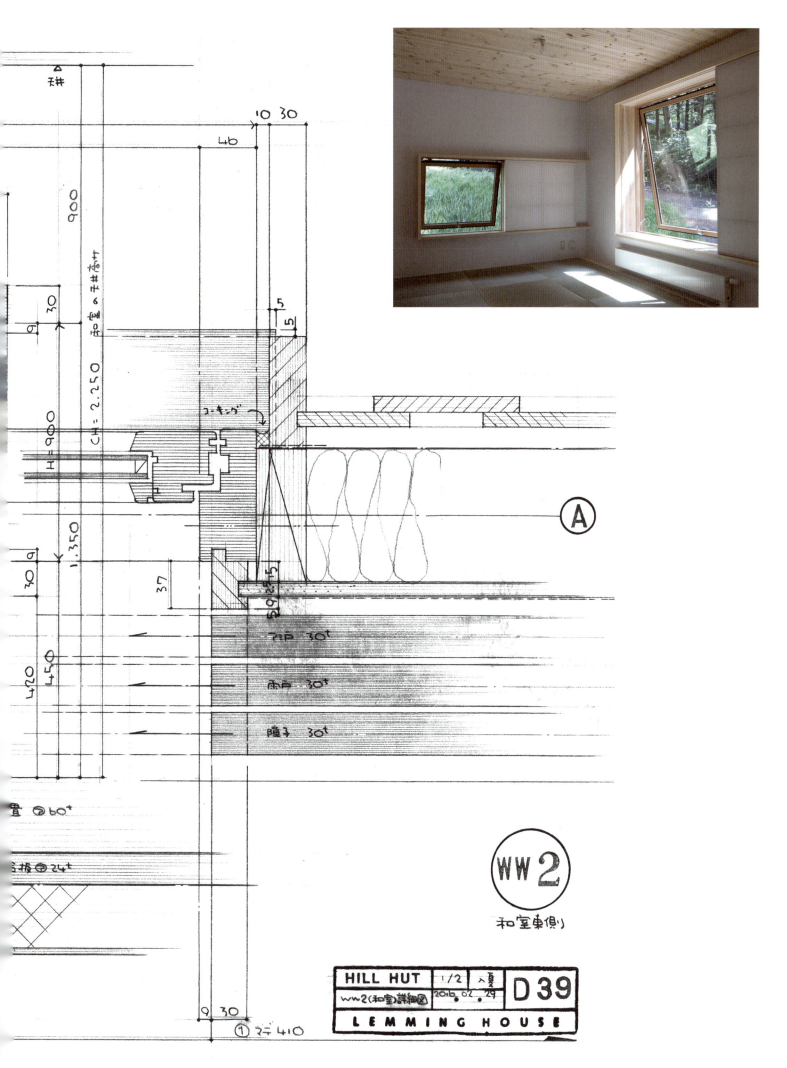

枠図WW2 食堂 S=1/3

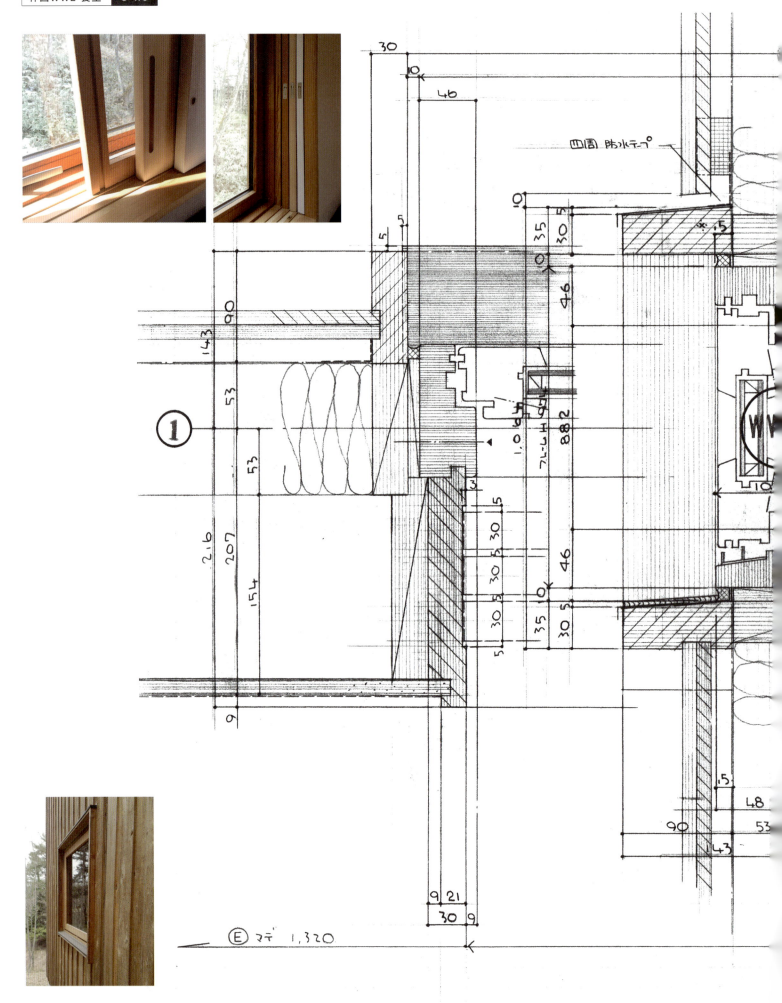

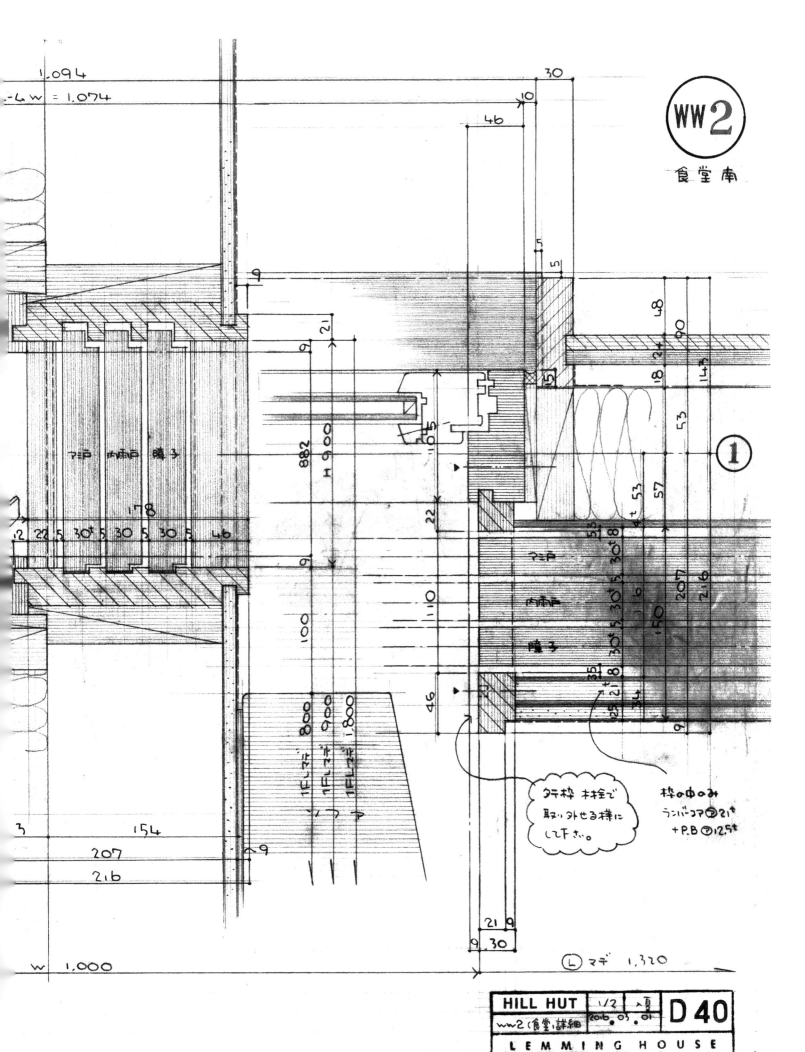

枠図 WW2 寝室　S=1/3

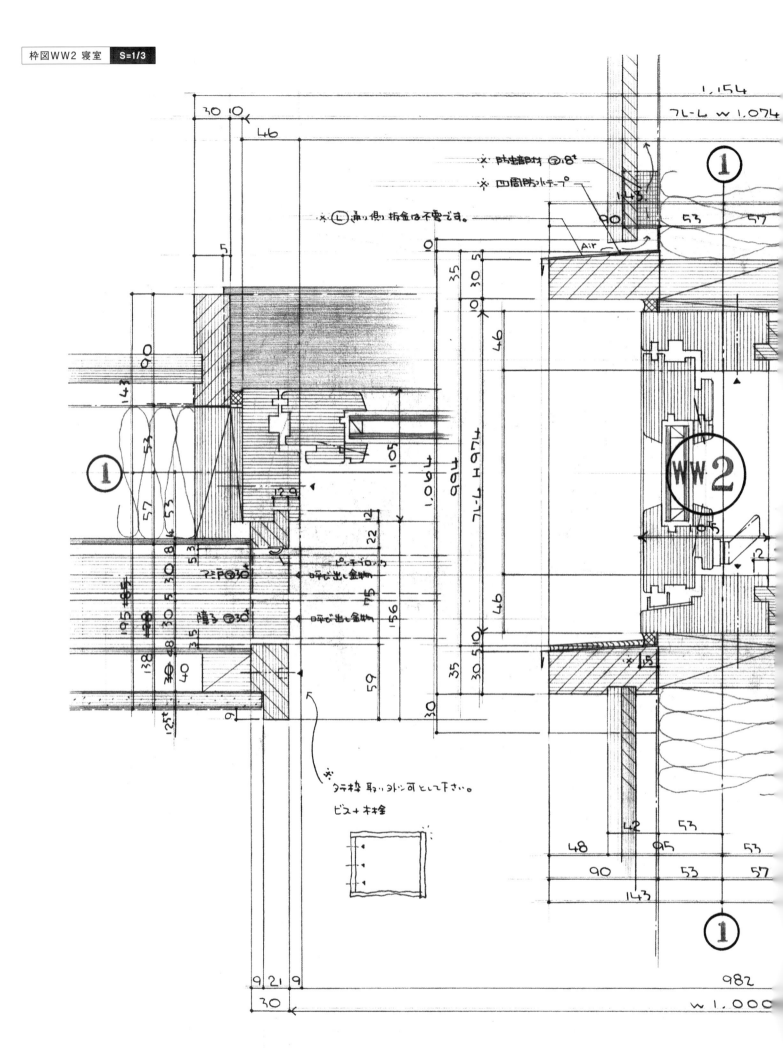

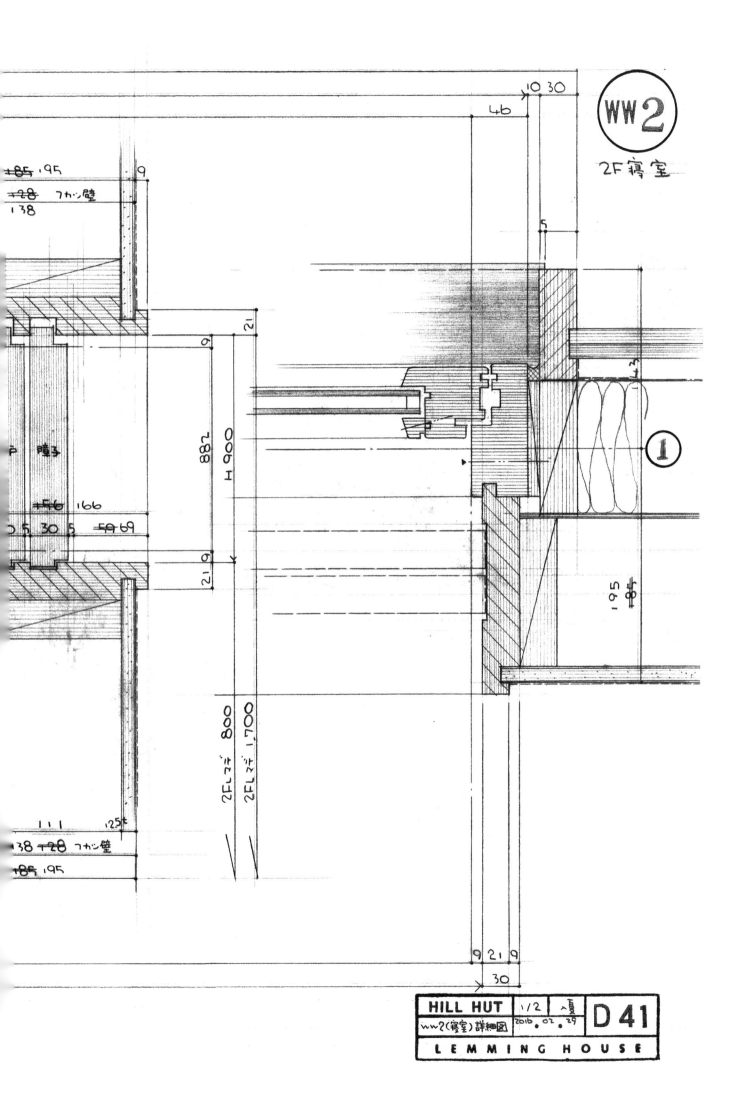

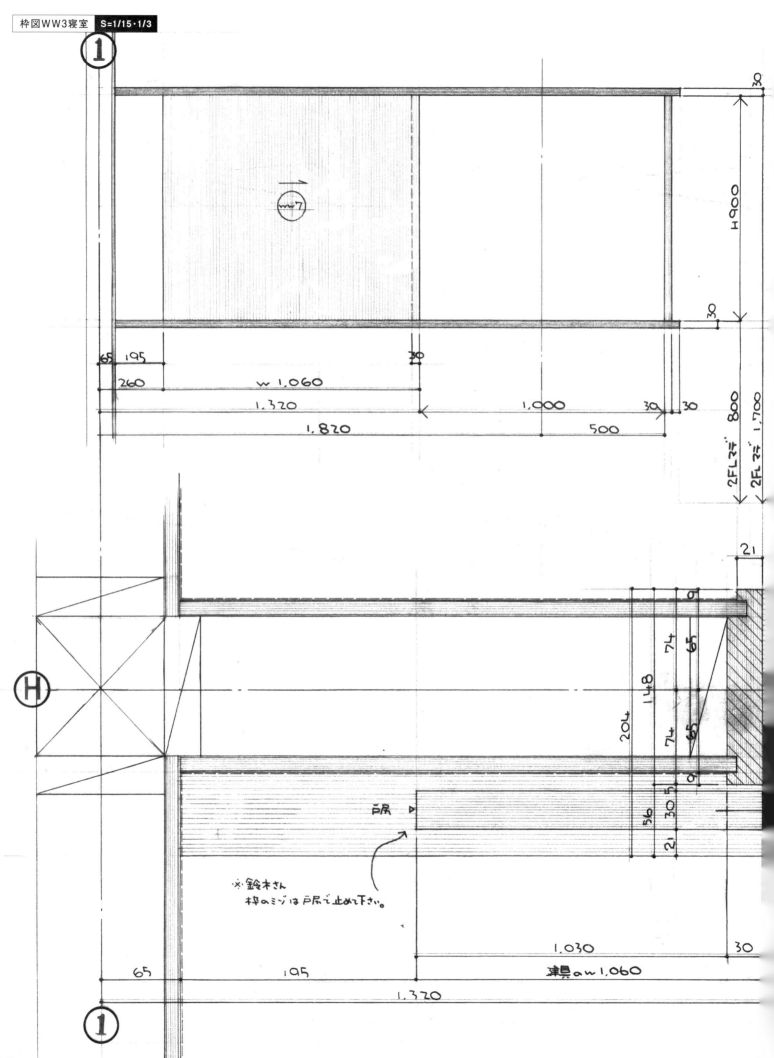

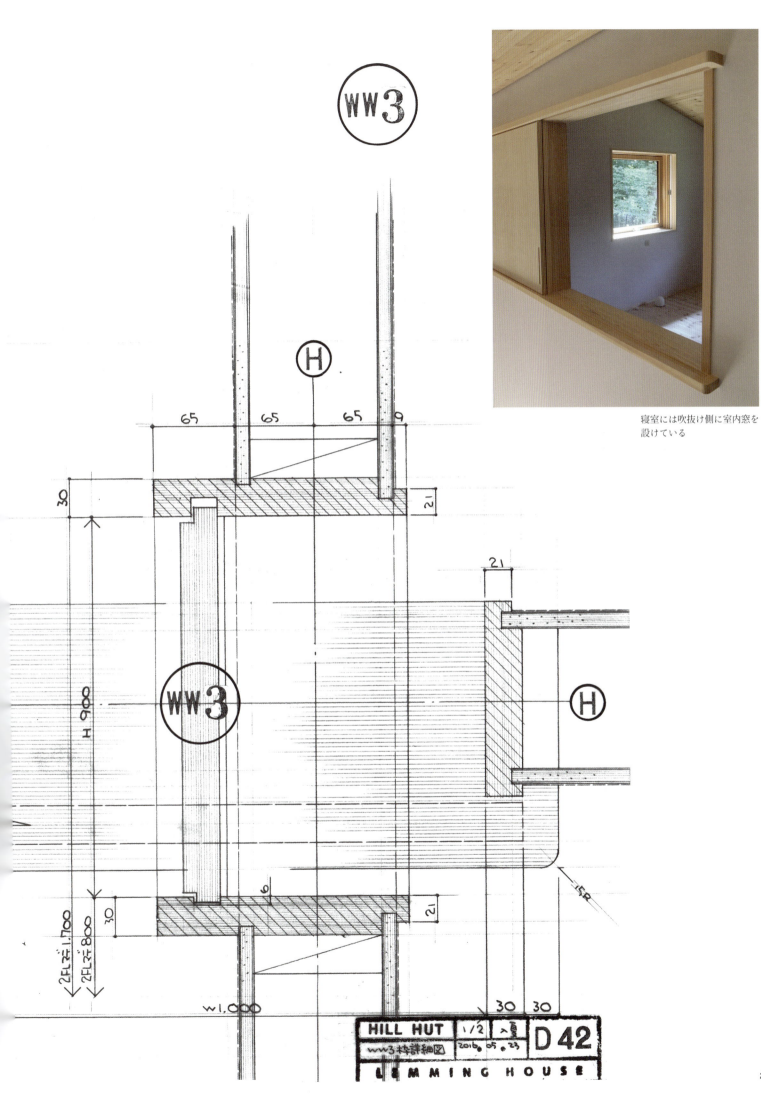

寝室には吹抜け側に室内窓を設けている

枠図WD1玄関　S=1/2

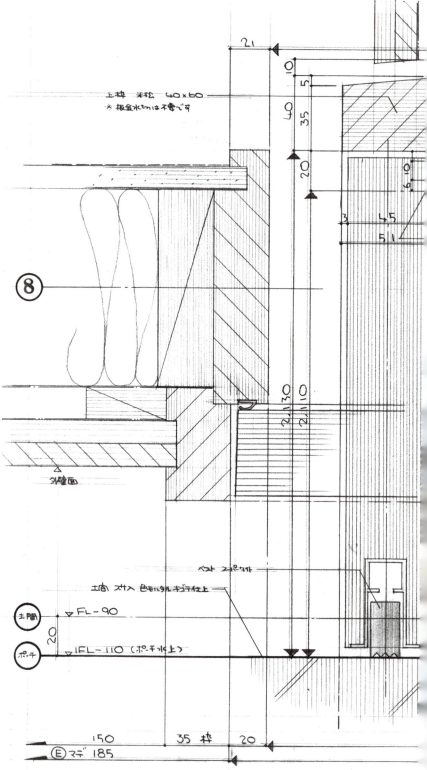

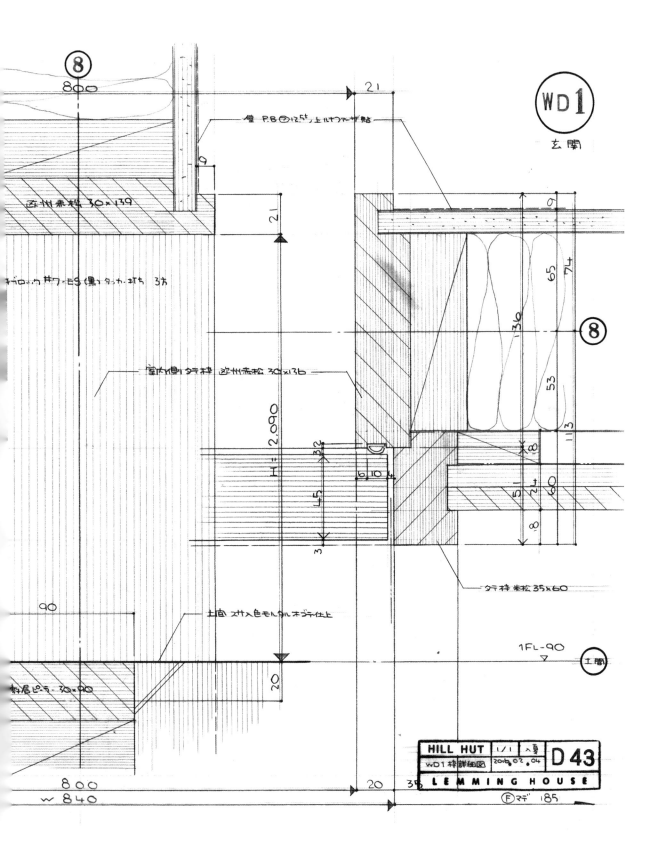

枠図WD2西側テラス1　S=1/3

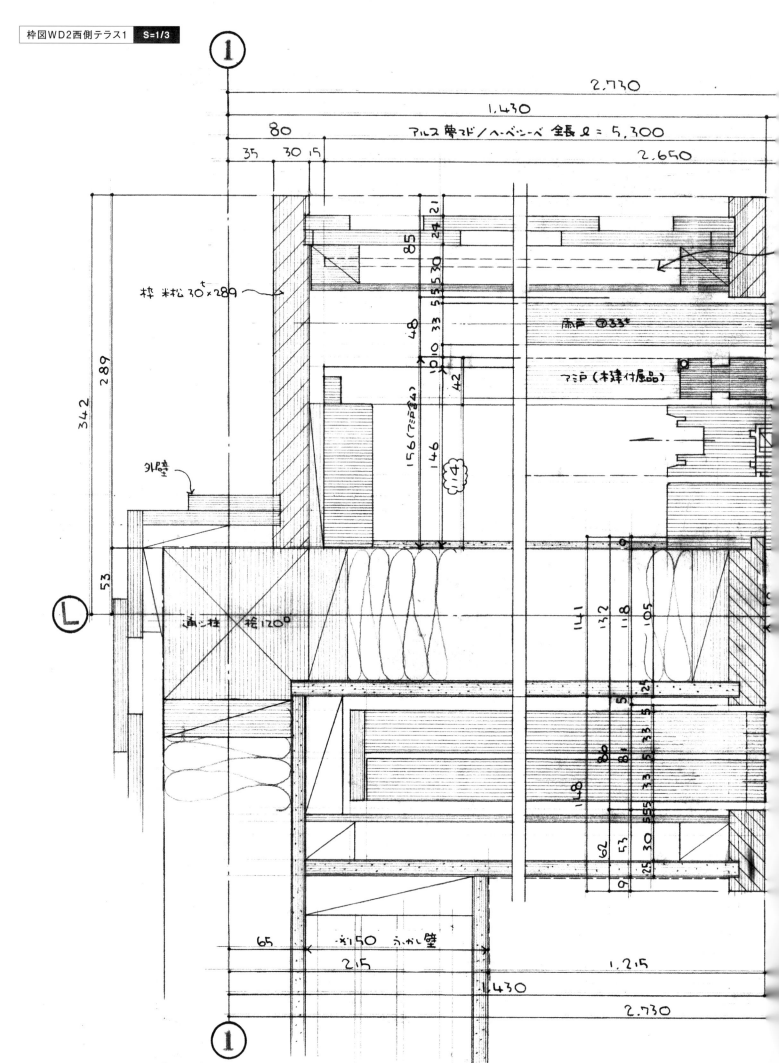

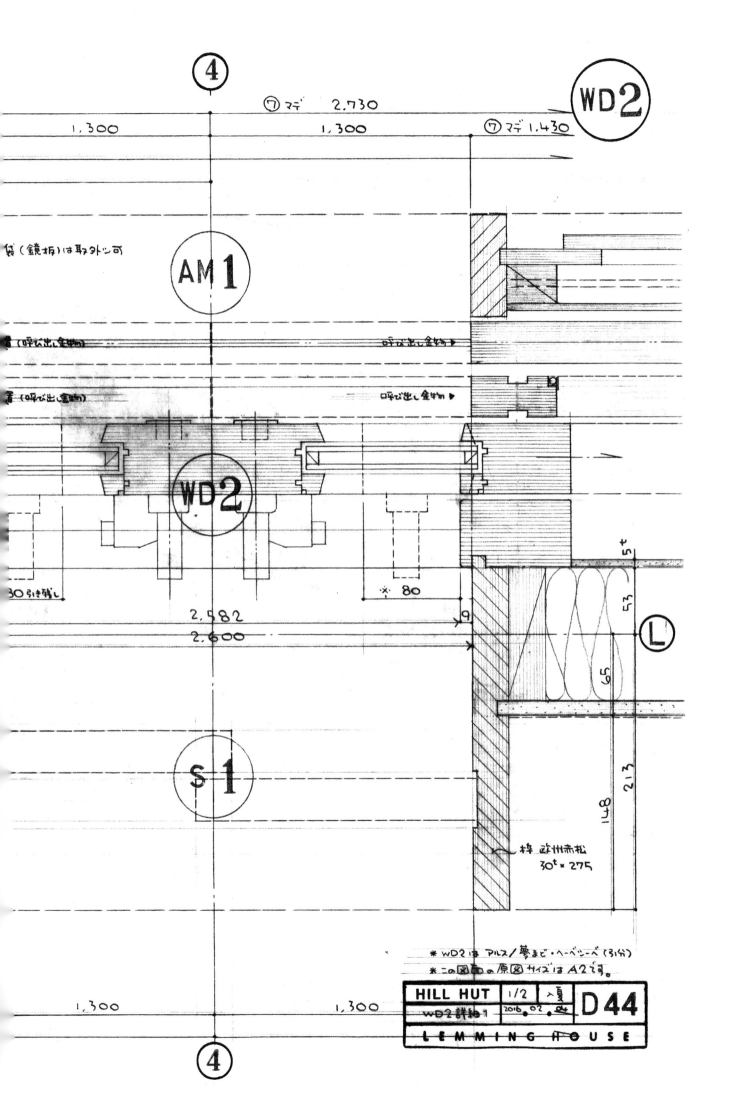

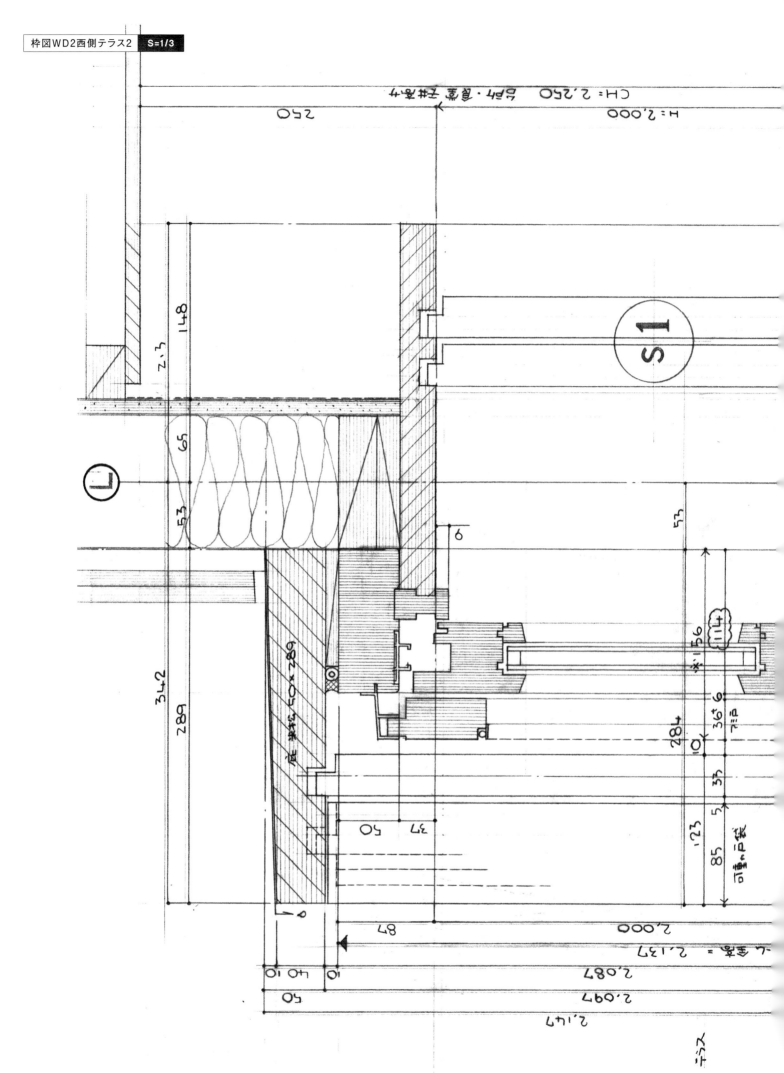

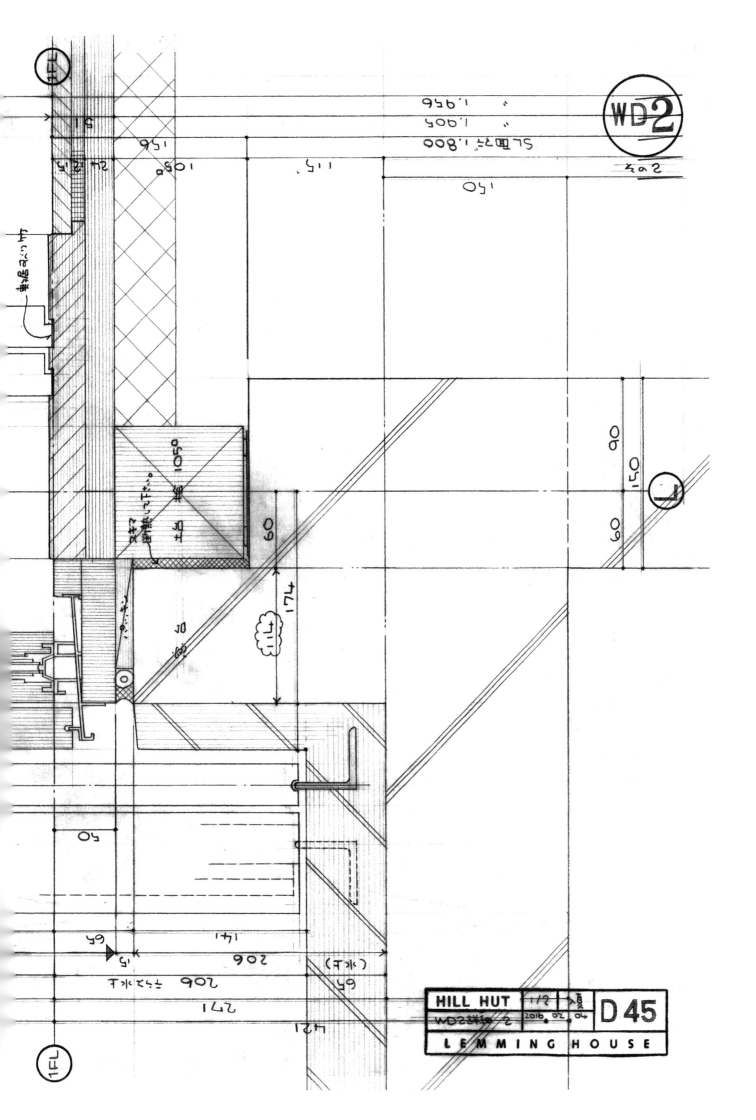

枠図WD2西側テラス3 S=1/3

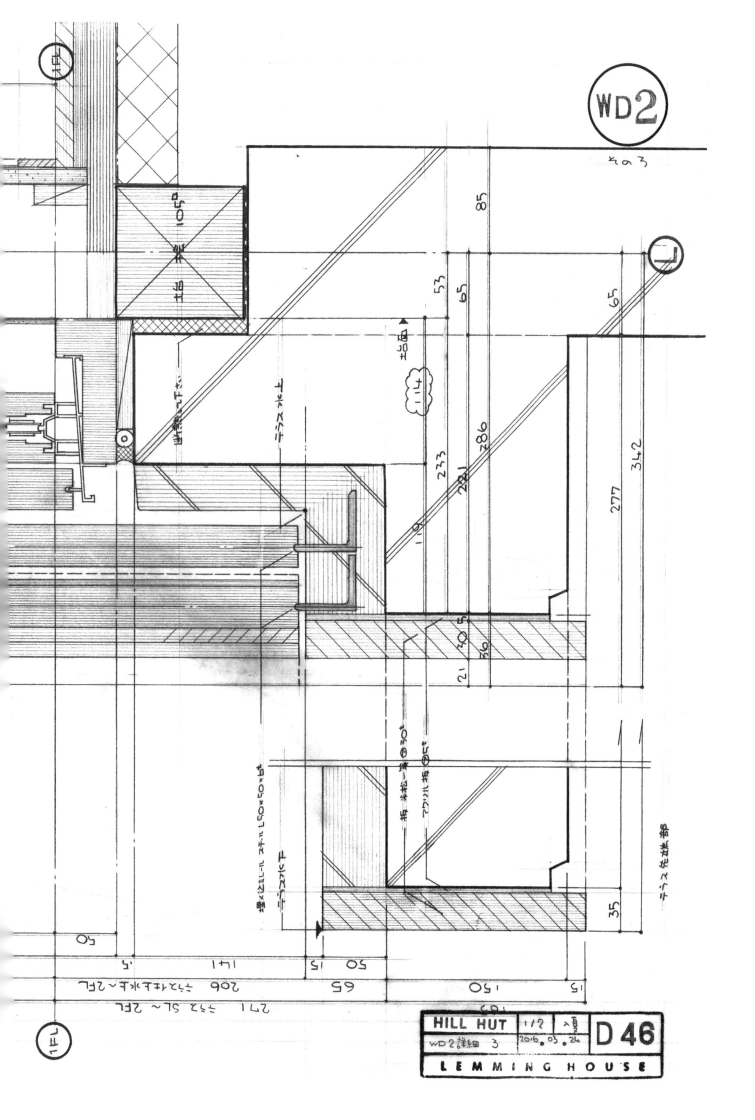

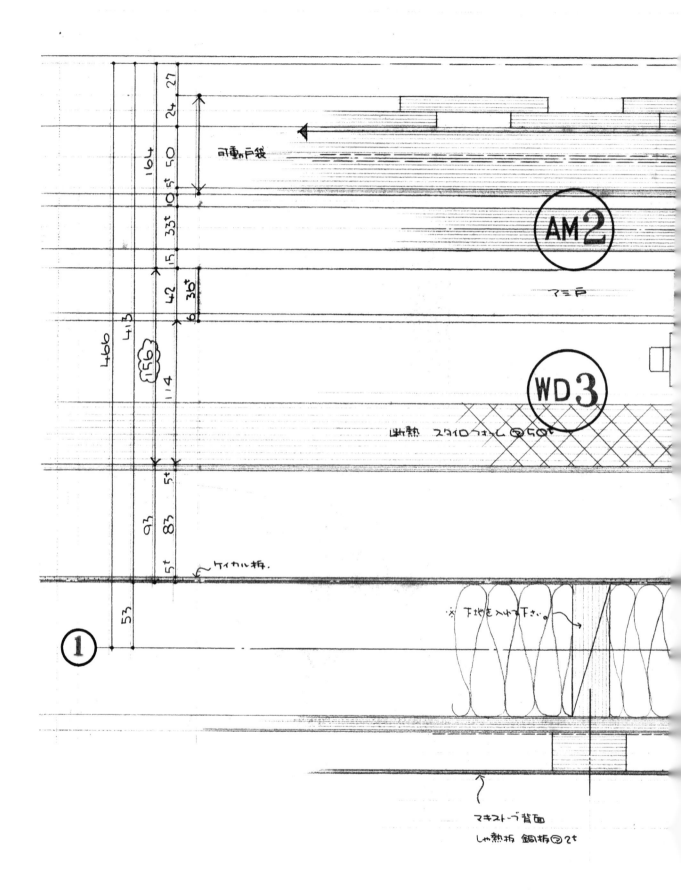

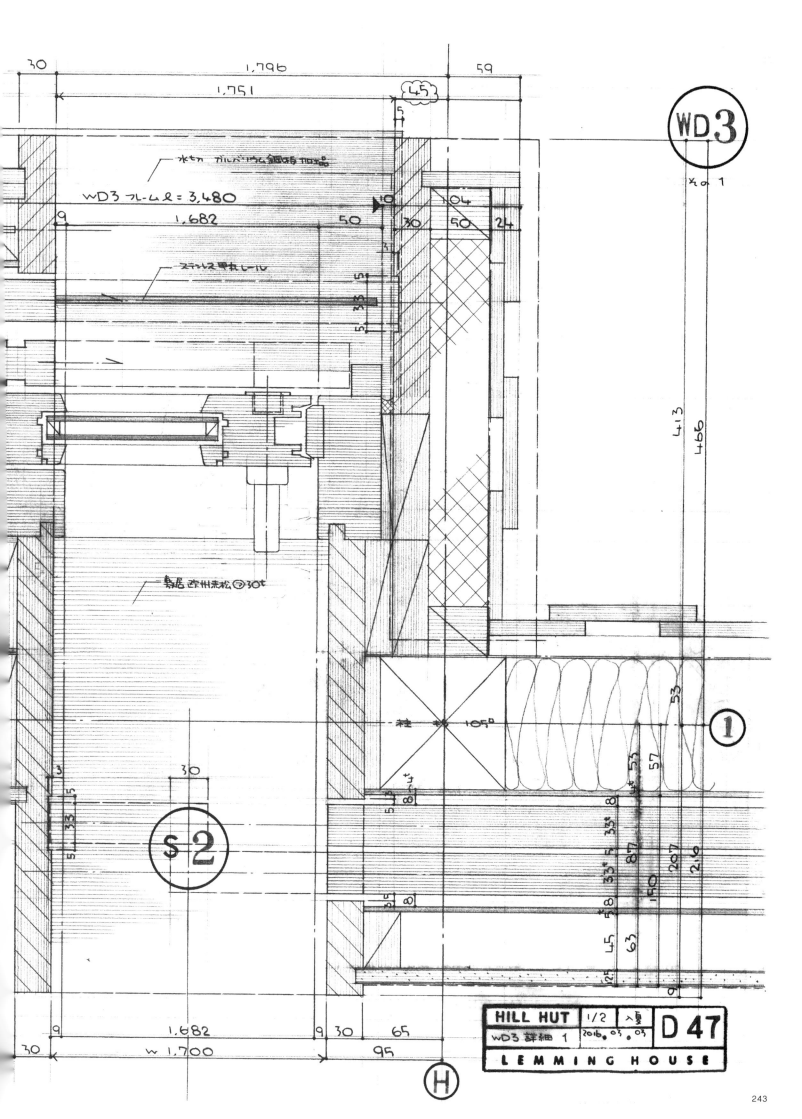

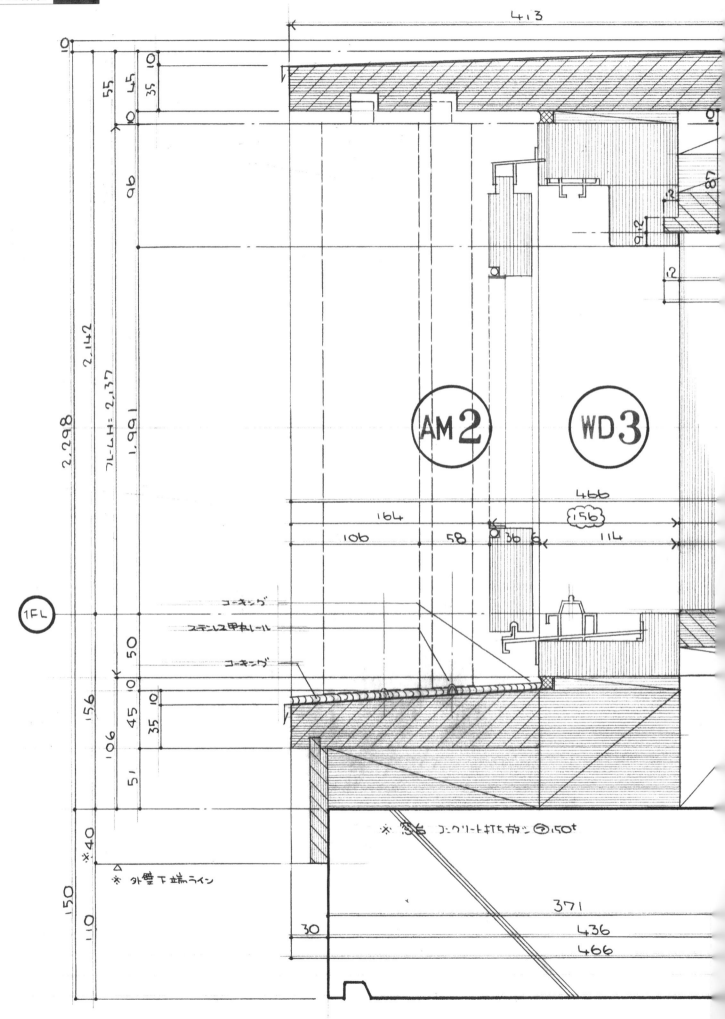

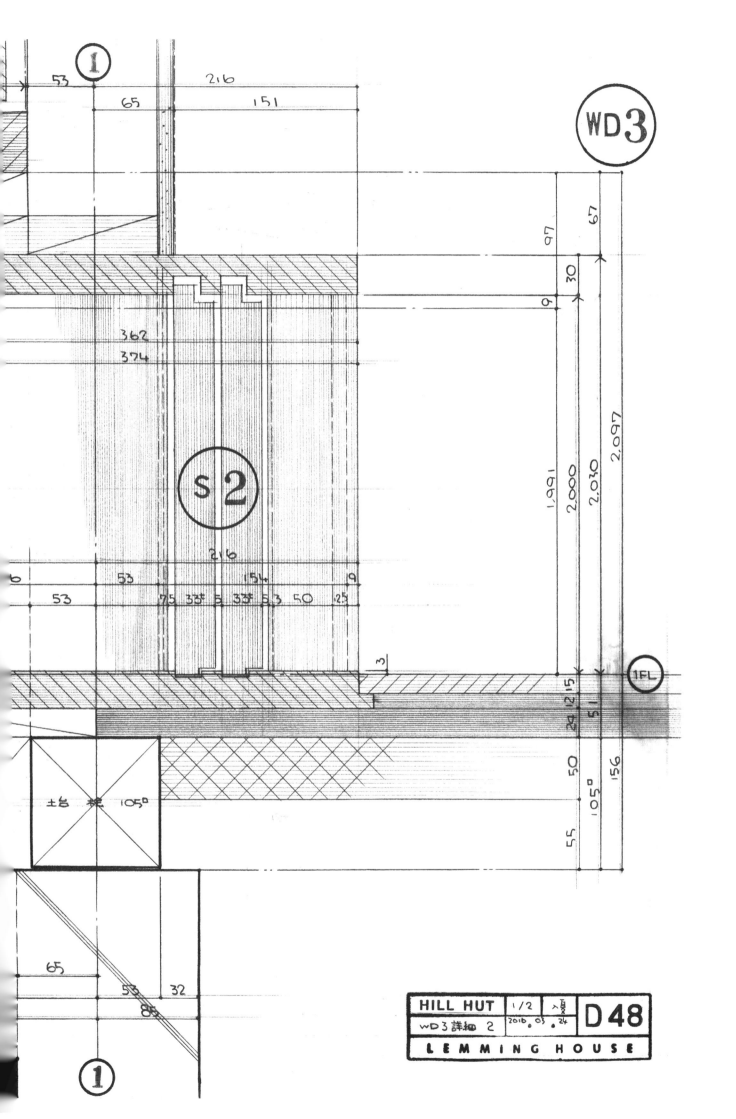

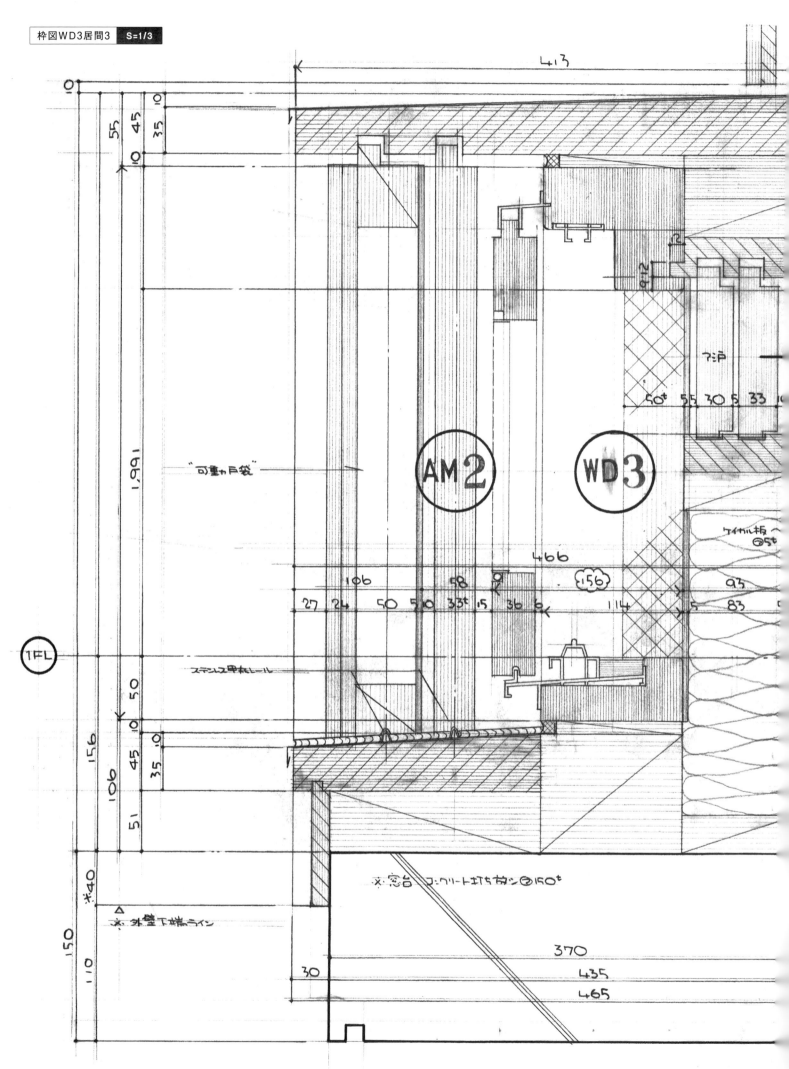

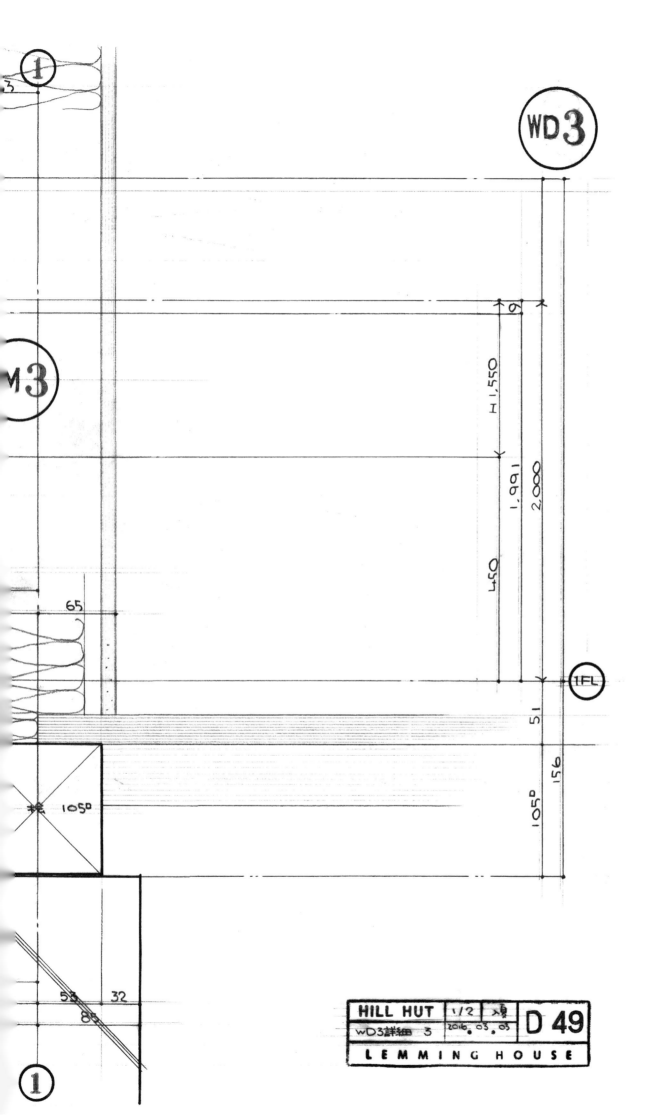

枠図WD4 玄関　S=1/3

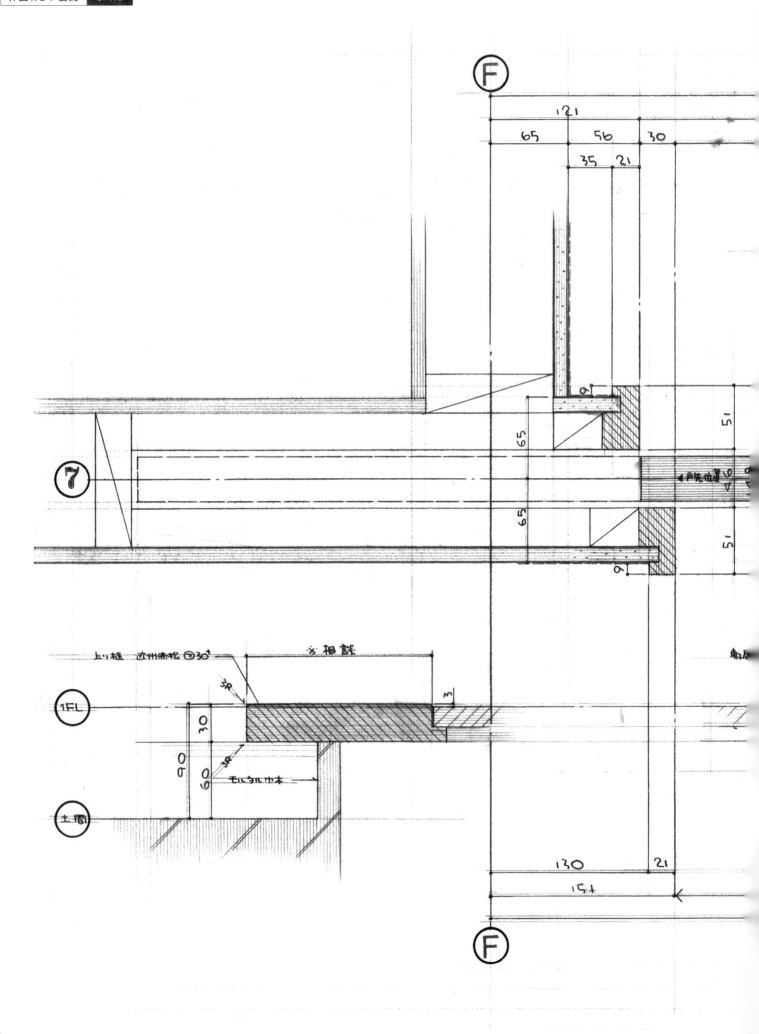

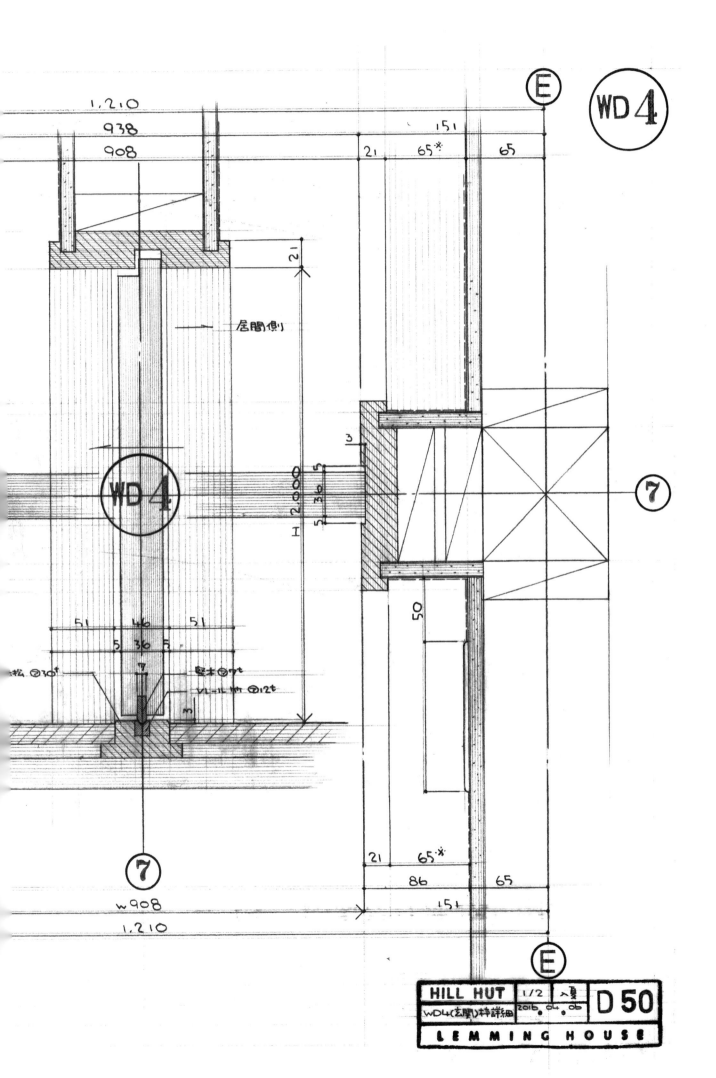

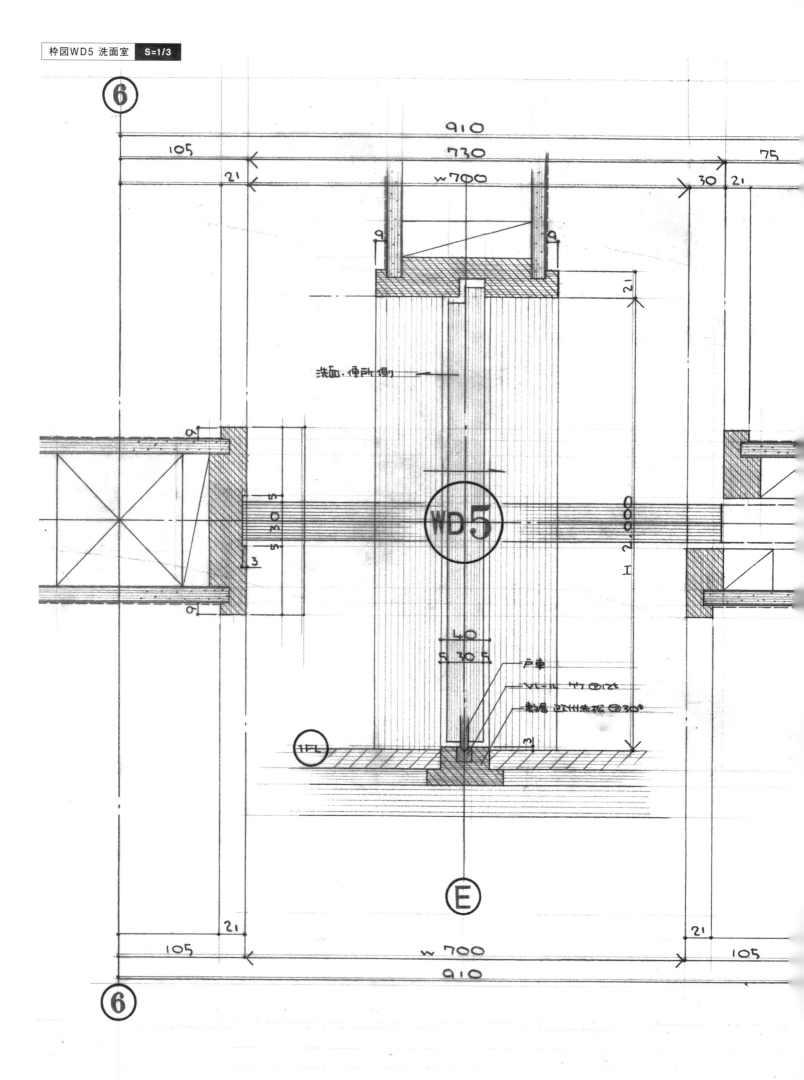

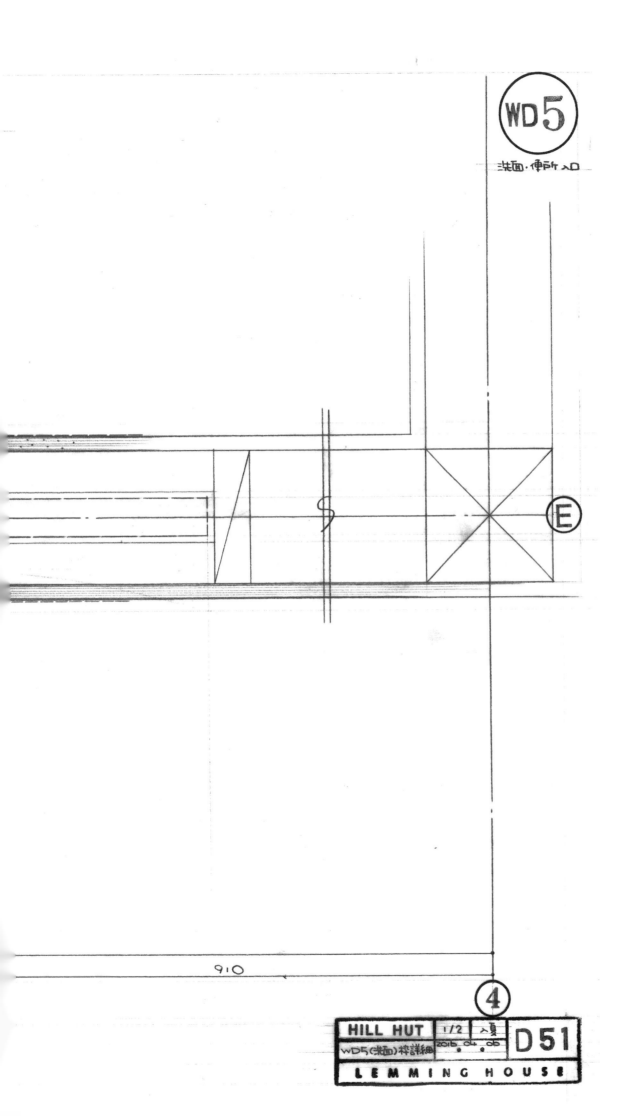

枠図WD6 土間　S=1/3

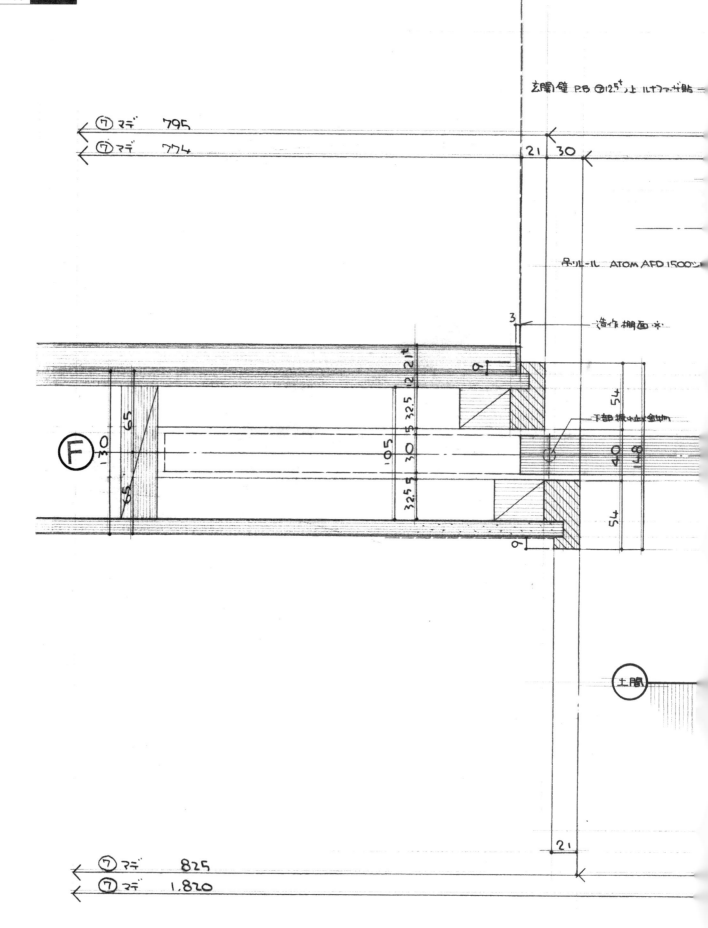

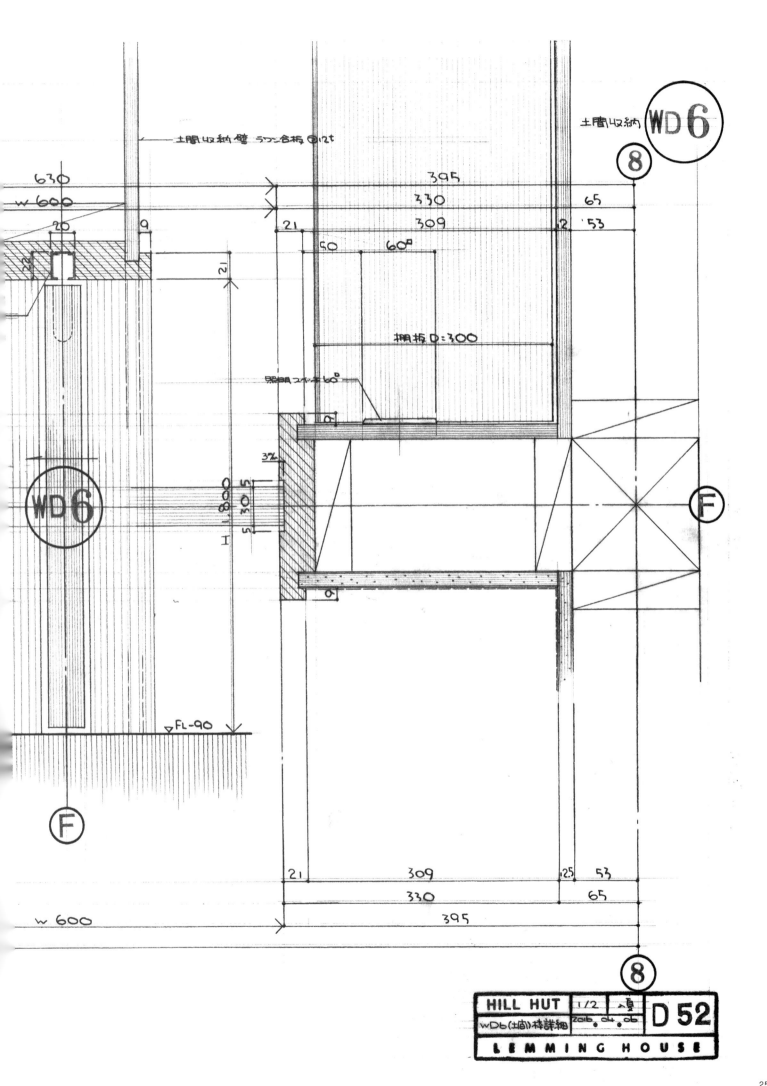

枠図WD7 寝室　S=1/3

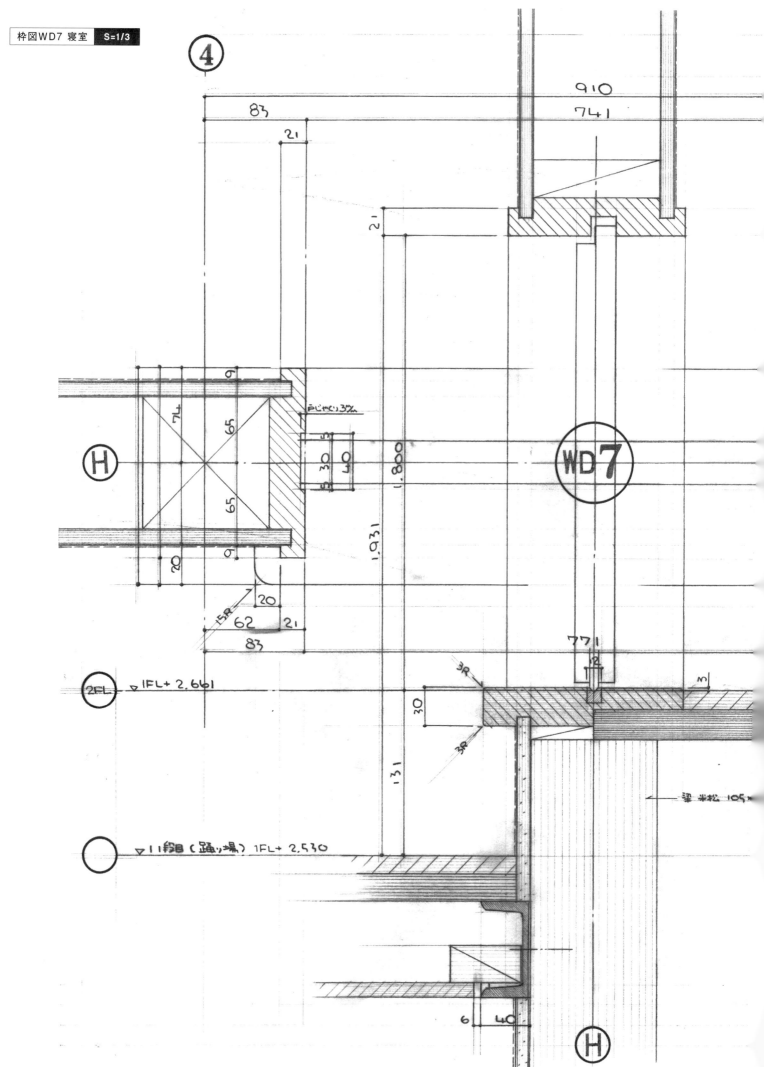

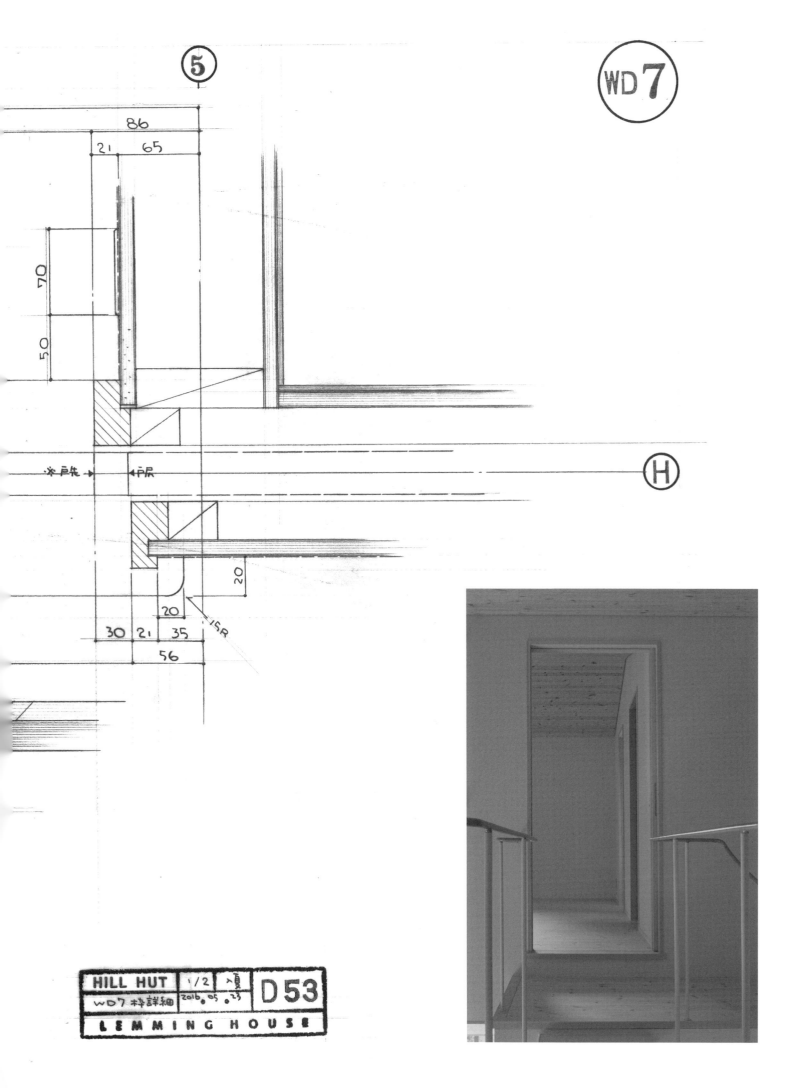

枠図WD8 納戸　S=1/3

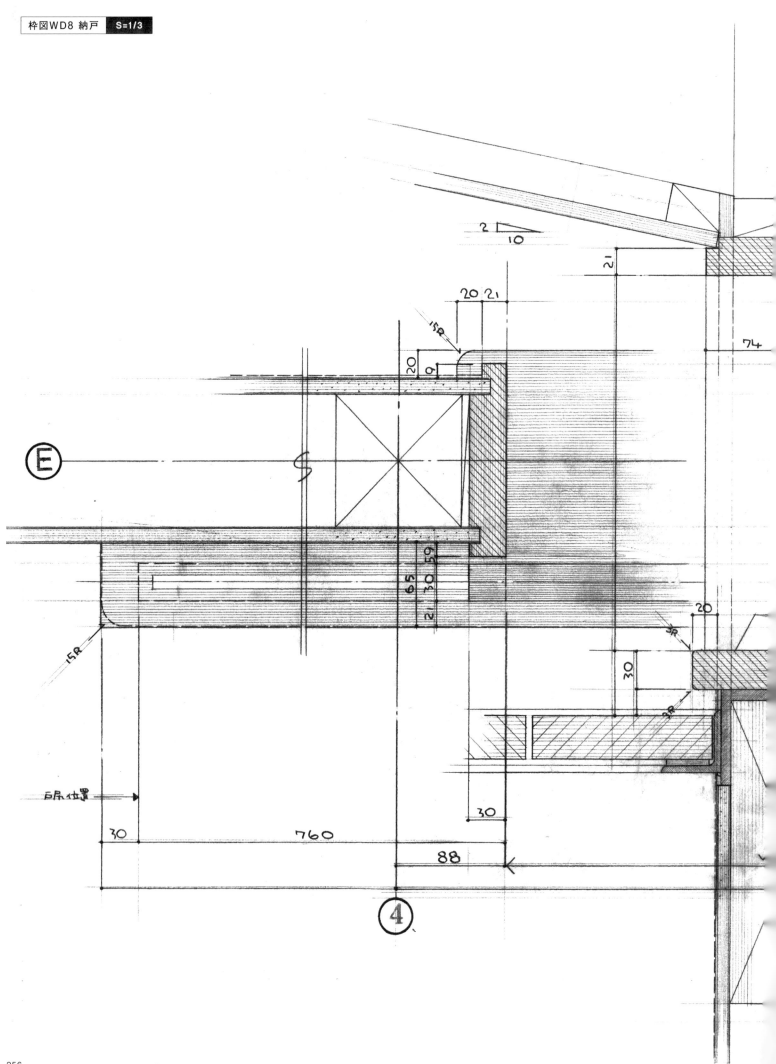

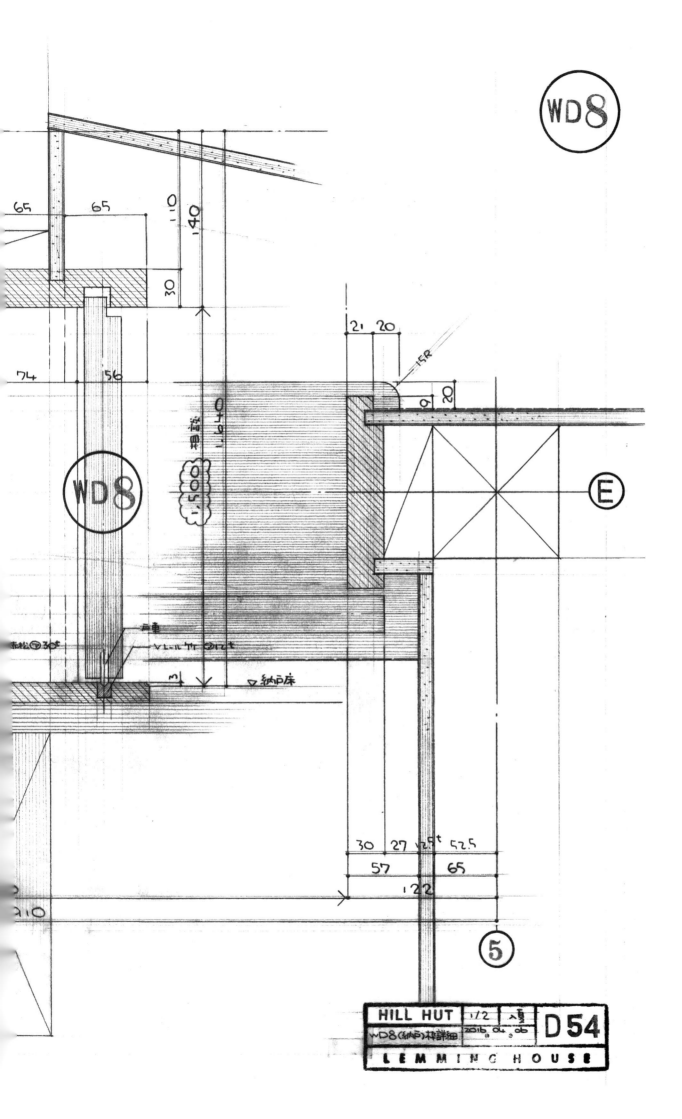

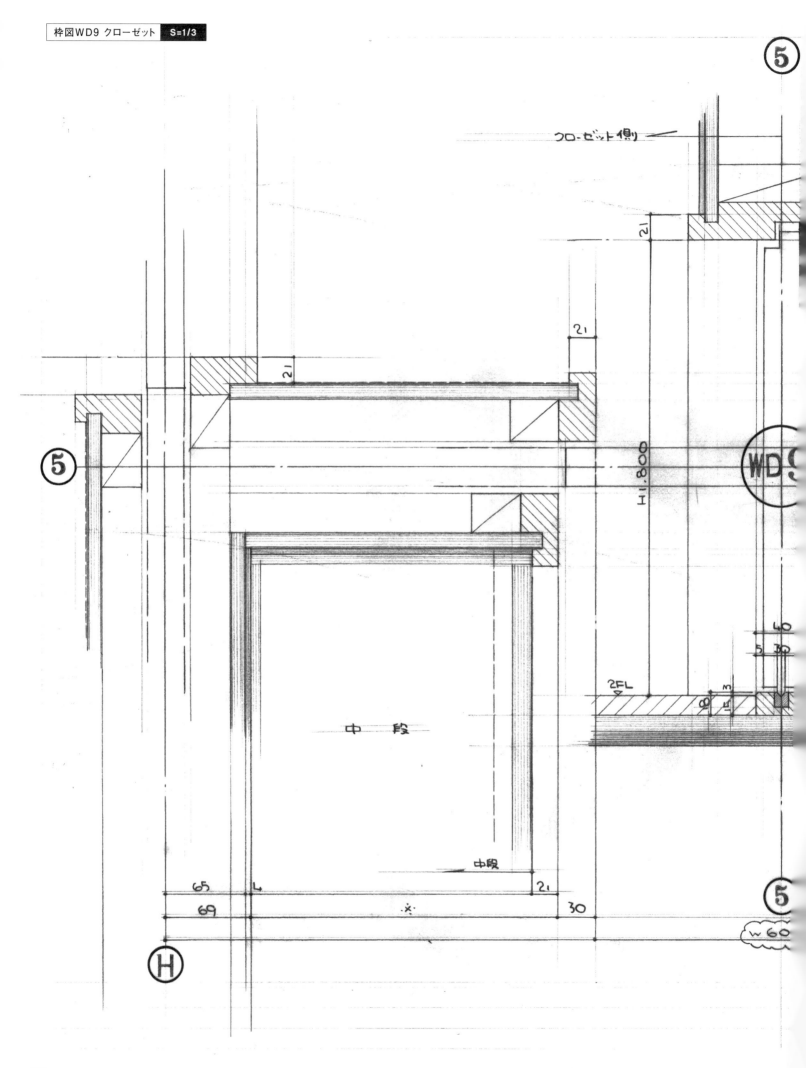

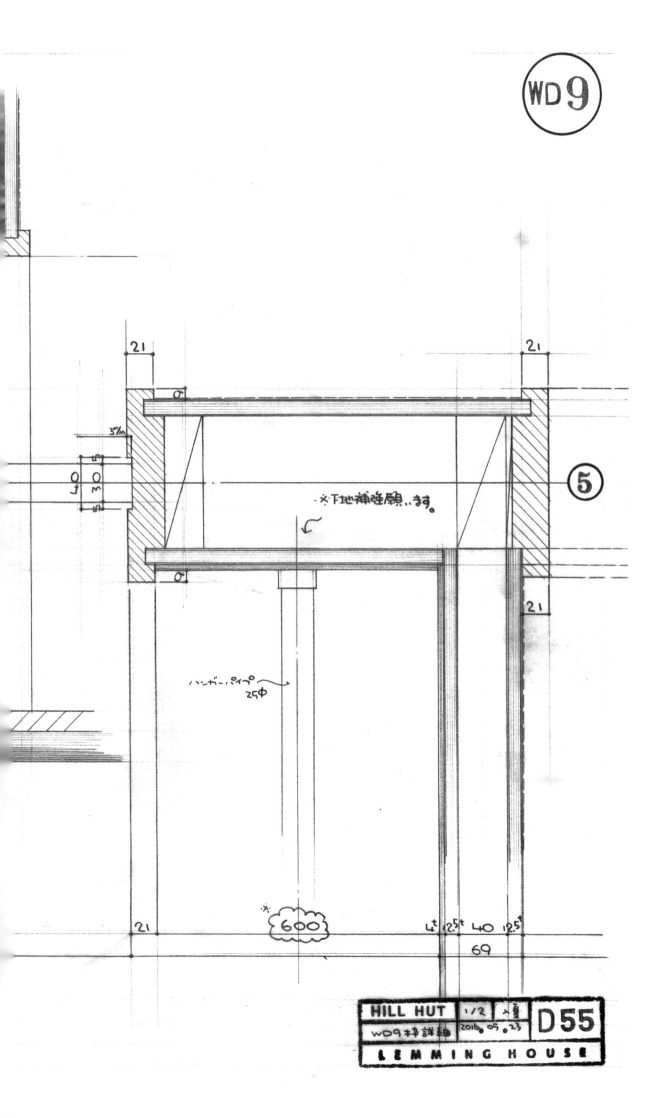

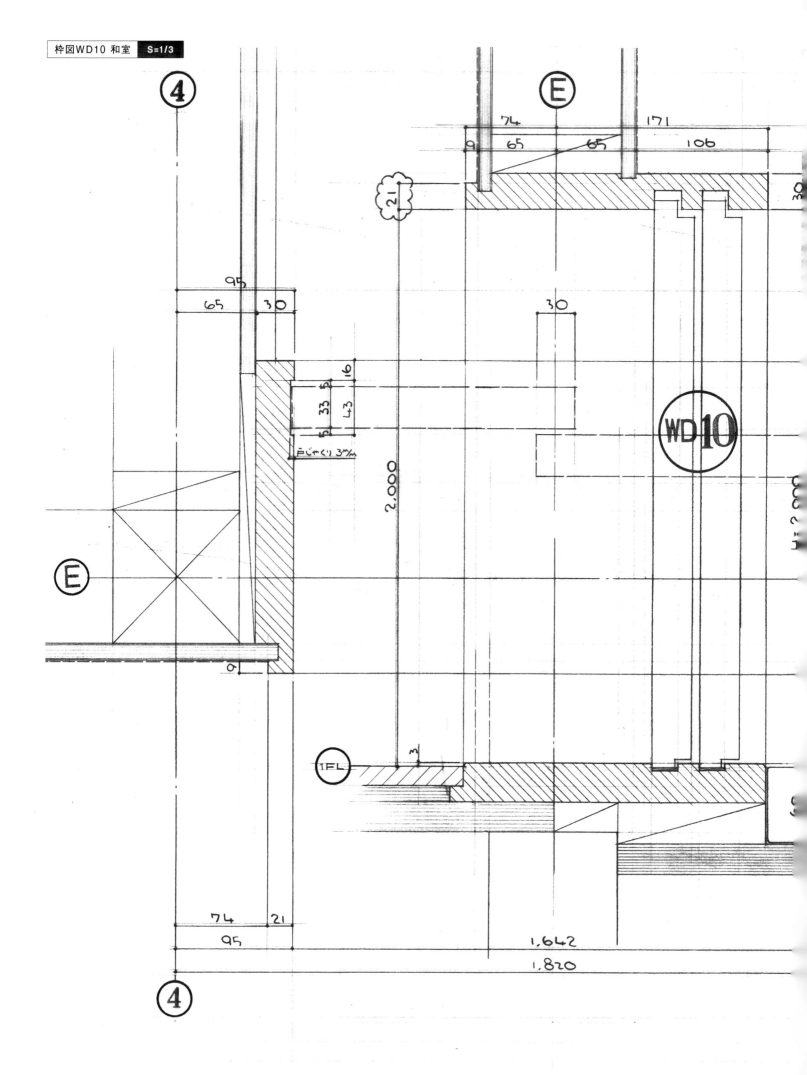

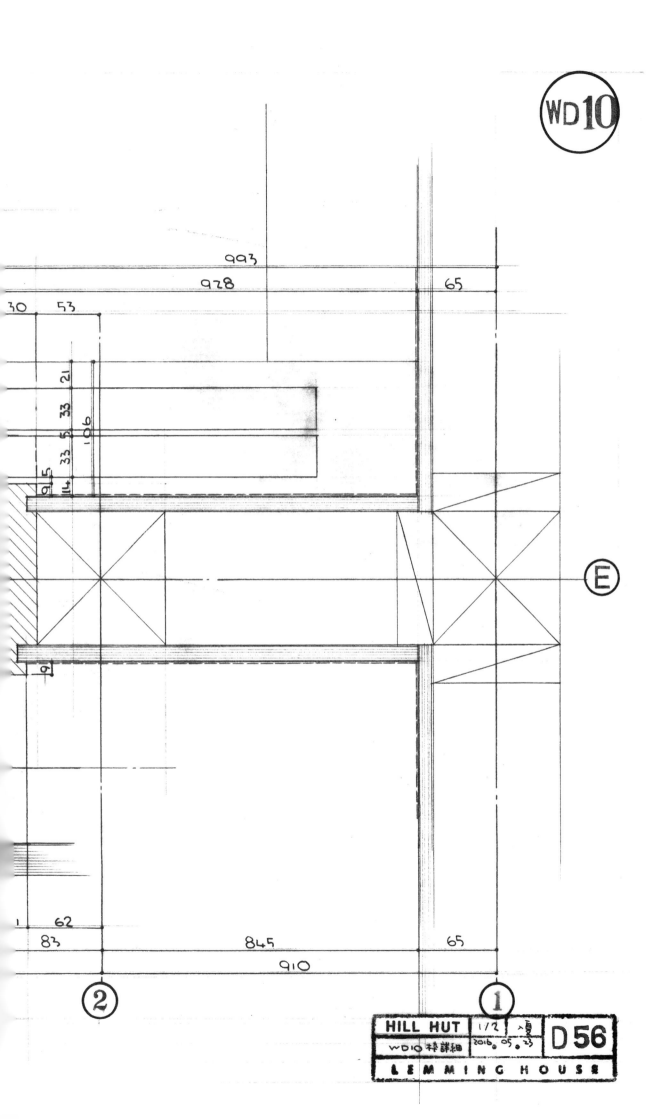

枠図WD11 和室収納　S=1/3

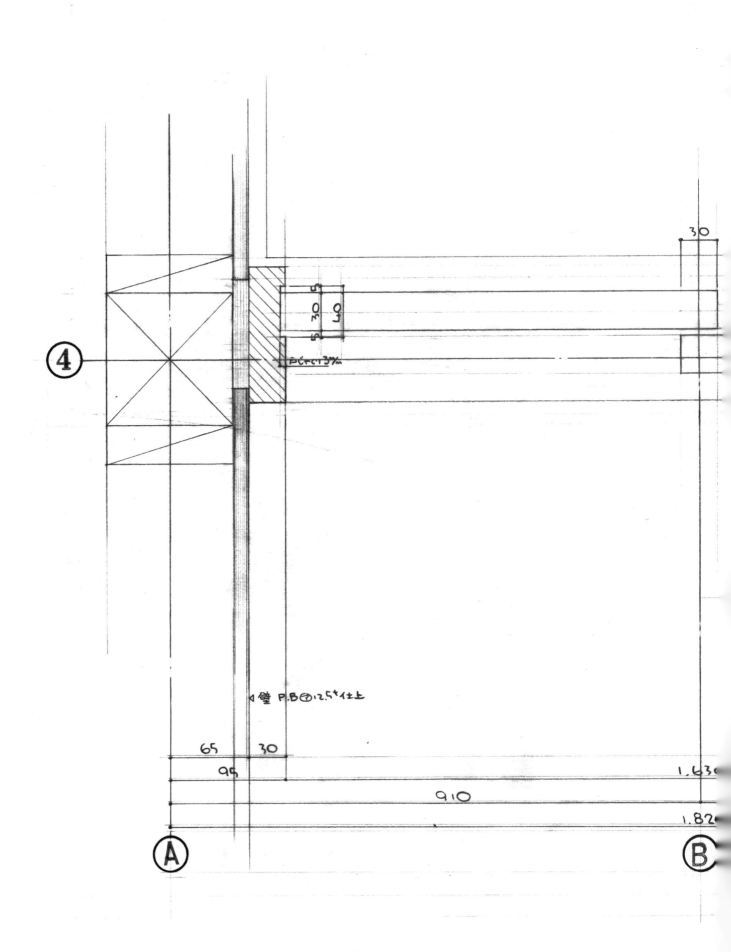

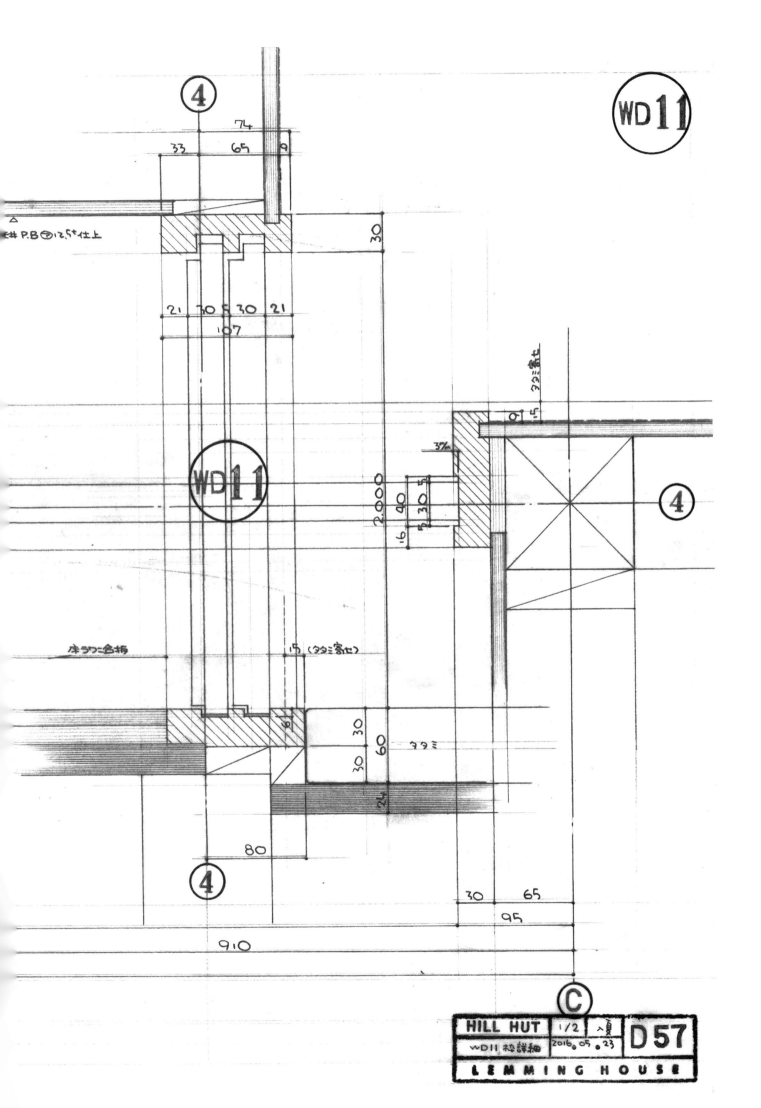

枠図WD12 納戸　S=1/3

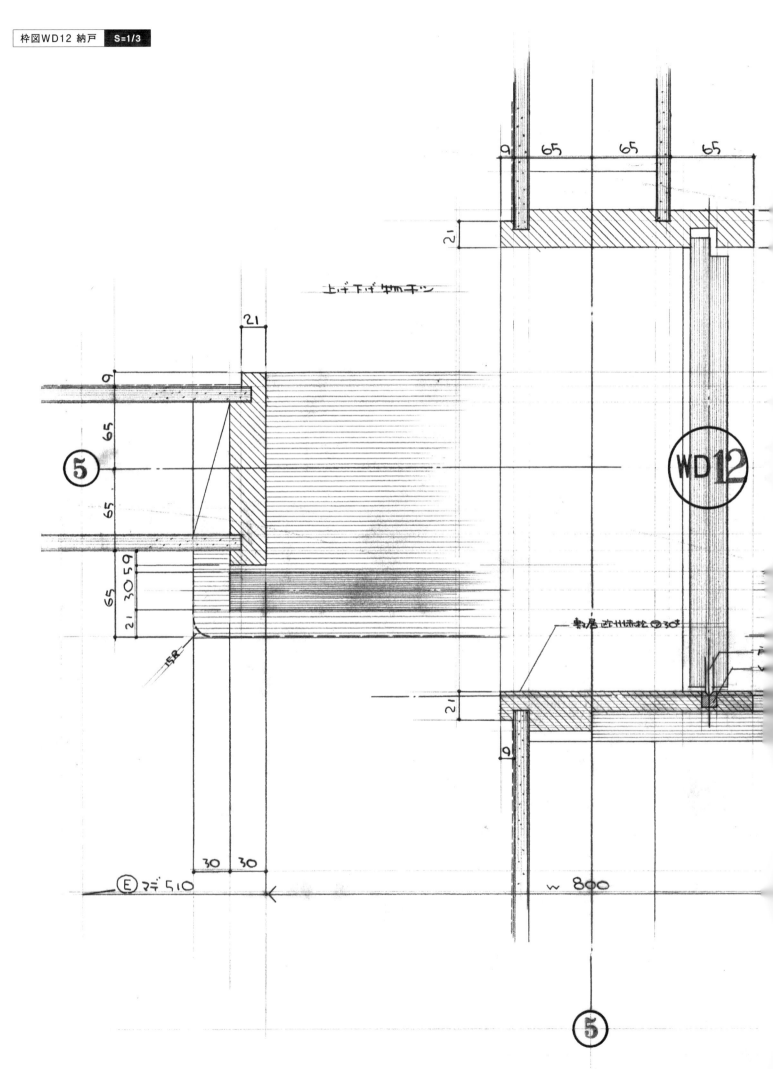

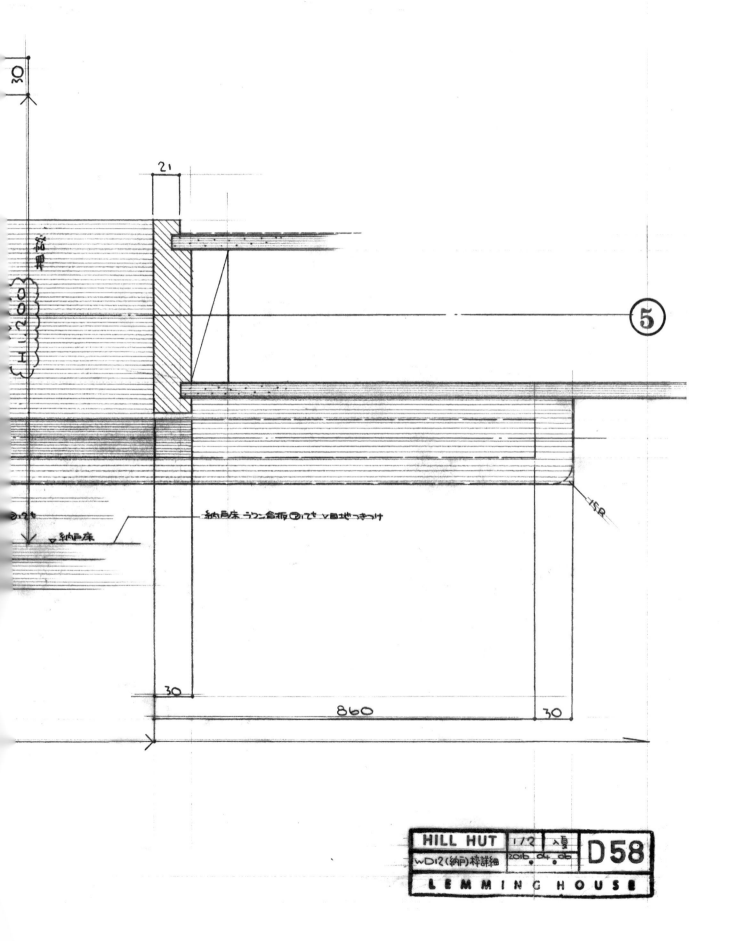

枠図AW1・AW9 浴室1　S=1/3

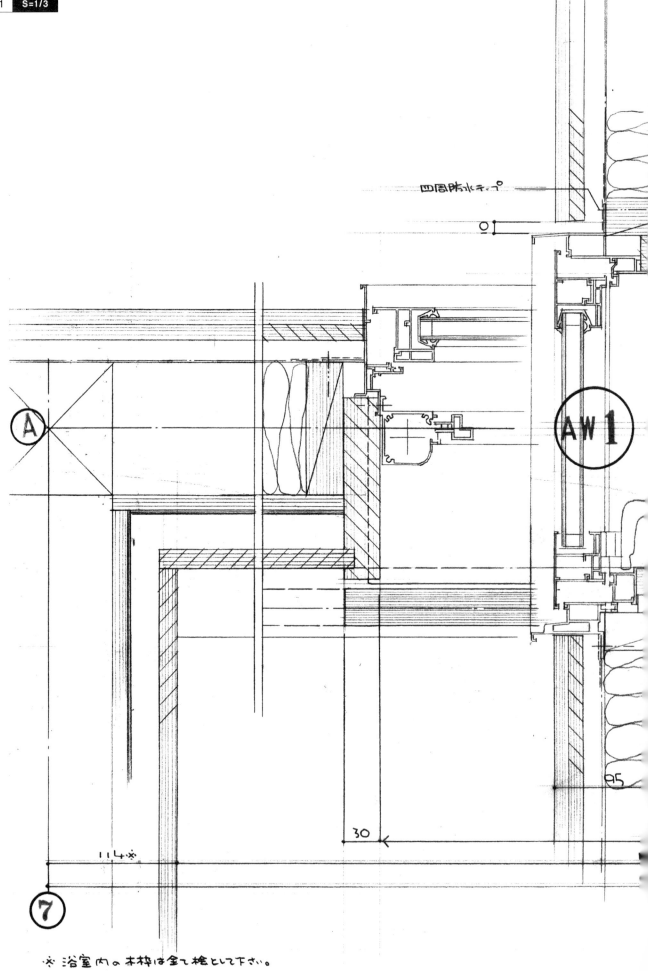

※ 浴室内の木枠は全て桧として下さい。

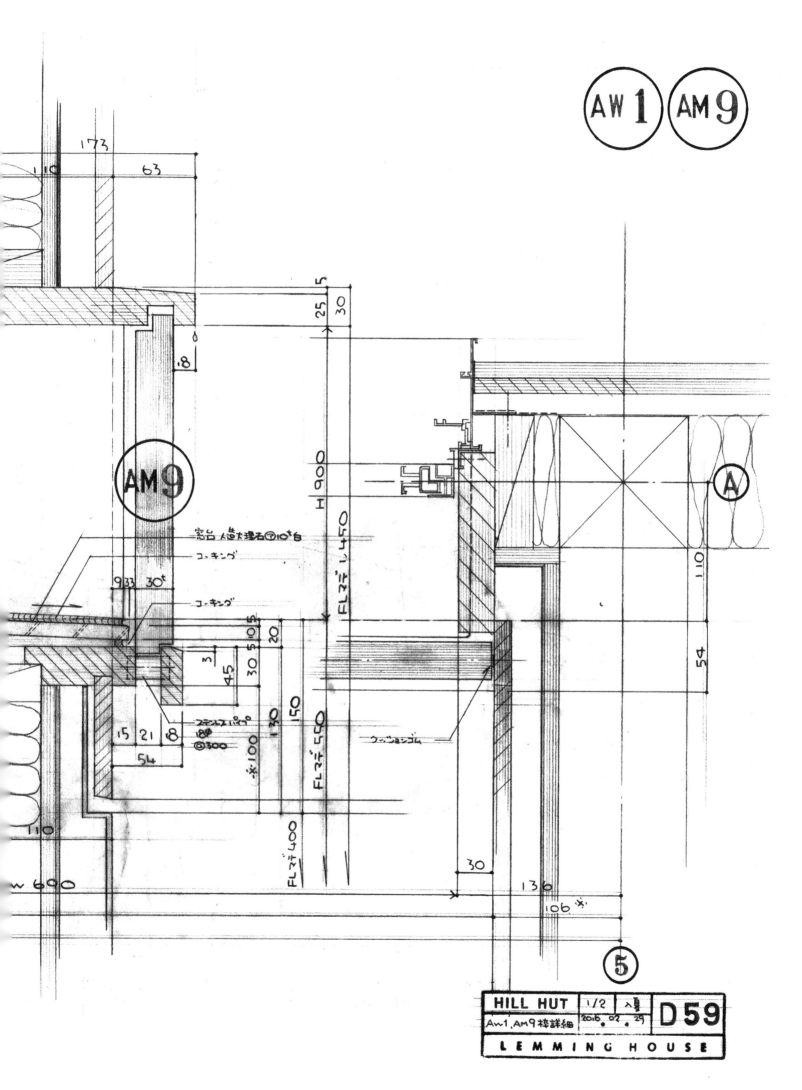

| 枠図AW1・AW9 浴室2 | S=1/2 |

浴室サッシの内側には、防犯対策と視線をそれとなく遮るため片引きの格子戸を入れている

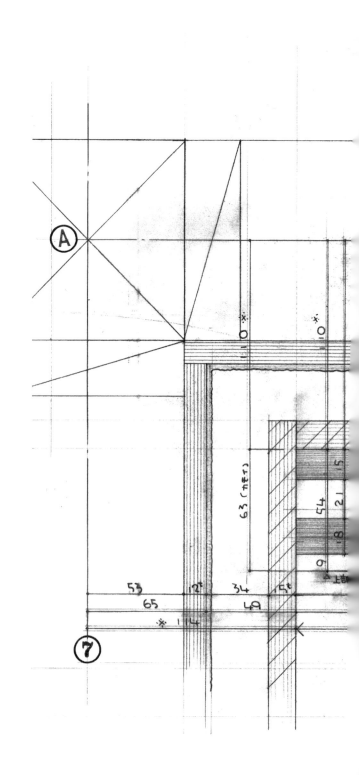

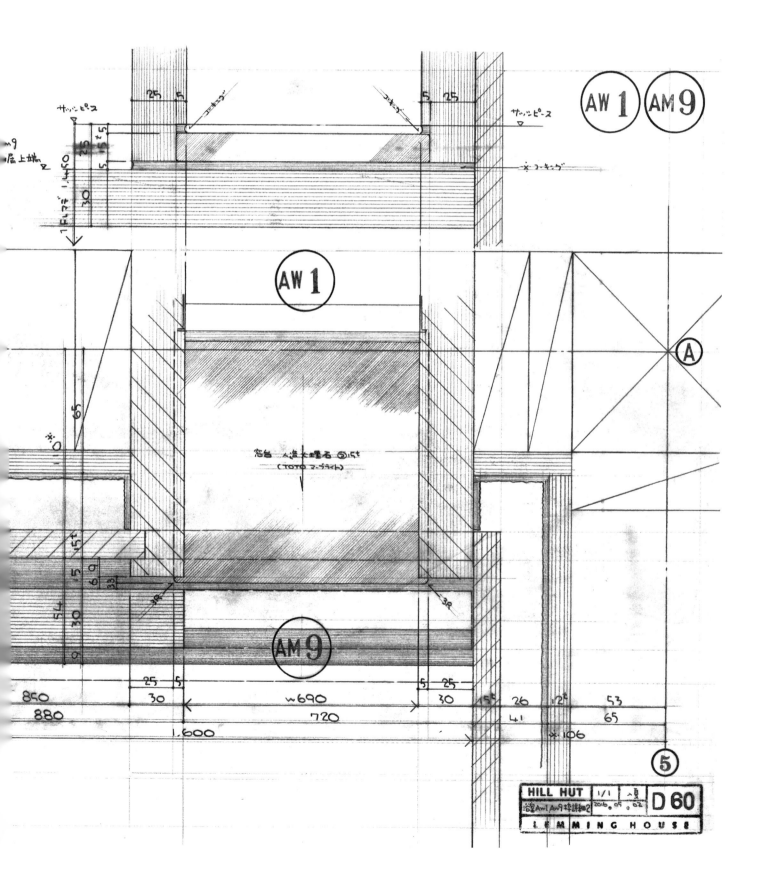

枠図AW1・AW9 浴室3　S=1/2

浴室窓の敷居に躙り口の納まり

浴室内の片引き格子戸は水のかかる箇所なので、敷居に水が溜まることを避けるために、敷居はステンレスパイプのスペーサーを挟んで壁から浮かせて取り付けている‥‥と書くと「あ、あれだ！」と膝を叩く読者も多いことだろう。そう、茶室、躙り口の敷居の納まりである。躙り口の敷居と異なる部分は、スペーサーを竹の替わりにステンレスパイプにしたことだけかもしれない。

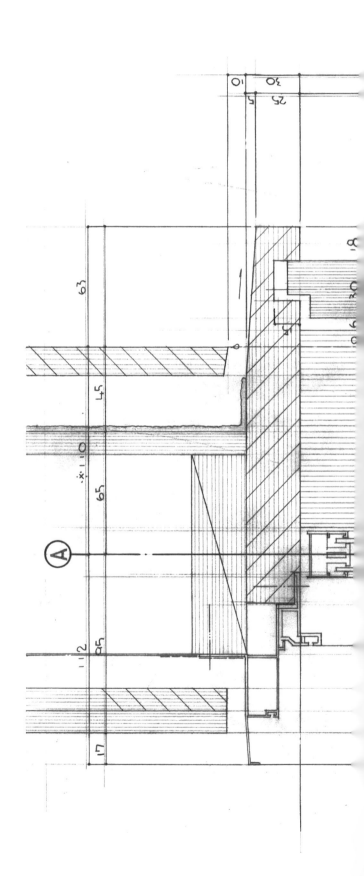

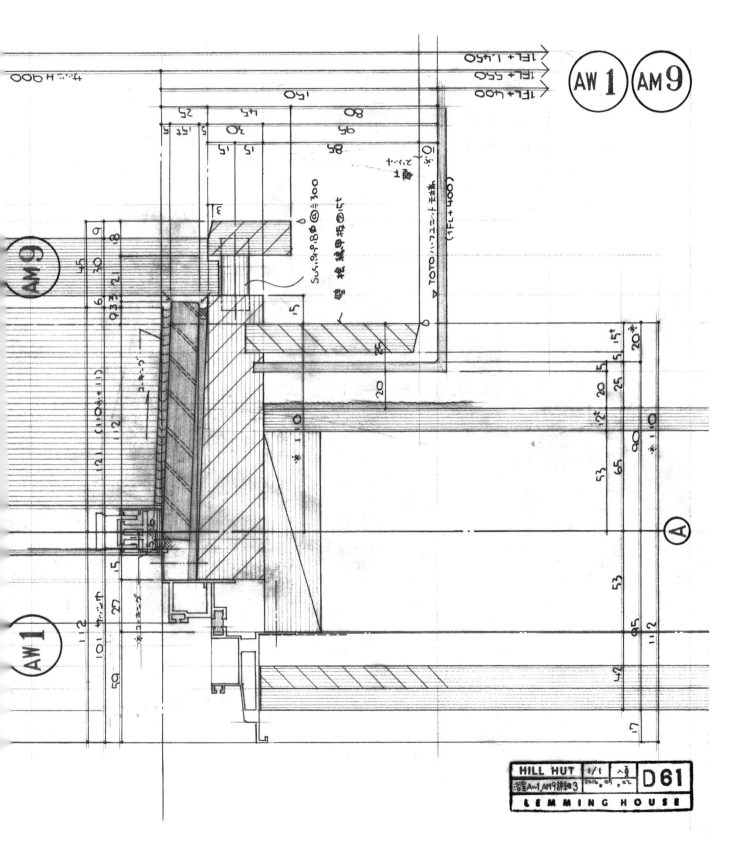

枠図AW2 洗面1　S=1/3

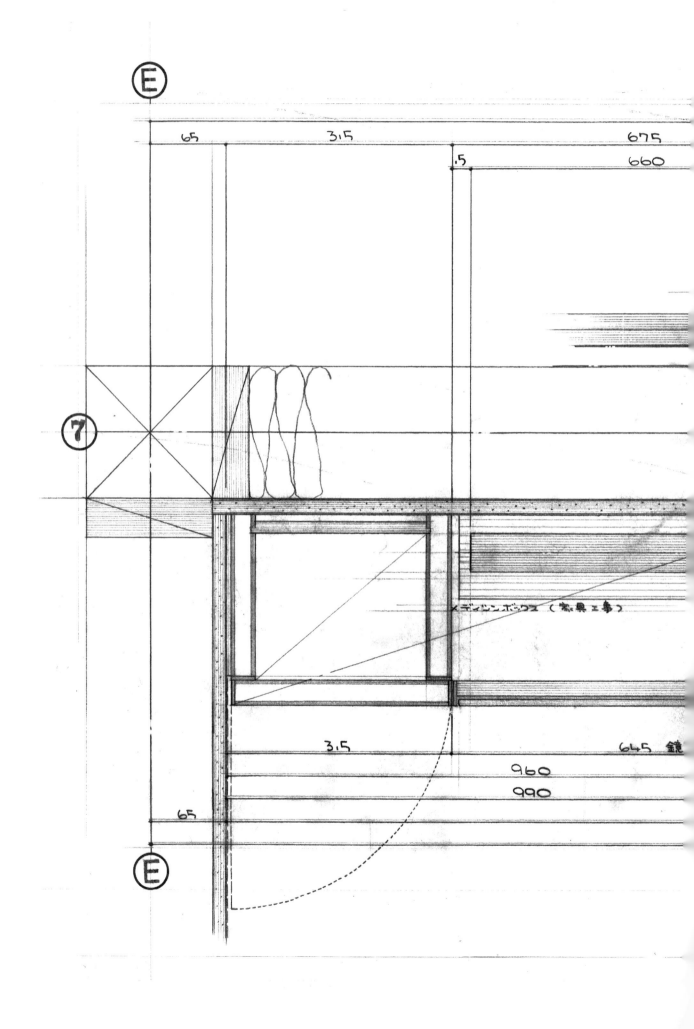

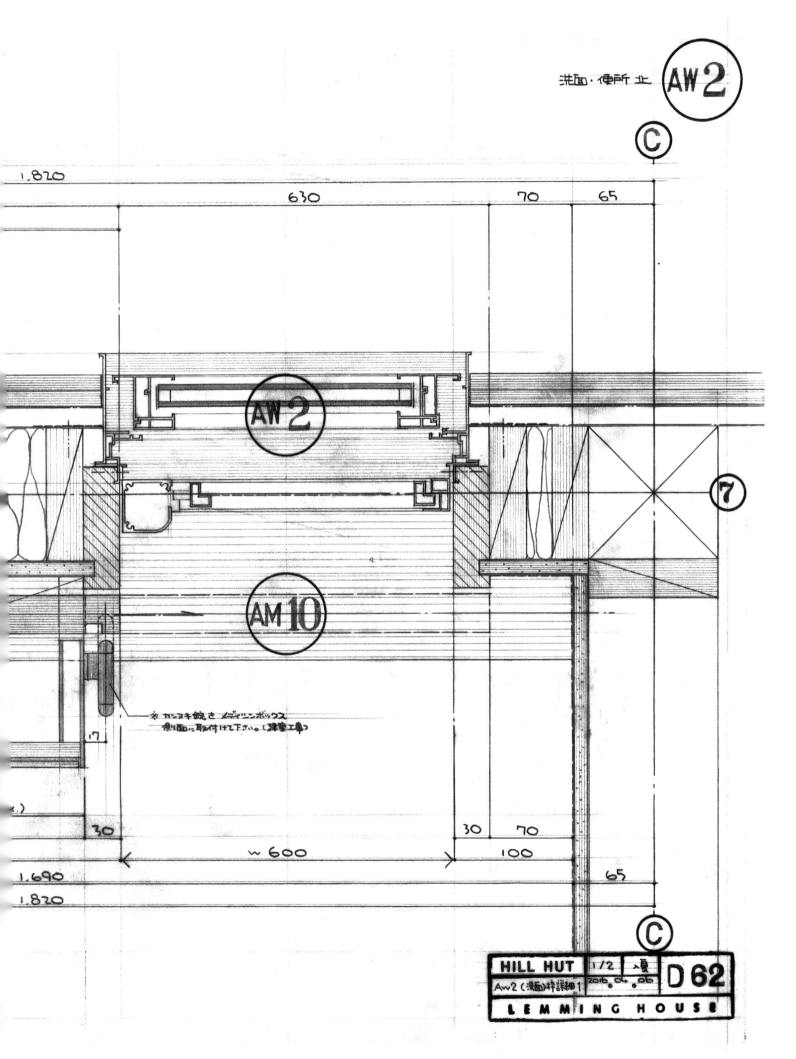

枠図AW2 洗面2　S=1/3

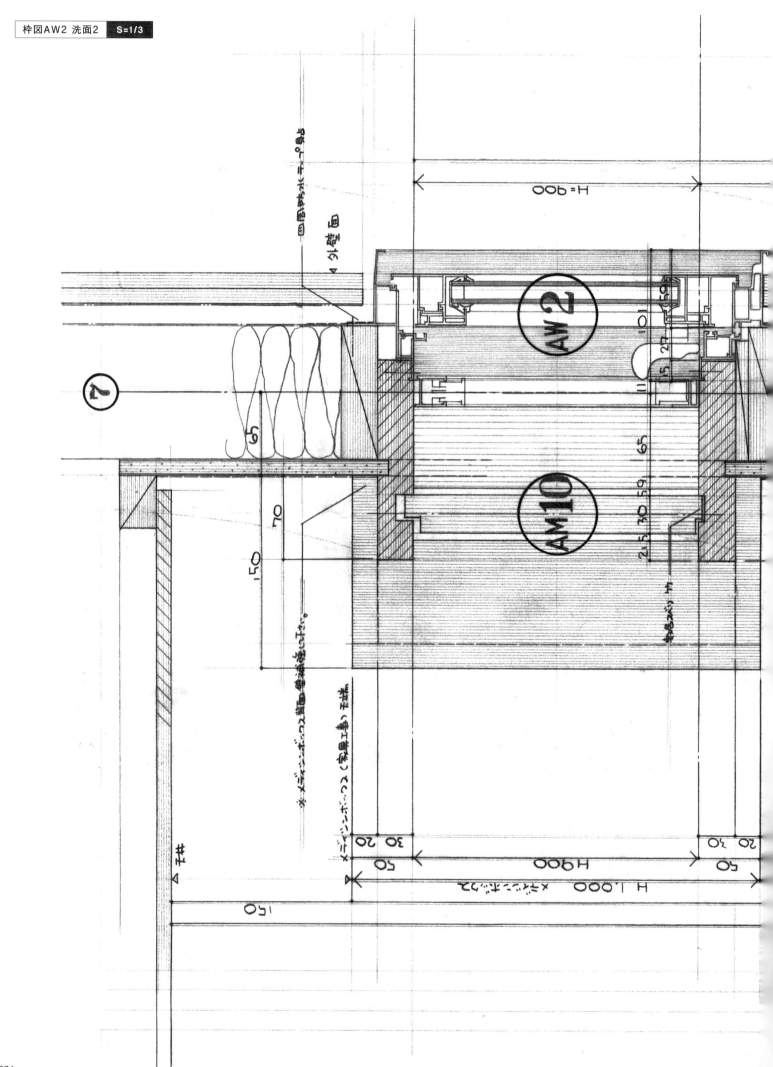

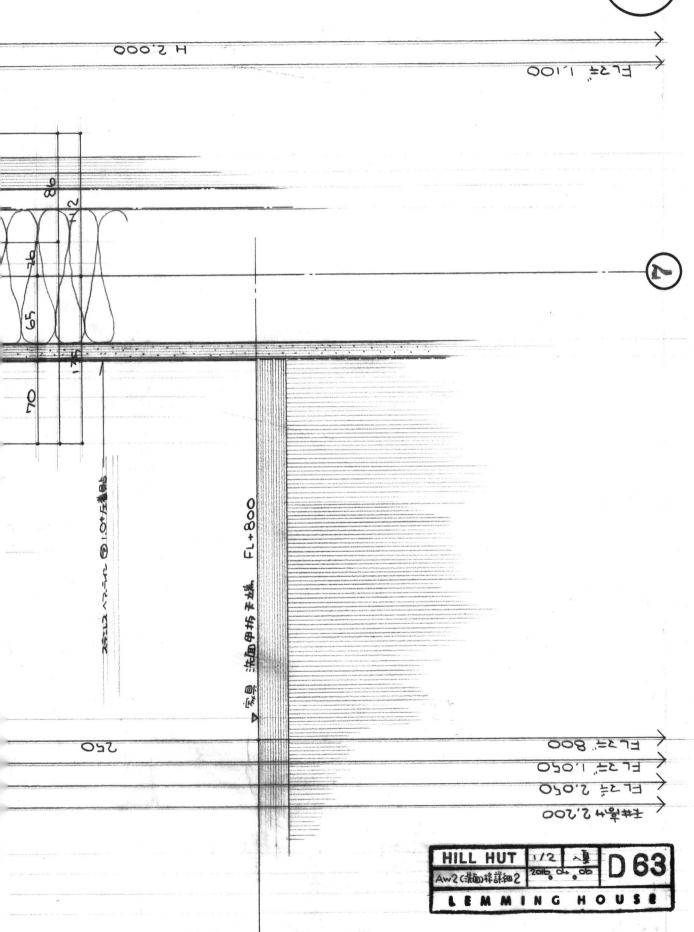

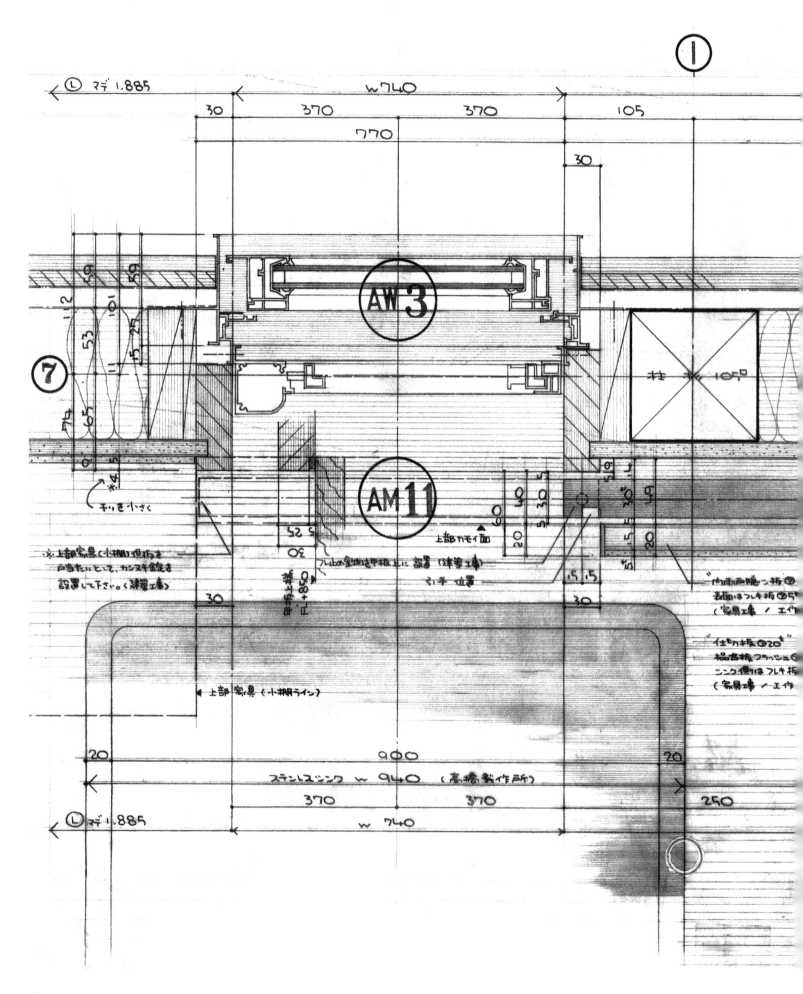

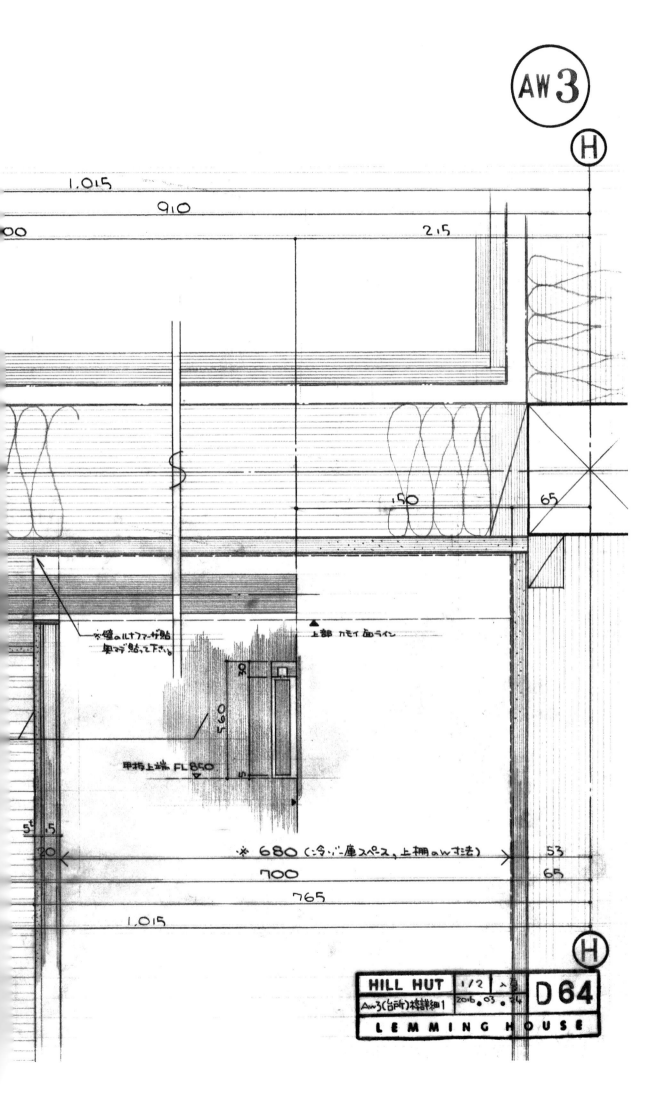

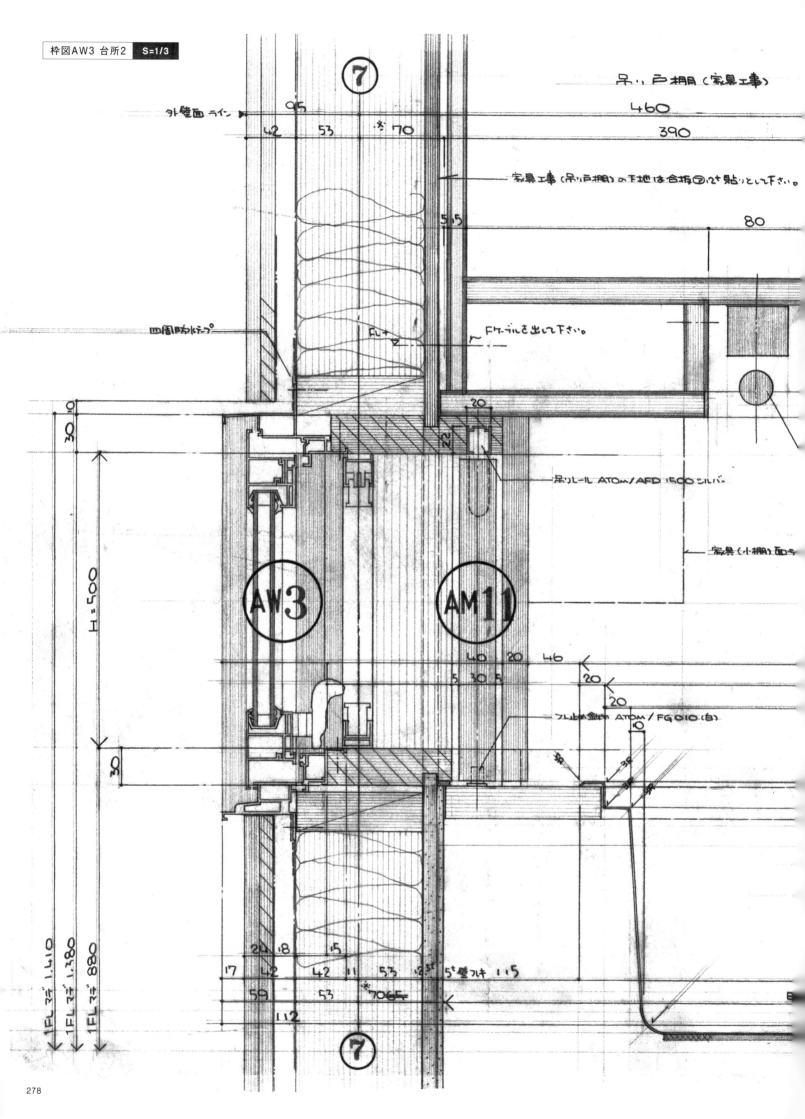

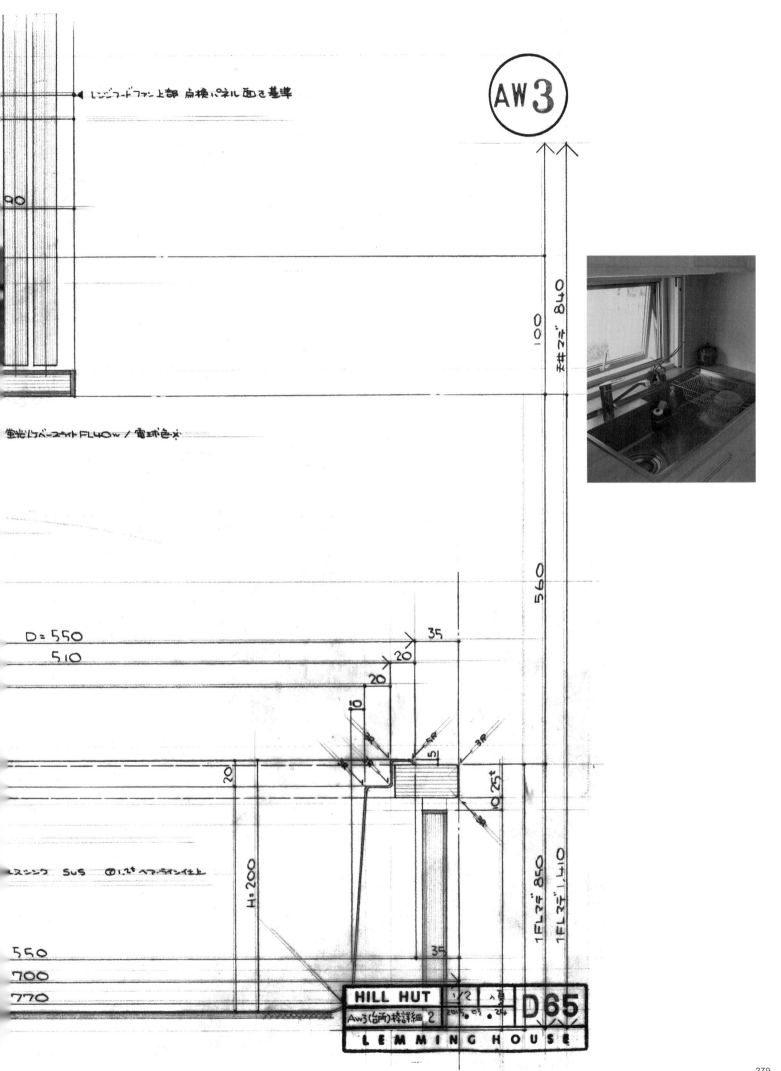

枠図AW6 玄関　S=1/3

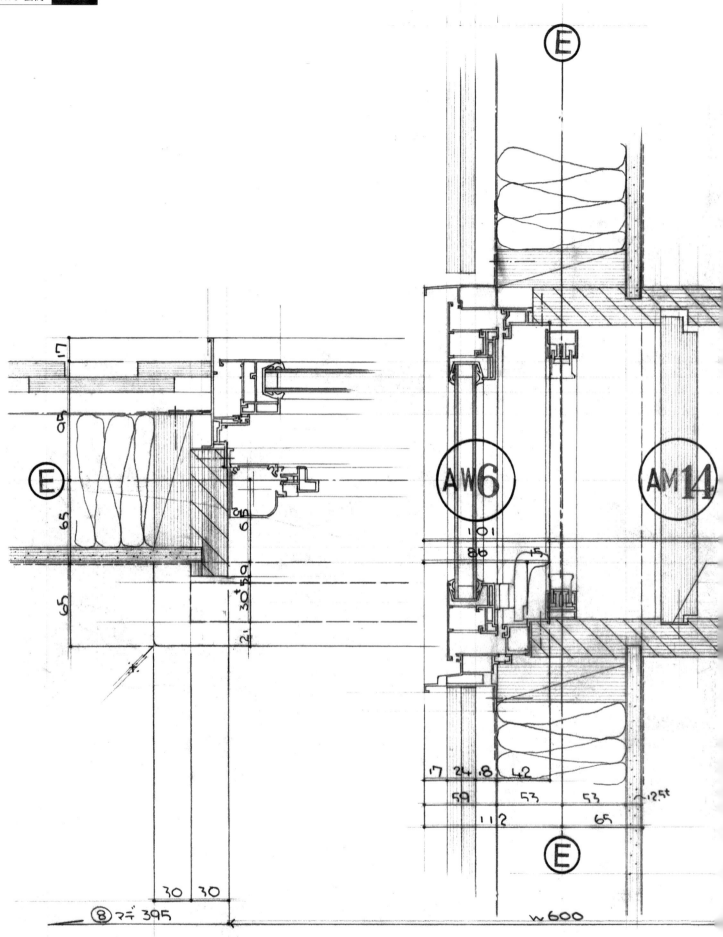

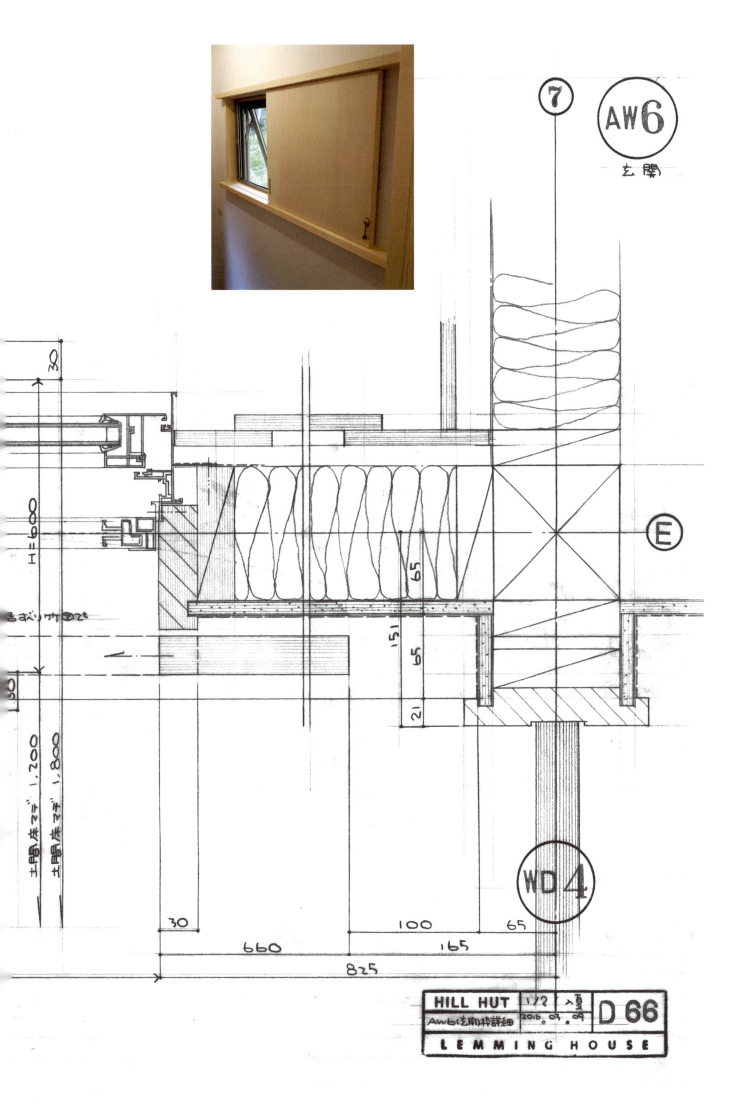

枠図AW7 土間　S=1/3

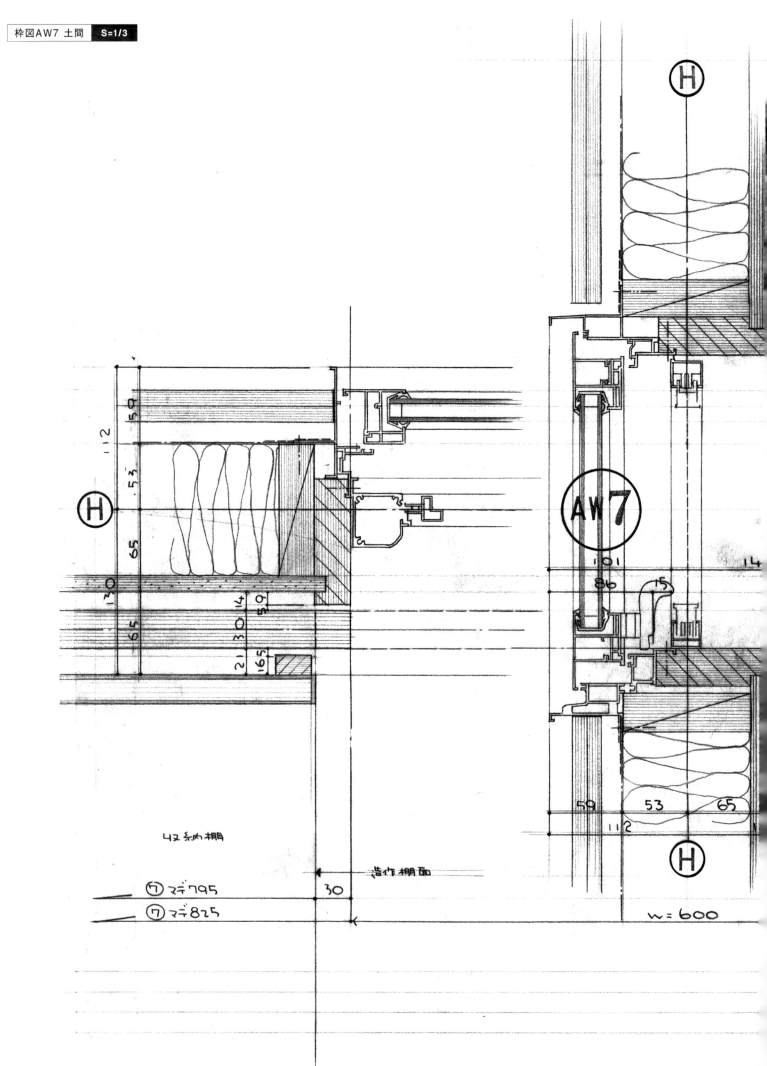

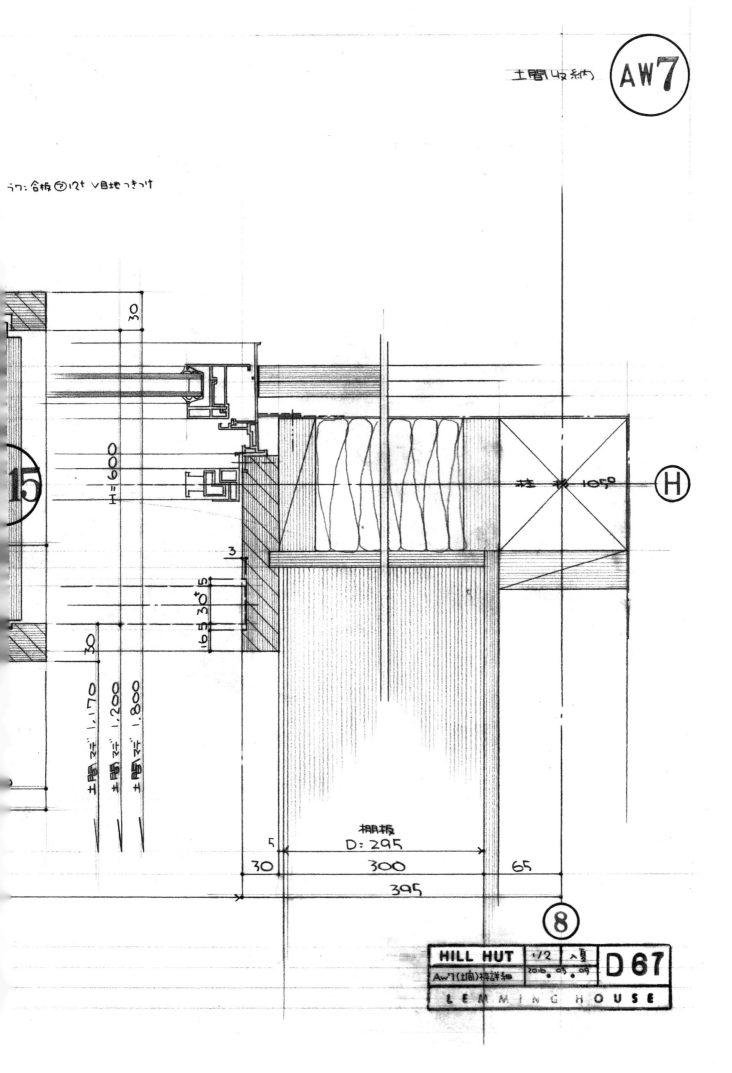

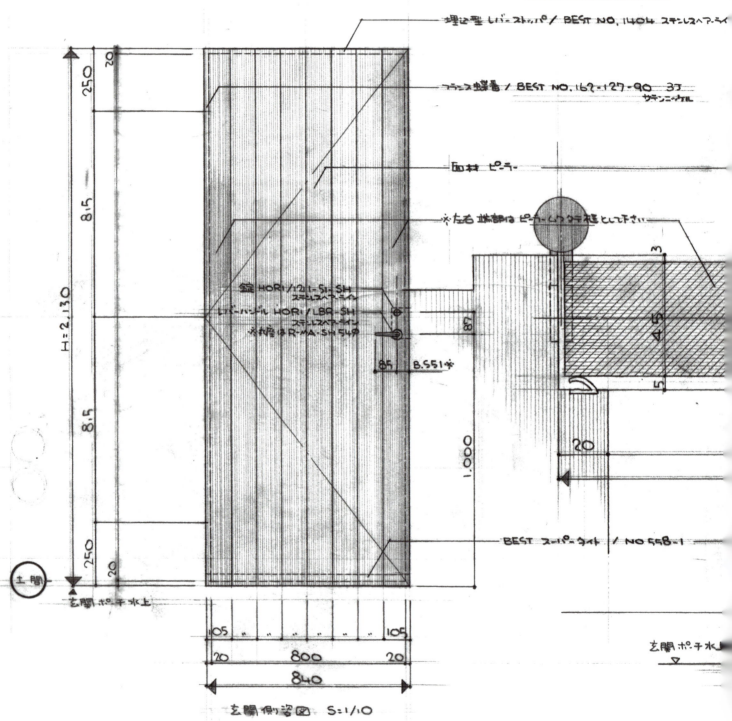

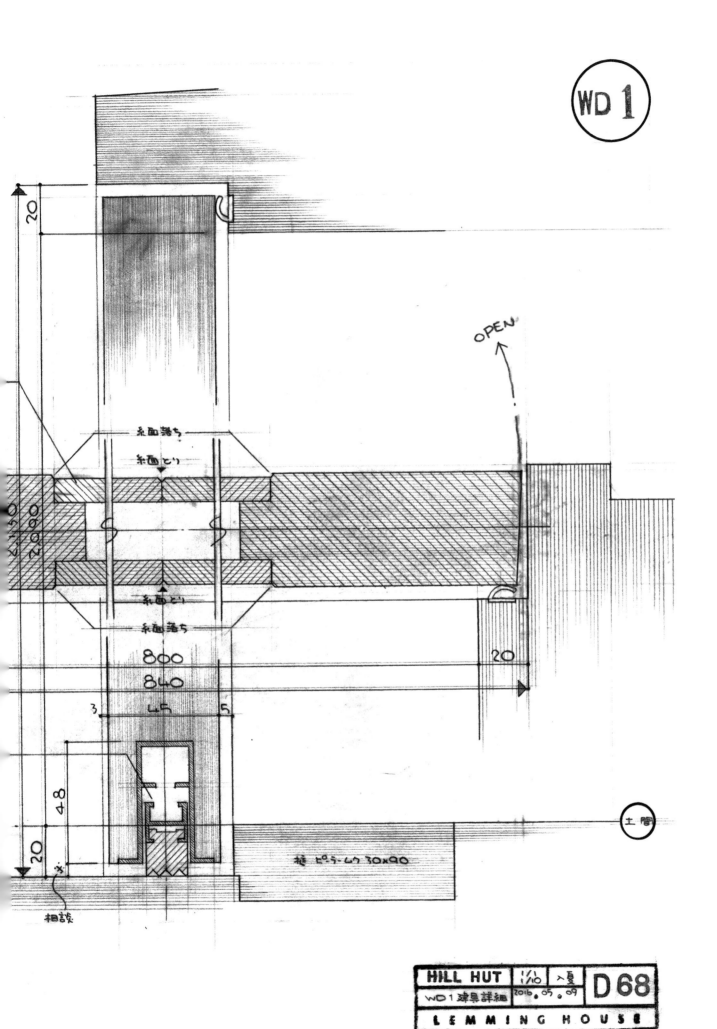

WD4建具詳細　S=1/15

□ 玄関 / 片引込みポリカ框戸 ⑦36t

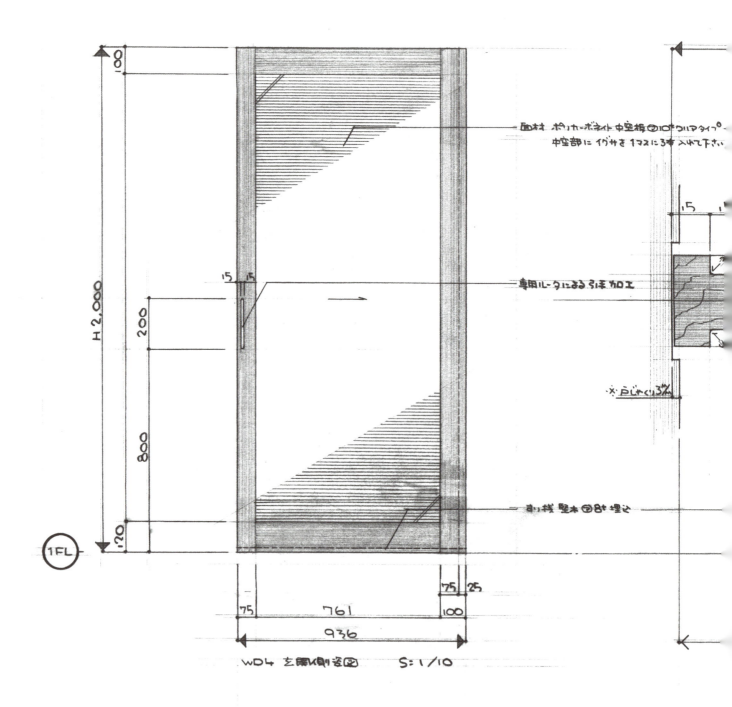

面材 ポリカーボネイト中空板⑦10mmクリアタイプ
中空部にイグサを1マスに3本入れて下さい。

専用ルータによる引手加工

戸じゃくり3ヶ

引桟 壁木⑦8t 埋込

WD4 玄関側姿図　S=1/10

＊ "框材" は全て 欧州赤松 ⑦36t
＊ 図中の寸法は設計寸法のため、製作の際は必ず現場実測の上製作して下さい。
＊ 製作上、寸法・仕様等変更する場合は必ず設計者に連絡して下さい。

中空樹脂ガラスの片引き框戸

玄関と居間を仕切る片引きの框戸には、中空樹脂ガラス（ツインカーボ）を入れている。この中空樹脂ガラスの中空部分に、畳表に使う藺草を数本差し込むことで「透明ガラス」と「曇りガラス」の中間のような「見えるような・見えないような」間仕切り建具ができあがる。8mm角の穴に2～3本の藺草（いぐさ）を差し込んでいくのは、手間ひまのかかる面倒な仕事だが、苦労の甲斐あって細い藺草のラインが繊細な簾（すだれ）効果を醸し出してくれる。工業製品と自然素材の組み合わせによって新しい価値観が生まれるところにこのアイデアの妙味がある。

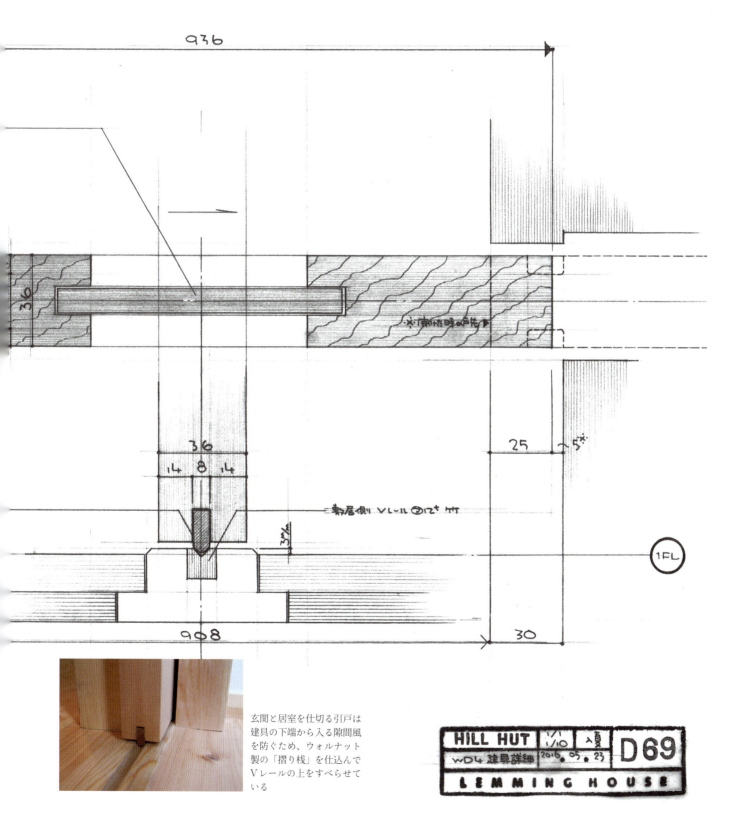

玄関と居室を仕切る引戸は建具の下端から入る隙間風を防ぐため、ウォルナット製の「摺り桟」を仕込んでVレールの上をすべらせている

HILL HUT　WD4 建具詳細　D69　LEMMING HOUSE

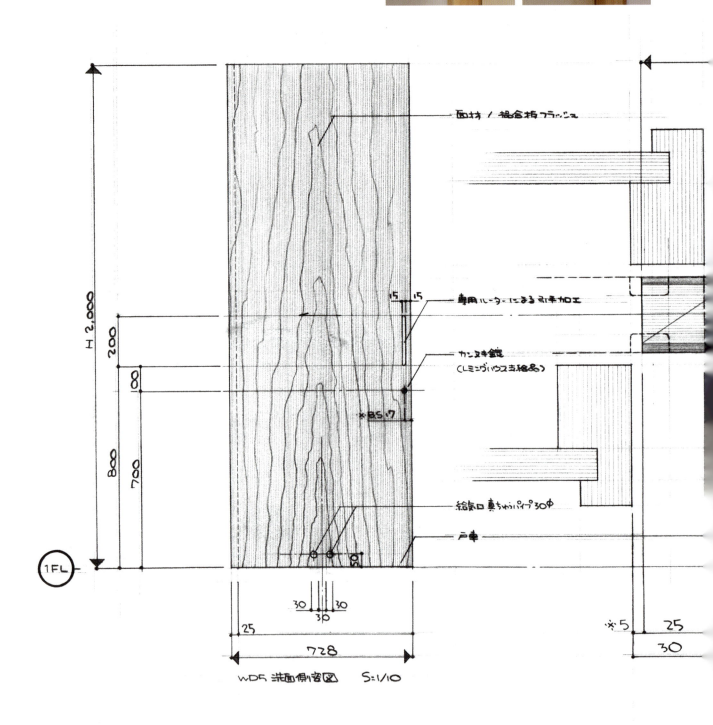

エマージェンシー対応の引戸

室内の出入り口は可能な限り「ドア」ではなく「引戸」にしている。戸を開けた時に建具が壁の中（正確には戸袋の中）に消え、空間がゆるやかに繋がることで「ひとつ屋根の下」の雰囲気が出せるからである。ただし、引戸には「これぞ！」という錠のないのが難点。一般的には引戸といえば鎌錠…ということになるのだが、温湿度の変化で建具が動いたりすると掛かりにくくなる傾向があっていまひとつ頼り切れない。そんなことから、20年ほど前に一念発起して真鍮製の小型の閂錠をデザインして製品化した。この閂錠はトイレなどで使用する場合、緊急時に外側から鉛筆などで突いて解錠できるエマージェンシー対応である。

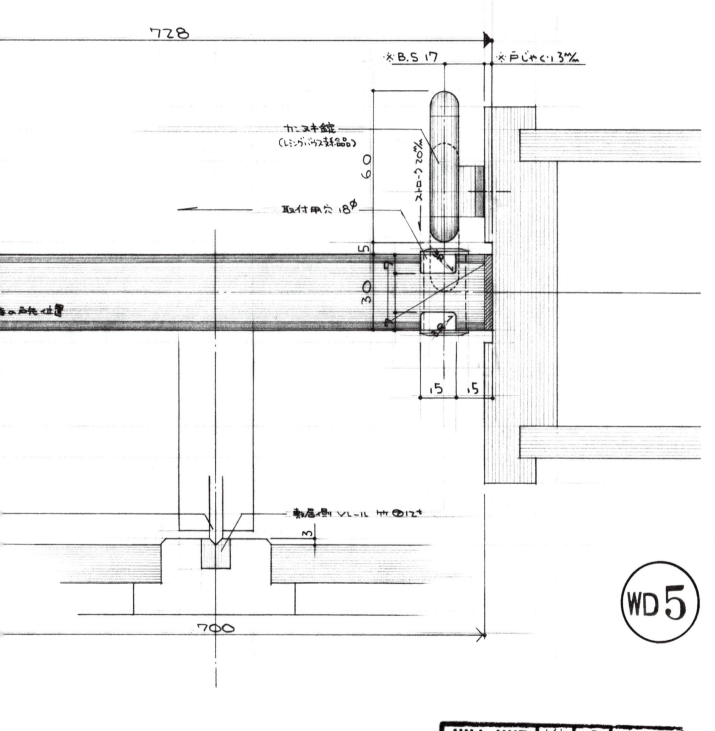

WD5

HILL HUT 1/10
WD5建具詳細 2016.05.23
D70
LEMMING HOUSE

WD6建具詳細 S=1/15

□ 土間収納 / 吊り片引込合板フラッシュ戸 ⑦30t

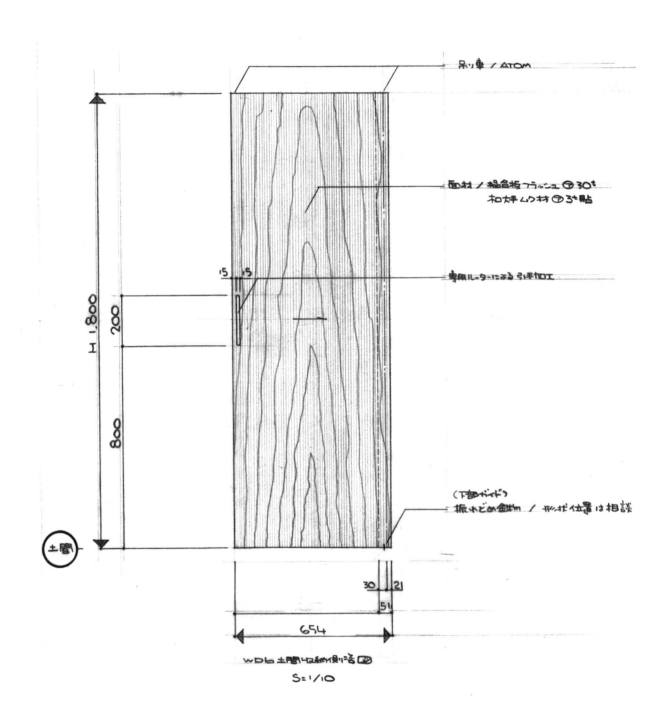

WD6 土間収納側姿図
S=1/10

* 面材の椹合板は1枚板として下さい。
* 図中の寸法は設計寸法のため、製作の際は必ず現場実測の上製作して下さい。
* 製作上、寸法・仕様等変更する場合は、必ず設計者に連絡して下さい。

フラッシュ戸を彫り込んだ引手

合板のフラッシュ戸に既製品の引手を付けたくないので、ウォールナットやメープルなどの堅木の縦框(たてがまち)を付けて、その縦框にトリマーで引手を掘り込むのが私の事務所の流儀。

この山荘ではその部分の製作コストを抑えるために、引手はフラッシュ戸に、直接、トリマーで彫り込むことにした。彫り込んだ断面に合板の積層面が見えることになるが、その粗末な感じもそれなりに好ましく、私は「これはこれで良い」と思っている。

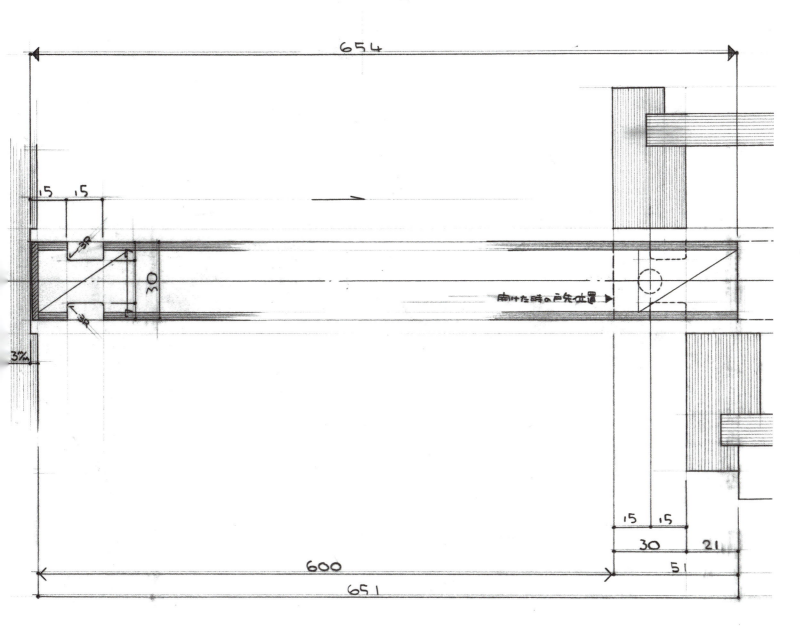

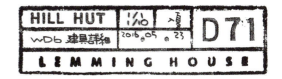

WD7建具詳細　S=1/15

□ 2階 踊り場・寝室 ／ 片引込み合板フラッシュ戸 ⑦ 30t

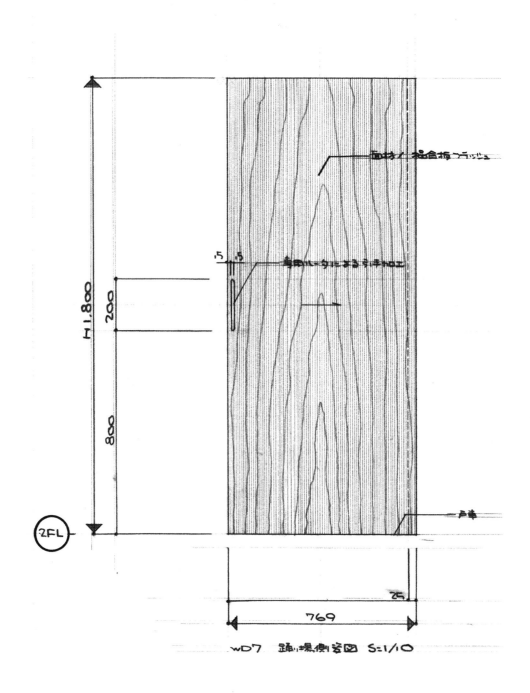

WD7 踊場側姿図　S=1/10

* 面材の合板は1枚板として下さい。
* 図中の寸法は設計寸法のため、製作の際は必ず現場実測の上製作して下さい。
* 製作上、寸法・仕様等を変更する場合は、必ず設計者に連絡して下さい。

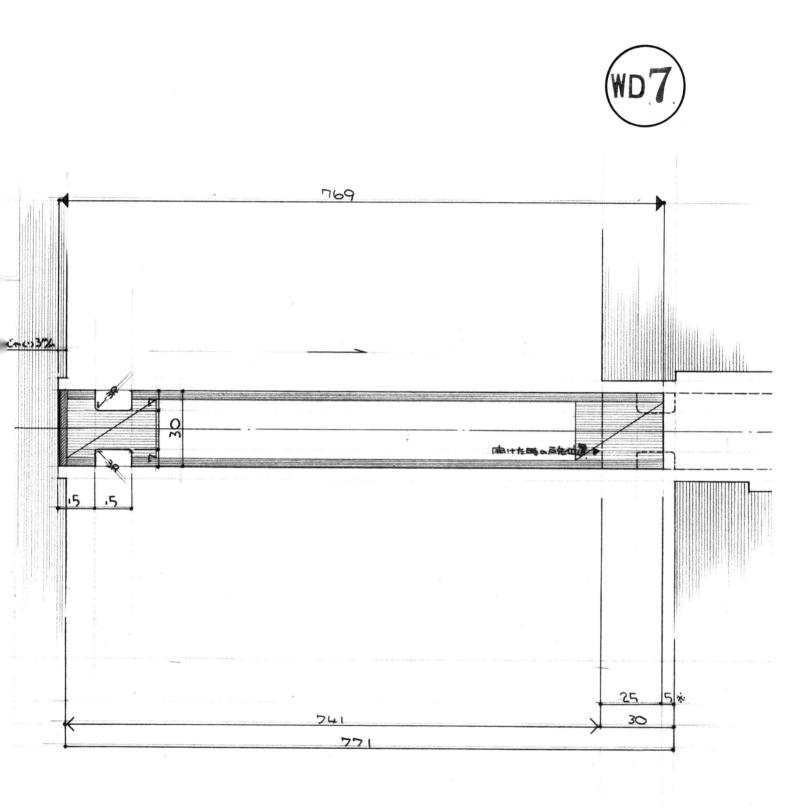

WD8建具詳細　S=1/15

□ 2階納戸 / 片引合板フラッシュ戸 ㋷30t

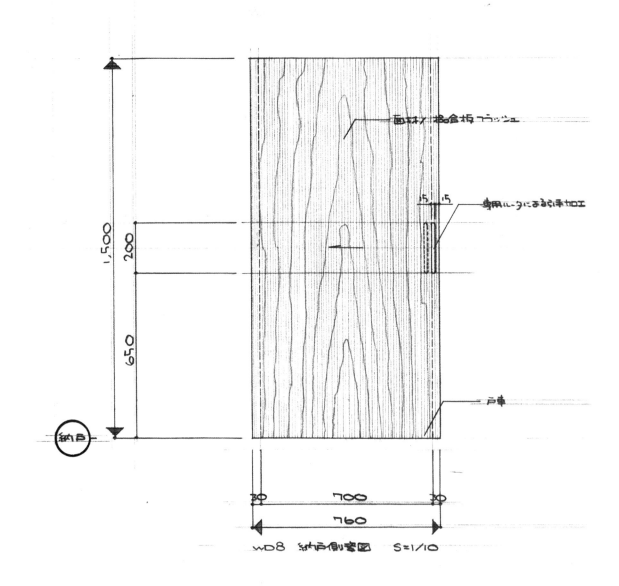

WD8 納戸側姿図　S=1/10

* 面材の椹合板は1枚柄として下さい。
* 図中の寸法は設計寸法のため、製作の際は必ず現場実測の上製作して下さい。
* 製作上、寸法・仕様等を変更する場合は、必ず設計者に連絡して下さい。

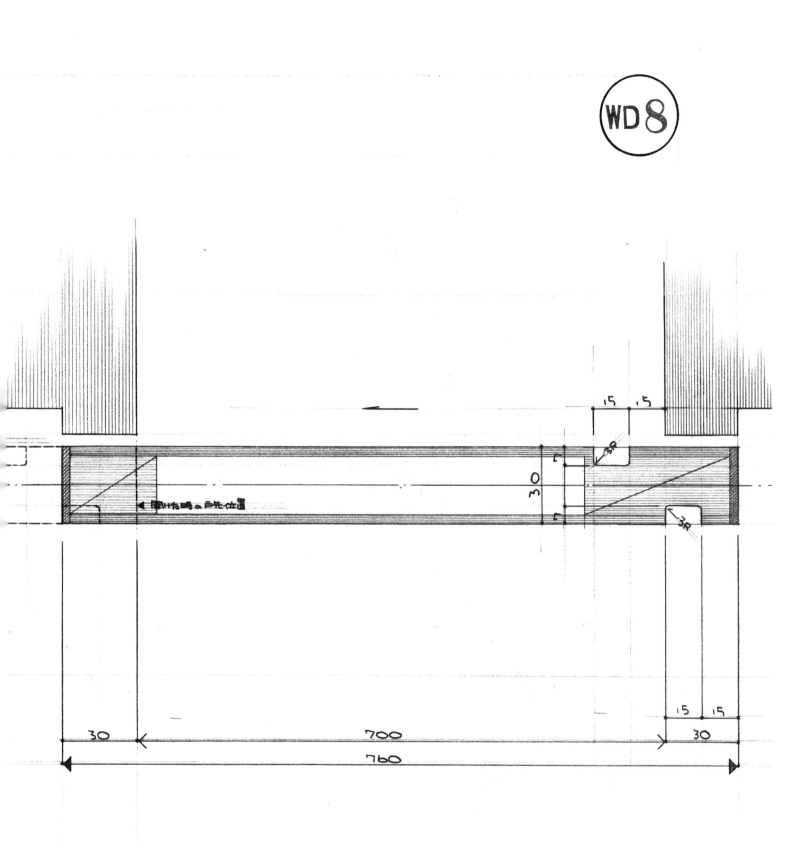

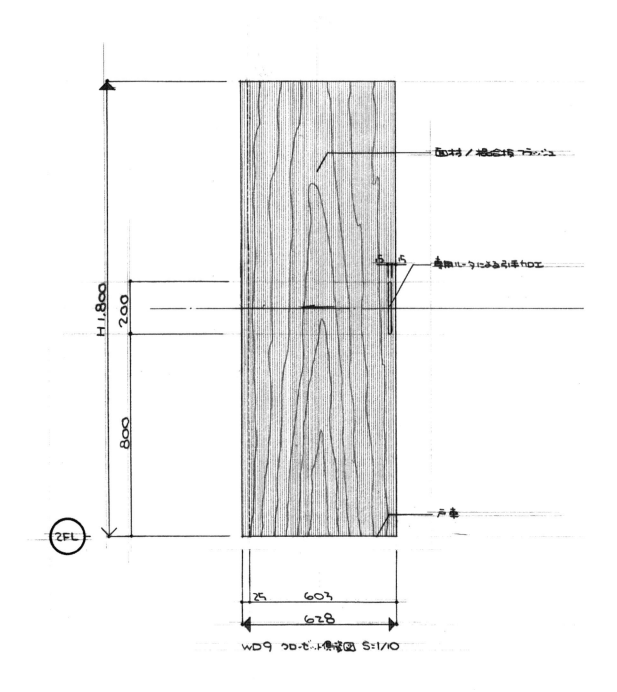

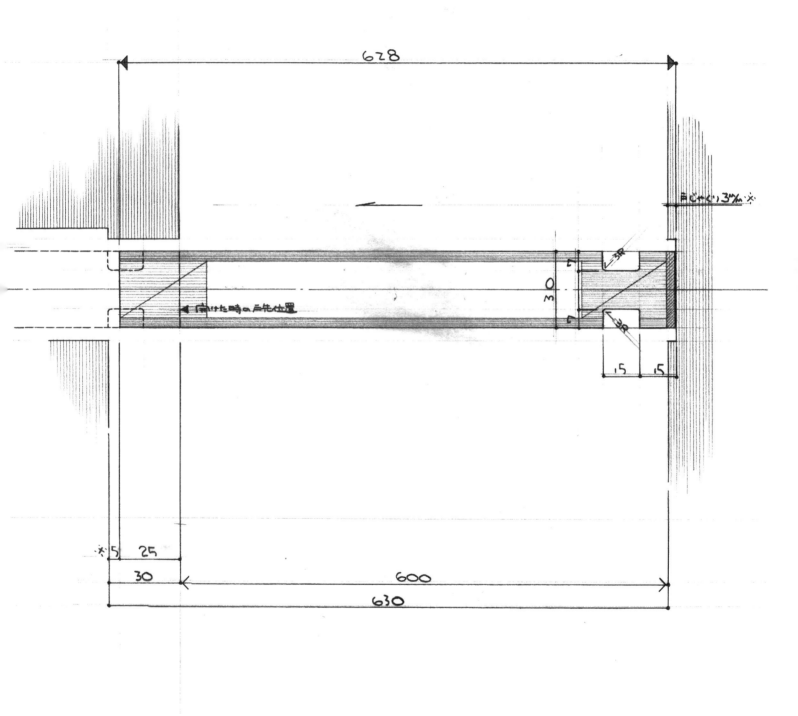

WD10建具詳細 S=1/15

□ 和室 / 乙本引込み合板フラッシュ戸 ⑤30+

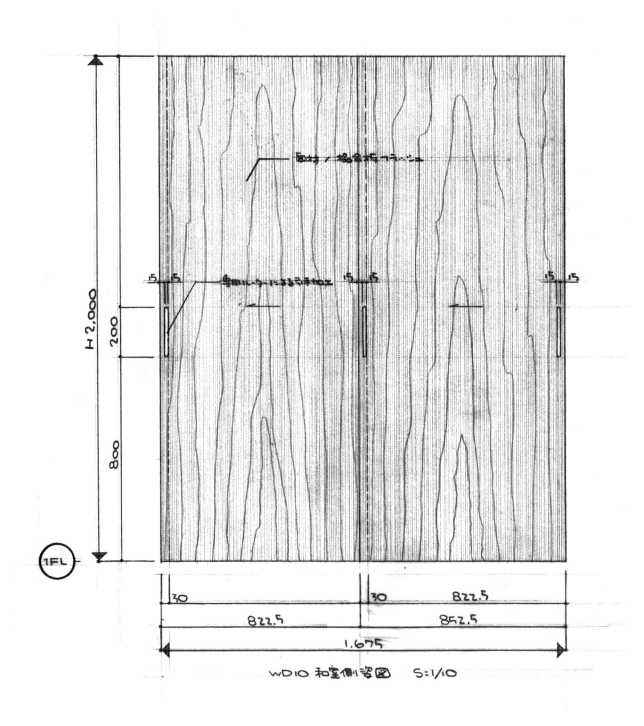

WD10 和室側姿図 S=1/10

＊ 面材の合板は1枚柄として下さい。
＊ 図中の寸法は設計寸法のため、製作の際は必ず現場実測の上製作して下さい。
＊ 製作上、寸法・仕様等を変更する場合は、必ず設計者に連絡して下さい。

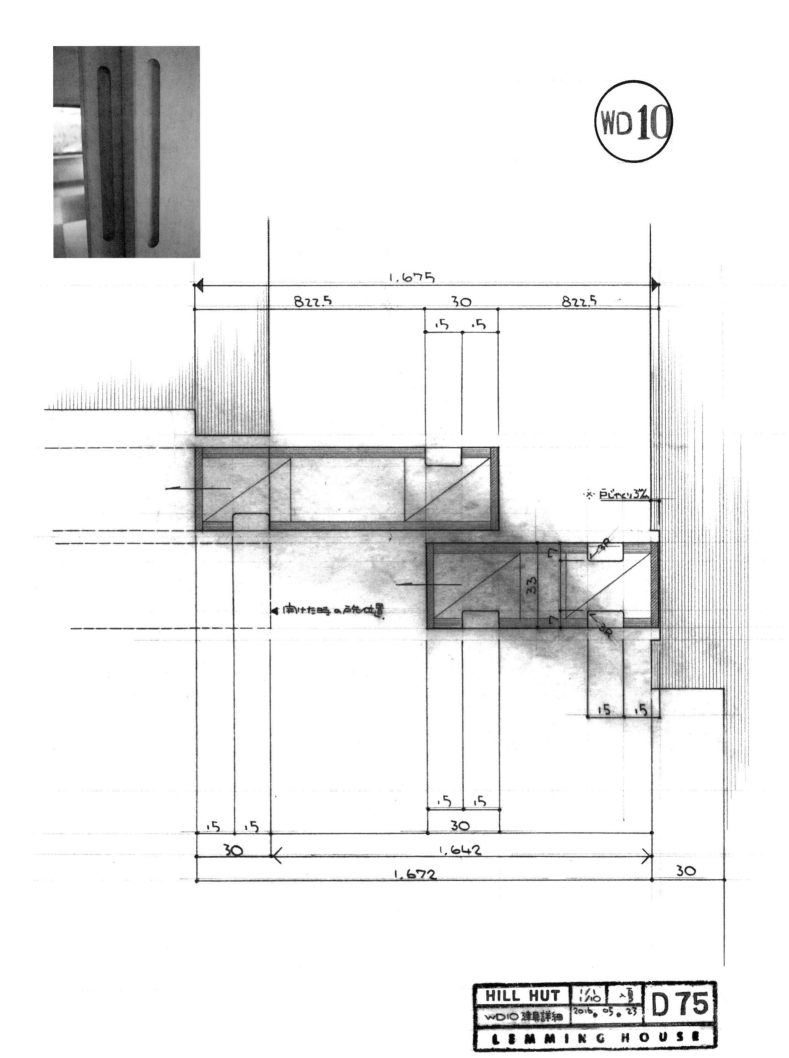

WD11建具詳細 S=1/15

□ 和室 / 引違い合板フラッシュ戸 ⑦ 30t

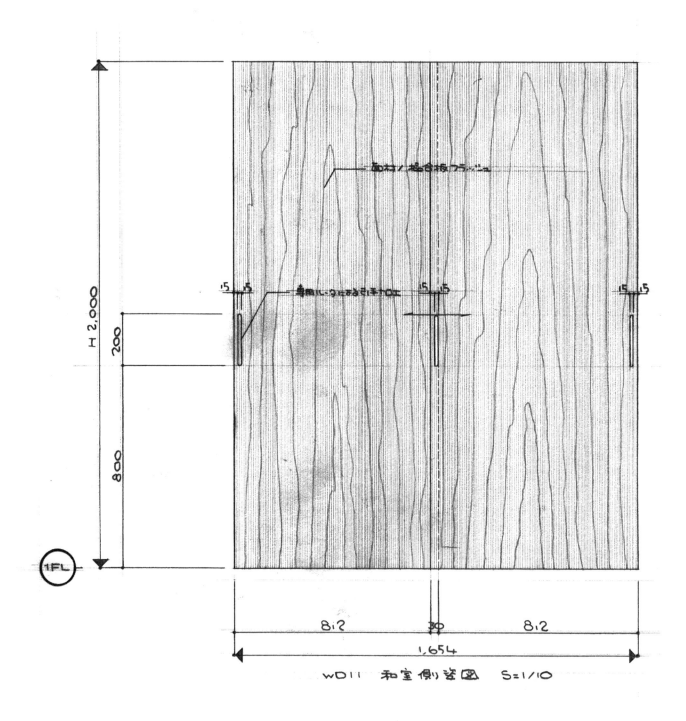

WD11 和室側姿図 S=1/10

* 面材の合板は1枚柄として下さい。
* 図中の寸法は設計寸法のため、製作の際は必ず現場実測の上製作して下さい。
* 製作上、寸法・仕様等を変更する場合は、必ず設計者に連絡して下さい。

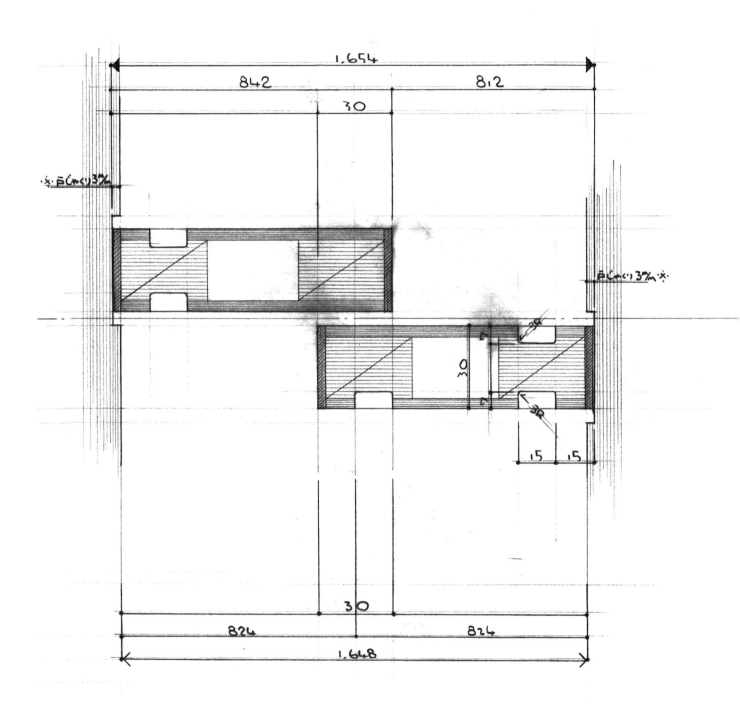

WD12建具詳細　S=1/15

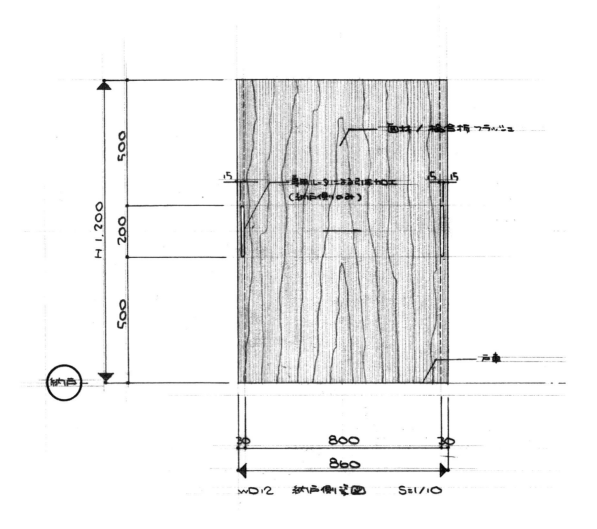

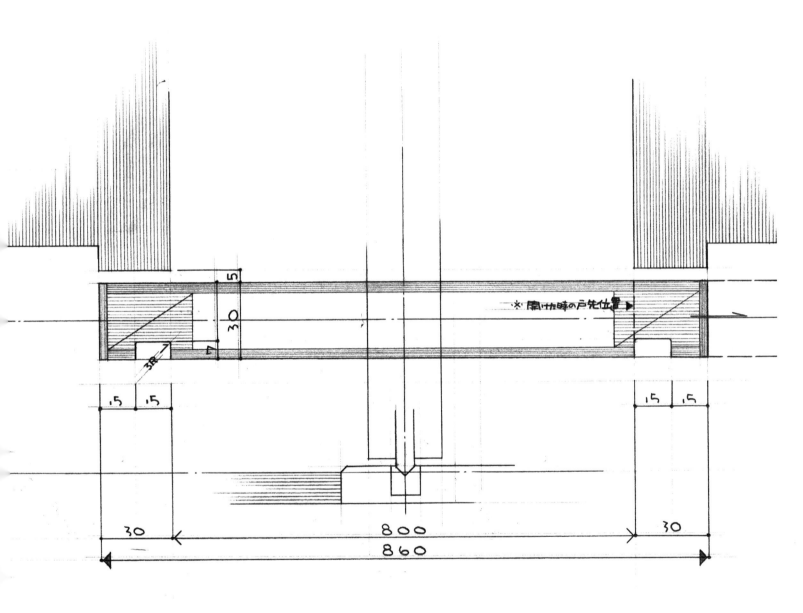

WW3建具詳細　S=1/15

□ 寝室 / 片引合板フラッシュ戸 ⑦ 30t

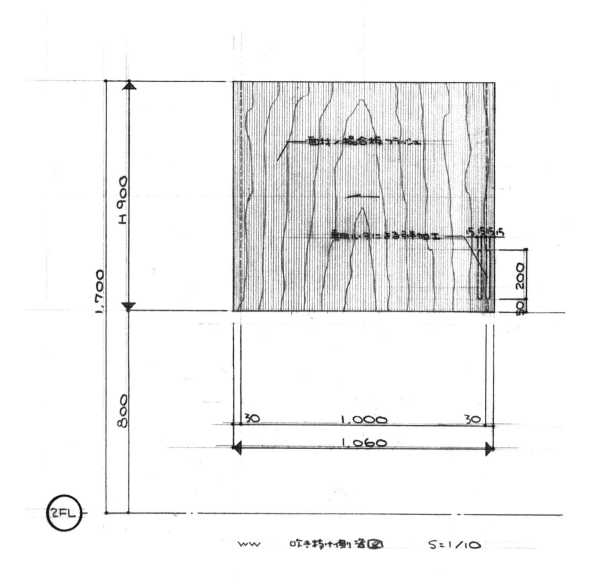

WW　吹抜け側姿図　S=1/10

* 面材の捨合板は1枚柄として下さい。
* 図中の寸法は設計寸法のため、製作の際は必ず現場実測の上製作して下さい。
* 製作上、寸法・仕様等変更する場合は、必ず設計者に連絡して下さい。

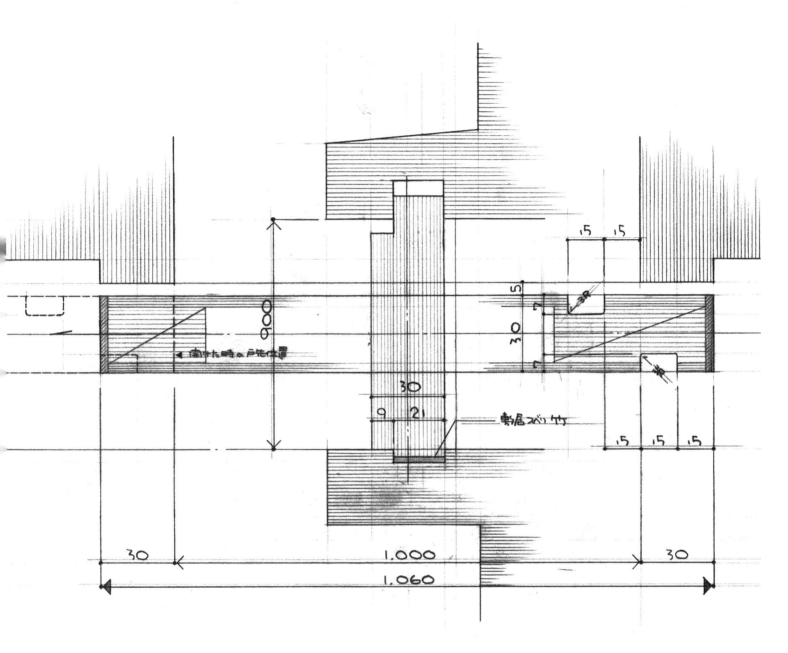

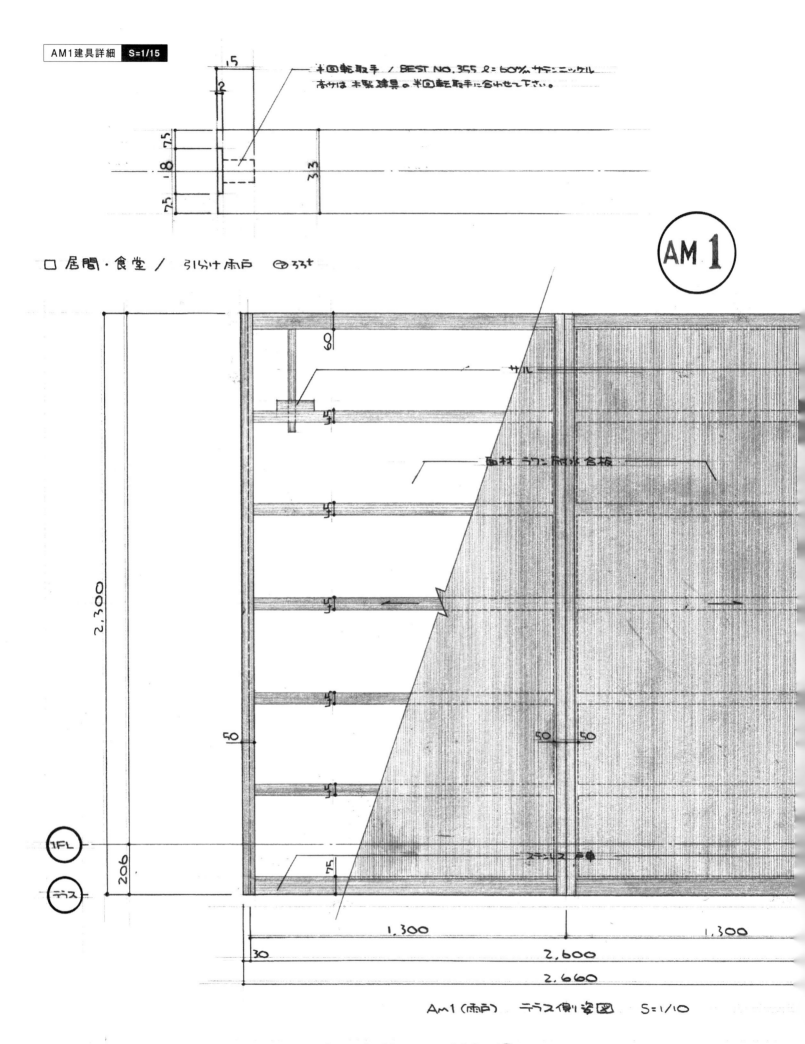

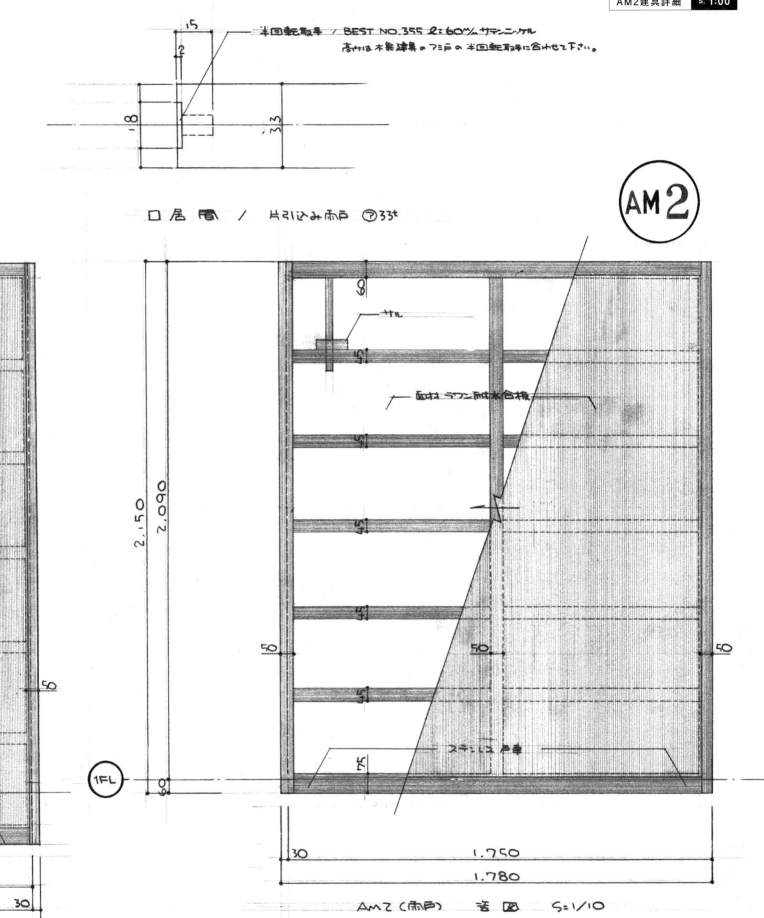

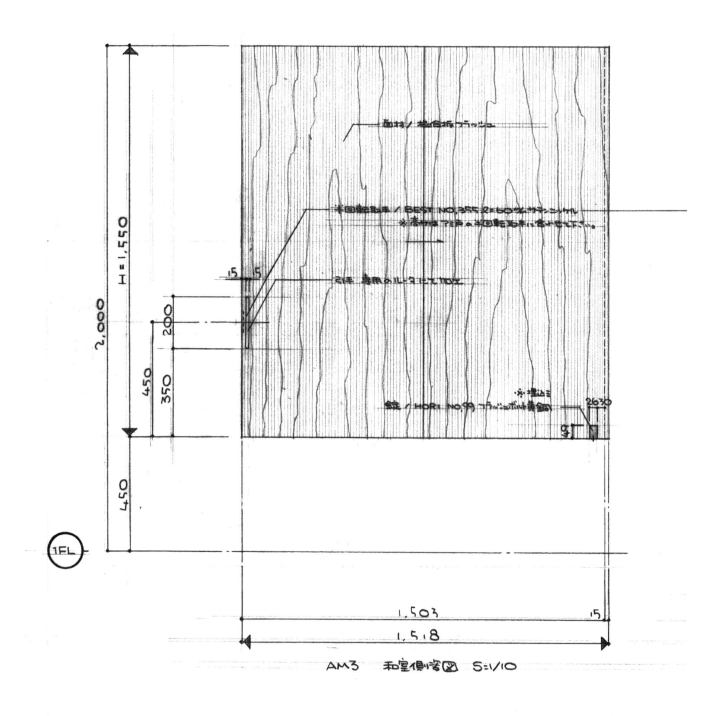

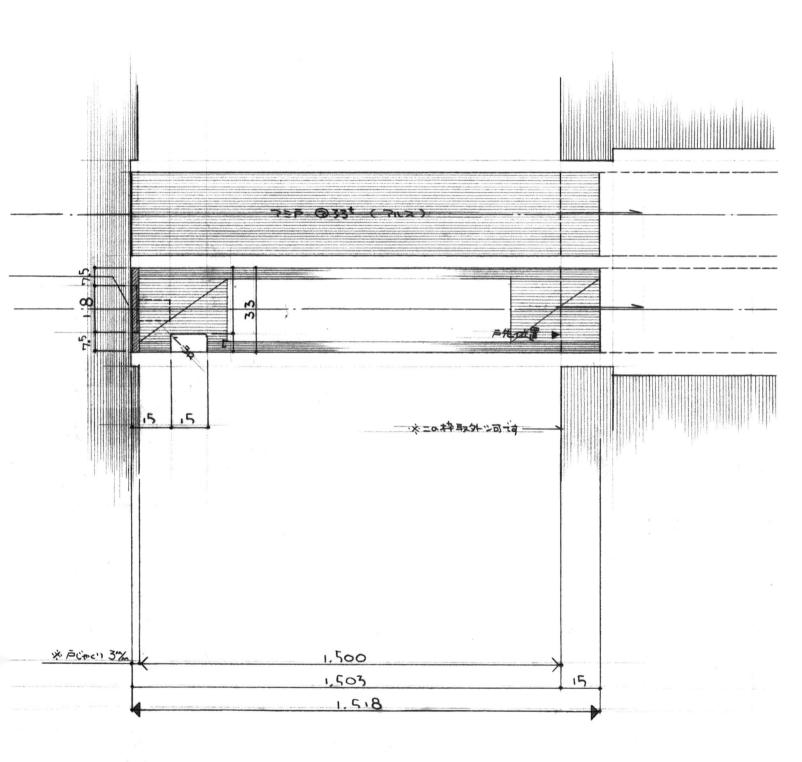

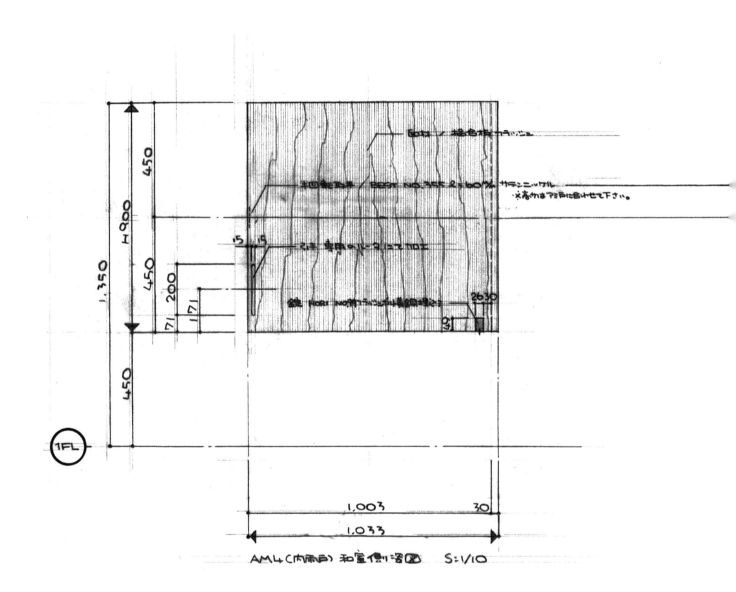

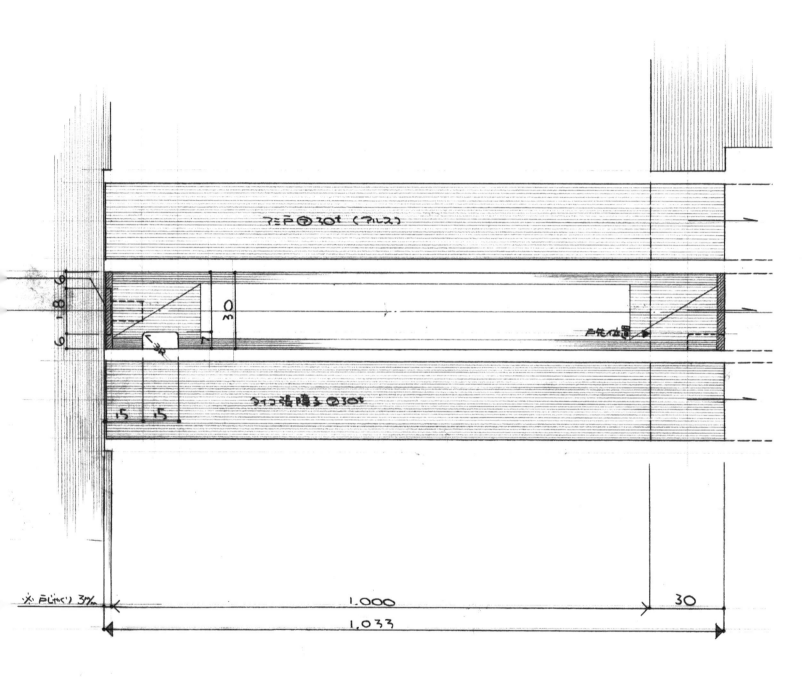

AM5建具詳細 S=1/15

口 食堂 / 片引込み合板フラッシュ戸（内雨戸）⑦ 30㎜

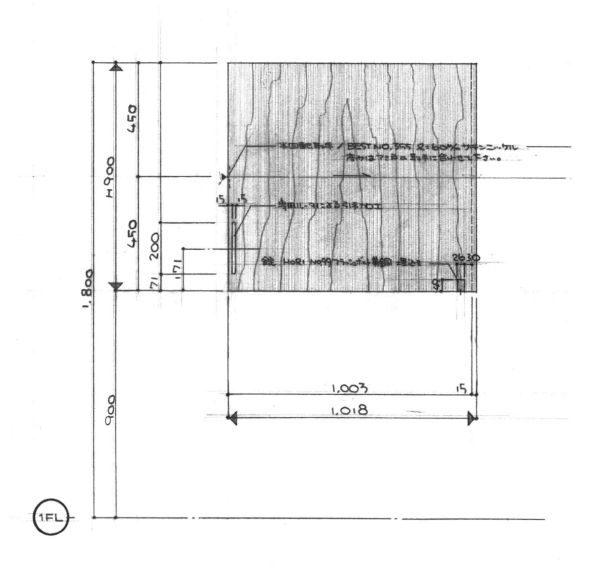

* 面材の樹合板は1枚柄として下さい。
* 図中の寸法は設計寸法のため、製作の際は必ず現場実測の上製作して下さい。
* 製作上、寸法・仕様等を変更する場合は、必ず設計者に連絡して下さい。

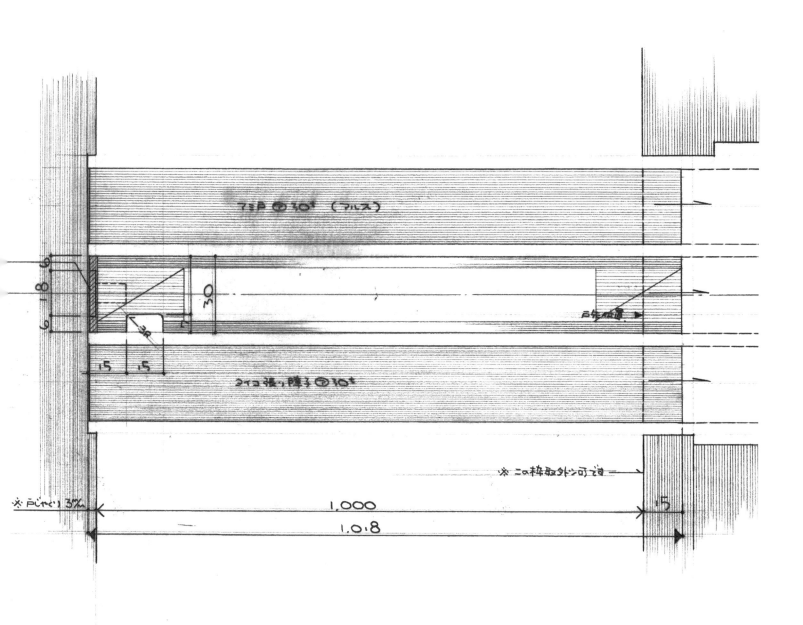

AM9建具詳細　S=1/15

格子戸から差し込む朝日が美しい

□ 浴室 / : 片引格子戸（内雨戸）⑦

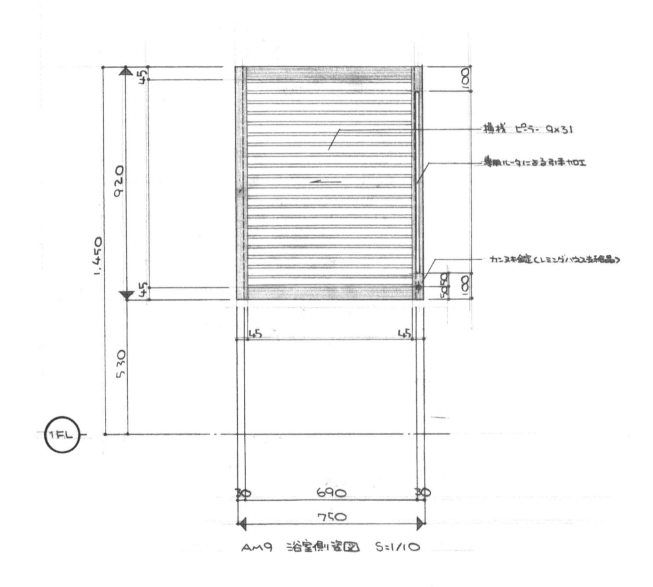

- 櫓桟 ピラー 9×31
- 専用パータになる引手加工
- カンヌキ錠（レミングハウス支給品）

AM9 浴室側姿図　S=1/10

* 図中の寸法は設計寸法のため、製作の際は必ず現場実測りの上製作して下さい。
* 製作上、寸法・仕様等を変更する場合は、必ず設計者に連絡して下さい。

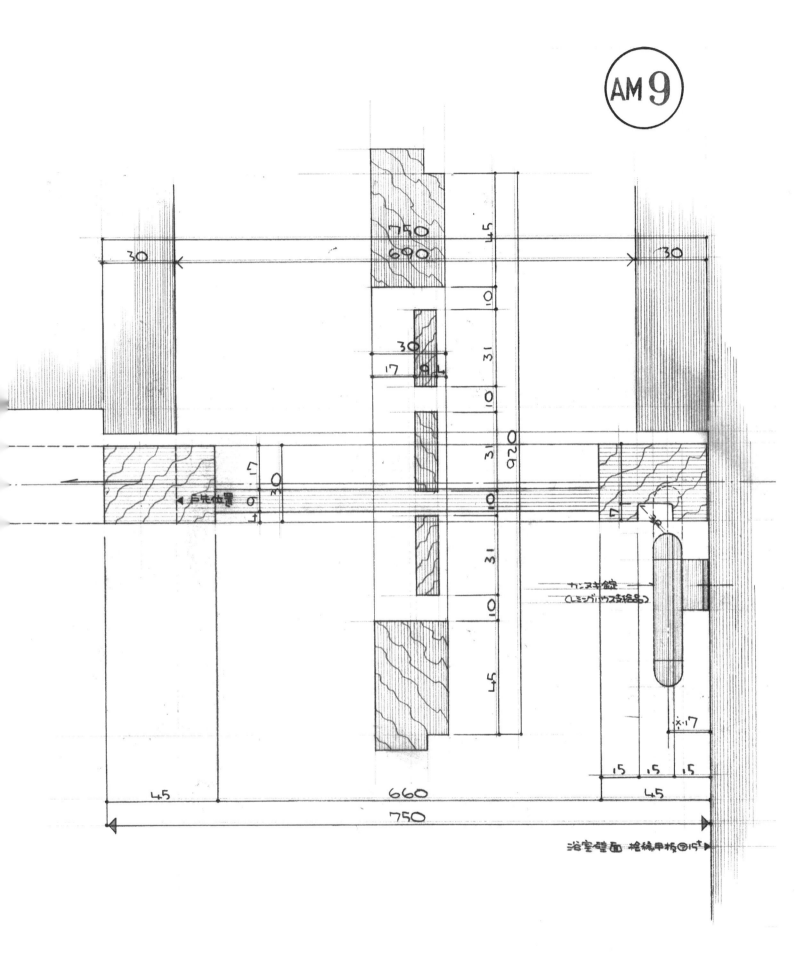

AM10建具詳細　S=1/15

□ 洗面・便所 / 片引込み合板フラッシュ戸（内雨戸） t30

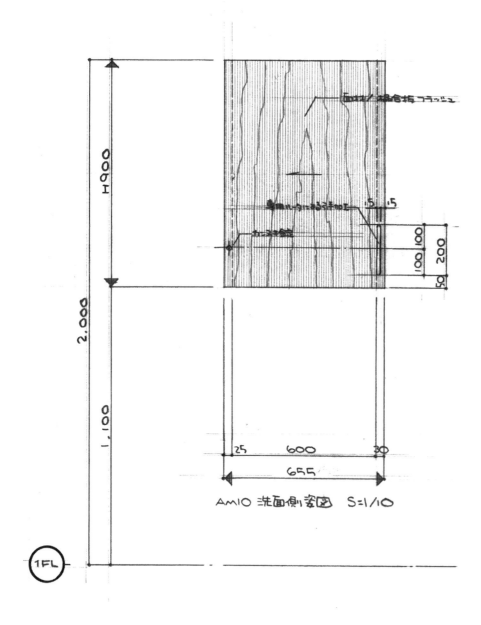

AM10 洗面側姿図　S=1/10

* 面材の捨合板は1枚板として下さい。
* 図中の寸法は設計寸法のため、製作の際は必ず現場実測りの上製作して下さい。
* 製作上、寸法・仕様等を変更する場合は、必ず設計者に連絡して下さい。

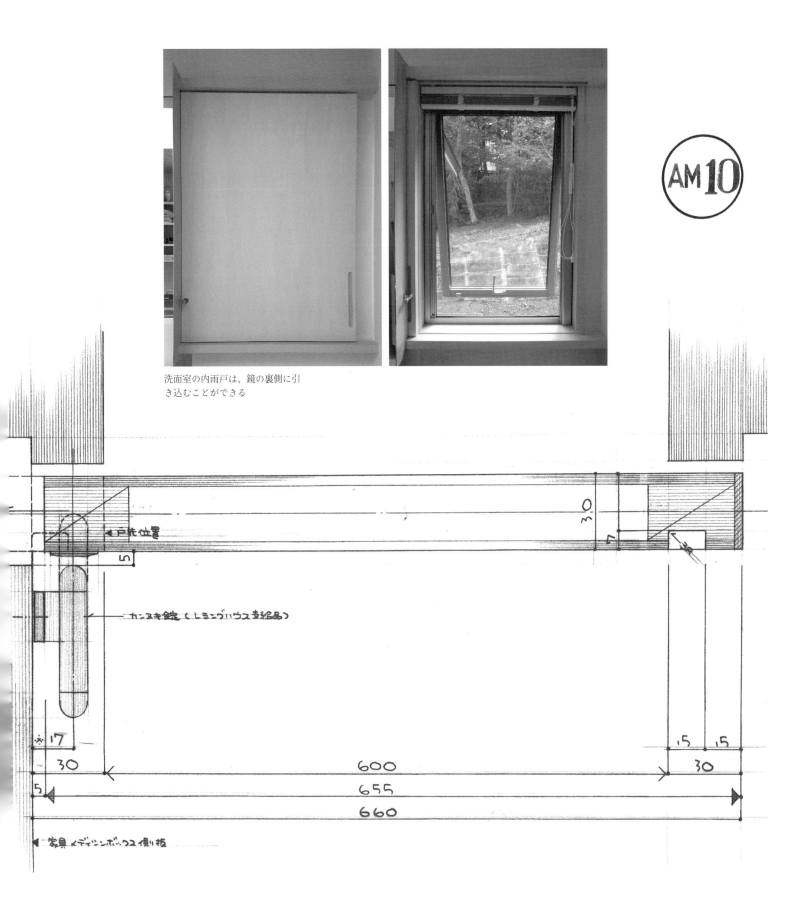

洗面室の内雨戸は、鏡の裏側に引き込むことができる

AM11建具詳細 S=1/15

□台所／吊り片引込み合板フラッシュ戸（内雨戸）⑦30t

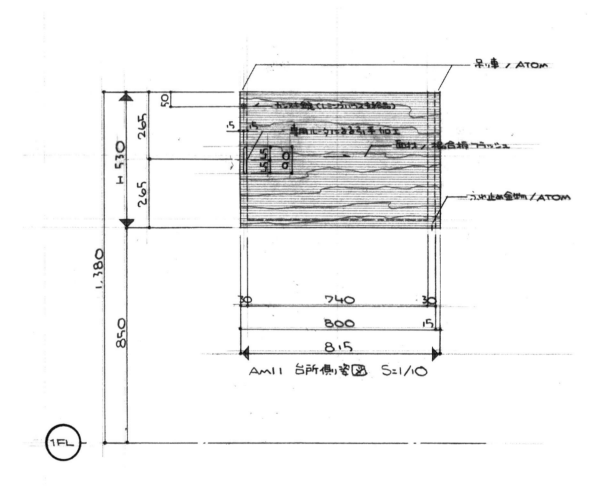

AM11 台所側姿図 S=1/10

* 面材の複合板は1枚板として下さい。
* 図中の寸法は設計寸法のため、製作の際は必ず現場実測の上製作して下さい。
* 製作上、寸法・仕様等を変更する場合は、必ず設計者に連絡して下さい。

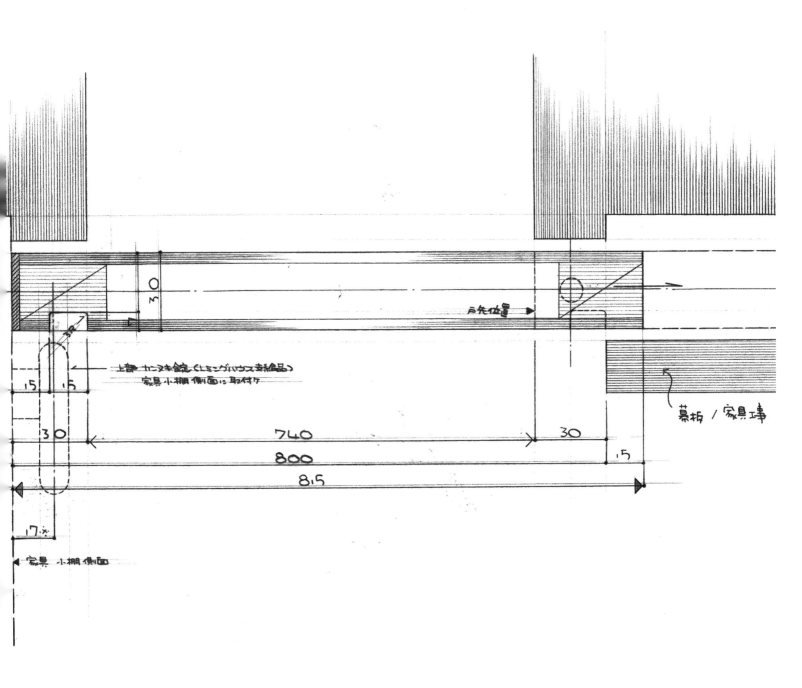
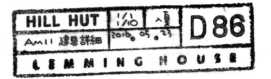

| AM14建具詳細　S=1/15

□玄関 / 片引合板フラッシュ戸（内雨戸）⑦ 30t

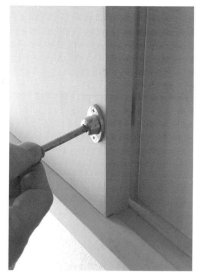

建具金物の中でも引戸用の「ネジ締まり」に、心くすぐられるのは私だけだろうか？ 特に昭和初期につくられた小ぶりで華奢な「ネジ締まり」の愛らしさときたら筆舌に尽くしがたい

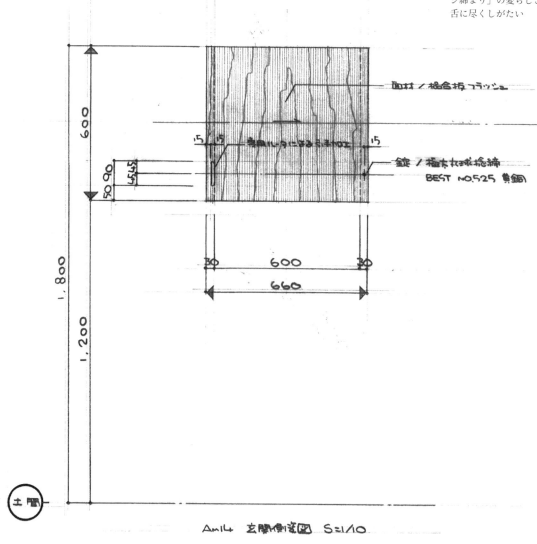

AM14 玄関側姿図 S=1/10

※ 面材の楢合板は1枚柄として下さい。
※ 図中の寸法は設計寸法のため、製作の際は必ず現場実測の上製作して下さい。
※ 製作上、寸法・仕様等を変更する場合は、必ず設計者に連絡して下さい。

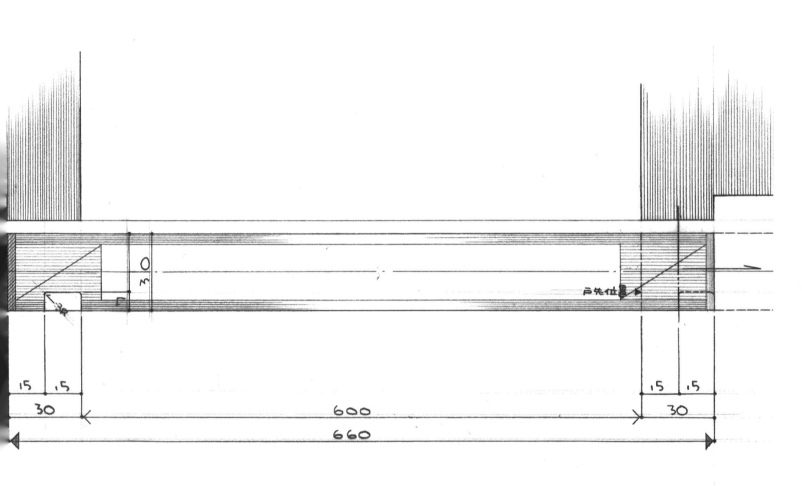

AM15建具詳細 S=1/15

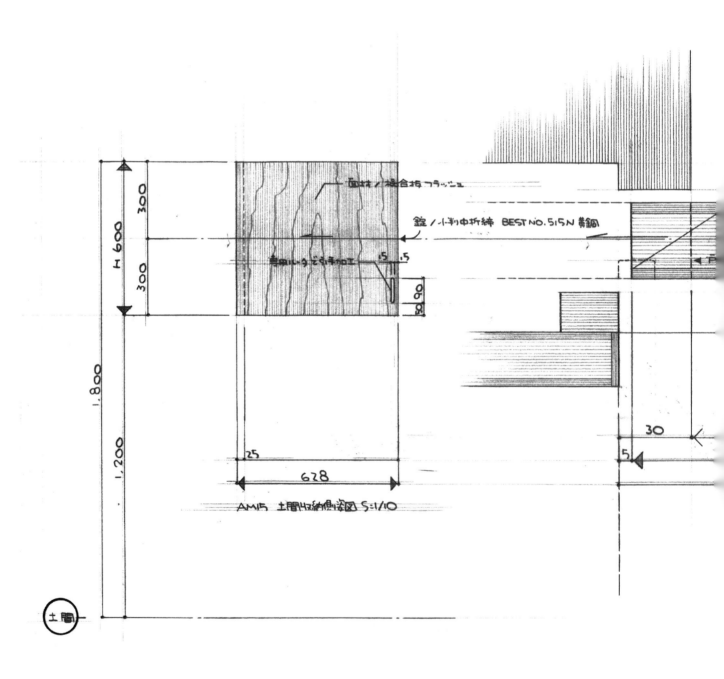

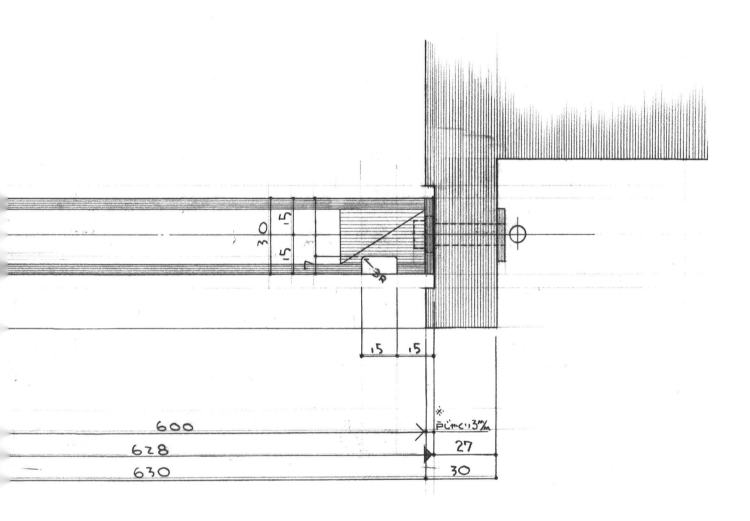

S1建具詳細 S=1/15

□ 食堂・台所 / 2本引込み タイコ貼り障子 @ 33t

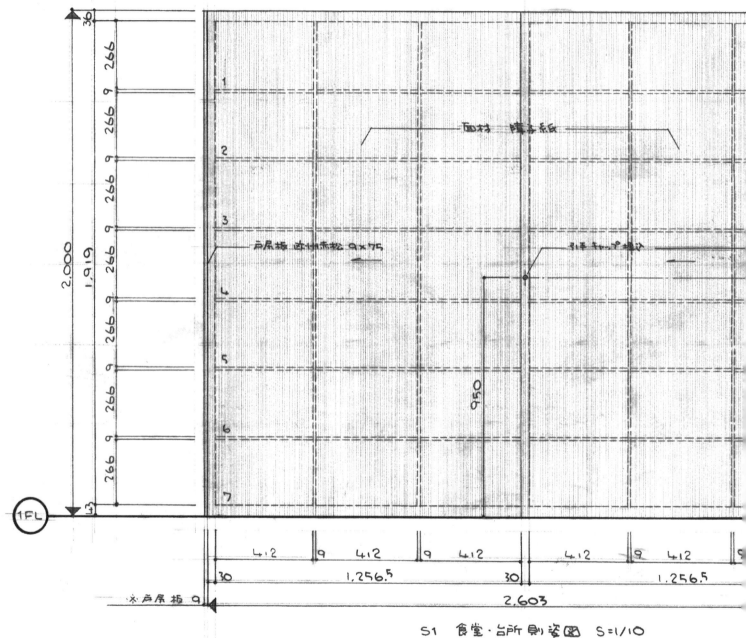

S1 食堂・台所 側姿図 S=1/10

＊ 桟、框、組子共 赤松。 引手のキャップはレミングハウス支給品
＊ 図中の寸法は設計寸法のため、製作の際は現場実測の上製作して下さい。
＊ 製作上、寸法・仕様等を変更する場合は、必ず設計者に連絡して下さい。

戸尻の隙間ふさぎ

世の中には「北枕で寝る」ことを嫌ったりする人がいるが、私自身はその種の迷信をまったく気にしないタイプである。それなのに、引き違い建具の「左前」が、なぜか気になることがある。縁起が悪いと感じるわけではなく、ボタンを掛けちがえてしまったような気分を味わうのである。

引き違い・引き込み建具で、向かって左側に戸袋がある場合、その「左前」を嫌って「右前」にこだわると、戸袋の口（開口部）に建具1枚分の空隙ができてしまうことになる。こういう場合は戸あたりを兼ねた戸蓋を付けておけばいいのだが、戸蓋を付けるほど大げさにしたくないときは、戸尻に空隙ふさぎの薄い板を付けるのが定石どおりの解決法である（写真参照）。定石どおりではあるが、やや「苦肉の策」という感じはぬぐえないのが欠点といえば欠点。

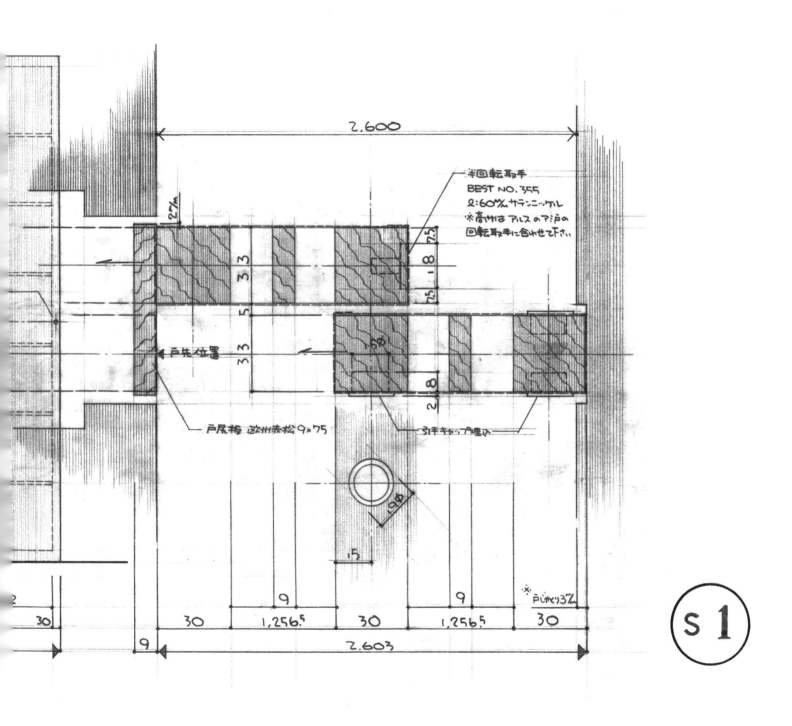

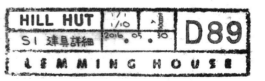

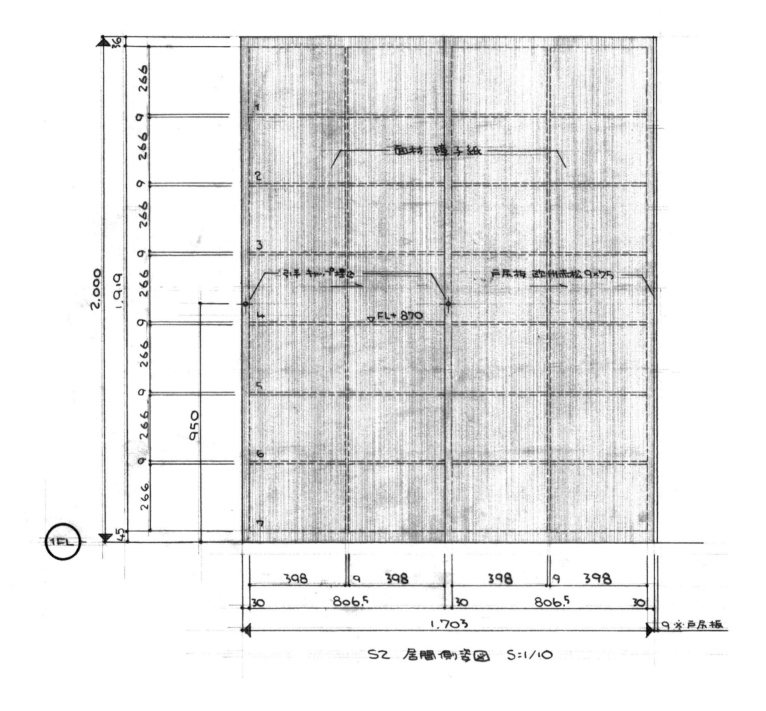

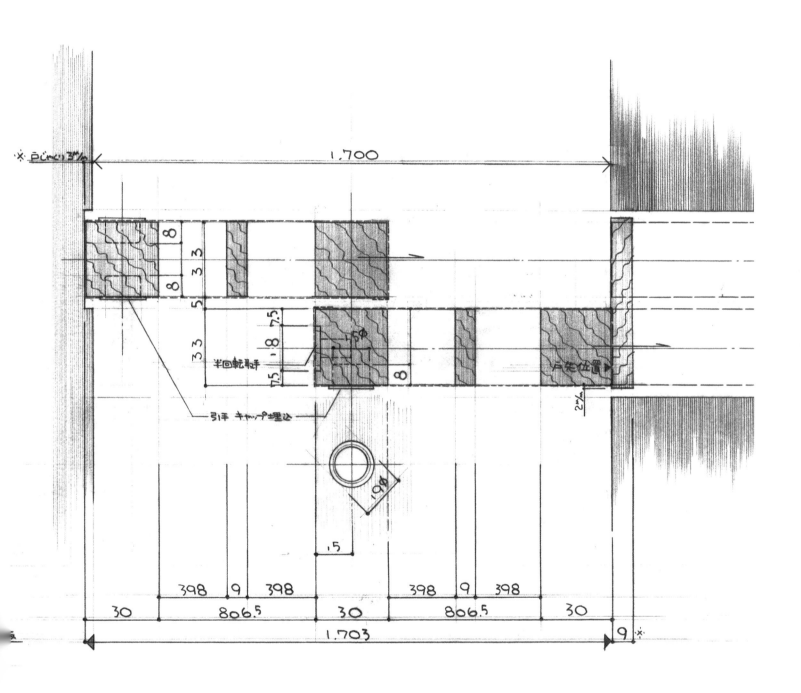

S3建具詳細 S=1/15

□ 和室 / 2本引タイコ貼り障子 ⓐ 30t

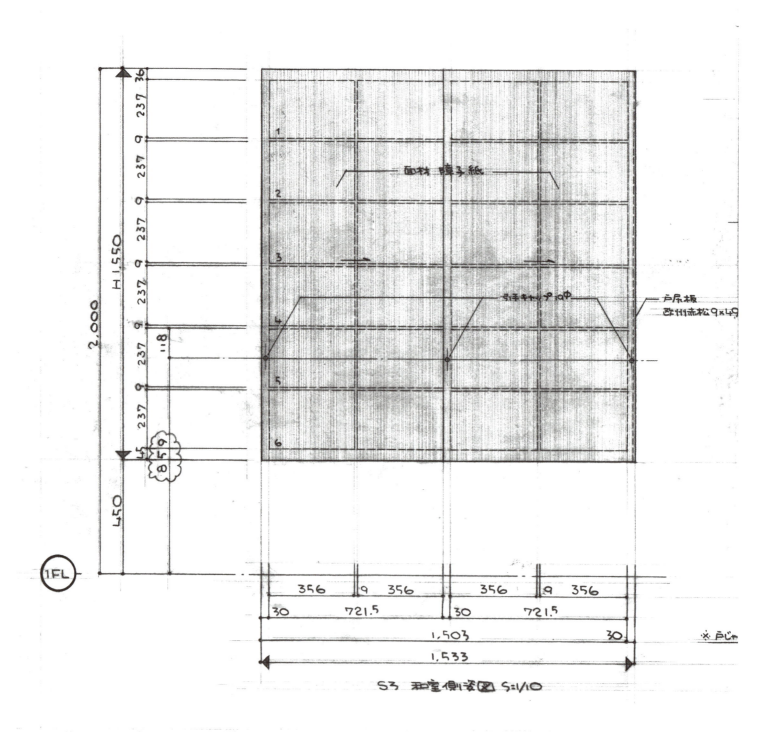

S3 和室側姿図 S=1/10

※ 桟、框、組子共 赤杉。引手のキャップはレミングハウス支給品。
※ 図中の寸法は設計寸法のため、製作の際は現場実測の上製作して下さい。
※ 製作上、寸法・仕様等を変更する場合は、必ず設計者に連絡して下さい。

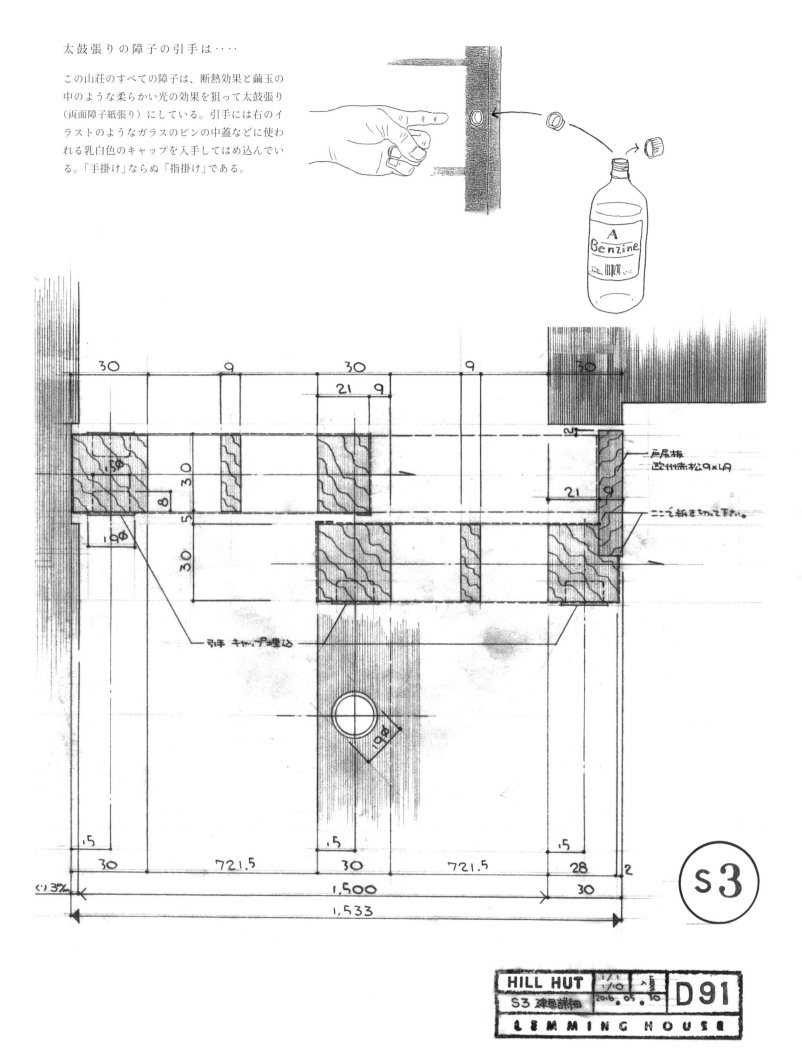

S4建具詳細 S=1/15

□ 和室 / 片引 タテ貼り障子 ⑦ 30t

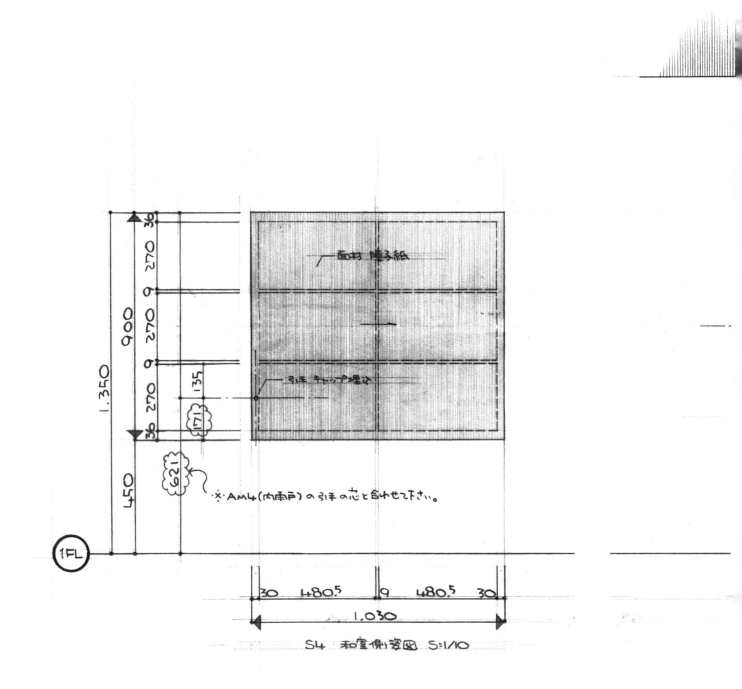

S4 和室側姿図 S=1/10

※ 桟・框・組子 共 赤杉。引手のキャップはレミングハウスの支給品。
※ 図中の寸法は設計寸法のため、製作の際は現場実測の上製作して下さい。
※ 製作上、寸法・仕様等を変更する場合は、必ず設計者に連絡して下さい。

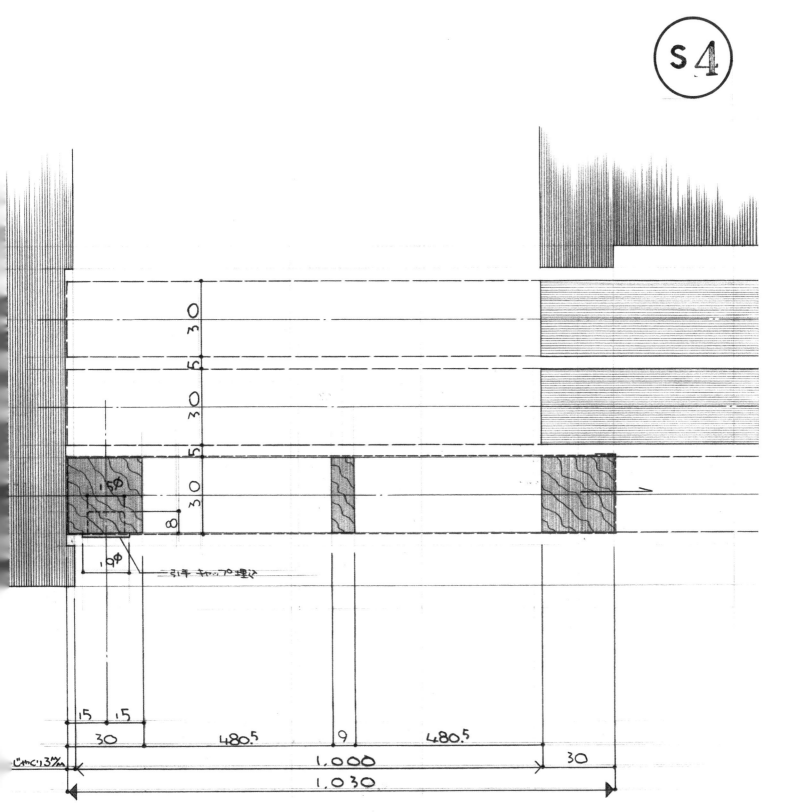

S5建具詳細 S=1/15

□ 食堂 / 片引込 タイコ貼り障子 ②30ヶ

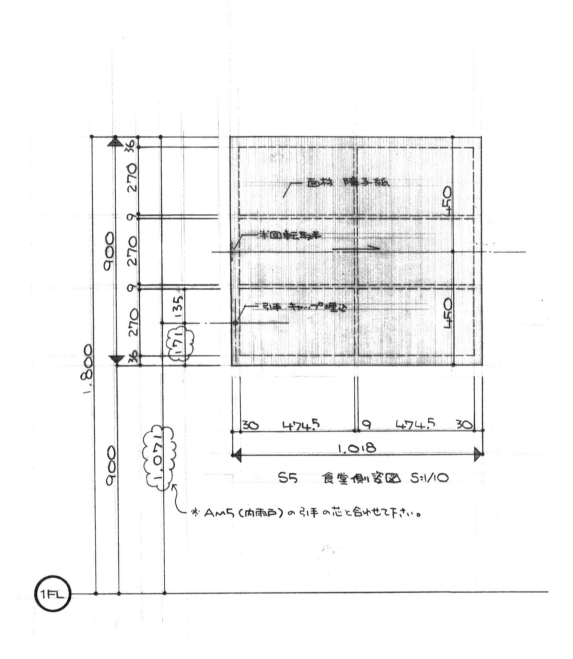

S5 食堂側姿図 S=1/10

＊ A m5 (内雨戸) の引手の芯と合わせて下さい。

＊ 桟、框、組子共 赤杉。引手のキャップはレミングハウス支給品。
＊ 図中の寸法は設計寸法のため、製作の際は必ず現場実測の上製作して下さい。
＊ 製作上、寸法・仕様等を変更する場合は、必ず設計者に連絡して下さい。

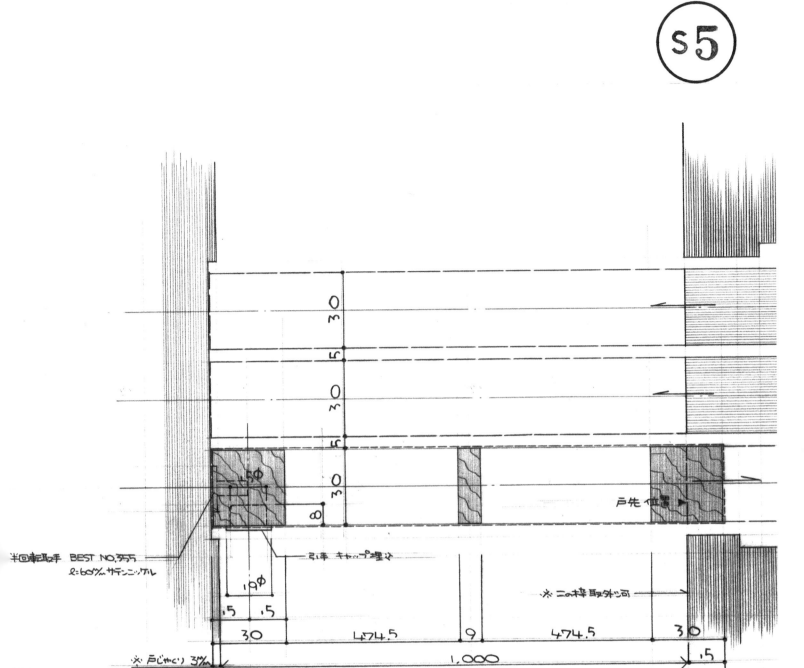

S6建具詳細 S=1/15

□ 2F 寝室・書斎 ／ 片引込タイコ貼り障子 ⑦30ᵗ 3ヶ

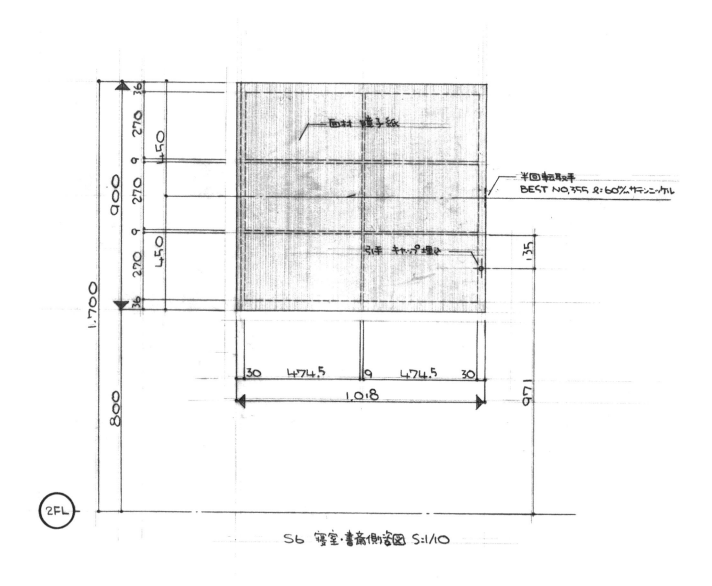

S6 寝室・書斎側姿図 S=1/10

* 桟、框、組子共 赤杉。引手のキャップはレミングハウス支給品。
* 図中の寸法は設計寸法のため、製作の際は現場実測の上製作して下さい。
* 製作上、寸法・仕様等を変更する場合は、必ず設計者に連絡して下さい。

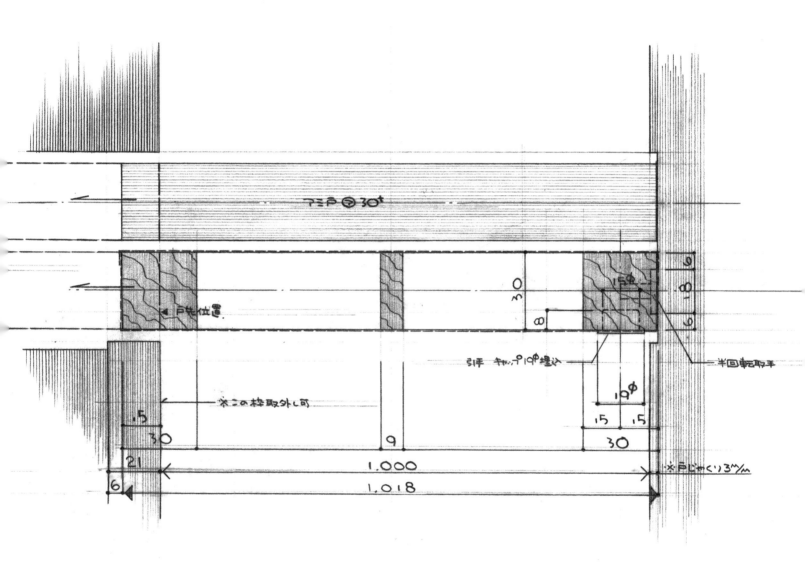
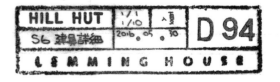

第五章 その他詳細図

DETAIL DRAWINGS
OF
THE OTHERS

螺旋階段とブリッジについて

「もっとも美しい階段は螺旋形のものです。それは神秘的な階段です。それは空に登り空間を貫きます」

こんな文章が学生時代に読んだジオ・ポンティの『建築を愛しなさい』という本にあった。若造だった私は、どうやらこの一節（フレーズ）に洗脳されたらしく、気がついたときは螺旋階段を偏愛する建築家になっていた。

これまでにも、鋼板製のささら桁をリボンのように巻き上げた螺旋階段や、手摺子の丸鋼を段板の下端で直角に折り曲げて芯柱のスチールパイプに放射状に熔接し、その丸鋼の上に段板を載せた螺旋階段、ちょっと変わったところでは、木製で持ち運び可能の極小サイズ（直径90㎝）の螺旋階段など、さまざまな螺旋階段を手がけてきた。なかでもこの山荘のタイプは、簡素で製作しやすいうえ、構造も合理的で安定していることから、私の事務所ではいわば定番の手法になっている。しかし、定番とはいえ、段板のつくり方と仕上げを変えてみたり、スチール製の手摺に革を巻いてみたり、手摺を螺旋形に削り出した木製にしたり、その都度、さまざまなヴァリエーションを試みてきた。

ところで。1章で触れた基本設計の段階的な説明のなかで、E案までは「螺旋階段を禁じ手にしていた」と書き、F案で初めて螺旋階段を採用したことを明かした。しかし、それに続くG案、H案では、ふたたび直行階段の案に戻して検討を進めている。どういう理由でそうしたのか？ そのあたりを自分でもよく憶えていないのだが、おそらく、この山荘では「急勾配で登りやすい直行階段の決定版を作ってみたい」という気持が捨てきれなかったのだと思う。ところが、建物の中央部に吹き抜けを設けるI案に辿り着いたとき、直行階段にこだわるよりも、吹き抜けの空間をフィーチャーすることを優先すべきだと考え直して、螺旋階段案に引き返したのだった。

ここでは、登りきった最後の段のステージから小屋裏の納戸に行くためのブリッジを架け渡しているが、螺旋階段を登りきってブリッジを渡り終わるまでの道行きをどれだけ軽やかに設（しつら）えることができるか、という課題にも挑戦してみたかった。

ジオ・ポンティは先ほど紹介した螺旋階段の賛辞のあとで「私たちは階段でもっと遊ぶべきです」と続けているが、建築の設計で階段ぐらい遊び甲斐のある箇所はないと思う。

螺旋階段はレッカー車の使える上棟時に入れておきたい。まれに諸般の事情で製作が上棟に間に合わないことがあって、このときばかりは往生する。この場合は2つ、または3つに分解して搬入し、現場でチェーンブロックと人力を駆使して組み立てることになる。
（2016年3月撮影）

| 螺旋階段詳細1 | S=1/20 |

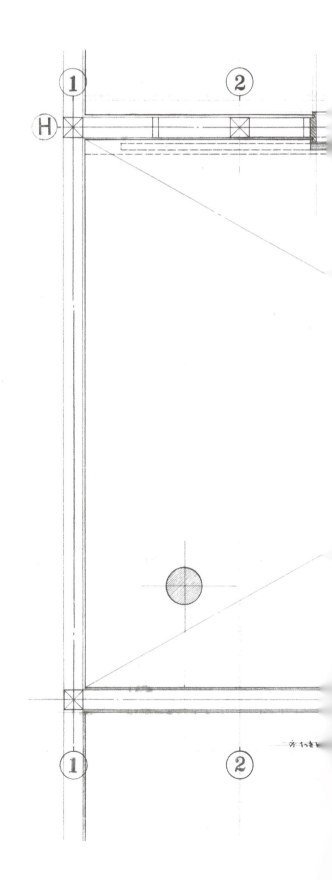

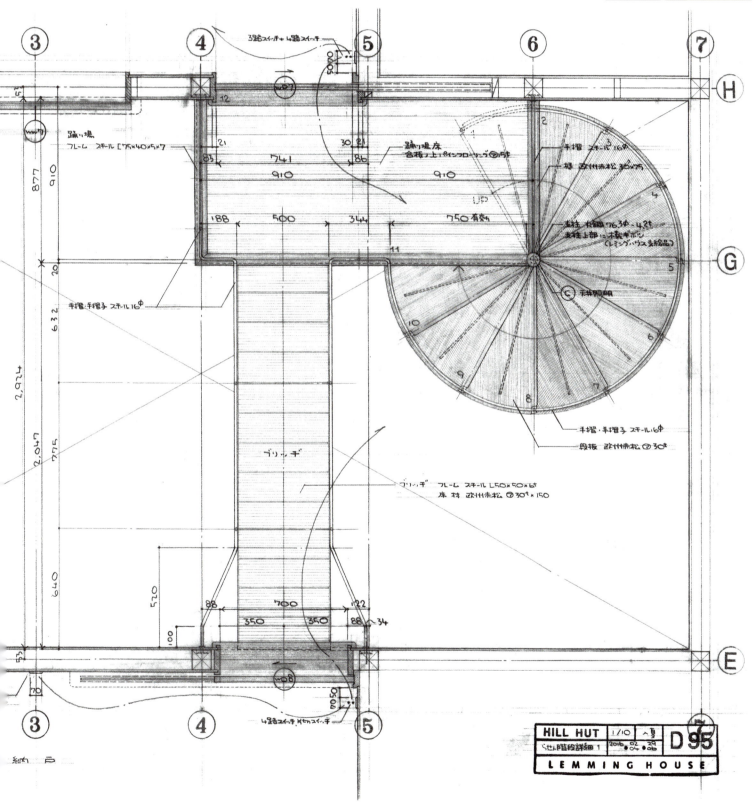

HILL HUT　らせん階段詳細1　1/10　D95

LEMMING HOUSE

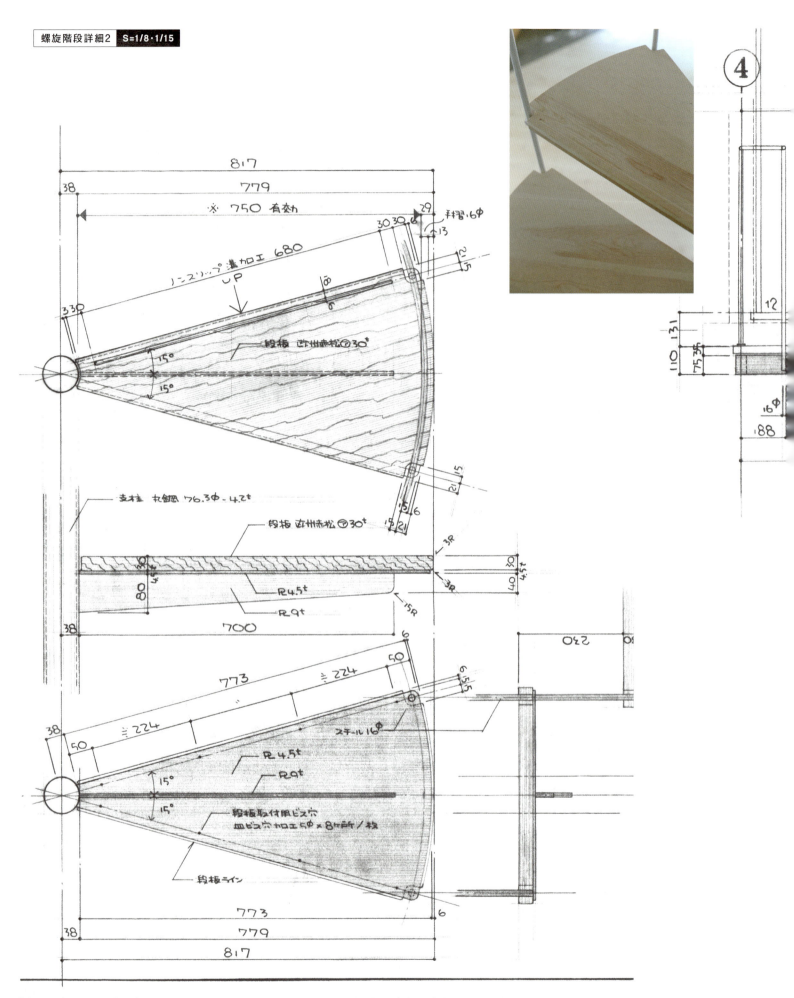

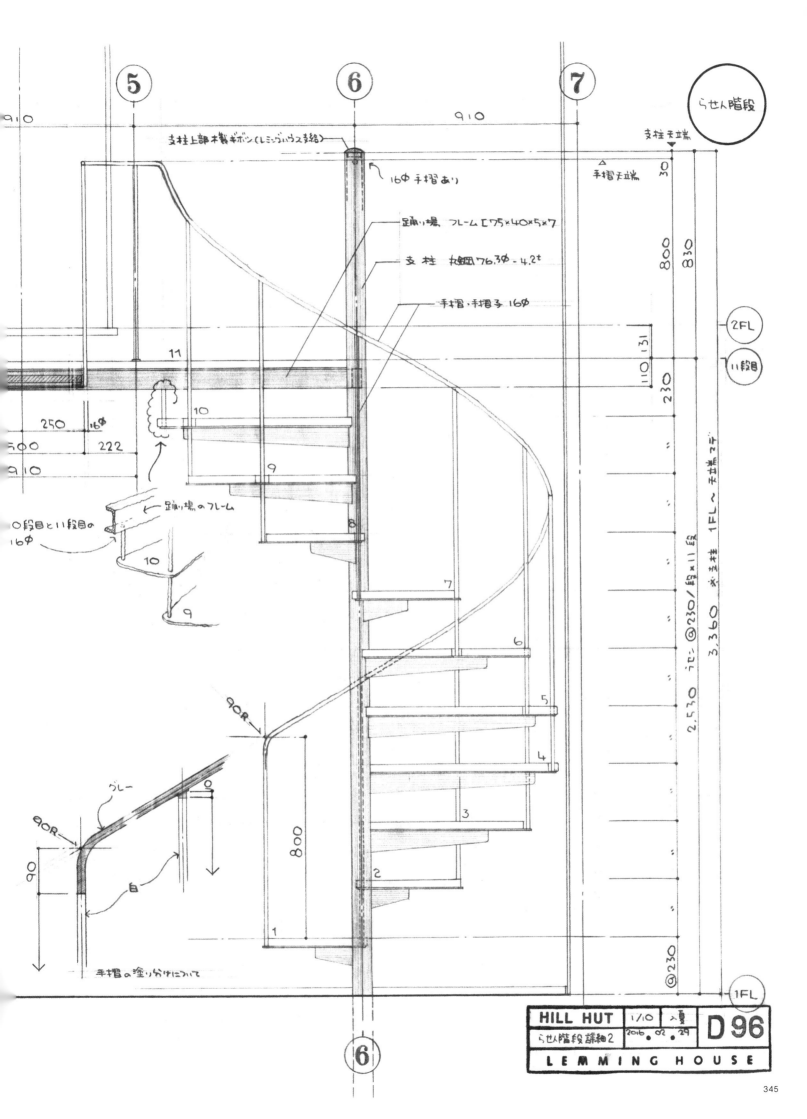

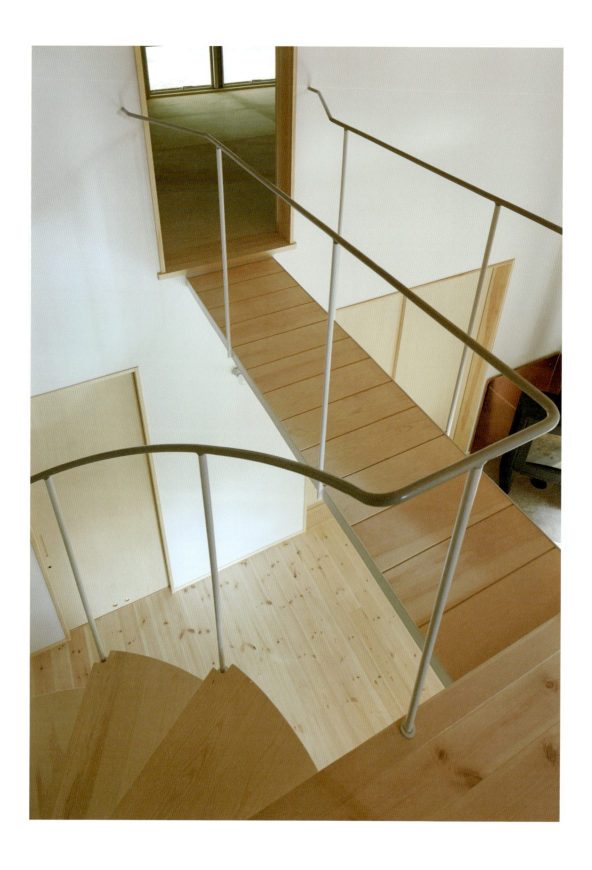

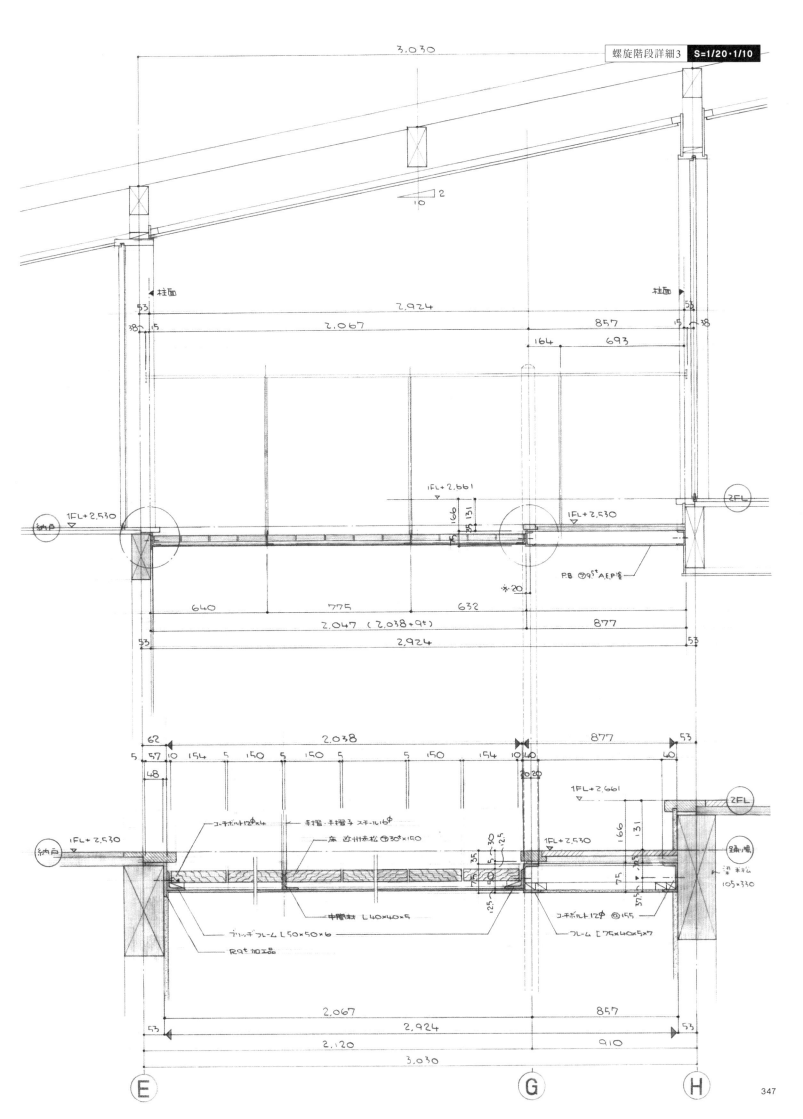

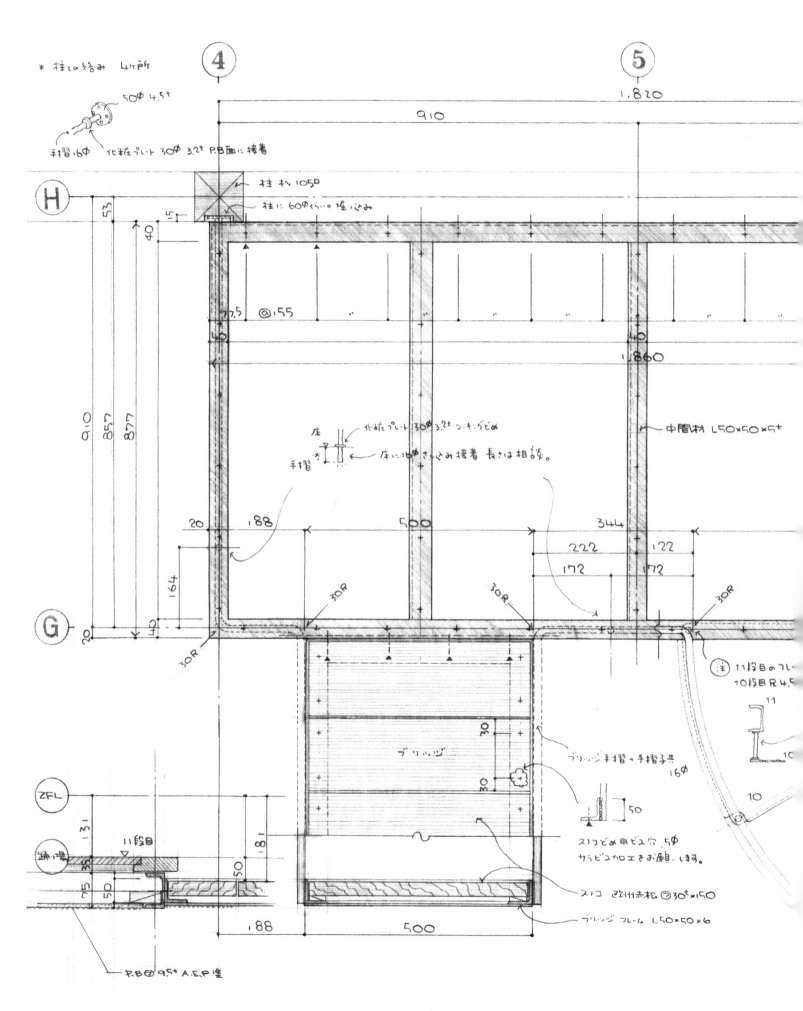

螺旋階段詳細4　S=1/8

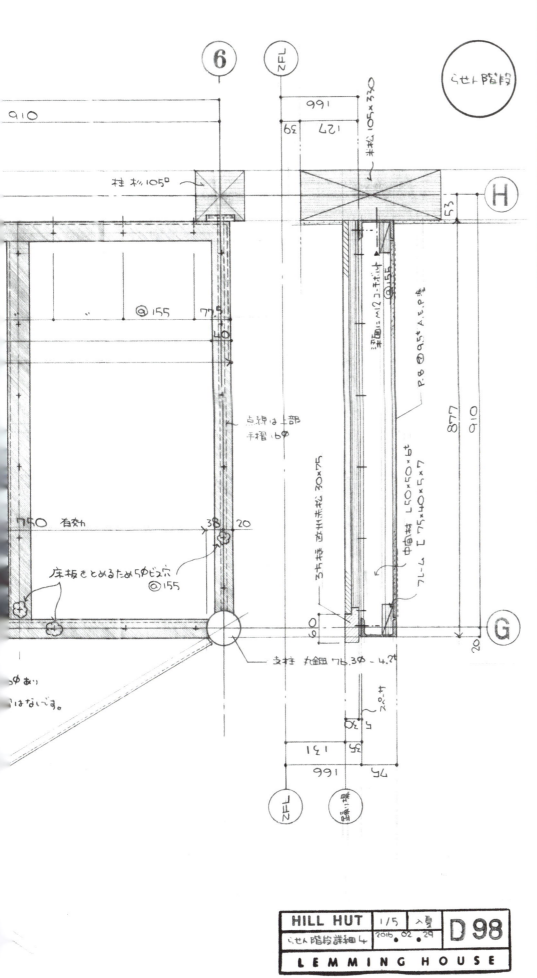

床暖房パネル配置図1　S=1/15

ストーブ周辺は、玄関土間と同じ色モルタル（スサ入り）の木鏝仕上げにしている

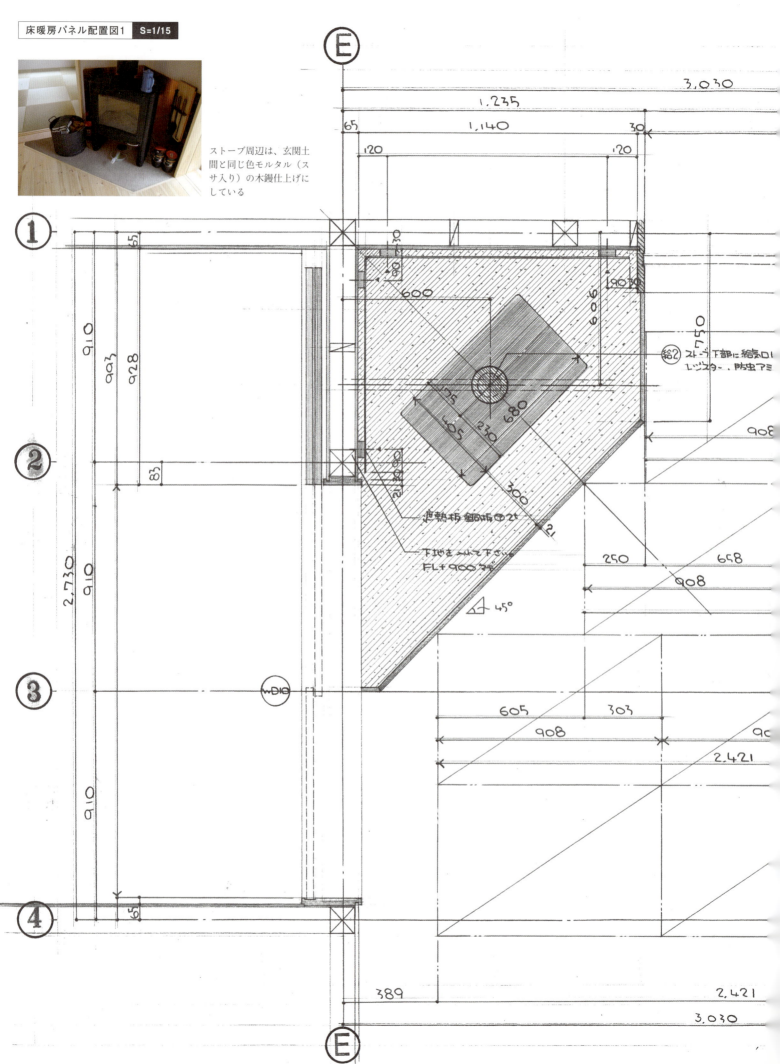

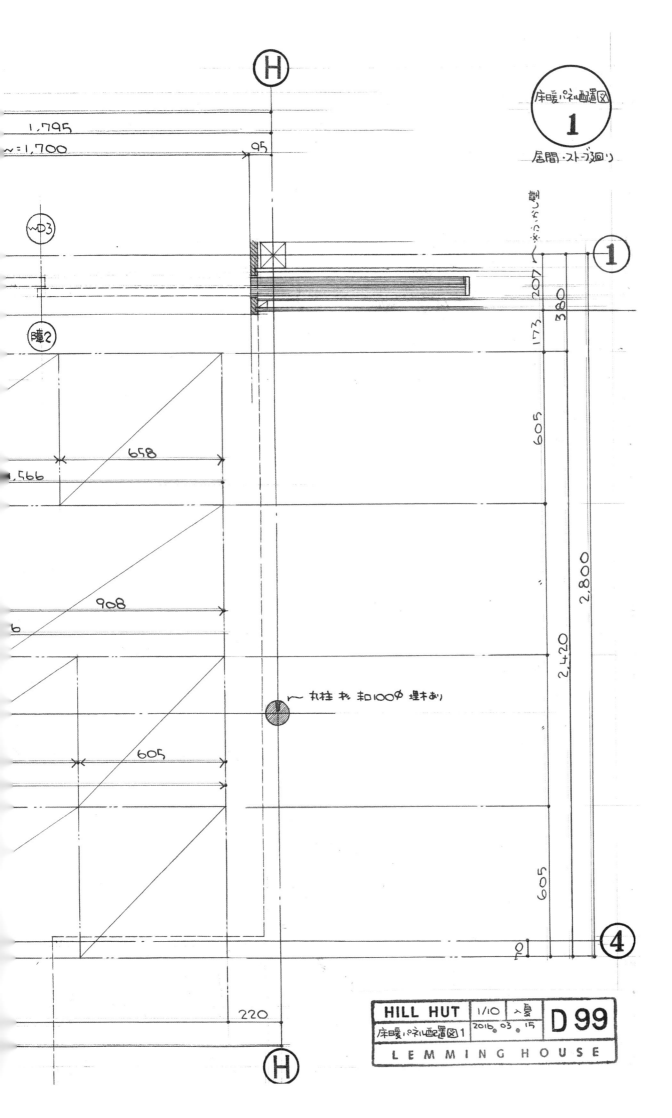

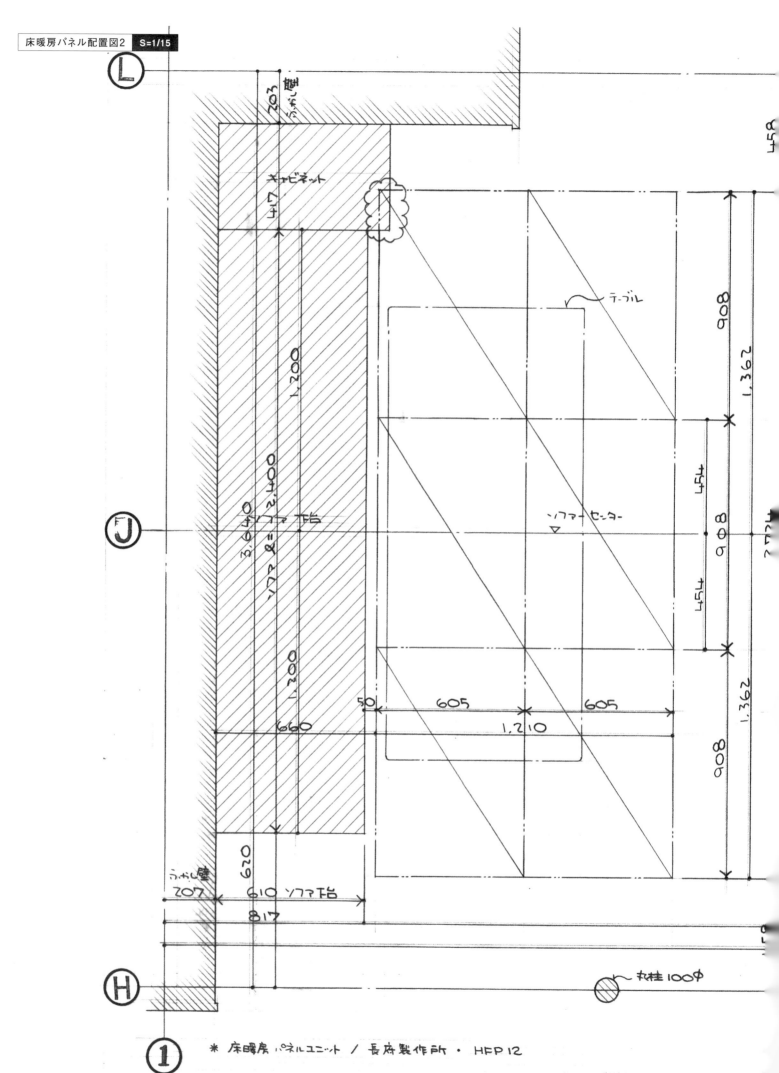

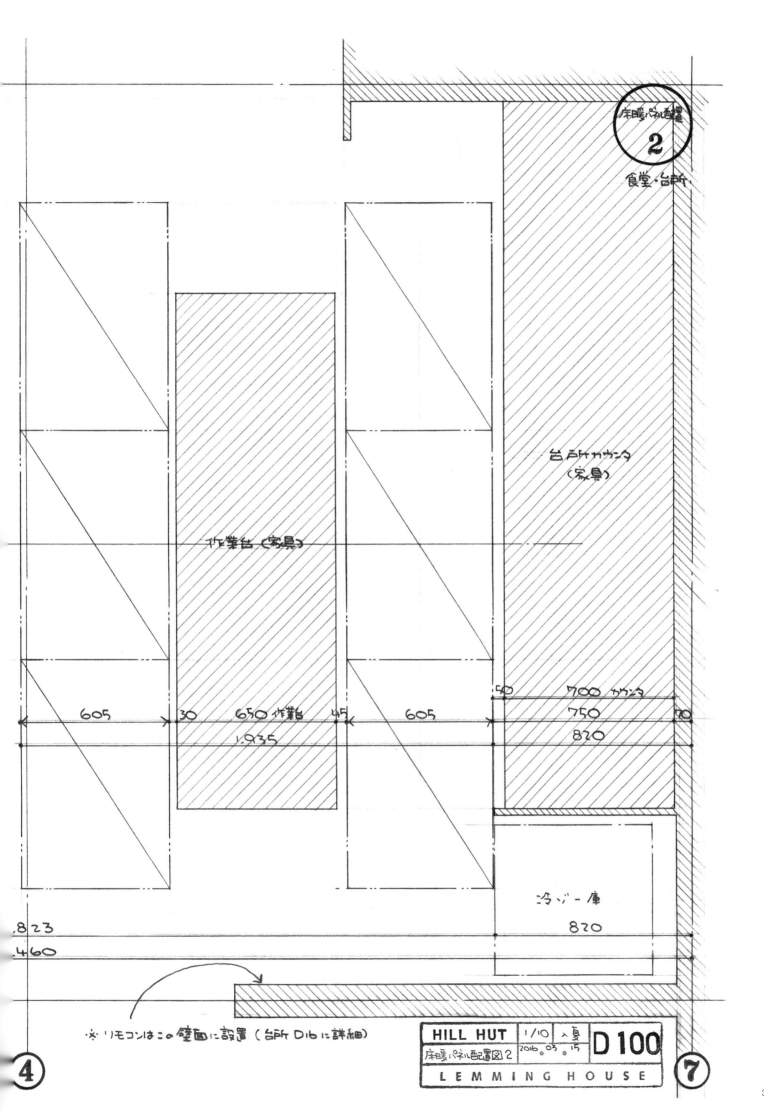

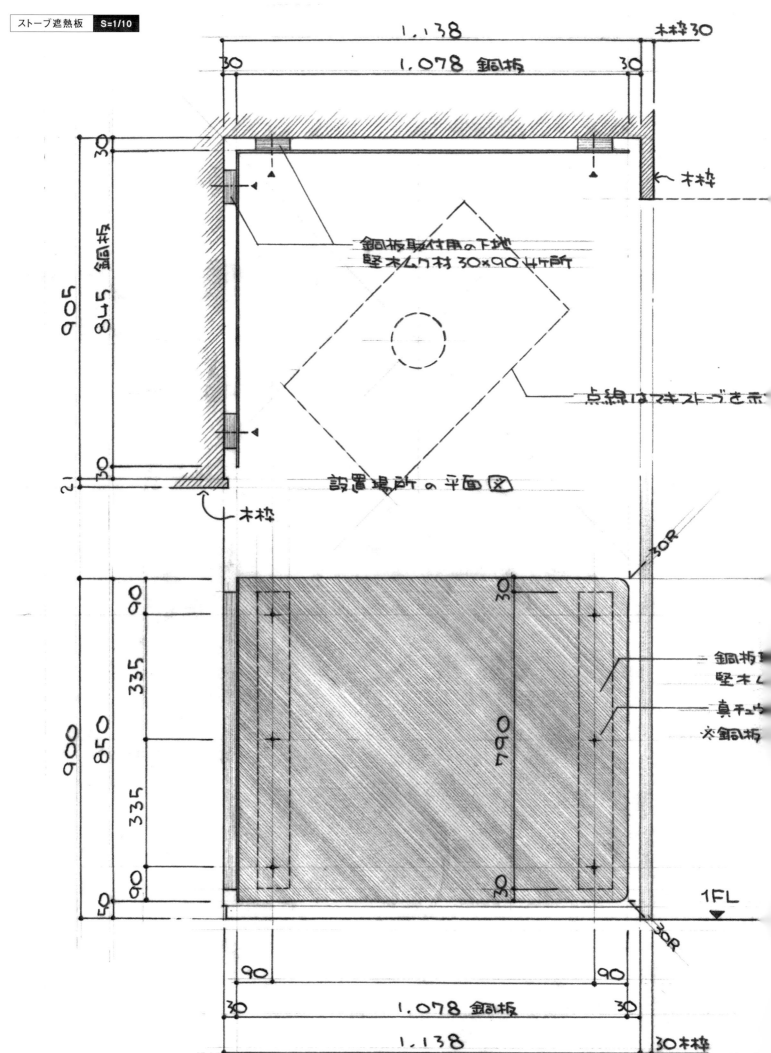

ストーブ遮熱板　S=1/10

遮熱板に銅板を使う理由

ストーブの側面と背面は思いのほか熱くなるものである。私の事務所では壁面をガードする遮熱板には銅板を使うことにしている。以前、銅板と鋼板をまったく同じ条件でストーブ背後に並べて実験したことがあるが、鋼板の裏側の壁面はかなり熱くなるのに、銅板の裏側はヒンヤリしていたことが分かった。熱伝導率の高い銅板は放熱も早いので遮熱板に適しているのである。

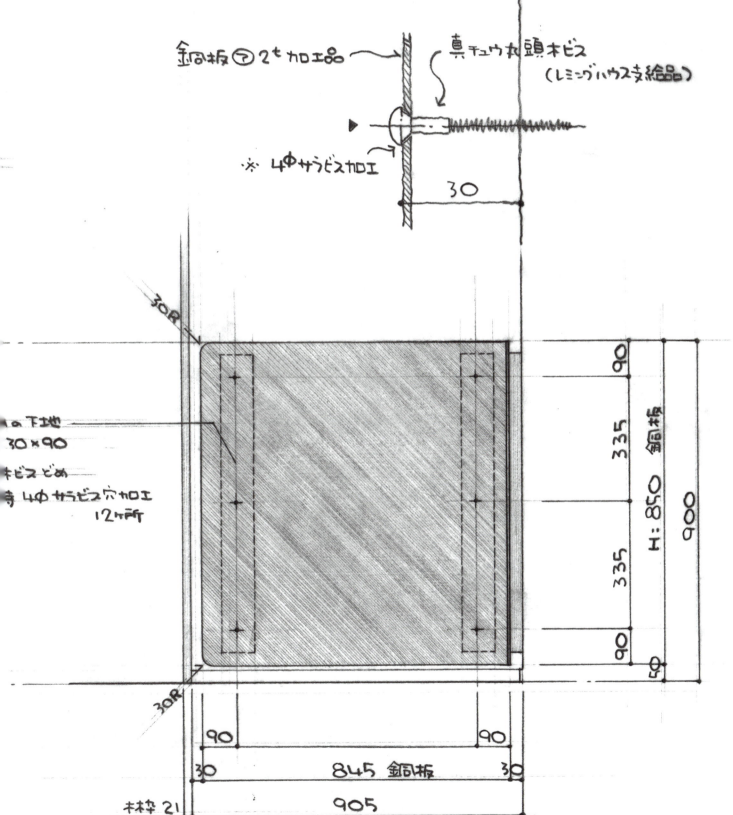

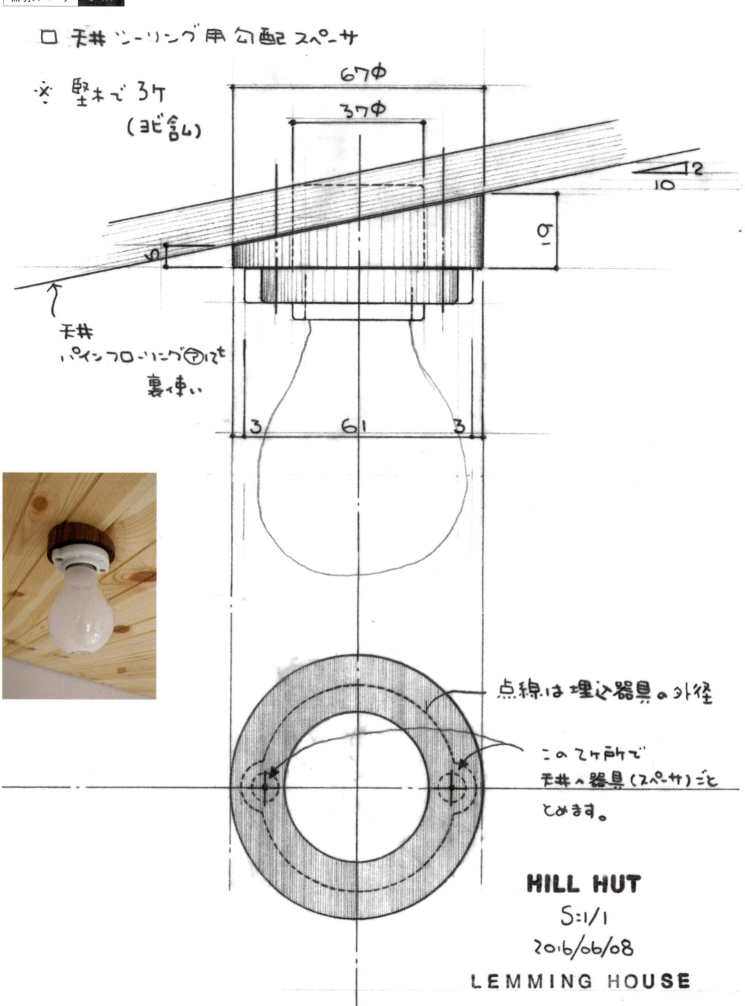

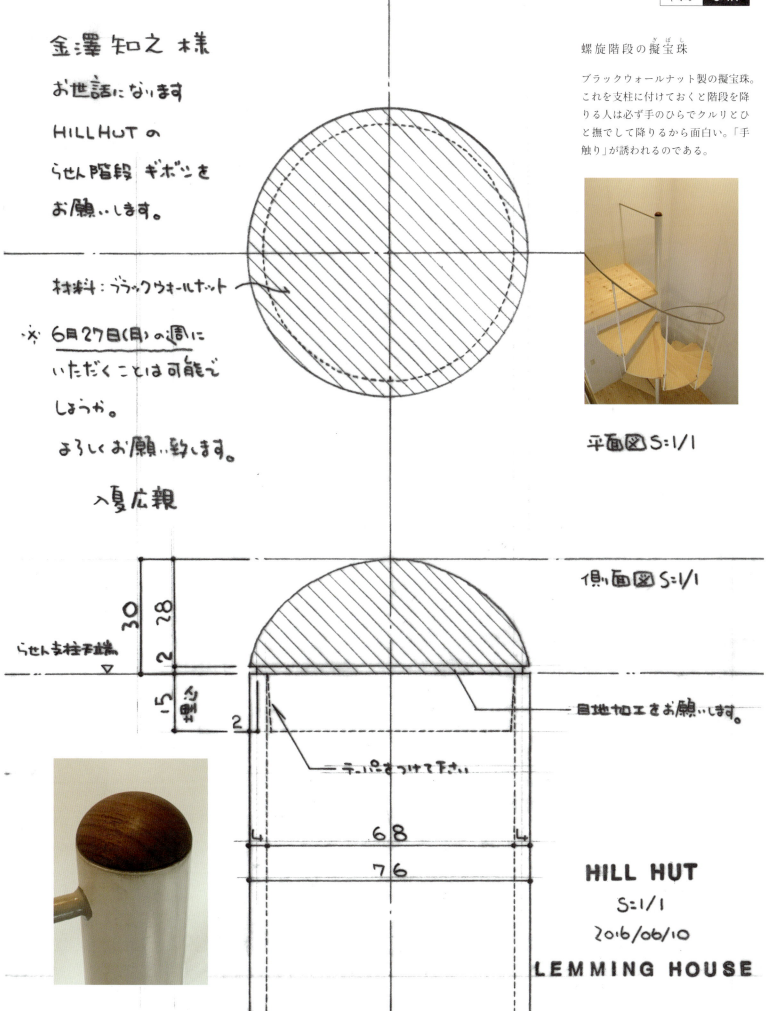

書斎・机下収納 S=1/10

□ 2階書斎 / 机下の収納棚

椴合板フラッシュ 木口木口材貼 OF

点線は上部机を示

2FL

寝室に付随する小書斎。障子の外に湖の風景が広がる

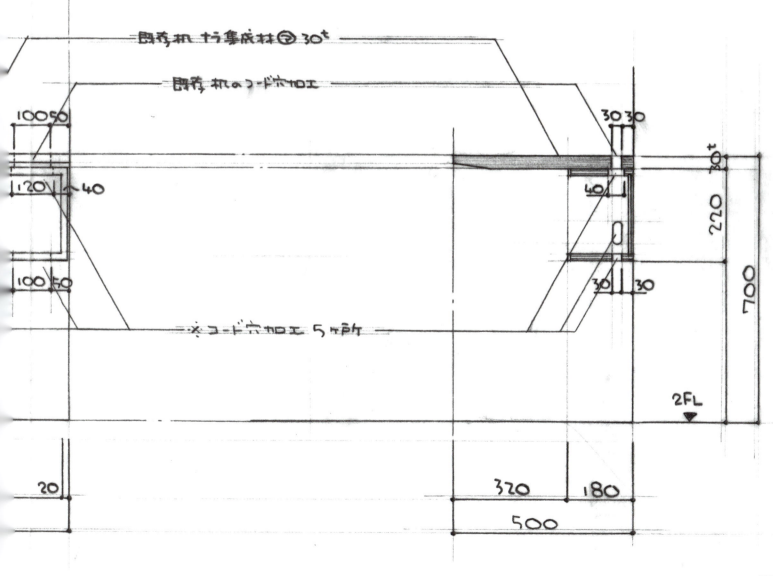

北側立面図 S=1/40

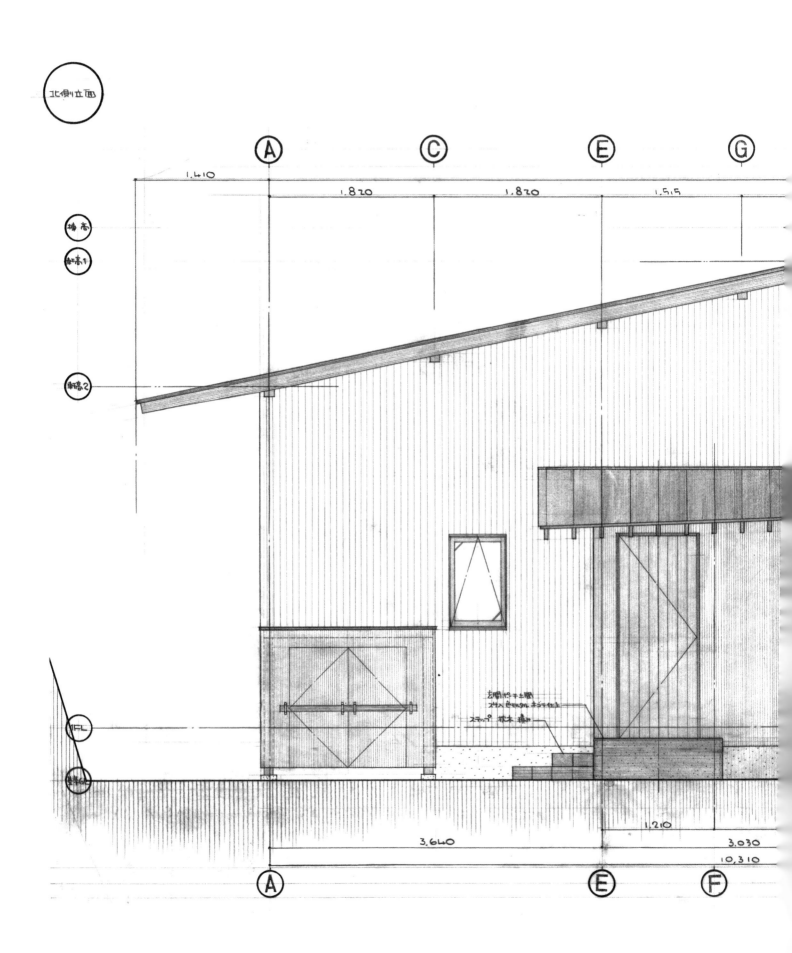

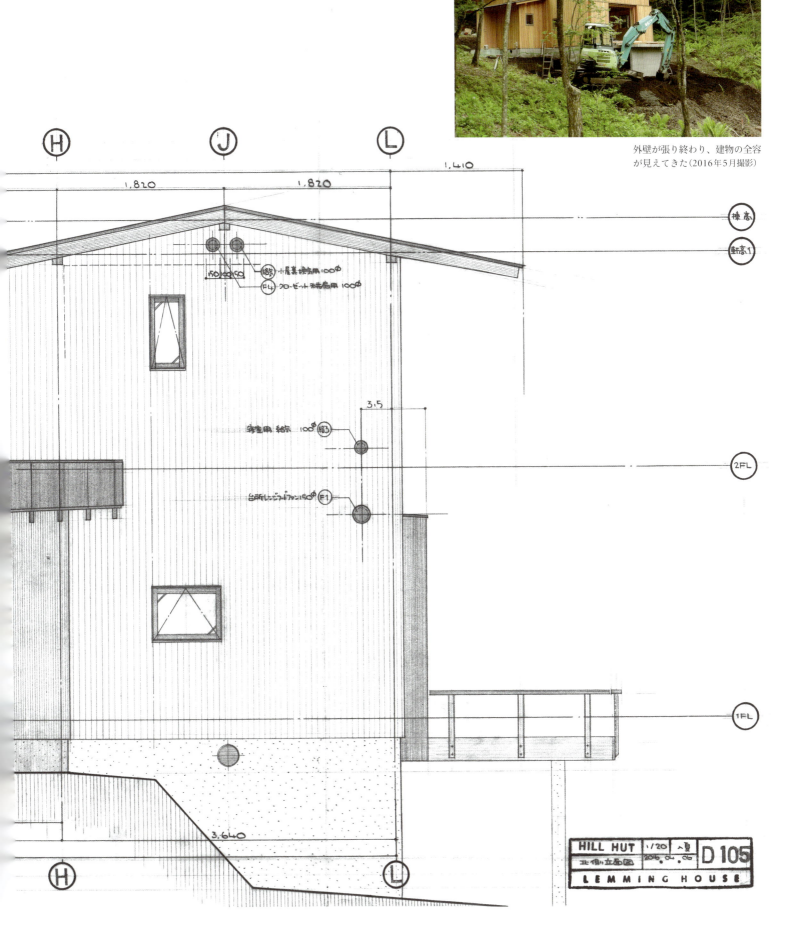

外壁が張り終わり、建物の全容が見えてきた（2016年5月撮影）

| 東側立面図 | s:1:40 |

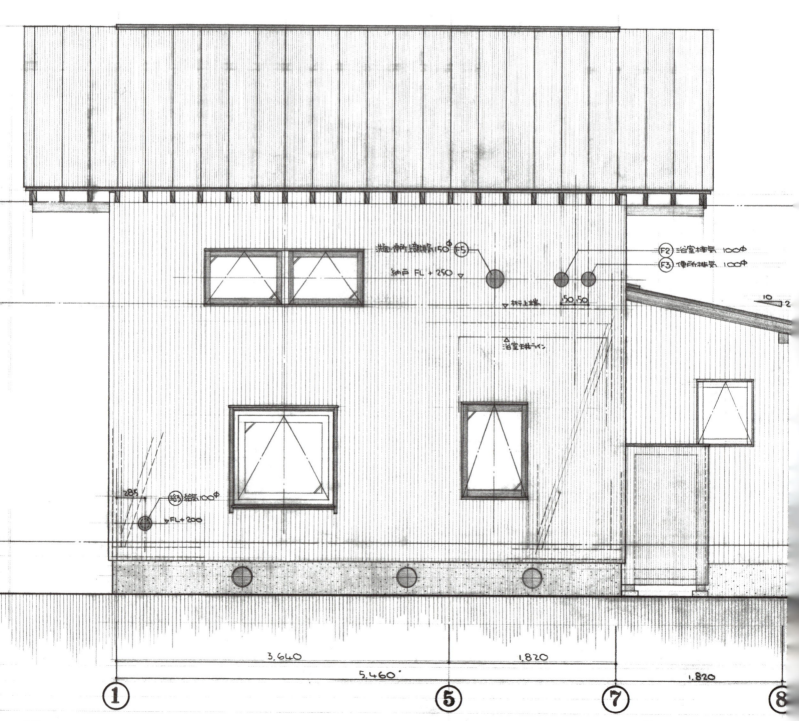

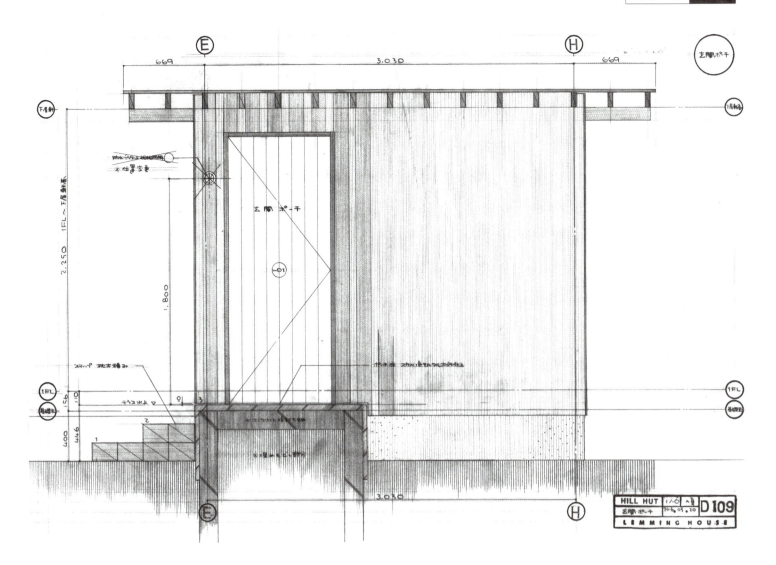

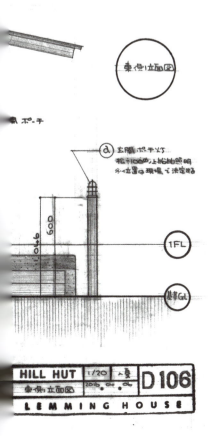

アプローチのステップの打合せをする入夏、中村、藤巻の三人

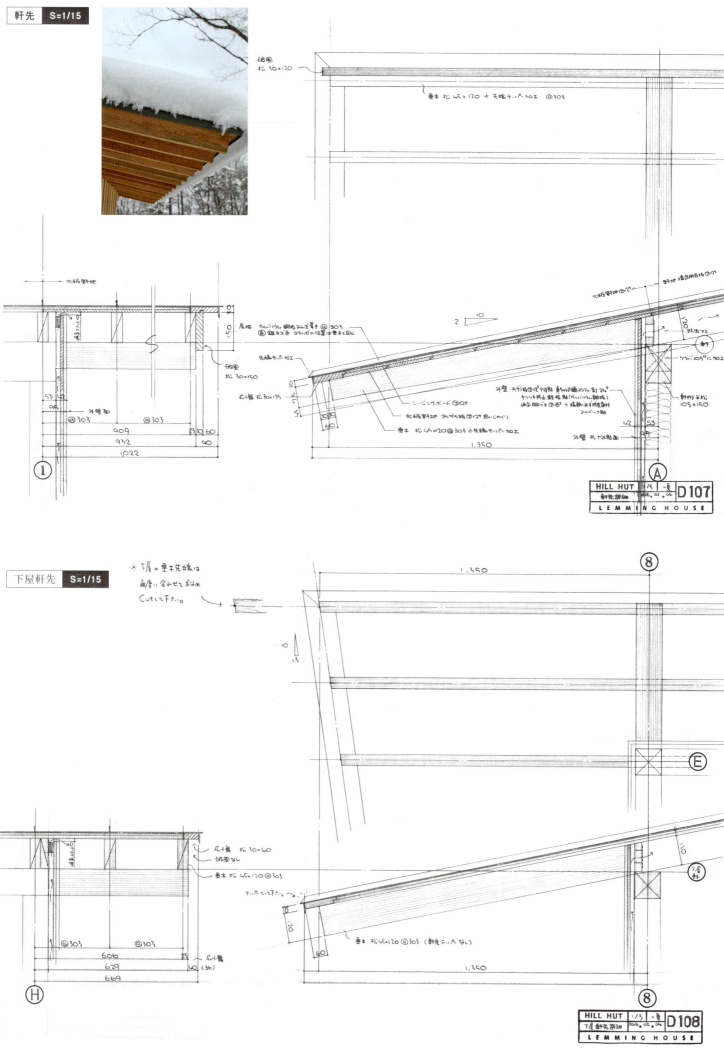

暮れなずむ山荘に灯りがともる
「帰りたくなる家」がここにある

| テラス　S=1/1/40・1/3

視界を遮らない手摺の高さ

ベランダやテラスの手摺が、眺望の妨げになることがよくある。おそらく一番嫌な高さは、座ったときの目の高さにあたる1,100mm前後だろう。1,100mmは論外としても、文字通り手摺にして身体をもたれかかろうとするなら900〜950mmは必要だが、心理的な柵で良いのならもっとずっと低くてよいと思う。
この山荘のテラスの手摺の高さは500mm、視界を遮ることがないだけでなく、ちょこっと腰掛けるのにもちょうどよい高さである。

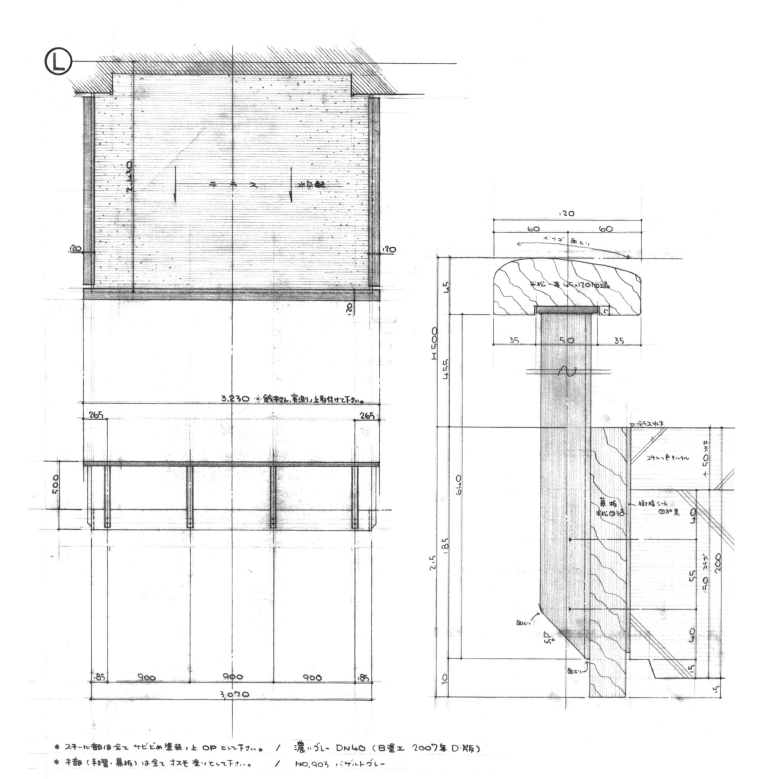

テラス手摺 S=1/4

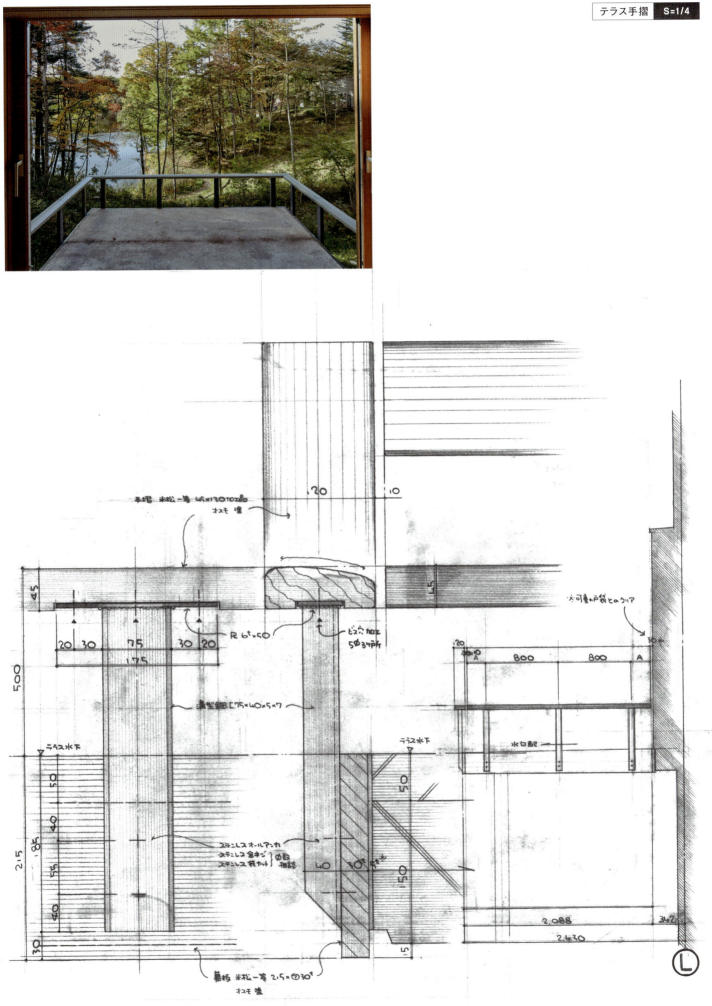

外構図 S=1/200

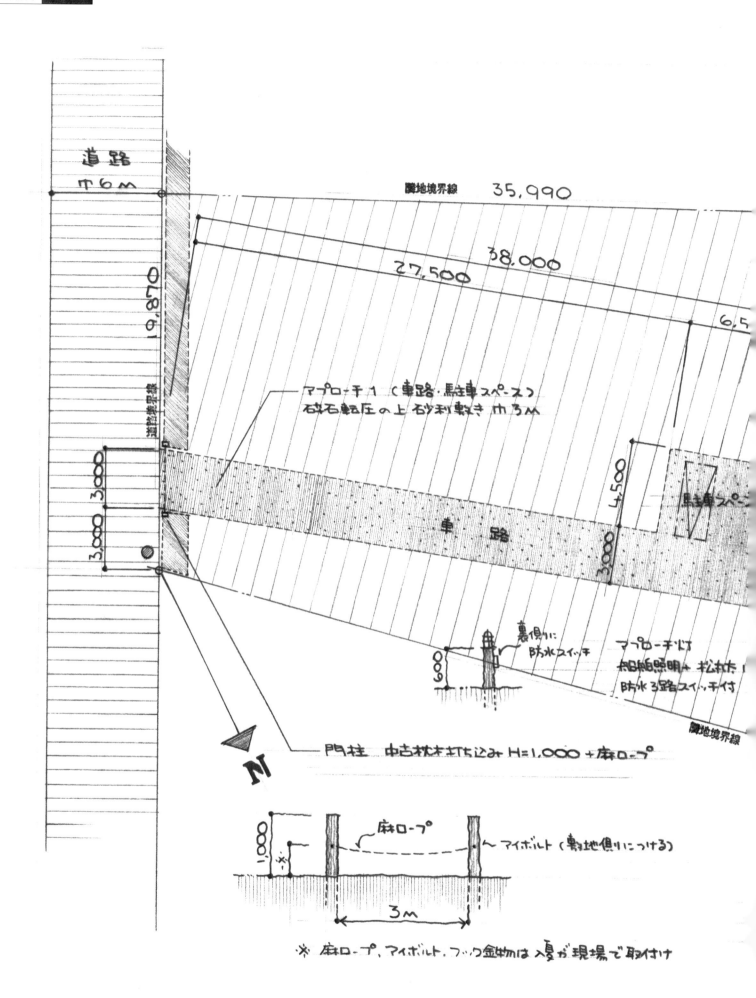

山桜を大きく回り込むようにして緩やかに下りながら建物に近づいていくアプローチ
（2016年6月撮影）

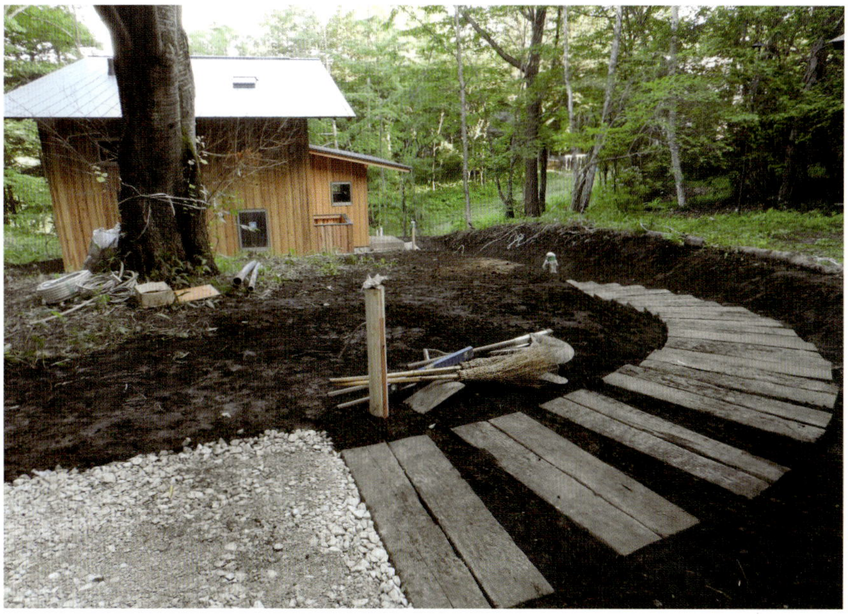

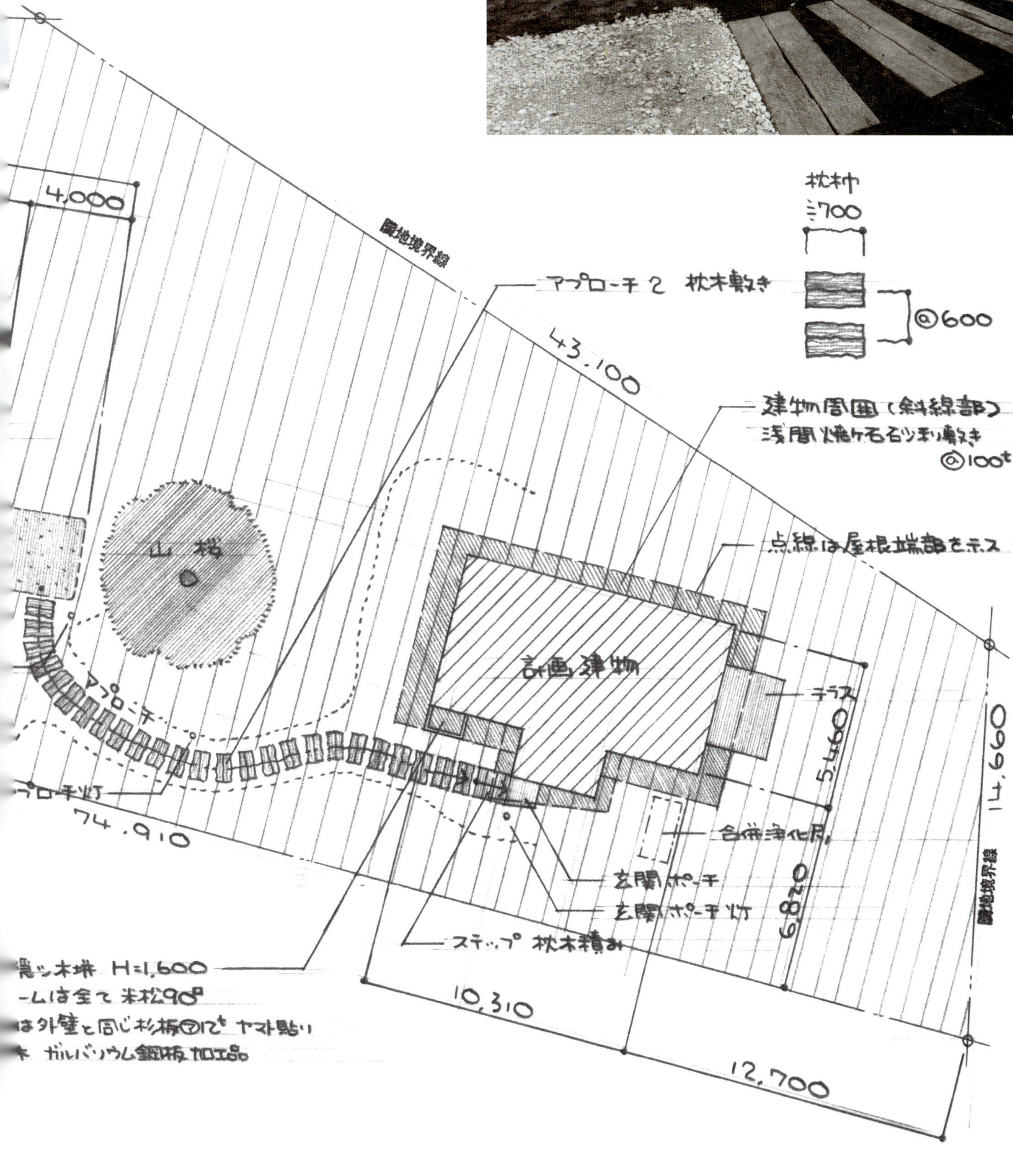

枕木
≒700
アプローチ2 枕木敷き
@600

建物周囲（斜線部）
浅間火抛ケ石砂利敷き
@100t

点線は屋根端部を示す

山桜

計画建物

テラス

合併浄化槽
玄関ポーチ
玄関ポーチ灯
ステップ 枕木積み

アプローチ
アプローチ灯

4,000
43,100
74,910
5,460
6,820
4,660
10,310
12,700

隣地境界線

畳ッ木塀 H=1,600
-ムは全て米松90°
は外壁と同じ杉板⑫ヤマト貼り
ガルバリウム鋼板加工品。

湖畔に春が訪れ、チラリ、ホラリと桜がほころびはじめた。